DIGITAL BOOKS
디지털북스

KB231854

이중곤 저

글레이징
일러스트 작법서

| 만든 사람들 |

기획 IT · CG 기획부 | **진행** 유명한 · 양종엽 | **집필** 이중곤 | **편집 · 표지 디자인** D.J.I books design studio 류혜경 · 김진

| 책 내용 문의 |

도서 내용에 대해 궁금한 사항이 있으시면,
저자의 홈페이지나 디지털북스 홈페이지의 게시판을 통해서 해결하실 수 있습니다.

디지털북스 홈페이지 digitalbooks.co.kr
디지털북스 페이스북 facebook.com/ithinkbook
디지털북스 인스타그램 instagram.com/digitalbooks1999
디지털북스 유튜브 유튜브에서 [디지털북스] 검색
디지털북스 이메일 djibooks@naver.com

| 각종 문의 |

영업관련 dji_digitalbooks@naver.com
기획관련 djibooks@naver.com
전화번호 02 447-3157~8

감수자 PROFILE

최성규

현) 경성대학교 예술종합대학 영상애니메이션학부 교수
밴쿠버필름스쿨 교환교수

부산영상애니메이션포럼 회장
한국 만화애니메이션학회 부회장
SICAF(서울 국제 만화애니메이션 페스티벌) 집행위원 심사위원 역임
BUDi(부산국제 대학생 디지털콘텐츠 페스티벌) 집행위원 및 심사위원 역임
부산국제단편영화제 집행위원 및 심사위원 역임

저서
3D컴퓨터애니메이션 제작 이론과 실제, 한국학술정보(주)
디지털애니메이션의 이해, 세종출판사

논문
퍼포먼스 캡처를 이용한 C.G. 캐릭터 표현연구/한국과학예술포럼
3D TV 입체 애니메이션 제작에 대한 연구 : 〈뽀롱 뽀롱 뽀로로〉 제작사례 분석을 중심으로/한국만화애니메이션학회
민화 〈타짜〉와 영화 〈티찌〉의 비교 : 서사구조를 중심으로/한국만화애니메이션학회
CG특수효과(VFX)제작 기술동향분석과 제안/한국멀티미디어학회
모션캡처와 키 애니메이션의 비교분석/한국콘텐츠학회

프로젝트
스튜디오 게일 〈서커스 쇼〉 3D콘텐츠 영상제작 산학협력책임교수
스튜디오 게일 〈뽀롱 뽀롱 뽀로로〉 제작 산학협력책임교수
부산시 인적자원개발원 〈3D입체 CG 제작/기술인력양성사업〉 사업책임교수
스튜디오 홀호리 〈하얀물개〉 산학협력책임교수
KNN 다큐멘터리 〈사투리〉 산학협력책임교수

저자 PROFILE

이중곤(JG)

온라인 일러스트 아카데미 JG아카데미 원장

미술학사
University of British columbia 글로벌 인턴쉽
삼성 소프트웨어 멤버쉽 디자인파트
네오플 던전 앤 파이터 일러스트 공모전 최우수상
그라비티 라그나로크 일러스트 공모전 최우수상
그라비티 근무
전) 부산 JG게임 아카데미 원장

제품디자인으로 그림을 시작해 게임회사의 캐릭터 컨셉 디자이너와 월드 컨셉 디자이너, 아트디렉터를 역임했다. 제약회사의 웹디자인, 비상교육에서의 삽화디자인 등 다양한 상업미술 분야에서 활동하였다. 현재 부산에서 일러스트 아카데미인 JG게임 아카데미를 운영중이다.

BLOG : blog.naver.com/ttomato11
이메일 : ttomato11@naver.com

들어가며

우리는 예체능을 재능이 꼭 필요한 부분이라고 말하곤 합니다. 많은 분들이 그런 생각을 가지고 있고 혹시 이 책을 보고 있는 여러분도 한 번쯤 그런 생각을 해봤을지도 모릅니다. '인터넷에 보니 나보다 어린데 그림을 너무 잘 그리는 사람이 있더라. 그 애는 천재인걸까?' '나는 왜 잘 안될까? 재능이 없는 걸까?' 라는 생각들 말입니다.

이 책의 집필의뢰가 들어왔을 때 저는 아버지께 아마 이번에 책을 쓰게 될 것 같다고 말씀드렸습니다. 그러자 아버지께서는 "네 방에 있는 미술전공 책들만 한 가득인데 네가 쓴다고 저 책들과 뭐 엄청 다를 게 있겠니?" 라고 말씀하셨습니다. 그 말을 듣고 나서는 내가 쓰는 책이 내가 보아왔던 책들과 과연 무엇이 다를 수 있을까를 고민했습니다. 그리고 내가 선생으로써 그림을 가르칠 때 다른 사람과 무엇이 다른지 그리고 어떤 점을 더 중요시하는지를 조금 더 깊게 고민해보았습니다.

보통 예체능을 한다면 부모의 영향, 가족의 영향, 자신의 유전적인 재능에 대해 생각해 보는 사람들이 많습니다. "우리집안은 대대로 음악가 집안이야" 라던가, "아버지도 음악을 했고 어머니도 음악을 해서 저도 어릴 때부터 자연스럽게 음악을 하게 되었어요." 라고 말하는 음악오디션 프로의 사람들도 많이 보았을 것입니다. 우리는 이처럼 예체능을 떠올리면 유전적인 재능을 먼저 생각하곤 합니다.

이 책의 강점은 필자가 아무런 유전적 재능이 없다는 것입니다. 저의 할아버지는 농부셨고, 부모님은 평범한 회사원이셨습니다. 친척들을 통틀어도 미술을 하는 사람은 저밖에 없을 정도로 미술에 대한 유전적 재능 따위는 저에게 눈곱만큼도 존재하지 않습니다. 바로 이 점이 이 책에서 여러분께 보여드릴 저만의 무기입니다.

저는 기술적인 관점에서 미술을 접근하여 여러분에게 풀이하고 설명해드릴 것입니다. 이 부분들은 누군가에겐 다소 딱딱하고 지루하게 생각될지도 모릅니다. 악기를 배워보신 분들이라면 음악을 연주하는 것은 즐겁지만, 처음에 악기를 배우는 과정은 매우 지루했음을 알 것입니다.

재능의 편차라는 것이 존재합니다만 그것이 매우 크게 작용하지는 않습니다. 재능의 편차란 대부분 누군가는 수학을 조금 더 잘하고, 누군가는 국어를 조금 더 잘 한다 정도의 편차입니다. 이것을 미술에 대입하자면 누군가는 스케치가 조금 더 쉽고 누군가는 명암이 좀 더 쉽다 정도의 차이입니다. 느리게 그려도 틀리지만 않으면 됩니다. 중요한 것은 정답을 정확히 유추해 낼 수 있는가 하는 것입니다. 그렇다면 정확히 그리는 방법은 무엇일까요? 수학문제를 풀 때 틀리지 않는 방법과 같습니다. 기초를 정확하게 공부하고 다양한 응용문제를 풀어 여러 가지의 변수에 대입할 수 있게 되면 됩니다. 이렇게 생각할 수 있다면 미술에서 상업미술의 분야는 의사나 세무사 같은 노력으로 얻어지는 전문적인 기술직으로 생각하기 쉽습니다. 물론 후반부에 들어서는 조금 더 독창성이 필요한 것은 사실입니다.

이 책은 여러분의 미술에 대한 기술을 향상시키는데 도움이 되기 위해 쓰였습니다.

상업미술은 예술적인 영역이라기 보단 위에서 언급했던 것처럼 기술적인 영역이 대부분입니다. 하지만 상업미술로 진로를 잡은 많은 학생들이 상업미술을 예술적인 영역으로 접근하며 힘들어합니다. 저는 학생들을 가르치면서 그 부분에서 좌절과 자괴감, 그리고 재능의 문제에 대해 부딪혀 힘들어하는 학생들을 많이 보아왔습니다.

모든 기술은 배우는 방법이 존재하고 충분한 노력과 시간을 들인다면 평균적으로 누구나 익힐 수 있는 것들입니다. 좋은 기술을 가진 기술자는 사회에서 그 대접이 좋은 편이고, 그것과 별개로 조금 더 편하게 일을 할 수 있습니다. 일이 편해진다면 생활의 여유가 생기고 다양한 기회와 영역의 폭이 넓어지게 됩니다.

이 책을 쓰면서 유일하게 생각한 궁극적인 목표는 여러분들이 그림을 그릴 때 많은 에너지를 낭비하지 않도록 돕는 것입니다. 그리고 그 에너지를 자신을 위한 다양한 분야에 사용하길 바랍니다. 모든 공부가 그렇듯, 배울 때에는 당연히 힘이 듭니다. 하지만 익히고 나면 그 기술은 여러분께 더욱 더 많은 기회를 보장할 것입니다.

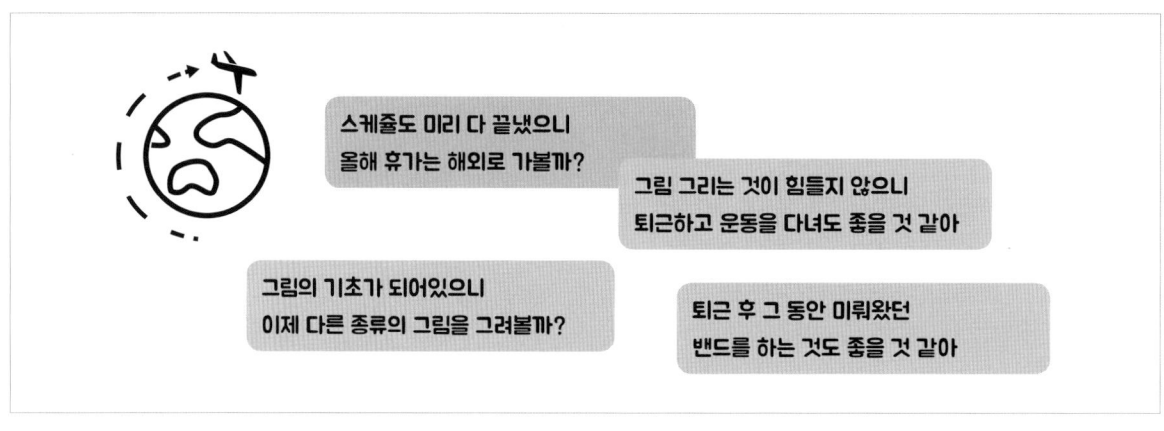

제가 미술선생으로 학생들을 가르치는 목표는 아주 단순합니다.
여러분이 그림을 그리는 것에 스트레스를 받지 않고, 남은 에너지를 여러분의 인생을 위해 쓰 도록 돕는 것입니다.

목차

Chapter4 사물표현법 088 〰〰〰〰〰〰〰〰〰〰〰〰〰〰

Chapter5 구체적인 재질과 묘사 방법 134 〰〰〰〰〰〰〰〰〰〰〰

글레이징 시작하기

Chapter 1

Chapter1의 내용들은 우리가 상업미술에 대해 어떻게 접근해야하고, 어떻게 공부해야 하는지 다루는 내용입니다. 글레이징이라는 방식은 상업미술을 쉽게 접근하기 위한 한가지의 방식일 뿐 거창한 기술이 아닙니다. 이 챕터를 통해 상업미술이 무엇인지 자신이 현재 상업미술에 대해 어떻게 생각하고 있는지 스스로 살펴보고 점검해보도록 하겠습니다.

1 상업미술의 이해

이 책에 관심이 있는 분들은 돈을 벌기위해, 즉 취업이나 프리랜서 등의 경제활동을 위해 미술을 배우고 있는 가능성이 큽니다. 이번 챕터에서 설명할 내용은 충분히 지루하게 느낄 수 있는 내용들입니다. 하지만 상업적으로 접근하기 위해 필요한 내용 입니다.

우리는 신 자유주의 개념의 자본주의국가인 한국에 살고 있습니다. 한국만이 아니라도 신 자유주의는 냉전이후 세계국가 대부분이 채택하고 있는 경제체제입니다. 역사적으로 경제체제가 변화하는 과정을 본다면 아마 이 경제 체제는 우리가 살아가는 동안은 거의 변하지 않을 것입니다.

자본주의 세상에선 두 가지의 핵심층이 있습니다. 바로 부르주아와 프롤레타리아, 쉽게 말해 자본가와 노동자 계층입니다. 자본가는 단순하게 말해 회사를 가지고 있는 사람들, 혹은 주주들을 말합니다. 이들은 노동자가 만들어내는 부산물을 시장에 팔아 경제활동을 합니다. 노동자는 이 회사가 시장에 판매하는 물건을 만들어내는 사람들을 말합니다. 이들은 노동력만을 가지고 있으며, 이 회사가 시장에서 어떤 평가를 받느냐에 따라 노동자의 운명이 결정됩니다.

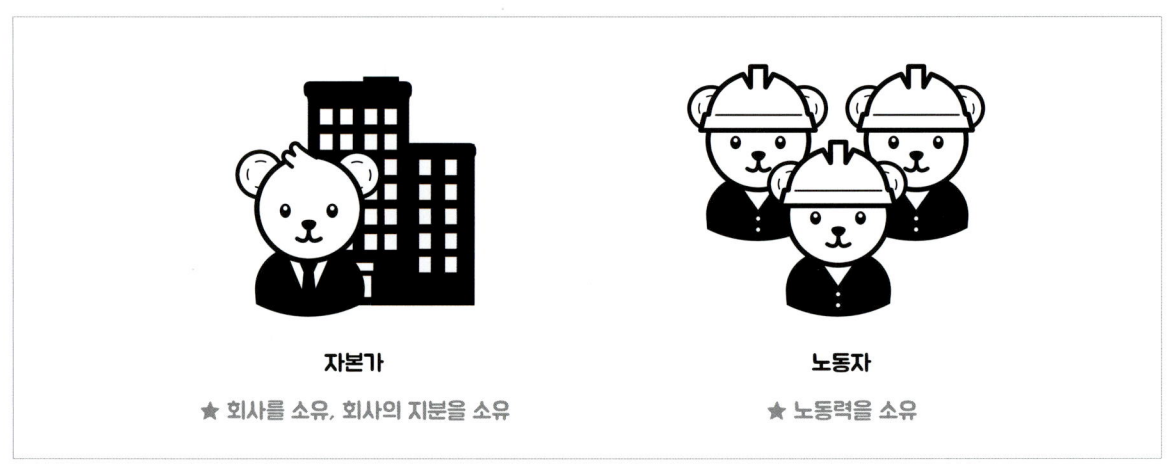

자본가
★ 회사를 소유, 회사의 지분을 소유

노동자
★ 노동력을 소유

자본가와 노동자의 관계를 이제부터 예시를 통해 함께 이해해보도록 하겠습니다.

A자동차회사는 A자동차를 생산해 시장에 안정적으로 판매하고 있습니다. 그런데 잘 팔리고 있던 A자동차가 갑자기 시장에서 잘 팔리지 않게 되었습니다. A회사는 당황했고 여러 가지 방법을 모색해 보았습니다. A회사는 어떤 행동들을 취할 수 있을까요?

첫 번째로는 자동차의 가격을 내리는 것입니다. 자유 시장 경쟁체제에서 물건의 값을 내리는 것은 공급이 수요보다 많을 때 자연스럽게 생기는 현상입니다. 이렇게 해서 상황이 해결된다면 회사와 노동자 둘 모두 매우 행복할 것 입니다. 하지만 팔리지 않는 물건이 가격을 조금 내린다고 해서 경쟁력을 갖게 되는 경우는 거의 없습니다. 다들 이렇게 생각합니다. "안 팔리니까 가격을 내리는 거잖아?" 그러면 이제 회사는 두 번째 행동을 할 차례입니다.

두 번째는 노동자의 인력감축입니다. 자동차가 팔리지 않아 창고에 자동차가 가득 쌓여있다면 회사는 자동차를 더 이상 생산할 필요가 없게 됩니다. 이 자동차를 생산하는 직원들은 자동차가 팔릴 때까지 무작정 기다려야 하고, 회사는 임금계약에 의해 직원들이 자동차를 생산하지 않아도 월급을 줘야 하는 상황이 발생됩니다. A회사는 자동차가 팔리지 않아 생긴 회사의 재정악화와 창고에 쌓여 있는 자동차의 재고부담, 가동되지 않는 생산라인의 노동자라는 세 가지 부담을 안게 됩니다. 여기에서 회사가 선택하는 답안은 노동자의 인력 감축입니다. 주위에서 흔히 구조조정으로 불리는 이 상황은 한국 내에서나 전 세계에서 매우 자주 일어나고 있는 실업사태입니다.

이제 A회사에 재직했던 25세의 노동자 C라는 가상인물을 설정해보겠습니다.

글로벌 대기업 A자동차에 다니고 있습니다.
높은 급여 안정적인 회사.
저는 이 회사에 뼈를 묻을 겁니다.

곰돌이 C씨

★ A자동차 노동자

C노동자는 A의 초거대 자동차회사에 다니며 안정된 생활을 하고 있었습니다. 그런데 A자동차가 팔리지 않으며 시작된 정리해고로 인해 A자동차를 만들던 C는 그만 직장을 잃고 말았습니다. 막상 실직을 하고 재취업을 하려고 보니 이미 A회사에서 대량으로 해고된 사람들이 같은 직종에 재취업 할 준비를 너무 많이 하고 있었습니다. 같은 직종의 경력자도 많은 이 상황에서 경력자로 재취업을 하려니 처음 취업하려고 할 때보다 힘들어졌습니다. 더구나 A자동차가 팔리지 않았던 원인은 자동차의 디자인이나 성능이 나빠서 그런 것이 아니었고, 대부분의 가정이 자동차를 가지고 있어 자동차를 구입하려는 수요층 자체가 줄어서 생긴 일이었습니다. 수요층이 줄자 A자동차 기업을 비롯한 다른 D자동차, E자동차기업들도 자동차 생산 노동자를 더 이상 고용하지 않았습니다.

위와 같은 일은 2차 산업혁명으로 발생한 공장 노동자가 공급이 포화된 현대시장에서 흔히 겪는 일입니다. 2차 산업혁명의 수해자는 베이비붐 전후 세대로 볼 수 있습니다. 그 당시에는 건설, 식자재, 옷감 등 의식주에 이르는 생필품과 자동차와 같은 사치품 등의 모든 재화가 부족했고, 어떤 재화이든 거의 수요가 공급을 추월하였습니다. 하지만 요즈음 대부분 최신형 스마트폰을 가지고 있을 정도로 재화는 그 당시에 비하여 넘쳐나고 있습니다. 이 상태에서 재화를 더욱 팔 수 있는 방법은 개인이 가진 재화를 임의적으로 박탈시키는 것, 전쟁과, 지금 가진 재화에 싫증을 느끼는 것, 즉 유행입니다. 하지만 세계대전과 같은 큰 전쟁이 지금 다시 일어날 확률은 아주 희박합니다. 그렇기에 기업은 유행에 집착하고 민감합니다. 하지만 기업이 예측하는 유행과 기업이 만들어내는 유행이 항상 시장의 요구와 같을 수는 없습니다. 이 때마다 A회사와 같은 대량 실업의 사태가 반복되어 발생될 수밖에 없습니다.

위에서 설명한 내용을 관통하는 하나의 주제는 현대사회에선 더 이상 회사가 노동자를 책임지지 않는다는 것입니다. 예전의 베이비붐 세대는 회사에만 들어가면 평생을 걱정할 것 없다라는 생각으로 지냈습니다. 회사에선 노동자의 전세 자금 대출 부터, 자녀의 대학 등록금 지원까지 공장노동자 복리후생에 힘썼습니다. 특히나 정년까지 일하는 것이 당연하게 여겨졌습니다. 하지만 이제 예전만큼의 복지, 정년퇴임 등을 시행하는 회사는 거의 찾아보기 힘듭니다. 대기업도 마찬가지 입니다. 정년이 보장되는 공무원에 취업하려고 몰리는 사태는 어찌 보면 당연한 현상입니다. 하지만 이 노동자 계급 중에서 과거와 현재의 모습이 많이 변하지 않은 직종들이 있습니다.

우리는 이것을 기술직 노동자라 부르며 이 직종에는 우리가 흔히 전문직이라고 생각하는 의사, 세무사 등을 포함해 소방안전기술자, 공인중개사 등의 직업이 있습니다. 지금 언급한 기술직의 공통점은 국가가 개인에게 공인한 자격증이 있다는 것입니다. 이 자격증은 공장 노동자와 기술 노동자를 구분 짓습니다. 그리고 지금의 현대사회에서는 이 자격증이 없는 기술직 노동자도 존재합니다. 프로그래머, 작곡가 등 기술적으로 진입장벽이 존재하는 전문성을 지닌 직업인들입니다. 이들에게는 기술이 자신의 경제활동의 원천이고, 회사는 부차적인 요소입니다.

기술직 노동자	기술직 노동자	공장직 노동자
★ 국가공인의 자격증을 소유	★ 특정한 기술을 보유	★ 특정한 회사의 진입장벽을 통과

이것은 그저 노동자의 종류를 간단히 분류해놓은 표일뿐입니다.
상황에 따라 기술직 노동자 역시 공장직 노동자가 될 수 있으며 공장직 노동자 역시 기술직 노동자일 수 있습니다.

국가가 공인한 의사의 경우 일하던 병원이 문을 닫더라도 그 기술로 재취업이나 혹은 개원 등 공장 노동자에 비해 경제활동이 용이합니다. 자격증이 없는 기술직 노동자 역시 다니던 회사가 문을 닫아도 기술을 가진 인구가 적기에 그 기술로 재취업이나 1인 회사, 프리랜서 등의 활동이 용이합니다. 하지만 국가에서 공인해주는 자격증 같은 것이 없으므로 자신의 전문적인 기술을 보여줄 수 있는 포트폴리오가 중요합니다.

위의 내용은 사실 언급하기에 굉장히 민감하고 조심스런 이슈입니다. 하지만 이 이슈를 굳이 언급한 이유는 미술 노동자가 기술직 노동자에 속하기 때문입니다.

미술직 노동자는 비 국가공인 기술직 노동자와 동일.
자신의 원천 기술을 보여줄 수 있는 것이 가장 중요합니다.

미술직 노동자
★ 특정한 기술을 보유

기술직 노동자가 운 좋게 큰 회사에 들어갔다고 해서 회사에서 기술직 노동자를 배려해 주지 않습니다. 친절하게 기술을 가르쳐주거나 일하는 방식을 설명해주지 않습니다. 기술직 노동자는 자신이 가진 원천 기술로서 평가받습니다. 실력이 좋지 않은 의사에게 수술을 맡길 사람은 아마 없을 것 입니다. 이것이 기술 노동자의 이점이자 단점입니다.

우리는 진입장벽이 존재하는 미술직 노동자의 세계로 입문하기 위한 긴 여정을 시작할 것입니다. 이 기술의 진입장벽은 여러분을 회사로부터, 시장으로부터 보호해주고 여러분의 경제활동에 있어 뿌리가 되어줄 것입니다. 이것이 상업미술을 철저하게 기술의 관점으로 바로 보고 접근해야하는 이유이며, 우리가 미술에 대한 기술을 익혀야 하는 이유입니다.

글레이징이란 무엇인가

우리는 채색된 그림을 선화만 있는 상태의 그림보다 완성되었다고 판단합니다. 채색된 그림이 선화보다 완성에 가깝다고 판단하는 기준은 무엇일까요? 선화보다 채색되어있는 그림이 완성에 가까운 이유는 관객에게 전달되는 정보의 양이 더 많고 그 정보가 선화보다 명확하기 때문입니다. 그렇다면 완성의 기준은 정보가 명확한 그림이 됩니다. 채색된 상태라면 지저분하게 정리되지 않은 그림보단 깨끗하게 정리된 그림이 더 완성되었다고 우리는 판단할 수 있습니다.

그림을 완성하기 위해 필수적으로 진행해야하는 채색에는 어떤 정보들이 들어 있을까요?

채색에는 색채와 명암 두 가지의 정보가 포함되어 있습니다.

채색을 단순하게 나누어보면 채색 안엔 색채와 명암 두 가지 정보가 들어있습니다.

색채정보

★ 색채만으로 구성

명암정보

★ 형태와 빛에 따른 명암으로 구성

색채에도 노란색은 빨간색에 비해 밝은 것처럼 명암의 정보가 조금은 섞여있습니다만,
그것은 명암 정보에 비해선 너무 미비하기에 지금은 다루지 않겠습니다.

이 두 정보 모두 중요하지만 색채와 명암 중 색이 눈에 잘 띄기 때문에 그림의 입문자들은 채색에서 명암보다 색의 관점을 더 중요시 하곤 합니다. 아마 많은 아마추어의 그림 중 채색된 그림의 명암이 형태에 비해 자연스럽지 않은 그림들을 종종 보셨을 겁니다. 그림을 완성하는 데에 있어 둘 중 어느 정보가 더 중요하냐고 묻는다면 당연히 명암 정보가 더 중요하다 말할 것입니다. 그림이란 2차원의 세상에 3차원을 표현해내는 작업입니다. 2차원의 평면에 3차원을 표현하는 방법은 두 가지가 있습니다. 하나는 깊이축이 잘 표현된 스케치이고, 그리고 다른 하나는 그 깊이축을 표현한 명암입니다. 즉, 색은 형태에 영향을 거의 끼치지 않는다고 볼 수 있습니다.

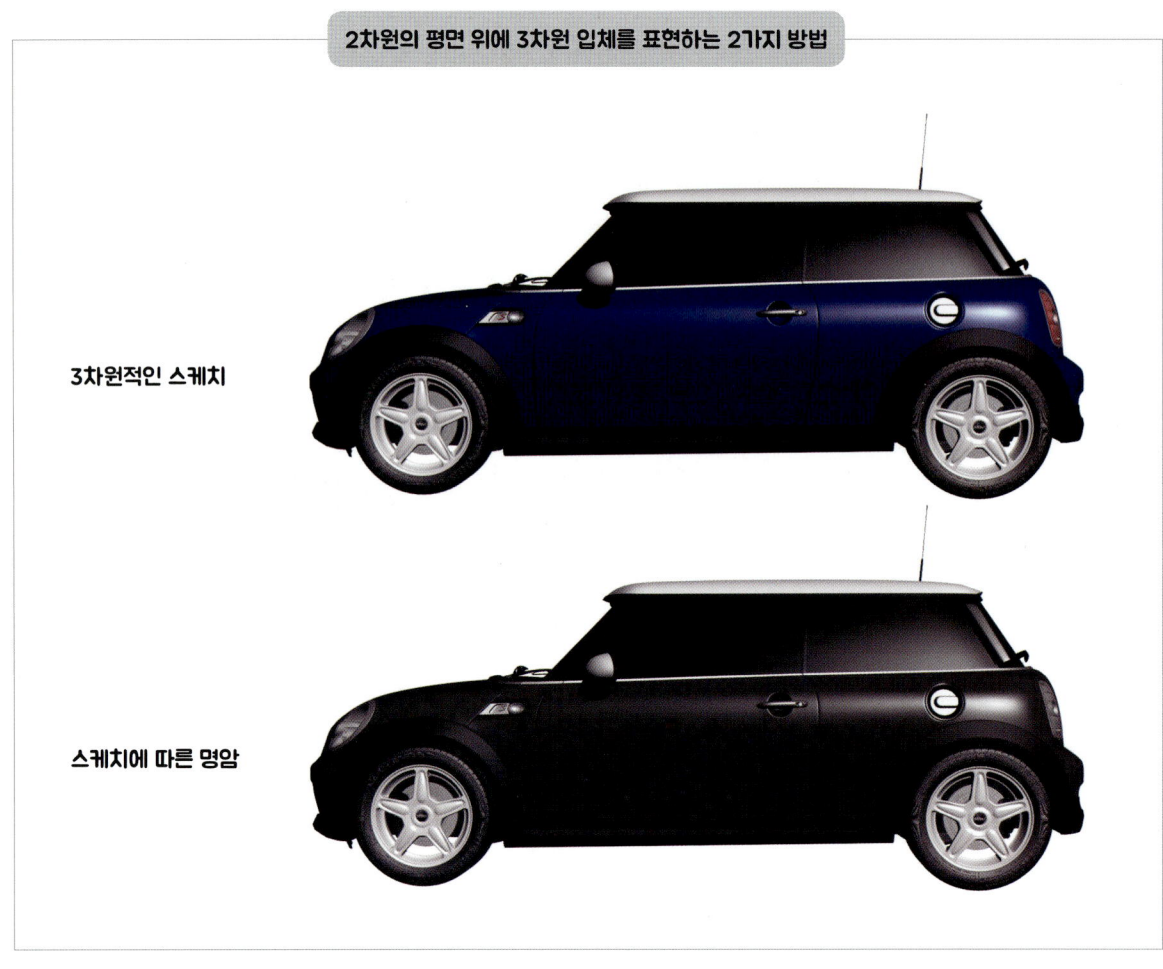

2차원의 평면 위에 3차원 입체를 표현하는 2가지 방법

3차원적인 스케치

스케치에 따른 명암

★ 색이 들어간 자동차와 색이 없는 자동차의 형태에서 차이는 없습니다.
종이 위에 3차원을 표현하는 방법은 3차원적인 스케치와 그에 따른 명암뿐입니다.

그렇다면 여기에서 우리가 정확하게 명암을 그리는 방법을 배워야하는 이유는 명확하게 드러납니다. "채색을 하려면 먼저 정확한 형태의 명암을 그릴 수 있어야 한다."

글레이징 기법이란 흑백으로 묘사된 그림 위에 색을 옅게 펴발라 칠하던 전통적인 유화기법 중 하나로 색과 명암을 분리해서 채색을 하는 기법을 말합니다.

글레이징 기법의 장점은 명암과 색채를 분리함으로써 정확한 형태의 묘사가 보다 쉽다는 점입니다. 아무리 색이 예쁘고 화려해도 형태적으로 완성되지 않은 그림은 정확한 형태를 전달해야하는 상업미술에서는 그 가치가 없습니다. 특히나 게임미술이나 제품미술에서는 작업의 형태가 반드시 3D로 표현되어야 하기 때문에 형태의 중요도는 순수미술에 비해 훨씬 높다고 할 수 있습니다.

★ 글레이징 기법은 색채와 명암을 따로 가져가는 기법입니다.
이 기법의 특징은 형태적인 명암이 거의 틀리지 않는다는 점입니다.

아마추어의 입장에서 색과 명암 두 가지를 동시에 생각하고 진행한다는 것은 두 마리의 토끼를 한 번에 잡으려는 것과 같습니다. 이것을 학교수업에 비교하자면 한국 사람이 수학시간에 수업을 영어로 배우는 것과 비슷합니다. 이런 방식은 어느 정도 기본기가 갖춰진 사람이라면 수학과 영어를 동시에 잡을 수 있는 빠른 지름길일 수 있겠지만, 이제 막 기본기를 익히는 사람이라면 수학과 영어, 두 마리의 토끼를 모두 놓칠 가능성이 큽니다.

글레이징 채색 기법이란 두 마리의 토끼를 각각 한 마리씩 따로 잡는 방법입니다. 학생들에게 종종 이런 말들을 듣습니다. "글레이징은 탁해서 싫어", "묘사가 너무 심해서 내 스타일이 아니야" 라는 말들입니다. 하지만 기본기 위에 스타일이 나는 것이지, 스타일을 먼저 잡고 기본기를 쌓는 것은 잘못된 선택입니다. 글레이징 기법은 이제 그림을 시작하시는 분들에겐 이론적인 지식을, 채색을 하다가 막히시는 분들에겐 각각을 따로 연습하여 자신의 기술적 레벨을 올릴 수 있는 기회를 열어 줄 것입니다.

 **요약정리 Q & A**

Q. 글레이징 기법이란?

색과 명암을 분리하여 칠하는 전통적인 유화기법.

장점: 입체를 결정짓는 명암의 부분을 틀릴 확률이 적기 때문에 완성했을 때 그림의 완성도가 높고, 완성하기 쉽다.
단점: 그림의 공정이 길다. 색에 대한 이해가 약하다면 제대로 된 발색을 내지 못할 우려가 있다.

Q. 글레이징 기법을 추천해 줄 수 있는 대상은?

명암에 대한 기초가 없는 초보자들, 빛과 명암의 원리에 대해 정확히 이해하기 힘든 학생분들,
지금보다 복잡한 명암의 표현을 그리고 싶어하는 분들.

3 분리 공부법

어떤 학문이든 간에 공부를 하다 막히거나, 혹은 그 부분을 더 자세히 공부하기 위해서는 학습의 과정을 분리하는 것이 일반적인 방법입니다. 피아노를 배울 때 오른손, 왼손을 각각 분리해서 연습하고 그 후에 함께 양손 연습을 하는 것은 어떻게 보면 당연한 방법처럼 받아들여집니다. 이 방법을 미술 공부에 한번 대입해보도록 하겠습니다. 우리는 일반적으로 그림을 그릴 때 대부분 스케치와 채색을 분리합니다. 글레이징 채색 기법은 이 단계에서 채색을 명암과 색채로 한번 더 분리하는 것입니다. 그리고 이어서 그림을 더 쉽게 그리기 위해서는 완성스케치와 컨셉스케치까지 분리하는 것이 좋습니다.

★ 각 단계를 분리할수록 그림이 쉬워진다.

학생을 가르치다 보면 스케치를 진행하면서 그림의 컨셉을 동시에 구상하는 경우를 종종 보게 됩니다. 이때 많은 학생들이 컨셉 때문에 그림이 막히곤 합니다. 그 이유는 컨셉이 잘 떠오르지 않아서 일 수도 있고, 표현하려는 컨셉이 자신의 실력에 비해 너무 어려워서 일 수도 있습니다만, 애초에 이 두 개를 분리해서 진행한다면 전자의 경우 컨셉디자인을 할 때는 오롯이 그것에만 집중할 수 있으므로 더욱 자유로운 컨셉디자인을 구상할 수 있고, 후자의 경우처럼 표현하려는 컨셉이 자신의 실력에 비해 어려워 그 표현이 힘들다면 더더욱 이 두 개를 분리하며 스케치를 할 수 있는 기술을 따로 연습하여 그 컨셉을 표현할 수 있게 하여야 합니다.

무언가 좋은 아이디어를 생각하면서 3차원의 스케치를 한다는 것은 굉장히 어려운 작업입니다. 그렇다면 먼저 이 두 개를 분리하여 생각해 보도록 하겠습니다. 앞으로 이것을 간단히 스킬과 컨셉의 분리라고 부르도록 하겠습니다.

우리가 무엇인가를 그릴 때 컨셉에 대한 부분은 우리가 그리려고 하는 그림의 난이도를 나타냅니다. 컨셉디자인이 복잡할수록 그리기 어려운 것이 사실입니다. 생각한 컨셉을 온전히 그려내기 위해서는 컨셉의 난이도를 그려낼 수 있는 스킬이 절실히 필요할 것입니다.

그렇다면 그림을 쉽게 그리기 위해서 무언가를 생각해내는 컨셉과 그것을 그려낼 수 있는 기술, 둘 중 어떤 것의 성장이 먼저 필요할까 하는 고민이 생깁니다. 필자의 입장에서 정리해 보자면 두 부분 모두 성장이 필요한 것이 사실이지만 두 개를 함께 발전시키기엔 무리가 있습니다. 앞서 말했듯 자칫 두 마리의 토끼를 잡으려고 하는 꼴이 되어버릴 수 있습니다. 이 책은 스킬의 성장이 컨셉의 성장보다 먼저 필요하다는 입장입니다. 그림을 그리는 스킬의 성장은 여러분이 원하는 것을 그리게 도와줍니다. 그리고 싶은 것은 많은데 정작 본인이 그릴 수 있는 기술이 없다면, 그 사람은 미술직 기술자라기 보단 기획자에 좀 더 가까울 것입니다.

아래의 표는 예일대 교수 미하이 칙센트미하이의 몰입이론을 그림공부에 대입하여 필자의 생각대로 재해석한 도표입니

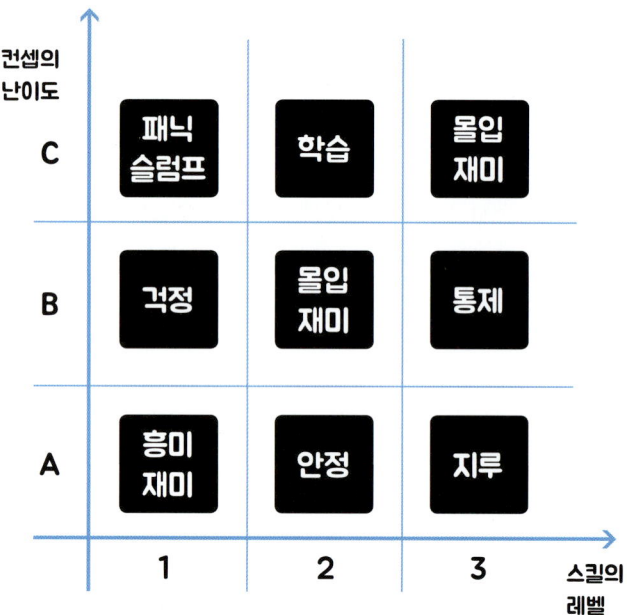

다. 이 부분은 필자가 그동안 그림을 공부했고 가르치며 봐왔던 표본에 근거하여 작성한 부분입니다. 각자의 판단에 따라 생각의 여지가 있을 수 있으나, 학생 분들에게 조금이나마 도움이 되고자 주관적인 생각을 담은 것이므로 판단은 독자의 몫으로 남기겠습니다.

우리가 무엇인가 재미를 느낀다면, 재미있는 구간의 성격은 두 가지로 구분됩니다. 첫째는 흥미가 있어서 재미있다. 둘째는 잘해서 재미있다. 이 두 가지가 그것입니다.

흥미 유발단계에서는 누구나 재미있어 합니다. 악기를 못 다루는 사람도, 게임을 못하는 사람도 갑자기 생긴 흥미에 못해도 재미있어 하고 게임에서 져도 재미있어 합니다. 예체능 사람들이 대부분 싫어하는 수학도 처음 배울 땐 난이도가 낮고 새로운 것을 배우니 재미가 있습니다. 처음 접해보는 게임 역시 마찬가지입니다. 하지만 아쉽게도 이 흥미 유발단계는 그리 오래가지 않습니다. 이유는 지속적인 난이도의 상승 때문입니다. 이 흥미 유발단계는 위 도표의 A1입니다.

시간이 지남에 따라 학습은 더욱 어려워 집니다. 악보는 어려워지고, 수학공식은 복잡해지고, 게임의 난이도는 높아져 갑니다. 아직 내 실력은 따라가지 못하는데 악보에 높은음자리가 나오고, 수학은 이제 막 밴다이어그램을 이해한 수준인데 따라가기 벅차게 어려워지기 시작합니다. 재미있던 게임은 갑자기 난이도가 올라갑니다. 마치 아직 브론즈인데 갑자기 플래티넘 토너먼트에 들어간 기분이 듭니다. 이때부터 B1의 걱정의 단계가 옵니다. 실력에 비해 난이도가 점점 어려워지는 구간입니다. 만약 여기서 실력을 쌓지 않고 더 어려운 컨셉을 찾아다니거나, 더 어려운 음악을 연주하려 한다면 C1인 패닉의 구간에 접어듭니다. 항상 학습에선 이 부분을 조심해야 합니다. 대부분의 미술에서 슬럼프는 대부분 이 구간에서 겪게 됩니다. 실력에 비해 눈이 너무 높거나 그리고 싶은 것의 난이도가 너무 높은 단계입니다.

이처럼 흥미 유발단계가 끝이 나면 잘하지 않는 이상 재미를 느끼기 힘듭니다. 어떤 학습이든 '흥미가 있어 재미있다' 에서 '잘해서 재미있다'는 패턴으로 자연스럽게 넘어가게 만드는 것이 중요합니다.

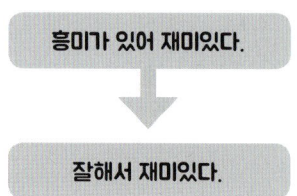

★ 학습에선 이 패턴을 부드럽게 넘기는 것이 중요합니다.

이런 사례를 우리는 게임에서 쉽게 찾아볼 수 있습니다. 온라인 게임에서의 각자 레벨에 맞는 난이도 매칭시스템이라던가, 난이도를 점점 어렵게 만들수록 어떻게 해야 하는지 도와주는 튜토리얼 시스템 등이 그것입니다. 저는 철권이라는 게임을 고등학교 때부터 좋아해온 골수팬입니다. 하지만 게임 플레이에 시간을 많이 할애하진 못해서 잘 하진 못합니다.

격투게임은 대표적으로 입문 장벽이 높은 게임들 중 하나입니다. 특히나 타이틀이 오래된 게임일수록 골수팬들이 많아 튜토리얼이나 PC대전 때 흥미를 느끼다가 멀티플레이에 들어가서 계속 지다 보면 게임을 그만두고 싶을 때가 많습니다. 이것이 대표적인 '흥미가 있어 재미있다' 에서 '잘해서 재미있다' 단계로 넘어가지 못하는 사례입니다. 이렇게 흔히 말하는 양민학살(못하는 유저를 고수들이 가지고 노는 플레이)은 유저 이탈을 심화시키는 요인입니다.

그렇다면 철권을 만든 개발사에서는 이 문제에 대해 어떤 해법을 내놓았을까요?

자신의 수준에 맞는 AI난이도 조절시스템, 콤보를 연습할 수 있는 콤보 연습시스템 등 친절한 학습시스템과 자신의 수준과 최대한 비슷한 사람들과 플레이 할 수 있게 하는 업그레이드된 매칭시스템으로 이 현상을 막기 위해 노력하였습니다. 바로 난이도와 플레이어 실력의 적절한 라인을 유지함으로써 유저가 계속 재미단계에 머무를 수 있도록 유도한 것입니다. 이 부분을 그림공부에 대입해 본다면, 자신의 스킬레벨과 표현하고 싶은 컨셉적 레벨의 조절이 몰입을 유지시키는 대단히 중요한 요소임을 쉽게 확인할 수 있습니다. 기술적 레벨은 높으나 그에 비해 쉬운 그림을 그리게 되면 금방 지루해지게 됩니다. 자신의 기술적 레벨보다 낮은 그림을 그릴 때에 재미를 발견하는 사람은 그리 많지 않을 것입니다. 하지만 이 안정감은 일을 수월하게 만들어주고, 프로로써 일을 하게 된다면 일을 어렵지 않게 처리할 수 있게 만들어 줍니다. 이것이 도표 B3 통제의 단계입니다.

저는 커뮤니케이션이 힘든 외주작업을 할 경우 보통 B3단계정도의 일을 받아서 하는 편입니다. 남는 시간에 하는 외주의 경우 수정이나 회사일 등의 변수에 적극적으로 대처하기 힘들고, 일이 너무 어려울 경우 본업에 영향을 많이 주기 때문입니다.

다시 학습의 이야기로 돌아가서 가장 이상적인 학습법은 컨셉과 스킬의 중점에 있는 몰입의 라인을 계속 타는 것입니다.

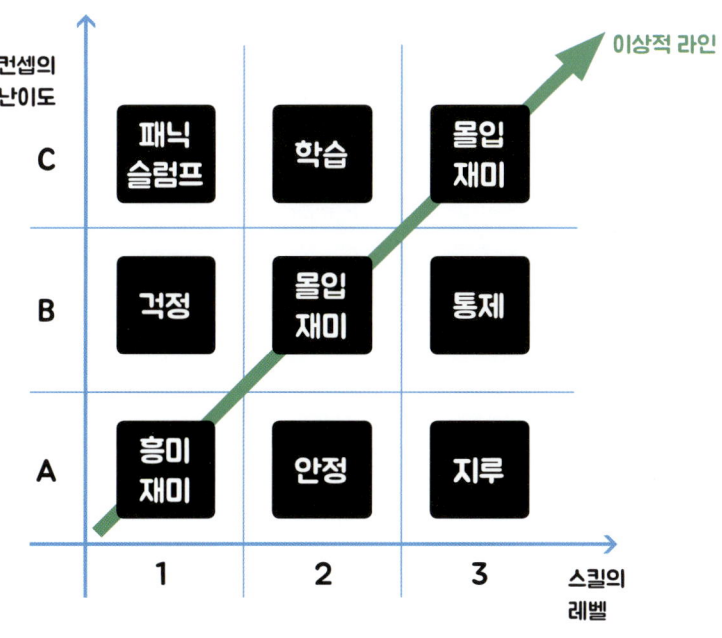

하지만 이렇게 학습한다는 것은 사실상 불가능에 가깝습니다. 그래서 개인적인 판단으로는 자신의 상황에 따라 학습의 라인을 다음과 같이 1. 지도자가 있는 상태와 2. 지도자가 없는 상태로 나누어 방향을 설정하는 편이 좋습니다.

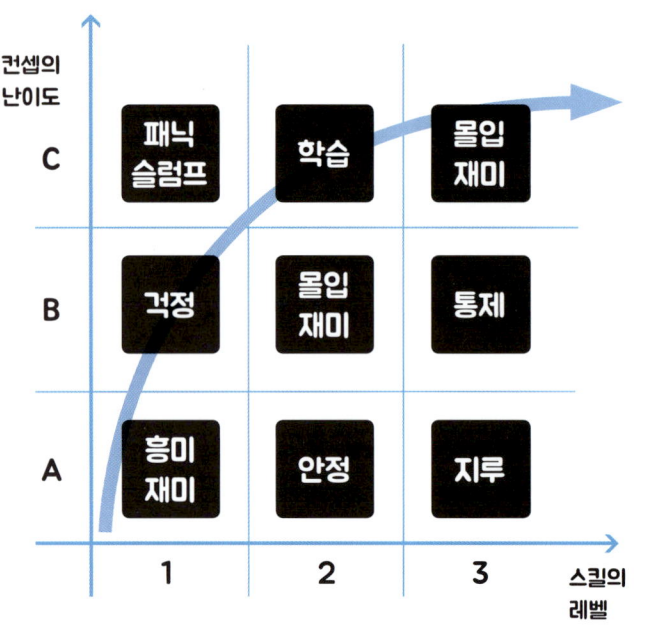

현재 자신을 지도해줄 수 있는 사람이 있는 경우는 푸른색 라인을 추천합니다.

지도해줄 수 있는 사람이 자신의 기술적인 레벨을 보완해 주면서 몰입의 단계로 가는 라인입니다. 학습의 난이도가 높은 것이 장점이며, 그 난이도로 인하여 실력이 빠르게 늘 수 있습니다.

또한 지도자가 페이스메이커의 역할을 해줌으로써 걱정의 단계에서도 패닉의 단계에 빠지지 않을 수 있습니다.

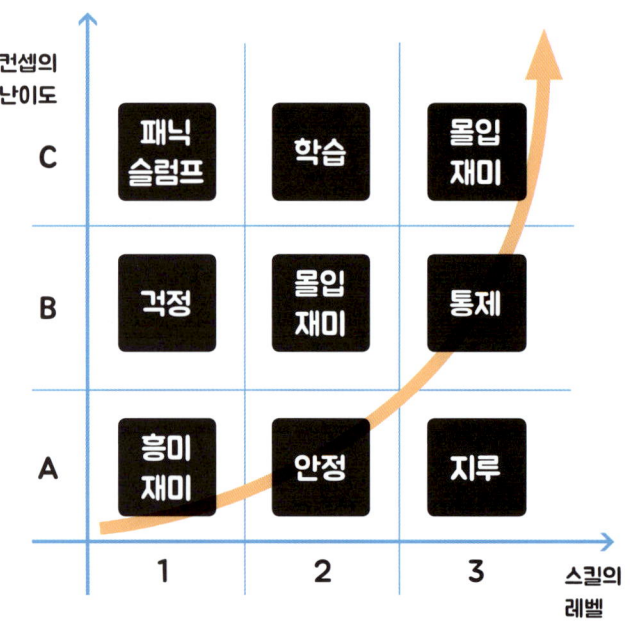

현재 독학을 하는 사람에게 추천하는 라인은 오렌지색 라인입니다.

오렌지색 라인은 안정적으로 기술적인 수준을 먼저 끌어올리고 통제 가능한 정도의 난이도를 제한함으로써 슬럼프나 걱정, 패닉에 빠지는 것을 막습니다. 이것은 독학하는 사람이 그림이 어려워 흥미를 잃는 것을 막아줍니다. 또한 상대적으로 낮은 난이도로 인해 혼자서도 부담 없이 학습할 수 있는 라인입니다.

요약정리 Q&A

Q. 어떨 때 그림을 분리하면 좋은가요?

현재 자신이 가장 막히는 단계를 분리하는 것이 가장 좋습니다. 만약 자신이 복장을 입을 캐릭터를 그리는 것이 서툴다면 캐릭터의 기본체형과 입을 옷을 분리하여 그리는 것입니다. 글레이징은 채색의 단계에서 명암과 색채를 따로 분리하게 됩니다.

Q. 반드시 선생님이 있어야 좋은 것인가요?

당연히 지도자가 있으면 좋습니다. 하지만 사정상 독학을 할 수 밖에 없는 학생들이 많습니다. 독학이 결코 나쁜 것은 아닙니다. 중요한 것은 자신의 경험을 이론화시키지 말라고 권하고 싶습니다. "바보는 자신의 경험에서 배우고, 현자는 타인의 경험에서 배운다."라는 속담이 있습니다. 독학을 하더라도 최대한 타인의 경험에서 먼저 배우라고 권하고 싶습니다.

포토샵과 타블렛 세팅

Chapter 2

기존의 미술에 연필과 붓, 그리고 물감이 있었다면 컴퓨터 그래픽 미술에서는 그림을 그리는 프로그램과 타블렛이 있습니다. 겉으로는 많이 달라 보이지만 자세히 들여다보면 도구만 바뀌었을 뿐 기존의 미술을 대하는 방식은 전혀 바뀌지 않았습니다. 세팅들을 살펴보며 우리가 이 도구들을 어떻게 다루어야 하는지 살펴보도록 하겠습니다.

지금의 세대는 컴퓨터로 그림을 그릴 때면 두 가지의 툴을 사용합니다. 포토샵과 클립스튜디오 입니다.

★ 현대의 디지털페인팅 툴은 대부분 포토샵과 클립스튜디오로 양분되어 있습니다.

이 두 가지 툴 중에 어느 것이 더 그림을 그리는데 더 적합하냐라고 묻는다면 사람에 따라 의견이 많이 갈립니다. 이 책은 어도비사의 포토샵에 대한 내용을 다루고 있습니다.

타블렛 역시 다양한 종류의 제품들이 시장에 판매되고 있습니다. 일반적으로 가장 많이 사용하는 판형식의 타블렛부터, 고가여서 학생분들이 접근하기 어려웠던 신티크같은 액정타블렛 또한 가격이 많이 낮아져 학생분들이 접근할 수 있는 정도의 가격이 되었습니다. 이번 챕터에서의 타블렛은 가장 대중적으로 사용되는 와콤사의 인튜어스 시리즈를 기반으로 설명하도록 하겠습니다.

포토샵의 세팅 방법 알기

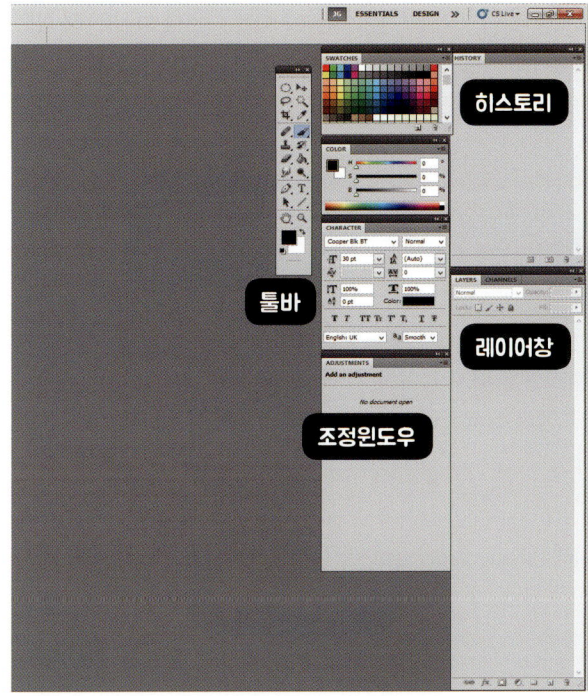

필자의 포토샵 레이아웃 화면은 왼쪽 그림과 같습니다.

★ 필자의 포토샵 세팅화면. 포토샵 기본세팅과는 조금 다른 모습입니다.

아마 대부분의 학생들은 툴바가 왼쪽에 위치하고 레이어가 오른쪽에 위치하는 포토샵에서 제공하는 아래와 같은 기본 레이아웃을 사용하는 분들이 많으실 겁니다. 이 기본을 그대로 사용하는 것도 결코 나쁘지 않습니다.

★ 포토샵을 켰을 때 처음 보이는 기본화면은 위와 같습니다.

이 기본도 나쁘지 않은데 왜 굳이 세팅이야기를 꺼내느냐 하는 분들도 있을 것입니다. 저는 특이하게도 엄지손가락의 크기가 다른 손가락에 비해 매우 넓은 편입니다. 그래서 스마트폰을 사면 제 손가락에 터치가 편하도록 자판과 아이콘의 배열을 바꿉니다. 아마 독자 분들도 자신의 핸드폰에서 자주 쓰는 기능을 자신의 손에 닿는 쪽으로 옮겨놓거나, 시력에 따라 글자의 크기를 조정 할 것입니다. 포토샵을 사용하면서도 당연히 이런 일들을 해왔을 것 입니다. 자신이 자주 쓰는 팔레트는 꺼내놓는다던지, 브러쉬를 자주 바꾸기 위해 브러쉬 창을 열어놓는다던지 하는 부분들 말입니다.

그런데 어느 날 포토샵이 오류를 일으켜서 다시 켜보니 우리가 위치시켜 놓았던 레이아웃들이 모두 초기화 되었습니다. 왜 이런 일이 발생했을까요? 포토샵은 정상적으로 종료되었을 때의 화면을 기억하여 다시 켰을 때 그 레이아웃을 화면에 다시 위치시켜줍니다. 그런데 비정상적으로 종료되었을 때에는 본래 저장해둔 기본화면으로 다시 포토샵을 실행시킵니다.

이런 일을 미연에 방지하고자 지금 화면의 레이아웃을 저장하는 기능이 존재합니다. 위의 포토샵 화면을 보시면 제 화면의 우측상단에서는 JG라고 되어 있는 부분이 활성화되어 있고, 기본 화면에선 [ESSENTIALS]라는 탭이 활성화되어 있는 모습을 확인 하실 수 있을 것입니다.

★ [ESSENTIALS] 옆에 JG라는 항목이 있는 것을 볼 수 있습니다.

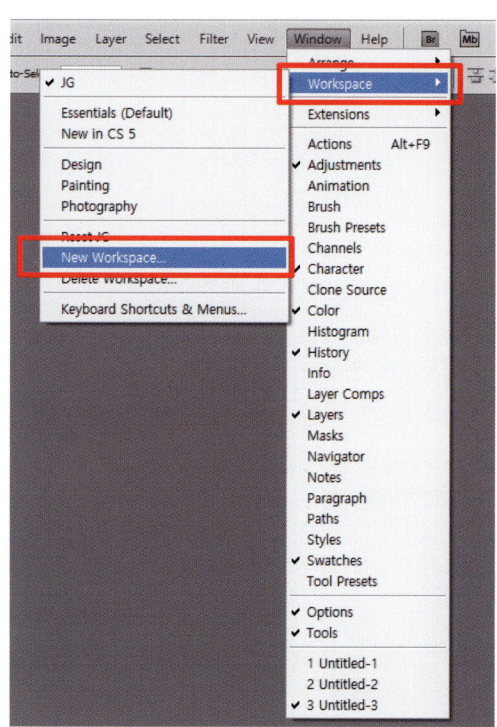

우리가 입맛에 맞게 조정한 [Workspace]를 저장해보도록 합시다. 이렇게 저장한 [Workspace]는 파일로 들고 다닐 수 있어서 어느 포토샵을 다시 깔아야하거나, 혹은 다른 자리를 세팅해야할 때 매우 편리합니다.

왼쪽 그림처럼 상단툴 바의 [Windows]탭에 [Workspace] ⇨ [New Workspace] 항목을 누르면 지금의 레이아웃을 저장할 수 있습니다. [New Workspace] 항목을 누르게 되면 아래와 같은 창이 뜨는 것을 볼 수 있습니다.

[Name]란에 이름을 바꾸어 쓰고, 키보드 단축키와 메뉴들을 저장할 것인지 묻는 란에 반드시 체크를 해줍니다. 이렇게 저장버튼을 누르면 자신의 [Workspace]가 저장이 됩니다.

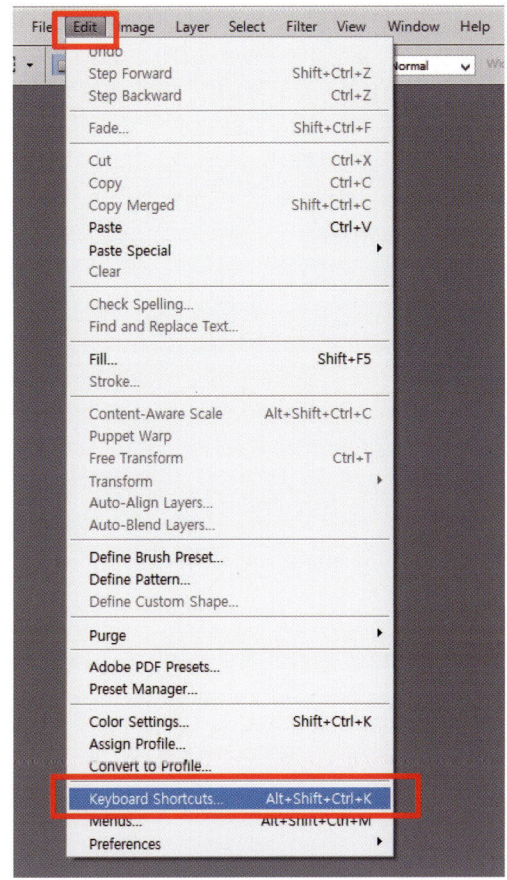

▌키보드 단축키 설정하기

Keyboard Shortcuts(키보드 단축키) 메뉴가 있는 것을 보니 키 보드 단축키도 함께 저장되는 것을 볼 수 있습니다. 그럼 이제 키 보드 단축키를 자신의 손에 익숙하도록 바꾸거나, 혹은 단축키가 없는 메뉴들의 단축키를 지정하여 보도록 합시다.

1. 왼쪽 그림처럼 위쪽 메뉴의 [Edit] ▷ [Keyboard shortcuts] 탭 에 들어가면 현재 자신이 쓰고 있는 단축키의 설정을 바꿀 수 있는 메뉴가 나옵니다.

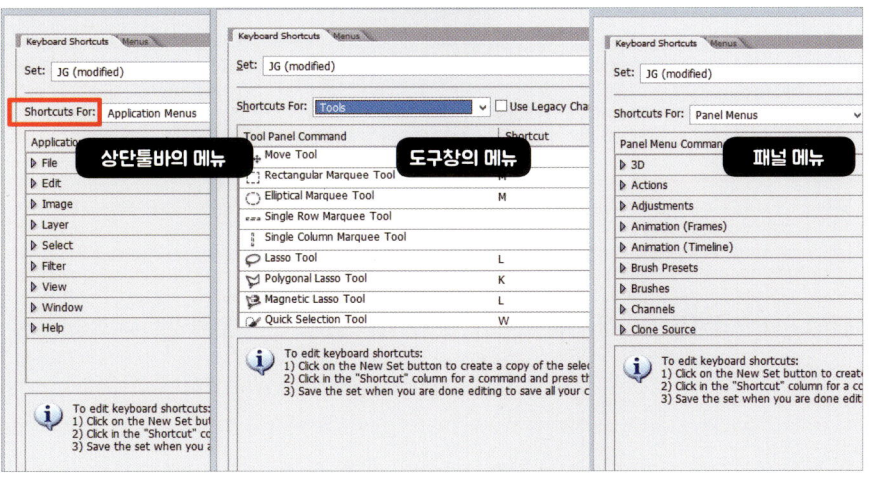

★ 필터를 포함한 대부분의 포토샵 기능을 단축키로 지정 할 수 있습니다.

2. [Shortcuts For] 항목을 눌러보면 어플리케이션 메뉴, 패널메뉴 그리고 툴 항목의 단축키를 모두 조정할 수 있는 것을 볼 수 있습니다. 이 항목에서 기존에 있던 단축키를 바꾸거나 빠져있는 단축키를 새로 넣을 수 있습니다.

예시로 우리가 자주 사용하는 대표적인 단축키를 한번 바꾸어 보겠습니다. 기본적으로 설정되어 있는 포토샵의 단 축키 중 [Undo/Redo] 기능의 단축키는 (Ctrl+Z) 이고 연속적으로 Undo를 하는 [Step Backward] 의 단축키는 (Ctrl+Alt+Z)입니다. 이 중 필자는 [Undo/Redo]는 별로 쓰는 일이 없기 때문에 [Step Backward]에 [Undo/Redo] 의 단축키인 (Ctrl+Z)를 부여해 보도록 하겠습니다.

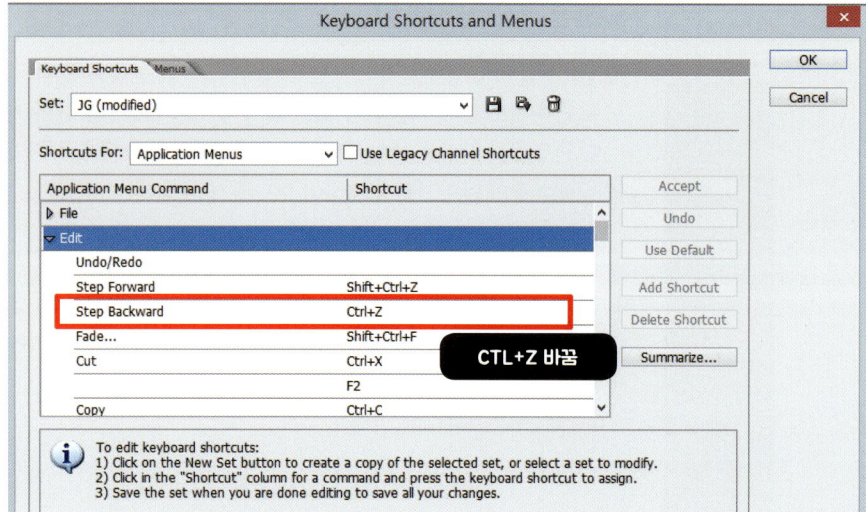

★ Step Backward 기능을 CTRL+ALT+Z에서 CTRL+Z로 바꾸어 주었습니다.

3. [Undo/Redo] 항목의 단축키를 제거하고 [Step Backward]에 (단축키 Ctrl+Z) 항목을 할당하였습니다. 이 상태로 OK를 눌러주면 이제 (단축키 Ctrl+Z)가 [Step Backward] 기능을 하게 됩니다.

이렇게 자주 쓰는 기능의 단축키를 추가하거나 자신이 편의대로 변경할 수 있습니다. 필자의 경우 자주 쓰는 기능인 새 레이어 생성이나 레이어 삭제, 가우시안블러, 화면뒤집기 등은 필수적으로 단축키로 지정해 두는 편입니다. 게임 UI로 비유하자면 스킬아이콘 편집 창이라고 할 수 있겠습니다.

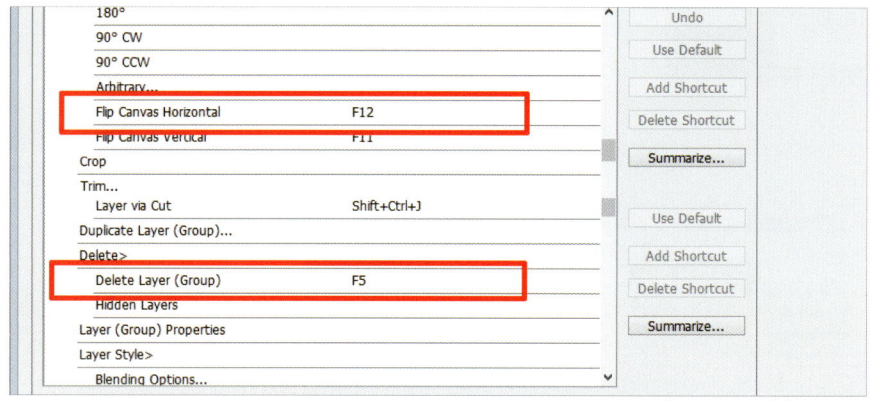

★ 자주 쓰는 기능의 단축키를 지정해주고 있습니다. 본래는 존재하지 않는 단축키를입니다.

위 그림을 보면 캔버스 뒤집기에 [F12]의 단축키를 레이어삭제에 [F5]의 단축키를 설정해 둔 것을 확인할 수 있습니다.

▍액션으로 단축키 추가하기

화면뒤집기, 새 레이어 생성 등 한 번의 명령으로 처리할 수 있는 단축키가 있는 반면, 두 번 이상의 명령으로 처리해야만 하는 단축키도 존재합니다. 우리가 자주 쓰지만 키보드 단축키에는 존재하지 않는 것들입니다. 예를 들면 티플라이 레이어를 추가하거나 컬러닷지 레이어를 추가하는 것들이 이에 해당합니다. 이런 두 번 이상의 명령으로 처리해야 하는 기능들도 포토샵의 액션기능을 활용한다면 단축키로 설정할 수 있습니다.

멀티플라이 레이어 추가 단축키 만들기

레이어 속성 중 많이 쓰는 속성인 멀티플라이 레이어를 추가하는 단축키를 만들면서 액션으로 단축키를 만드는 법에 대한 프로세스를 이해해보도록 하겠습니다.

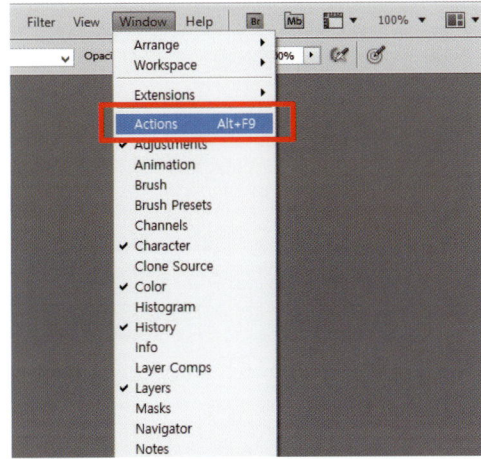

★ 액션 탭은 기본으로 ALT+F9의 단축키가 할당되어 있습니다.

1. 먼저 액션 탭을 불러옵니다.

2. 액션 탭은 상단툴 바의 [Window] 항목에 위치하고 있습니다. 액션기능은 현재 내가 하는 행동을 녹화해 이것을 다시 재생하는 기능이라고 생각하면 이해하기 편리합니다.

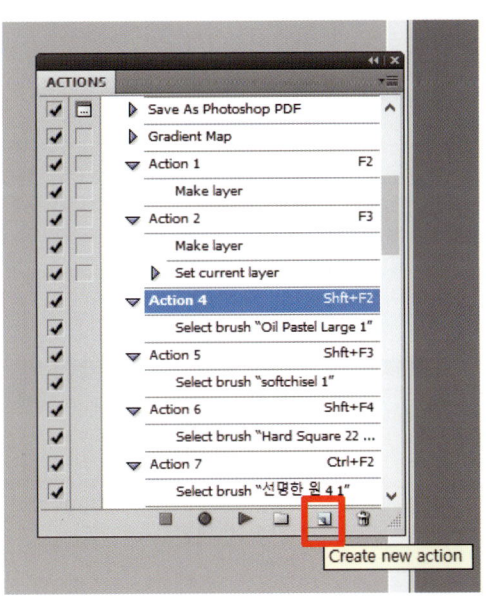

3. 먼저 액션 탭의 오른쪽 아래에 위치한 [Create new action] 버튼을 눌러줍니다. 버튼의 모양은 레이어 추가의 모양과 똑같이 생겼습니다.

4. 새 액션 추가버튼을 누르면 위와 같은 [New action] 창이 생성되는데 이 부분에서 반드시 [Function Key]를 지정하여 줍니다. 이미 지정되어있는 단축키는 지정이 되지 않으므로 오른쪽의 Shift나 Ctrl을 체크하여 [Ctrl+Function key] 등의 조합을 만들 수 있습니다.

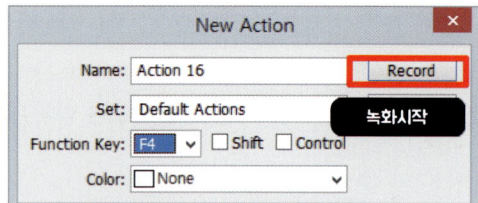

5. [Function Key]를 지정해주었다면 이제 [Record] 버튼을 눌러 줍니다. 이 버튼을 누르면 모든 행동이 녹화됩니다. 필요한 행동만 하여 불필요한 행동이 녹화되지 않도록 하는 것이 좋습니다.

이제 멀티플라이 레이어 생성을 위한 행동을 시작합니다.

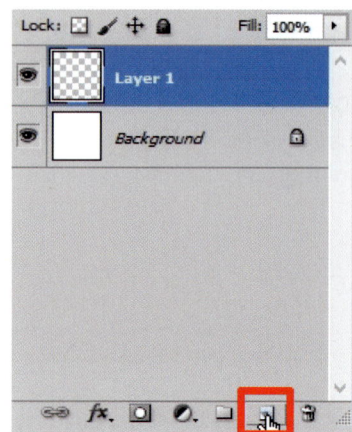

6. 레이어 추가 버튼을 눌러 레이어를 추가하여 줍니다.

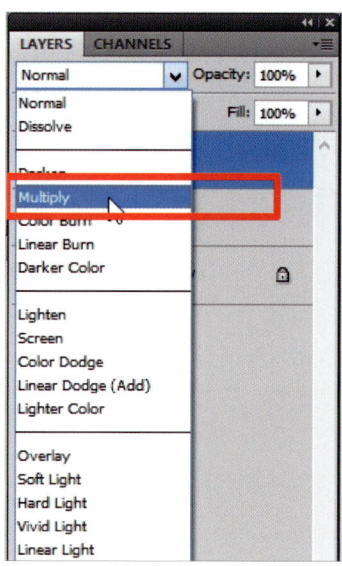

7. 그 후 추가된 레이어의 속성을 멀티플라이로 바꾸어줍니다.

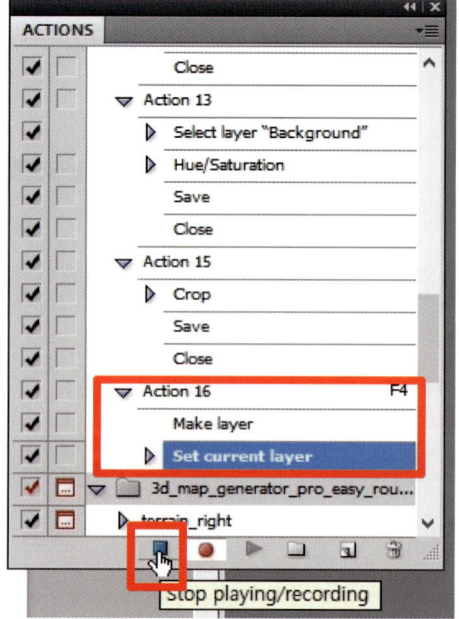

8. 녹화된 내용을 확인한 후 [Stop recording] 버튼을 눌러 녹화를 종료합니다.

위와 같이 따라하셨다면 키보드의 [F4]가 멀티플라이 레이어 추가 단축키가 된 것을 확인할 수 있습니다. 위와 같은 방법으로 스크린레이어 추가, 컬러닷지 레이어 추가 외에도 자주 쓰는 브러쉬로 이동, 베벨엔 엠보스, 이너 글로우 등의 레이어 스타일 추가 등 다양하게 활용할 수 있습니다.

2 타블렛의 세팅 방법 알기

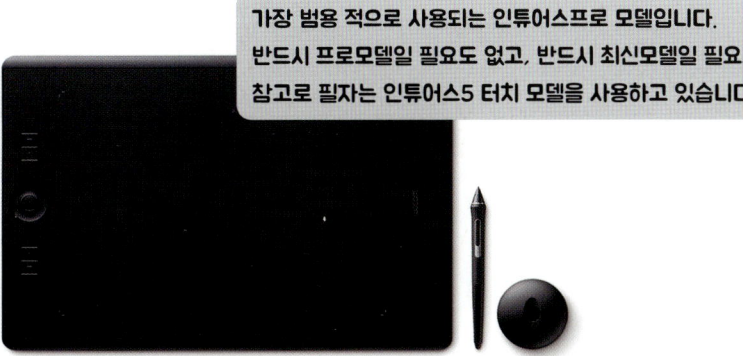

가장 범용 적으로 사용되는 인튜어스프로 모델입니다.
반드시 프로모델일 필요도 없고, 반드시 최신모델일 필요도 없습니다.
참고로 필자는 인튜어스5 터치 모델을 사용하고 있습니다.

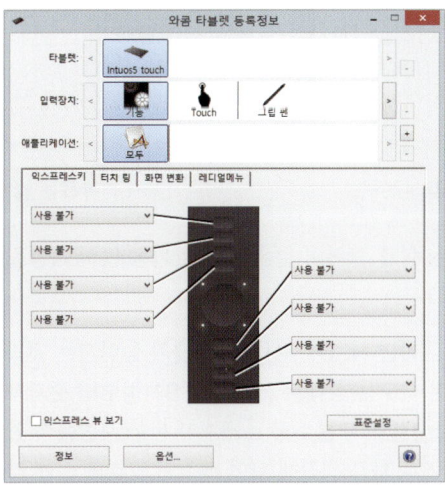

1. [제어판]의 [와콤 타블렛 등록정보] 탭에 들어가면 왼쪽 그림과 같은 화면을 볼 수 있습니다.

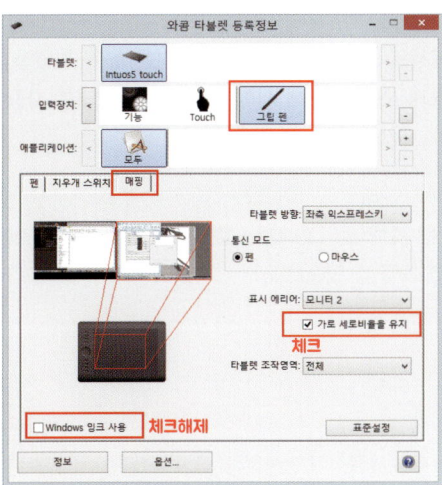

2. 타블렛 셋팅에서 가장 먼저 세팅해야 하는 것은 화면의 종횡비와 타블렛의 종횡비를 일치시키는 것입니다. 만약 이것이 일치되지 않는다면 타블렛에서 긋는 비율과 화면에서의 나타나는 비율이 다르게 됩니다. 대부분의 모니터는 16:9의 비율로 출시되고, 와콤 타블렛의 경우 16:10에 조금 더 가까운 비율을 보입니다. 그러므로 우리는 이것을 필수적으로 일치시켜 주어야 합니다.

3. 이것을 일치시키려면 입력장치 항목 중 [그립 펜] ⇨ [매핑] 이라는 항목에 들어갑니다. 기본적으로 왼쪽과 같이 셋팅 되어 있습니다. 이 세팅을 밑의 그림과 같이 종횡비 유지 항목에 체크를 해주면 됩니다. 윈도우즈 잉크 사용 항목에는 체크를 해제하여 주는데 이것은 가끔 픽셀이 튀는 현상을 예방하는 목적입니다. 그 다음 설정은 필압의 항목입니다. 타블렛이 마우스와 가장 다른 점은 펜을 누르는 압력에 따라 다른 펜의 굵기와 명도를 보인다는 것입니다.

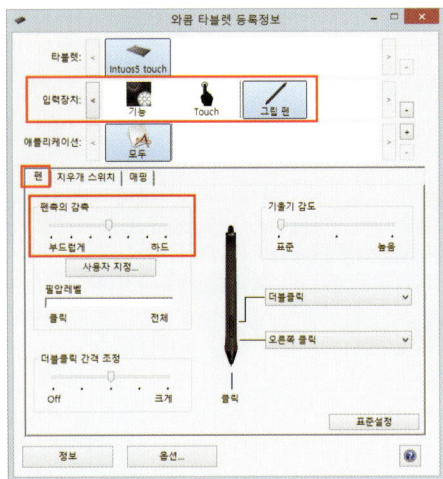

4. 필압의 왼쪽 그림처럼 상단항목 입력장치의 [그립 펜] 탭에서 [펜] ⇨ [펜촉의 감촉] 에서 설정할 수 있습니다. 펜촉의 감촉 조절항목은 사용자가 펜을 누르는 힘과 나오는 출력을 조절할 수 있는 항목입니다.

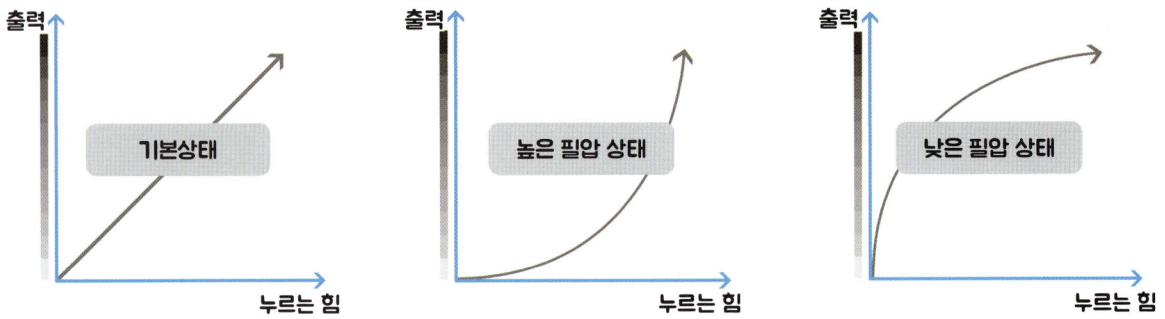

필압 레벨은 기본적으로 위의 그래프 모양을 따릅니다. 기본 상태는 누르는 힘과 출력이 같은 상태로 가장 많이 사용됩니다.

높은 필압의 상태는 어느 정도의 힘을 내야 선이 나오는 단계로, 연필에 비유하면 H, 2H, 4H처럼 숫자가 높아지는 것과 가깝습니다. 반대로 낮은 필압의 상태는 힘을 많이 들이지 않아도 진한 선이 나오는 상태로 2B, 4B, 6B처럼 B의 숫자가 높아지는 것과 유사합니다. 연필이 단단할수록 스케치가 편한 사람이 있고, 연필이 무를수록 스케치가 편한 사람들이 있습니다. 이는 개인차가 큰 편이니 자신이 연필을 어떤 것을 쓰는지, 어떻게 쓰는지를 생각해 보면 펜촉의 감촉을 쉽게 결정할 수 있습니다.

필자의 경우는 수작업 시 연필 스케치는 2H를 즐겨 쓰므로 디지털페인팅에서도 스케치 시에는 2H와 같은 높은 필압을, 그리고 채색할 때는 보통 마커나, 수채화도료 같은 필압에 민감한 도료를 즐겨 쓰므로 채색 시에는 기본출력상태를 사용합니다.

★ 자신의 수작업 때 즐겨 쓰는 화구를 비교해보면 디지털페인팅에서도 쉽게 세팅 값을 찾을 수 있습니다.

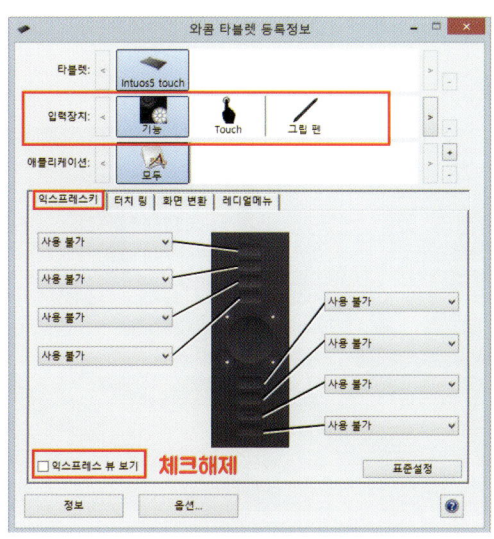

5. 다음으로 기능 탭으로 이동하여 세팅을 계속 진행하도록 하겠습니다.

6. 기능 탭에 있는 기능들은 반드시 쓸 것이 아니라면 기능을 [사용 불가] 항목으로 꺼두는 것이 좋습니다. 이유는 타블렛으로 그림을 그리다보면 타블렛 판 위에 손이 쓸리거나 팔목 등의 팔 부분들이 쓸리는 경우가 많은데, 이때마다 기능들이 켜지거나 화면에 나타나면 매우 거슬리기 때문입니다. 기능 탭의 [익스프레스키] 항목으로 이동하여 모든 항목을 [사용 불가]로 지정해줍니다.

7. 마찬가지로 익스프레스키 옆에 있는 [터치 링] 항목으로 이동하여 모든 항목을 [사용 불가]로 지정해줍니다.

8. 오른쪽 그림처럼 하단에 위치한 [익스프레스 뷰 보기]와 [터치 링 설정 표시]의 체크를 해제하지 않으면, 기능을 사용 불가로 바꾸더라도 디블렛을 스칠 때미디 회면에 [시용 불기]의 항목이 뜨므로 반드시 체크를 해제해 주도록 합니다.

9. 왼쪽 그림의 항목은 타블렛의 버전에 따라 기능이 있을 수도 있고 없을 수도 있습니다. 자신의 타블렛 모델명 뒤에 터치라는 항목이 붙는다면 이 기능을 포함하고 있습니다. 이 기능은 타블렛을 노트북의 터치패드처럼 사용할 수 있게 만드는 기능인데 페인팅 시에 그다지 사용하지 않으니 필자는 꺼두도록 하겠습니다. 위처럼 세팅을 하면 기본적으로 타블렛의 세팅이 끝나게 됩니다.

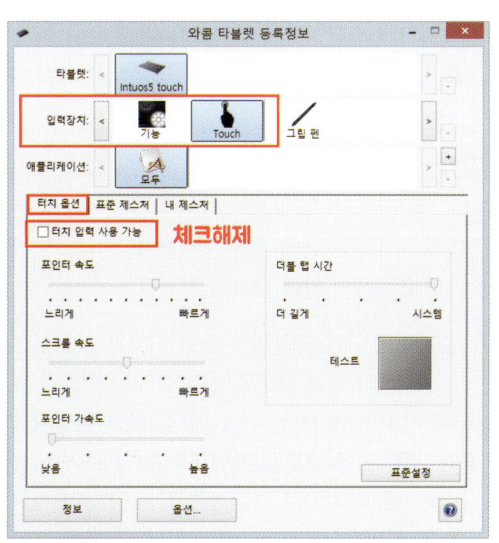

10. 마지막으로 윈도우 제어판의 와콤 등록 정보 창을 단축아이콘으로 만들어서 윈도우 하단 바에 고정시켜둔다면, 필요할 때마다 연필을 바꿔 쓰듯 필압과 기능을 바꾸어서 활용할 수 있습니다.

★ 타블렛 등록정보를 윈도우 하단 바에 고정시켜두면 언제든 불러와서 세팅을 조절할 수 있습니다.

학생들을 가르칠 때 가장 많이 듣는 질문 중 하나는 "선생님은 타블렛 뭐 쓰세요? 선생님은 컴퓨터 뭐 쓰세요?"입니다. 저 역시 아마추어 시절 프로 분들은 어떤 것을 사용할까하며 많이 궁금해 하기도 했었습니다. 학생 분들이 많이 궁금해 하는 부분이기에 필자의 작업 공간을 살펴보며 다른 사람들의 작업 공간은 어떤지 한번 알아 보도록 하겠습니다.

필자는 작업 공간을 두 군데 가지고 있습니다. 이것은 조금 특이할 수도 있으나 예전에 비해 매우 저렴해진 PC가격으로 노트북이 있는 사람이 PC도 가지고 있는 것을 생각하면 그리 특이한 일도 아닐 것입니다.

위는 필자의 메인이 되는 작업 공간입니다. IPS패널의 24인치 모니터 3대와 와콤사의 인튜어스5 M사이즈 모델을 사용하고 있습니다. 물론 27인치나 32인치 1대를 사용하는 것도 좋은 선택입니다. 하지만 보통의 작업자들은 IPS패널의 24인치급의 듀얼구성을 많이 사용하고 있습니다. 이것은 회사에서 원화가에게 가장 많이 지급하는 장비가 보통 23~24인치의 듀얼 구성이기 때문입니다. 회사는 이익적인 행동으로 운영되는 집단입니다. 회사에서 장비를 이렇게 지급한다는 것은 그 구성이 가격과 효율을 비교해 가장 효율적인 구성이기 때문입니다.

필자는 3대의 모니터를 사용하고 있지만, 이것은 1대의 모니터가 남아서 연결한 것일 뿐 듀얼 구성만으로도 충분하다고 말씀 드리고 싶습니다. 최근 게이밍 모니터 등으로 다시금 TN패널의 모니터들이 나오고 있으나 작업용으로 TN패널은 시야각이 좁아 좋지 않으므로 반드시 IPS패널의 모니터를 사용하는 것이 좋습니다. 최근 IPS패널의 모니터들은 상향평준화되어 대부분 비슷한 화질을 보이므로 고가의 전문가용 브랜드가 아닌 이상 비슷한 품질을 보입니다.

필자가 사용하는 판타블렛의 기종은 인튜어스5 M사이즈 모델입니다. 이 모델은 6x9인치의 면적을 가집니다. 모델이 노후 되었거나 브랜드가 다른 것은 크게 상관이 없습니다. 필자가 판타블렛에서 중요하게 여기는 부분은 바로 크기입니다. 6x9인치 크기의 타블렛은 회사가 원화가에게 지급하는 가장 기본적인 장비입니다. 방금 전에도 언급했다시피 회사에서 가장 보편적으로 쓰이는 것이 가장 표준적인 것에 가깝습니다.

PC는 노트북이든 일반 데스크톱이든 그저 포토샵이 원활히 돌아갈 정도의 사양이면 충분합니다. 포토샵은 그래픽카드 기능을 거의 필요치 않습니다. 3D가속이 필요한 기능이 거의 없기 때문입니다. 하지만 작업의 크기가 커지고 레이어가 많아지면 부하가 심해지는데 이를 대비해 메모리(RAM)는 4~8기가 이상으로 설치해 두는 것이 메모리 부족으로 급작스런 종료를 막을 수 있어 좋습니다. 또한 포토샵은 메모리를 다 쓰게 되면 HDD를 추가적인 메모리로 사용하게 되는데 이를 대비해 포토샵의 스크래치 디스크는 속도가 느린 HDD보다는 SSD를 사용하는 것이 효과적입니다.

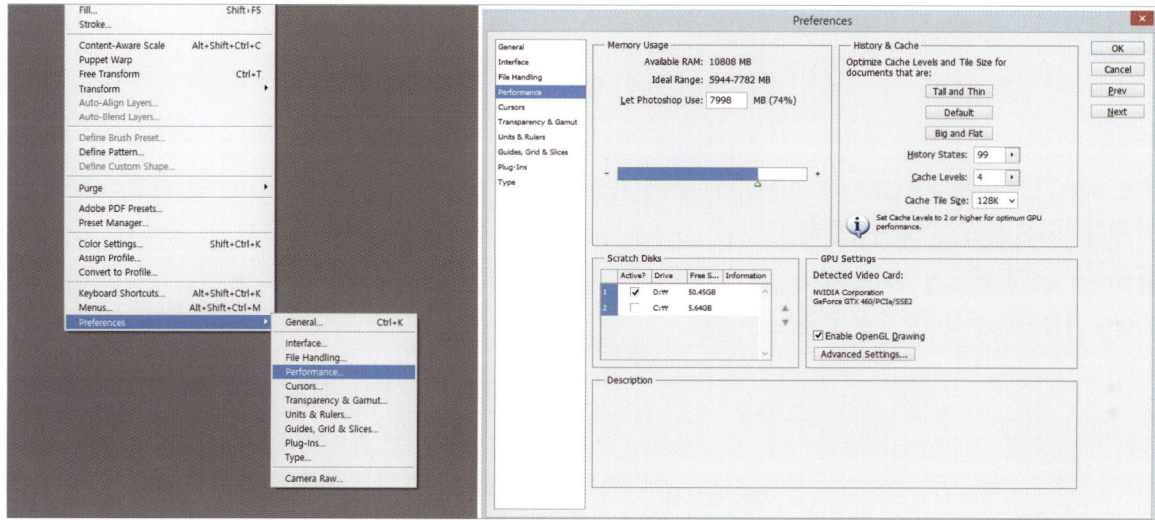

포토샵의 메모리 할당과 스크래치 디스크 설정은 상단의 [edit] 창의 [프리퍼런스] ⇨ [퍼포먼스] 탭에서 설정할 수 있습니다.

필자는 i5-2500, 16G 메모리, 128G SSD로 그리 좋은 사양은 아니지만 작업에 큰 무리 없이 포토샵을 구동하고 있습니다. 언리얼4 엔진 작업으로 그래픽카드는 GTX970을 사용 중인데 그래픽카드 좋고 나쁨은 포토샵에는 전혀 영향을 끼치지 않습니다.

두 번째 작업 공간은 아이디어 스케치와 썸네일, 선 따기 등의 작업을 하는 액정타블렛 작업공간입니다. 몇 년 전 까지만 하더라도 액정타블렛은 고가의 장비이고 널리 알려지지 않아 많이 사용되지 않았습니다. 하지만 최근 웹툰시장과 함께 디지털컨텐츠 시장의 폭발적인 성장으로 주변에서 쉽게 접할 수 있게 되었고, 이로 인해 가격 역시 일반인이 구입할 수 있을 정도로 많이 낮아졌습니다. 아마 여러분들도 주변에서 액정타블렛을 사용하는 사람들을 이제 쉽게 찾아보실 수 있을 것입니다. 하지만 아직까지 액정타블렛은 회사에서 잘 지급하는 장비는 아닙니다. 때문에 모니터나 판타블렛과 같이 회사에서 많이 사용하는 규격은 없습니다. 액정타블렛은 구입할 계획이 있다면 자신의 주 용도가 무엇인지, 메인으로 쓸 것인지 서브로 쓸 것 인지를 분석하여 용도에 맞추어 구입하는 것이 좋습니다.

액정 타블렛 시장은 다양한 브랜드들이 있지만 디지털 툴이 포토샵과 클립스튜디오가 가장 대중적이듯, 신티크와 휴이온 브랜드가 가장 대중적입니다. 필자는 휴이온의 22인치 액정타블렛인 휴이온 GT-221 PRO를 썸네일, 스케치, 그리고 선 따기 등의 디지털페인팅의 초벌작업에 사용하고 있습니다. 컴퓨터 장비는 한번 구입하면 몇 년을 사용하게 됩니다. 특히나 지금같이 하드웨어적으로 상향평준화된 시대라면 더욱 그렇습니다. 업계표준을 따르는 것은 예로부터 좋은 방법이었습니다. 또한 하드웨어적으로 상향평준화된 지금의 시대에선 누군가의 말을 듣기보다 직접 매장에 가서 체험을 하고 자신의 예산과 목적에 맞게 구입을 고려하는 것도 좋은 방법이 될 것입니다.

3 브러쉬 설정 하기

포토샵에서 브러쉬란 수작업에서의 화구와 비슷한 개념입니다. 어떤 브러쉬는 팁이 마카와 같이 딱딱하고 어떤 브러쉬는 마치 기계로 뿌린 것처럼 부드럽습니다.

포토샵의 브러쉬 종류를 크게 두 가지 분류로 나누면 보자면, 거칠기나 묽기를 가지는 마카나 붓과 같은 메인 브러쉬와 모양을 가진 패턴 브러쉬로 구분 할 수 있습니다.

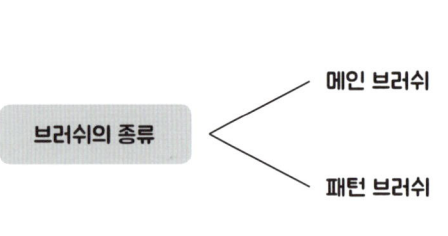

먼저 그림의 표현을 결정하는 메인 브러쉬부터 살펴보도록 하겠습니다.

디지털페인팅이 보급되기 전에 수작업에서는 부드러운 터치를 위해서, 혹은 딱딱한 터치를 위해서 나이프나 에어브러쉬 등의 화구들을 일일이 구입하고 그런 느낌을 주는 도료들을 구입하는데 많은 비용을 지불해야 했습니다. 하지만 디지털 페인팅에서는 이를 간단히 만들어 쓸 수 있습니다. 이것은 디지털 페인팅이 수작업과 비교되지 않는 큰 장점입니다.

하지만 너무 많은 화구들은 화가를 혼란스럽게 만들 수도 있습니다. 화구를 식기에 비유해 간단한 사고실험을 해보도록 하겠습니다. 우리가 스테이크를 먹으러 갔는데 생선 칼부터 식사용 나이프까지 모든 종류의 식기들이 주변에 있다고 생각해 보십시오. 어떤 식기를 써야 할지 몰라 쩔쩔매는 모습을 상상할 수도, 혹은 우리가 익히 알고 있는 한 두개의 식기로 식사를 하는 모습을 상상할 수도 있을 것입니다. 중요한 것은 곰곰이 생각해보면 우리는 우리 스스로가 좋아하는 느낌의 화구들을 알고 있습니다. 마치 우리가 즐겨 쓰는 젓가락이 있는 것처럼 말입니다.

★ 곰곰이 생각해본다면 우리는 이미 우리가 좋아하는 느낌의 브러쉬가 무엇인지 추구하는 표현이 어떤 것인지 누구보다 잘 알고 있습니다.

필자는 수작업에서 러프한 콩테나 두꺼운 연필을 선호합니다. 이는 디지털에서도 마찬가지입니다. 유화에서는 나이프를 선호하는 편이고, 색연필보다는 마커를, 수채화에서는 물기를 많이 뺀 납작 붓을 선호하는 편입니다.

→ 콩테같은 느낌

→ 바짝마른 유화 붓

→ 마커나 불투명수채화의 납작 붓

위의 그림의 브러쉬들은 필자가 메인으로 사용하는 브러쉬들입니다. 이 브러쉬의 모습만 보아도 필자 그림의 표현이 어떻게 마무리될지 파악할 수 있을 것입니다. 아마도 이런 화구들을 메인으로 삼는다면 부드러운 느낌보단, 거칠고 러프한 터치가 끝에 남아 표현되기 쉽지 않을까요?

여기서 중요한 점은 이것은 정답이 아닌, 필자가 선호하는 화구일 뿐이라는 것입니다.

여러분도 자신이 어떤 표현을 좋아하는지, 그리고 어떤 표현을 닮고 싶은지를 확실하게 파악하여, 그에 맞는 화구를 선택하여 메인으로 사용한다면 그와 비슷한 터치 표현을 할 수 있습니다. 먼저 자신이 닮고 싶은 작가가 누구인지, 자신이 표현하고 싶은 터치는 어떤 모습인지 구체적으로 상상하십시오. 그리고 그에 맞는 화구를 선택하십시오. 고기 써는 칼로 생선을 썰기엔 불편한 것이 당연합니다. 자신에게 맞는 화구를 운용하는 것은 무엇보다 중요합니다.

★ 필자의 브러쉬팔레트. 거친 브러쉬들이 주류를 이루고 있습니다.

포토샵 브러쉬의 특징 중 두 번째는 패턴 브러쉬입니다.

마치 도장처럼 수작업에서는 있을 수 없는 모양이 있는 브러쉬들을 말합니다. 모양이 있는 브러쉬들은 구름이나 옷의 박음질, 벽돌 같이 반복되는 패턴을 그리거나 혹은 스크래치 등의 웨더링을 표현하기에 적합합니다.

이런 패턴 브러쉬들은 수작업에 비해 디지털페인팅의 속도를 비약적으로 빠르게 올려주는 효과를 가져다줍니다. 만약 유화에서 구름 낀 하늘을 그리려고 했다면 상당한 시간이 걸렸을 작업도 구름모양의 브러쉬 몇 개로 빠르게 표현해 낼 수 있습니다. 혹은 멋진 옷의 반복되는 패턴도 한번만 작업해 일일이 그 패턴을 다 그리지 않고 돌려쓸 수도 있습니다. 하지만 이는 기초가 탄탄한 사람들에게 디지털페인팅이 가져다주는 선물이라는 것을 기억하는 것이 중요합니다. 만약 스스로 구름 낀 하늘이, 그리고 옷의 패턴이 정확하게 어떻게 표현되는지 모른다면 이 패턴 브러쉬들은 그저 얕은 꼼수에 그칠 수도 있습니다.

 중간정리

그림의 전체적인 표현을 결정.
자신이 원하는 스타일과 표현을 정확하게 아는 것이 중요.

메인브러쉬

모양을 가진 브러쉬, 그림을 빠르게 그리는데 사용.
사용 전에 충분히 자신이 그리는 대상의 형태가 어떤지 이해하는 것이 무엇보다 중요.

패턴브러쉬

Tip2 패턴 브러쉬의 제작과 활용

앞서 브러쉬의 종류는 메인 브러쉬와 패턴 브러쉬 두 가지로 나뉜다고 설명하였습니다. 그 중에서 패턴 브러쉬를 직접 제작해보고 그것을 활용하는 방법을 알아보고자 합니다. 간단한 예제를 따라해 보면서 패턴브러쉬를 함께 만들고 그것을 그림에 대입하여 패턴 브러쉬를 이해해보도록 하겠습니다.

★ 완성될 브러쉬는 쇠사슬 모양의 패턴 브러쉬입니다.

먼저 완성될 이미지는 왼쪽 그림과 같은 쇠사슬입니다. 쇠사슬은 게임캐릭터에 많이 쓰이는 패턴이며 잔손이 많이 가는 편이라 브러쉬로 만들어두면 원하는 부위에 쉽게 사슬을 추가할 수 있습니다.

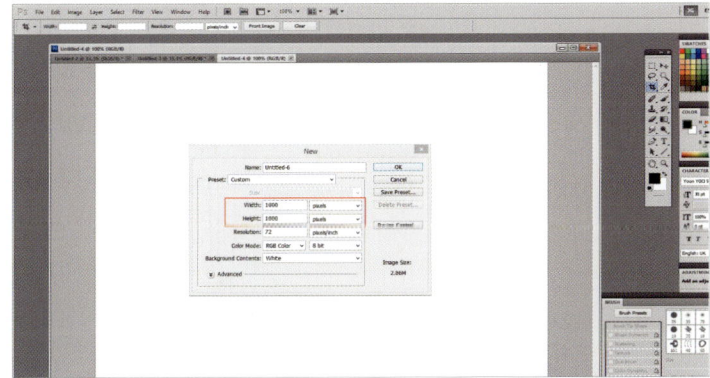

1. 먼저 1000x1000px 정도의 캔버스를 엽니다. 크기는 더 작아도 상관없습니다.

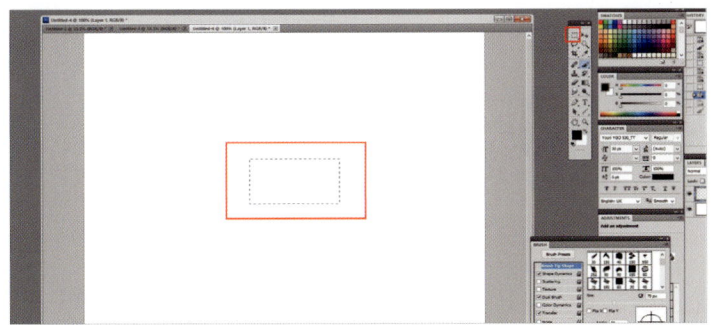

2. 툴 박스의 마퀴(직사각 선택) 툴을 이용해 위 그림과 같이 영역을 만들어줍니다.

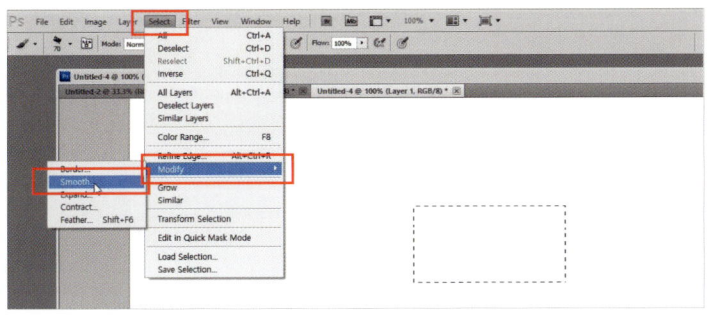

3. 상단툴 바의 [Select] ⇨ [Modify] ⇨ [Smooth] 항목으로 들어갑니다. [Smooth]는 지정영역의 주변을 부드럽게 만드는 기능을 합니다.

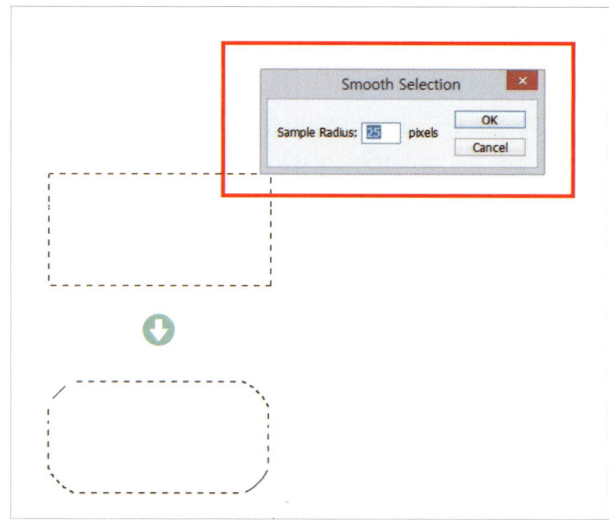

4. [Smooth Selection]이라는 창이 뜨는데 이는 모서리의 몇 픽셀까지의 범위를 구부릴 것인지에 대한 물음입니다. 25pixel값을 입력하여 직사각영역의 모서리 부분을 둥글게 만듭니다.

5. 전경색을 채우는 단축키인 (Alt+Del)이나 페인트 버킷(단축키G) 툴을 이용하여 내부를 검게 칠해 줍니다.

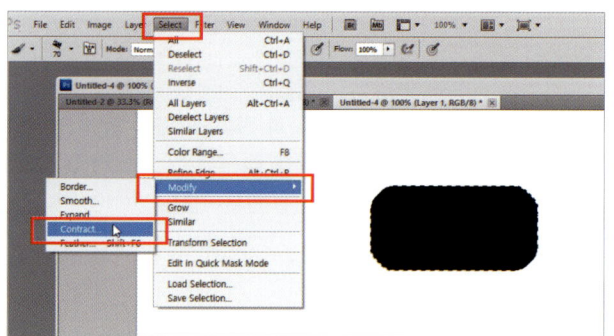

6. 셀렉션 영역을 유지한 상태로 [Select] ⇨ [Modify] ⇨ [Contract] 탭으로 들어갑니다. [Contract] 탭은 지금 셀렉션의 크기를 줄여서 선택하는 기능을 합니다.

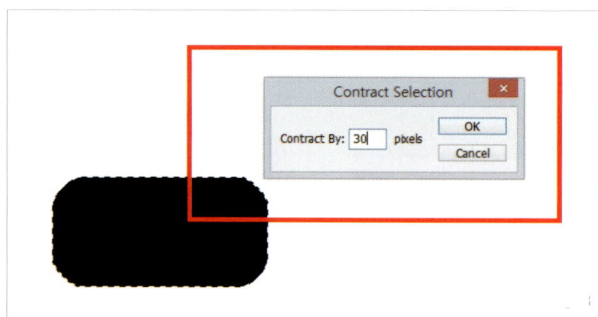

7. [Contract] 탭을 누르면 [Contract Selection] 창이 뜨게 되는데 이것은 현재의 셀렉션에서 몇 픽셀을 축소할 것이냐를 묻는 것입니다. 30pixel을 입력해줍니다.

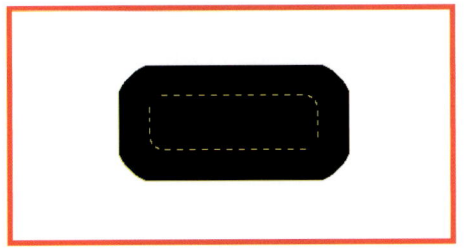

8. 셀렉션이 축소된 것을 확인할 수 있습니다.

9. DEL키를 이용하여 내부를 깔끔히 지워 사슬의 기본 형태를 깨끗이 만들어줍니다. 이것으로 사슬의 몸통을 만들었습니다. 이제 사슬의 연결부를 만들 차례입니다.

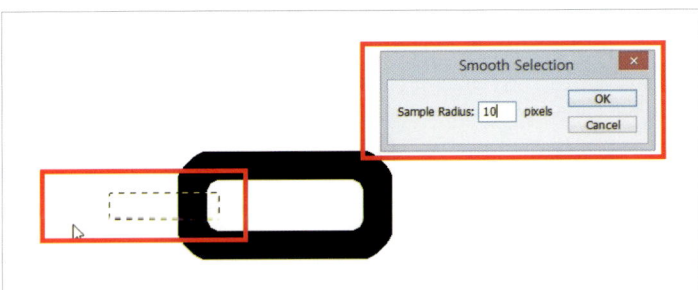

10. 마퀴 툴을 이용해 같은 방식으로 사슬의 연결부를 만들어주고 [Modify] 항목의 [Smooth] 기능을 이용해 모서리를 부드럽게 만들어줍니다. 이번에는 셀렉션의 크기가 조금 작으니 10pixel의 값을 입력해 주었습니다.

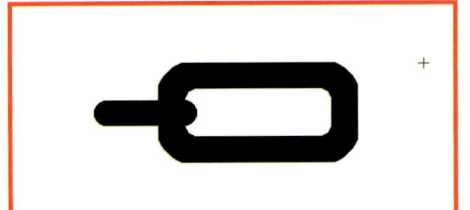

11. 내부를 채워주어 깔끔한 기본형태의 사슬을 완성합니다. 사슬을 완성했으니 이제 이것을 브러쉬의 모양으로 등록할 차례입니다.

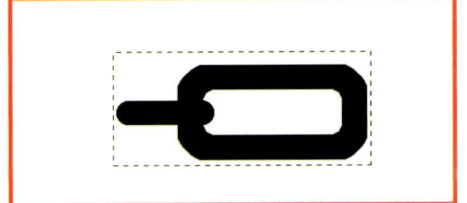

12. 마퀴 툴을 이용해 브러쉬로 만들 형태를 선택하여줍니다.

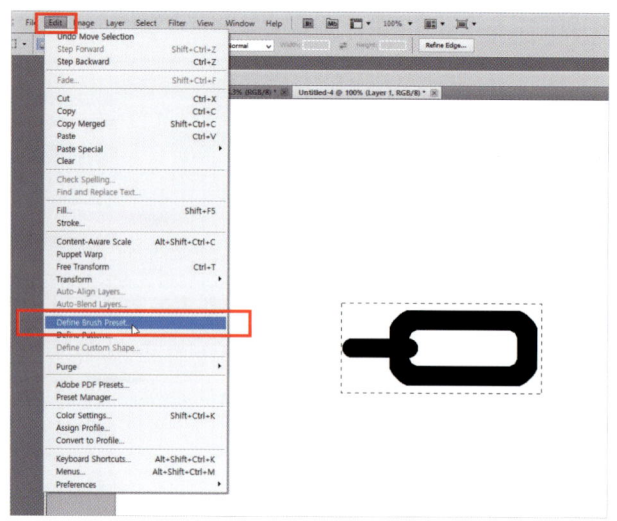

13. 상단툴 바의 [Edit] 항목의 [Define Brush Preset] 항목을 클릭합니다.

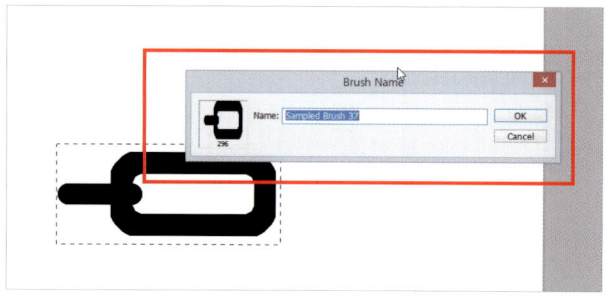

14. 클릭하면 왼쪽과 같은 창이 뜨는데, 브러쉬는 세팅 후 다시 저장해야 하기 때문에 이름은 크게 중요하지 않습니다. [OK]를 눌러 브러쉬를 저장합니다.

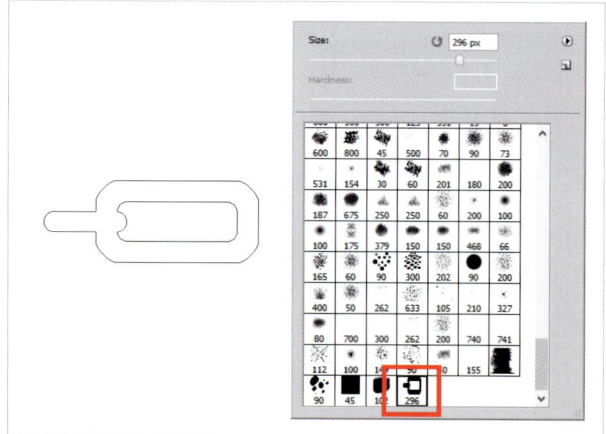

15. 브러쉬 프리셋(브러쉬 상태에서 마우스 오른쪽 클릭) 창을 열어보면 우리가 저장한 브러쉬가 등록되어 있는 것을 볼 수 있습니다. 이제 브러쉬를 만들어 쓰는 항목의 절반 이상 왔습니다. 브러쉬를 클릭하여 캔버스에 브러쉬를 그어봅시다.

16. 아마 왼쪽 그림과 같은 모습으로 그려질 것입니다. 우리가 바라던 쇠사슬의 모양과는 조금 다르지 않나요?

17. 아마 우리는 분명 왼쪽 그림과 같은 모습의 쇠사슬을 원했을 것입니다.

우리가 만든 것은 그저 브러쉬 모양에 지나지 않습니다. 이것을 브러쉬 모양 혹은 브러쉬 팁이라고 부릅니다. 이제 이 브러쉬 모양에 다양한 가공을 거쳐 우리가 원하는 브러쉬를 만들 수 있습니다. 할 수 있는 가공들은 타블렛의 필압에 따라 이 브러쉬 팁이 커졌다 작아졌다 하는 것부터 필압에 따라 진하기가 바뀌는 것, 그리고 이 브러쉬 안에 다른 재질이 섞여 들어가는 것 까지 다양합니다.

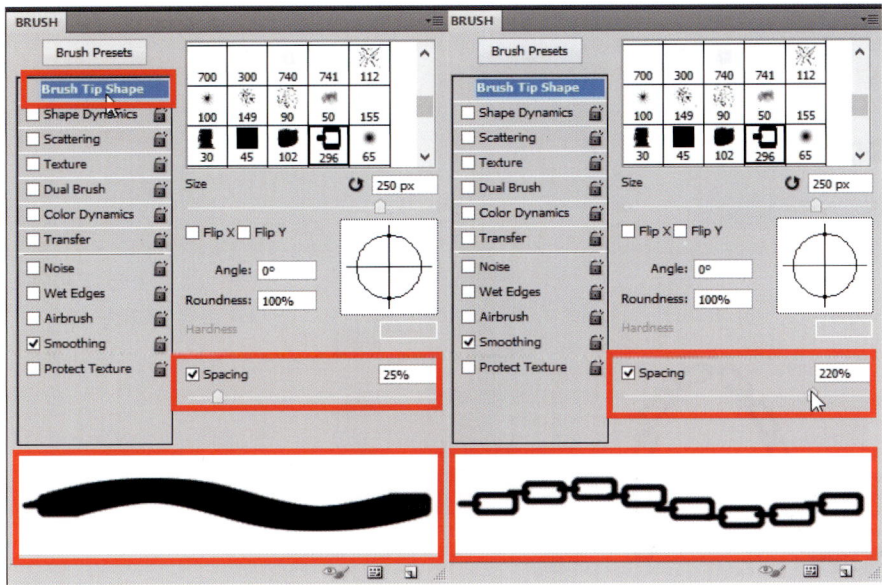

18. [Brush Tip Shape] 항목으로 들어가 [Spacing] 부분을 조정하도록 합니다. 스페이싱을 높이니 브러쉬 팁이 벌어져 우리가 원하는 형태의 모양이 나오는 것을 확인할 수 있습니다. 스페이싱을 높힌 후 한번 그어봅니다.

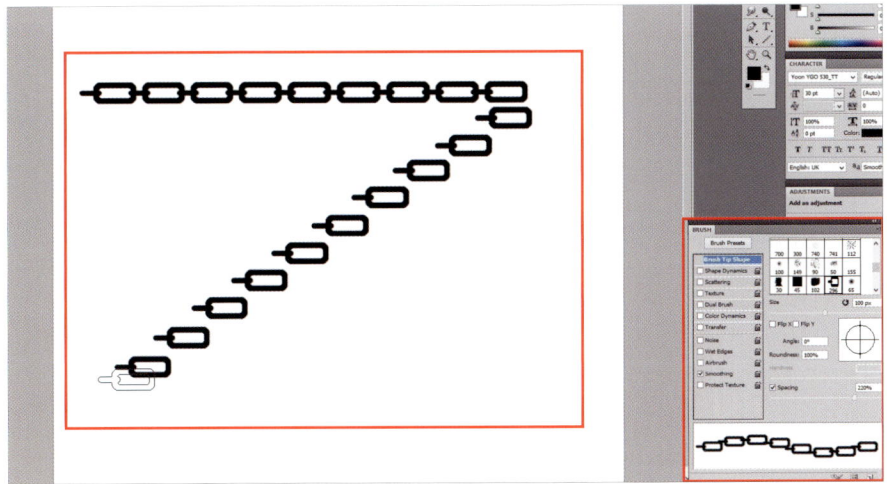

거리는 맞게 들어갔지만 여전히 우리가 원하는 형태가 나오지는 않습니다. 브러쉬가 방향을 따라오지 않네요.

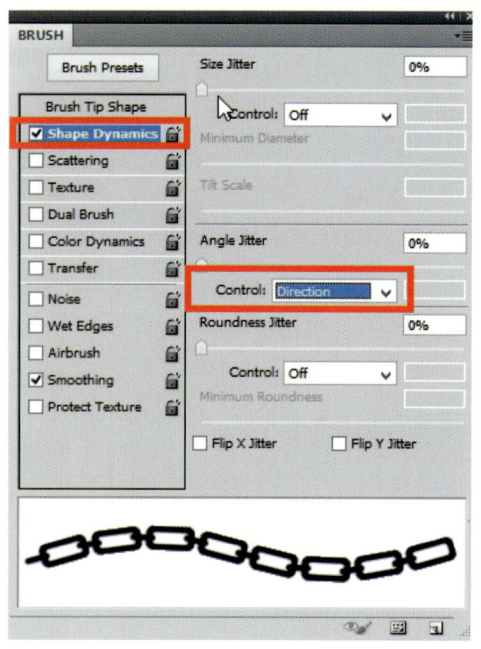

19. 브러쉬 창으로 돌아가 [Shape Dynamics] 항목을 켜줍니다. 이 항목은 브러쉬의 형태에 대해 관여하는 항목입니다. 형태의 아래에 있는 항목들은 브러쉬의 분산, 질감, 이중, 색채, 이행에 대해 관여하는 부분들입니다. 각기 다른 부분을 관여하니 이 부분들을 조정하여 원하는 모양의 브러쉬를 만들어 줄 수 있습니다.

20. [Shape Dynamics] 항목을 켜게 되면 [Size Jitter] 항목이 자동으로 활성화가 되는데, 우리가 만들고자 하는 브러쉬는 크기의 조절이 필요 없으므로 이 항목을 Off로 바꾸도록 합니다.

21. 아랫부분에 있는 [Angle Jitter]의 항목을 [Direction]으로 바꾸어주면 우리가 향하는 방향으로 브러쉬가 따라붙게 됩니다.

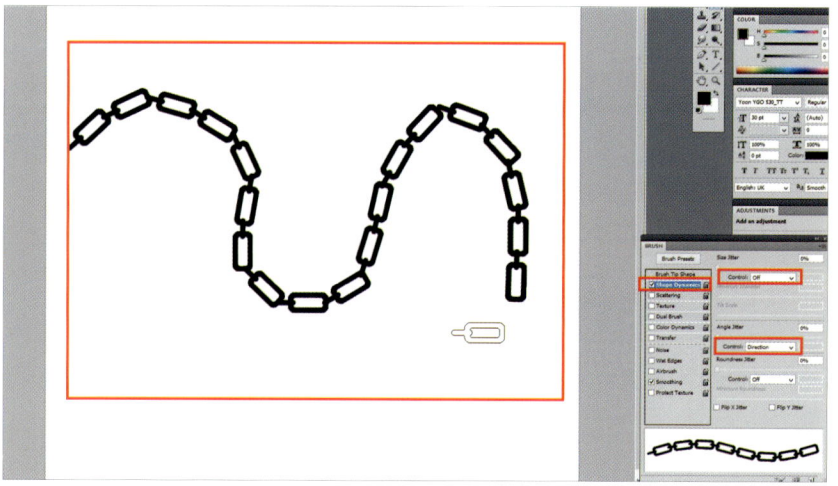

22. 우리가 원하는 브러쉬의 형태가 나온 것 같습니다.

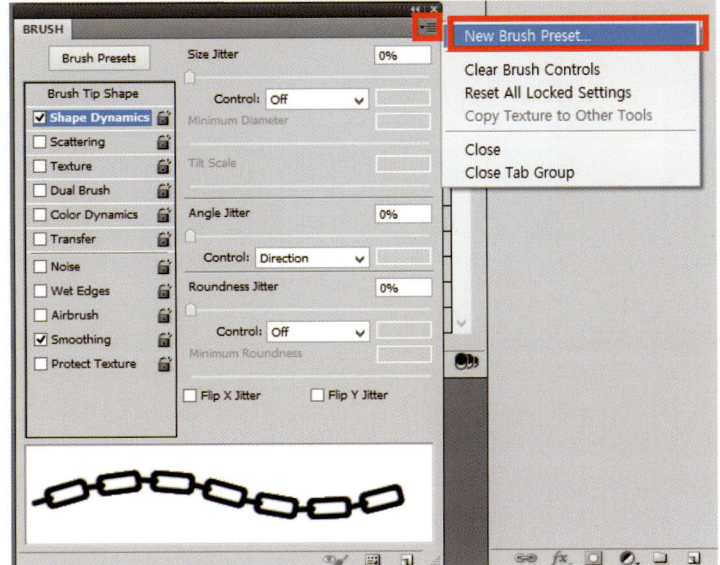

23. 원하는 모양의 브러쉬를 제작했으면 브러쉬 창의 우측상단의 탭을 눌러 반드시 새로운 브러쉬로 저장해야합니다. 그렇지 않으면 지금 했던 세팅 값들이 모두 사라지게 됩니다. 이제 쇠사슬 브러쉬를 만들었으니, 다른 그림들에 쇠사슬을 한번 그려 넣어 보도록 하겠습니다.

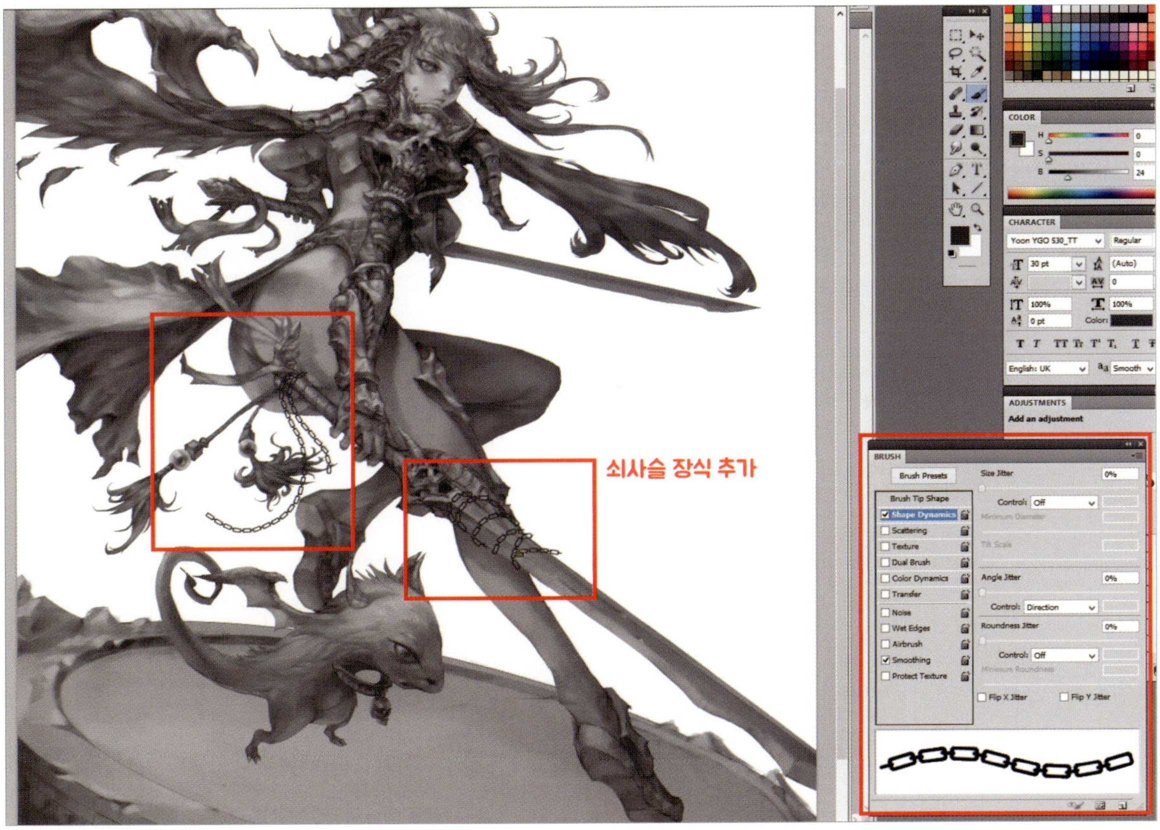

쇠사슬 장식 추가

24. 작업 중인 그림의 칼 부분에 새로 만든 브러쉬로 쇠사슬 장식을 추가해 주었습니다. 여러분들도 필요한 패턴이 있다면 구름, 풀, 꽃, 성벽 등 일정한 패턴이 있는 곳이라면 다양한 패턴 브러쉬를 활용해 쉽게 그림을 그릴 수 있습니다.

빛과 그림자

Chapter **3**

사물의 형태는 그림자로 인해 드러납니다. 그리고 그림자를 만들기 위해선 반드시 빛이 필요합니다. 다양한 빛의 종류들은 다양한 그림자의 모양을 만들어 냅니다. 어떤 빛과 어떤 그림자들이 있는지 함께 살펴보고, 빛과 그림자의 상관관계도 살펴보도록 하겠습니다.

1 빛의 종류

우리 눈은 빛이 있기에 크게는 사물의 형태와 색을 볼 수 있고, 작게는 사물의 반사율과 재질을 인식할 수 있습니다. 만약 빛이 존재하지 않는다면 우리는 사물의 형태와 재질, 색 그 어떤 것도 볼 수 없게 됩니다.

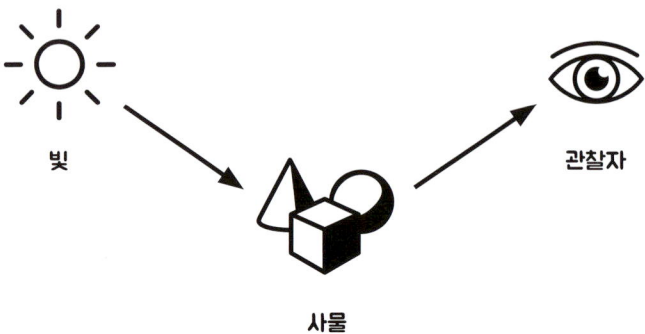

★ 우리는 이 3요소 중 하나라도 없으면 아무것도 관찰할 수 없습니다.

위 그림은 우리가 사물을 보기 위해 필요한 3요소입니다. 빛이 없으면 어두우니 사물을 볼 수 없고, 사물이 없으면 사물을 볼 수 없으며, 관찰자가 없으면 아무것도 볼 수 없는 것은 어찌보면 당연한 일입니다. 이제부터 우리는 빛, 사물, 관찰자를 하나씩 살펴보고, 그것들의 특징에 따라 그리고 그것들의 관계에 따라 관찰자에게 어떤 영향을 끼치는지 하나씩 알아보도록 하겠습니다.

01 자연광

자연광은 우리가 주광이라고 부르는 빛의 종류 중 하나입니다. 빛의 종류는 크게 두 가지로 분류됩니다. 바로 자연광과 인공광 두 가지입니다.

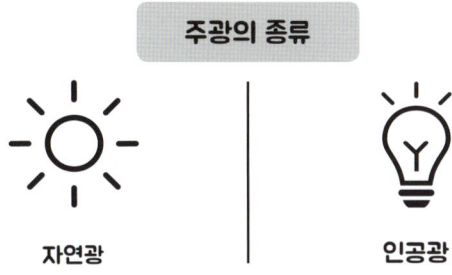

★ 주광의 종류는 크게 자연광과 인공과 두 가지로 구분된다.

자연광에는 태양과 달, 별 등이 이곳에 속하는데, 자연광 중 태양과 달만이 우리에게 가장 큰 영향을 미칩니다. 하지만 달은 태양을 반사하여 빛이 나는 광원이므로 태양광을 이해하면 달의 광원도 똑같이 쉽게 이해 할 수 있습니다. 그러므로 자연광 부분은 태양광만을 다루도록 하겠습니다.

태양광은 태양에서 오는 에너지를 가진 광선을 말합니다. 태양은 마치 전구처럼 모든 방향으로 빛을 뿜어내지만 그 크기가 지구의 입장에선 너무 크기에 지구에 도달하는 빛은 거의 평행에 가깝게 보입니다. 그래서 태양광을 평행광이라고 말하기도 합니다.

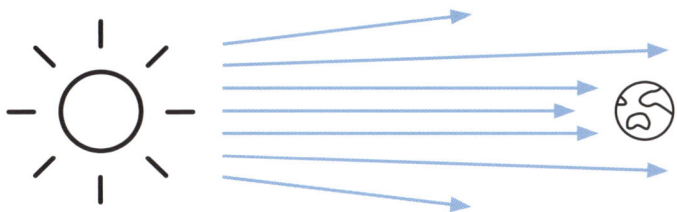

★ 태양은 지구에 비해 너무 거대해서 지구의 입장에서 보면 태양광은 항상 평행으로 보입니다.

★ 이렇게 넓은 지역에 걸쳐 평행한 빛은 자연광에서만 느낄 수 있는 커다란 특징입니다.

자연광의 특징은 인공광에 비해 그 세기가 강하고, 평행하다는 것입니다. 인공광으로 세기가 강한 빛을 만들어 낼 수는 있지만 이렇게 넓은 지역에 걸쳐 평행한 빛은 만들어낼 수 없습니다. 이것은 자연광만이 가지는 커다란 특징입니다.

빛이 평행하다는 것은 우리가 자주 볼 수 있는 야구장이나 축구경기장 안의 스타디움 전구를 생각하면 한결 이해하기 쉽습니다.

★ 야구경기장의 평행한 조명으로 밤인데도 불구하고 마치 낮인것 같은 상황을 연출합니다.

이렇게 평행하게 들어오는 빛은 인공광에 비해 넓은 밝은 면과 좁은 그림자를 형성합니다.
그리고 사물의 크기가 어떻든 빛의 세기가 강하기 때문에 사물의 전체 영역에 고루 빛을 비춥니다.

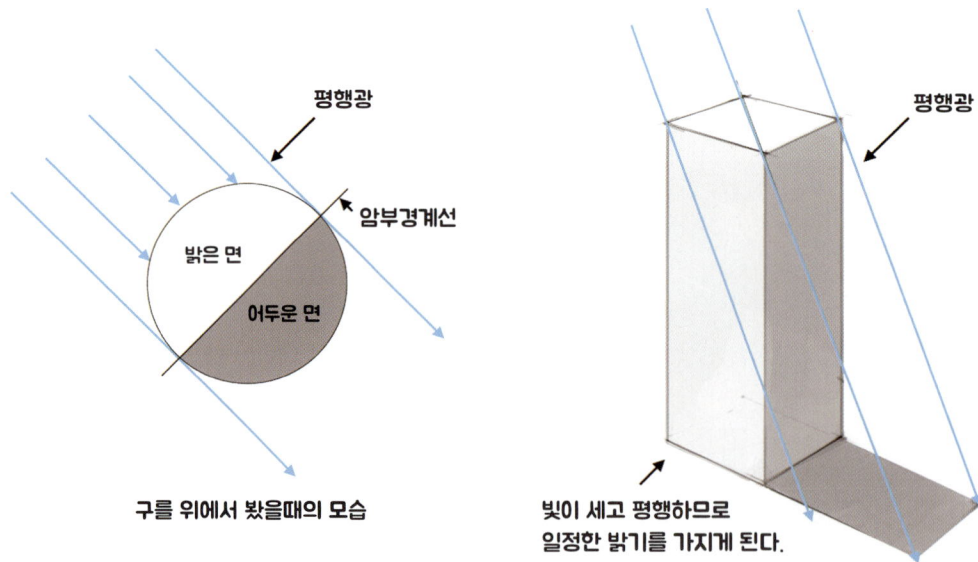

건물과 같은 태양광을 받고 있는 오브젝트나, 혹은 반드시 바깥에 있어야 하는 거대한 오브젝트 등을 자연광 상태로 그리게 되면 거대해 보이는 느낌을 살리기 쉽습니다.

인공광은 횃불, 전구, LED 등 인간이 인위적으로 만들거나 혹은 곤충, 동물 등이 인위적으로 발산하는 빛을 말합니다. 인공광의 가장 큰 특징은 자연광에 비해 그 세기가 약하고 빛의 거리가 존재한다는 데에 있습니다.

이렇게 한정적인 곳만을 비추는 빛을 국부광(local light) 이라고 부릅니다.

국부광은 과학의 발달로 여러 가지 종류로 나뉘게 되는데, 한 곳에서만 빛을 발산하는 가장 기본적인 형태의 포인트라이트부터 방향을 어느 정도 가지는 스포트라이트, 제한된 지역을 평행광과 같은 형태로 만들어 주는 레이저라이트, 그리고 면자체에서 빛을 내는 면발광 등이 존재합니다. 이 같은 인공광의 특징은 자연광과 달리 빛을 통해 시대적 컨셉을 나타낼 수도 있습니다.

★ 인공광은 자연광과 달리 거리에 따라 빛이 약해집니다.

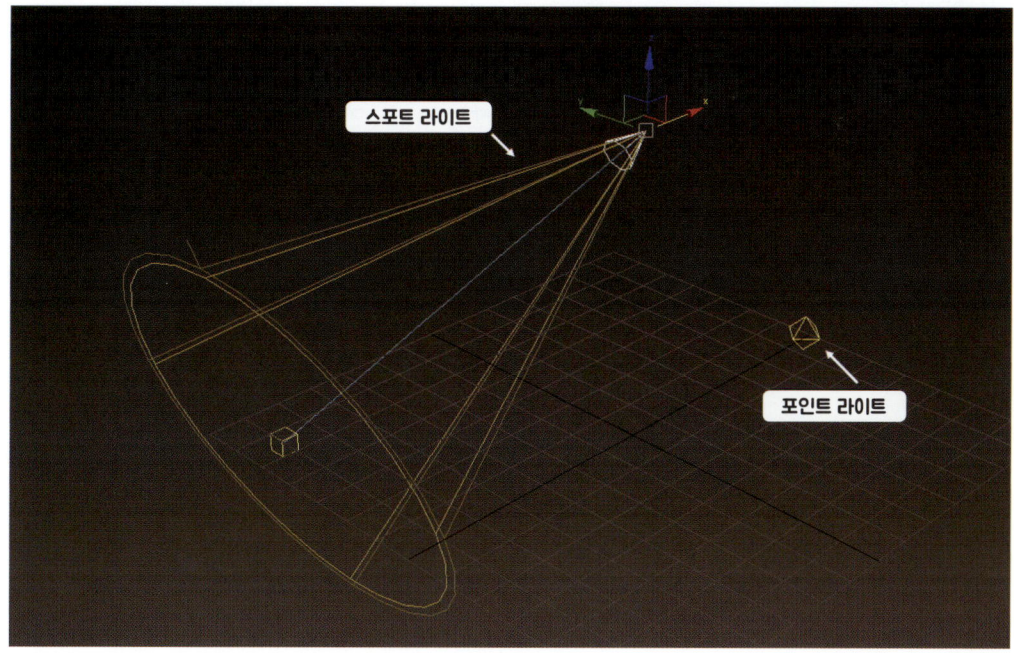

이 중에 국부광으로 가장 많이 활용되는 것은 포인트 라이트와 스포트라이트로 인공광의 특징인 빛의 감쇄와 빛의 비평행이라는 두 가지 성질을 모두 잘 보여주기 때문입니다.

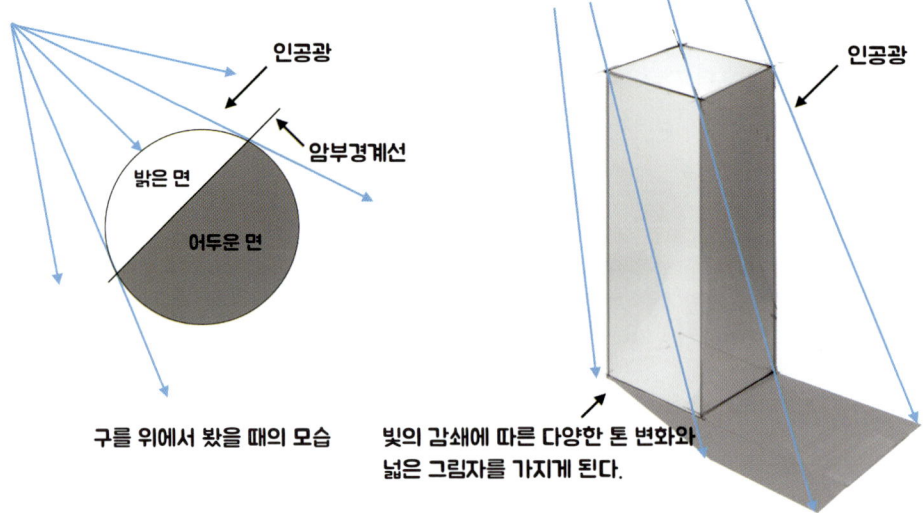

인공광

암부경계선

밝은 면

어두운 면

인공광

구를 위에서 봤을 때의 모습

빛의 감쇄에 따른 다양한 톤 변화와
넓은 그림자를 가지게 된다.

인공광은 자연광에 비해 좁은 밝은 면과 넓은 그림자를 형성합니다.

03 자연광과 인공광의 차이

우리는 그림을 그리는 사진기사와 같습니다. 지금부터 우리가 사진기사라고 생각하고 우리가 생각하는 컨셉트의 캐릭터나 혹은 배경을 찍는다고 생각해 보겠습니다. 자연광과 인공광은 지금 이 물체가 위치하는 곳의 차이점을 분명히 보여줍니다. 이것은 피사체의 정보에 상당한 영향을 끼치게 됩니다.

사진기사가 되어 집을 한 채 촬영해 봅시다. 인화해 보니 사진 속의 집이 국부광으로 표현되어 있다면 큰집을 촬영한 것이 아니라 조그마한 미니어처를 촬영한 것처럼 보일 것입니다. 이번에는 인물 하나를 촬영한다고 가정해 봅시다. 우리는 이 인물의 환경을 중요시 할 것인가 혹은 이 인물을 중요시 할 것인가를 결정해야합니다.

인물의 환경이 인물에게 중요하다면 그 환경에 맞는 자연광 속에서 인물을 촬영하는 것이 효과적일 것입니다. 반면에 인물만을 중요하게 생각한다면 스튜디오에서 촬영하는 것이 그 인물을 부각시키는데 더욱 도움이 될 것입니다.

이처럼 사진과 그림은 밀접하게 연관되어 있습니다. 좋은 사진을 보는 것과 그 사진이 품고 있는 의미를 이해하는 것은 우리가 그리는 것에 밀접한 영향을 줍니다.

 중간정리

 자연광
· 빛이 평행하다.
· 밝은 면이 많다.
· 그림자 면이 좁다.
· 톤이 일정하다.
· 빛의 감쇄가 없다.

 인공광
· 빛이 평행하지 않다.
· 밝은 면이 적다.
· 그림자 면이 넓다.
· 톤이 일정하지 않다.
· 빛의 거리에 따라 감쇄가 생긴다.

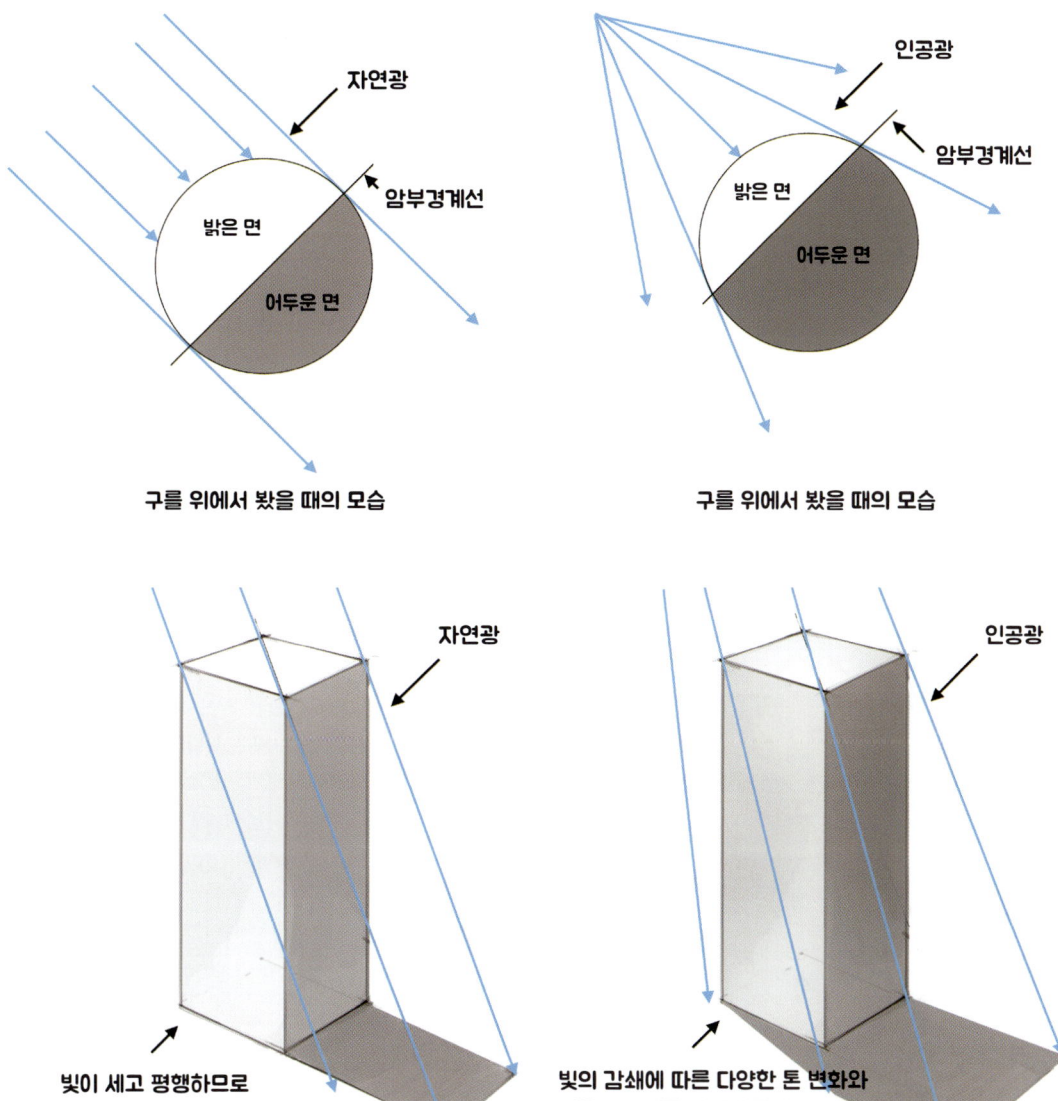

자연광

암부경계선

밝은 면

어두운 면

구를 위에서 봤을 때의 모습

인공광

암부경계선

밝은 면

어두운 면

구를 위에서 봤을 때의 모습

자연광

인공광

빛이 세고 평행하므로
일정한 밝기를 가지게 된다.

빛의 감쇄에 따른 다양한 톤 변화와
넓은 그림자를 가지게 된다.

04 직접광과 확산광

빛의 종류를 자연광과 인공광으로 분류할 수 있었다면 빛의 성질은 직접광과 확산광으로 분류할 수 있습니다.

직접광이란 빛이 아무런 방해 없이 그대로 사물에 부딪히는 형태를 말합니다. 반면 확산광이란 빛이 어떤 방해를 받아 빛이 산란한 상태로 사물에 떨어지는 형태를 말합니다.

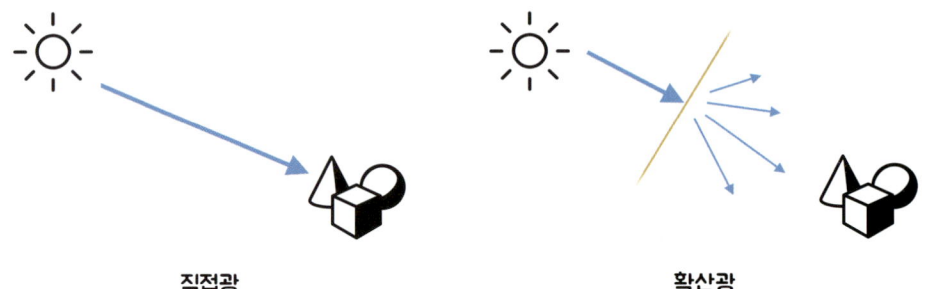

직접광   확산광

이 방해에는 다양한 종류가 있는데, 자연광 상태에서는 구름과 같은 물체로 직접광이 확산광으로 변할 수 있으며, 인공광에선 인위적으로 전등갓 같은 물체를 전구 위에 씌워 인공광을 확산시킬 수도 있습니다.

★ 구름은 자연광을 확산시키는 가장 좋은 매개체입니다. 구름이 많은 날은 사물의 하이라이트가 넓게 퍼지고 부드러워지는 것을 쉽게 확인할 수 있습니다.

★ 램프 위의 전등갓은 인공광을 확산시켜 부드러운 조명을 만들어 줍니다.

직접광과 확산광의 가장 큰 차이점은 밝은 면에서 나타납니다. 위쪽 사진의 인공 조명에 갓을 씌운 상태에선 소파에 맺히는 빛의 크기가 더 크고 부드러우며 약한 것을 볼 수 있습니다.

05 반사광

반사광이란 주광이 바닥 면이나 혹은 어떤 사물에 부딪혀 반사되어 피사체에 영향을 주는 빛을 뜻합니다. 반사광은 명암으로써 형태를 보여주는데 가장 큰 영향을 주는 광원 중 하나로 사물의 정확한 형태뿐 아니라 사물의 재질을 보여주는 가장 중요한 광원입니다.

반사광을 정확하게 이해하기 위해선 반사광과 다음에 이어서 나올 환경광을 정확하게 구분 짓는 편이 좋은데, 반사광은 주광이 사물에 부딪히고 다시 돌아와 첫 번째로 확산된 빛만 생각하는 편이 좋습니다.

★ 반사광은 주광이 사물에 부딪히고 다시 돌아와 첫 번째로 확산된 빛만 생각하는 편이 좋습니다.

바닥 면과 천장 면에 두 번 이상 부딪혀 확산반사가 된 빛은 환경광으로 묶어 생각하는 편이 반사광과 구분 짓기 좋습니다.

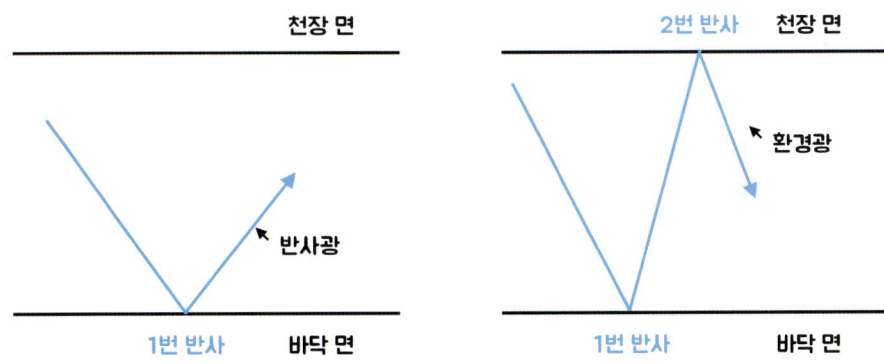

★ 2번 이상 반사된 빛은 더 이상 반사광으로 생각하지 않는 것이 좋습니다.

반사광은 위에 언급한 직접광과 확산광 중 확산광에 가깝습니다. 이미 사물을 한번 치고 올라왔기 때문에 빛이 매우 퍼져있는 상태입니다. 반사광과 환경광에는 여러 차이가 존재하는데, 2번 이상 반사된 빛은 이미 너무 확산되어 그 차이가 거의 나지 않습니다. 그러므로 우리는 첫 번째 바닥 면에서 확산된 빛만을 반사광이라 부르도록 하겠습니다. 반사광의 최초 반사 면은 그림 안에서 찾을 수도 있고, 종종 그림 바깥에 있는 경우도 있습니다.

사물에 반사광을 표현하는 것은 사물의 재질을 결정짓는 가장 중요한 요소입니다. 사물의 재질 표현은 시각적으로 재질의 빛에 대한 민감도에 의해 구별되는데, 하이라이트의 양이 늘어나거나 세기가 세지는 것은 빛이 강해졌다라고 보기보다는, 피사체가 빛에 대해 민감하다고 생각하는 것이 옳습니다. 반사광의 표현이 강하고 넓을수록 하이라이트의 크기 역시 강하고 넓어집니다. 사물에 대한 반사광의 표현은 사물을 정확하게 표현하는 것의 시작이자, 곧 재질 표현의 시작과 같습니다.

★ 넓고 강한 반사광은 사물의 재질을 반사율이 높은 재질로 보이게 합니다.

06 환경광

지구상에 빛이 보이는 모든 상황이라면 예외 없이 환경광이 발생합니다. 주광이 광원에서 직접적으로 물체에 부딪히는 빛을 말한다면, 환경광이란 주광이 사물에 닿기 전 대기 중에 산란되어 대기에 퍼져 있는 광원을 말합니다. 이 환경광은 보조광, 필라이트, 스카이라이트, 전역조명 등 다양한 이름으로 불리는데 이 책에서는 환경광이라는 이름으로 정의하도록 하겠습니다.

연광 상태에서의 환경광은 지구의 대기층 중 레일리층에서 일어나는 가시광선의 단파산란으로 인해 발생합니다. 이때 나타나는 환경광은 천공광(=하늘빛, 스카이 라이트)이라고 부르며, 단파산란으로 인해 푸른색을 띄는 것이 특징입니다.

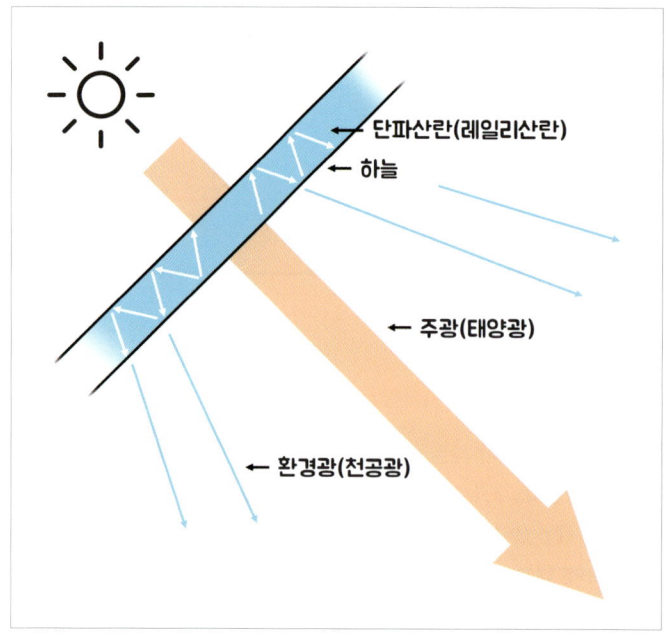

자연광의 환경광답게 넓은 지역에 광범위하게 영향을 주는 것이 특징이며 날씨가 흐리거나 해질녘처럼 주광이 약해질 때 혹은 주광이 약한 그림자 부분에 그 푸른색이 더욱 선명하게 드러납니다.

★ 태양은 노란색이지만 하늘이 푸른색인 이유는 바로 이 레일리산란 때문입니다.
우리 주변은 항상 환경광으로 가득 차 있습니다.

★ 태양빛을 받지 못한 곳은 환경광의 영향으로 푸르게 보입니다.

인공광 상태에서의 환경광은 공기 중의 수분, 먼지와 같은 미립자에 의한 대기산란, 그리고 반사광의 연속적인 산란반사가 뒤섞여서 일어납니다. 간단한 예로 방안의 천장 전등을 켜면 방안 전체가 밝아지는 것은 천장과 바닥 면의 산란반사로 인해 하늘과 마찬가지로 방안에 환경광이 가득차기 때문입니다.

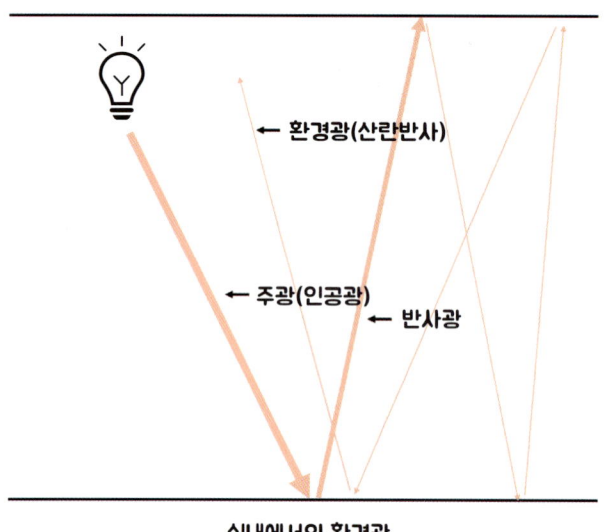

실내에서의 환경광

인공광 상태의 환경광은 자연광상태와 달리 레일리 산란이 일어나지 않기 때문에, 주변환경의 산란반사로 인해 주변 환경의 색을 띄는 경우가 많습니다.

3D 프로그램에서는 이 환경광을 다양한 이름으로 부르는데, 대표적으로 3ds max에서는 글로벌 일루미네이션(전역 조명)이라는 옵션이 존재합니다. 그리고 IBL(이미지 베이스 라이트)맵 역시 존재하는데, 이는 주변 이미지로 환경광을 만든 좋은 예라고 할 수 있습니다.

07 림라이트

엣지라이트 라고도 불리며 사물의 실루엣을 강화하기 위한 추가 광원으로 많이 쓰는 측광, 혹은 후광을 말합니다.

림라이트의 특징은 빛을 받는 부분의 외곽선을 없앤다는 것에 있습니다. 실제 세상에는 스케치와 같이 외곽선이 존재하지 않습니다. 그림에선 외곽선을 없애는 것만으로도 리얼리티를 증가 시킬 수 있는데, 보통 그림에선 사진과 달리 외곽선이 없어지면 사물의 형태가 약해지는 것을 볼 수 있습니다. 림라이트는 이를 보완하기 위한 추가 광원으로 많이 쓰이며, 주광이 명확한 상태라면 추가 광원은 위치를 무시하고 들어와도 사람들은 크게 신경 쓰지 않습니다. 그리고 또한 캐릭터와 배경을 분리시키기 위해서도 많이 사용됩니다.

★ 림 라이트는 피사체와 환경을 구분시킵니다.

★ 스케치 상태(좌측), 림 라이트가 없는 상태(가운데), 림 라이트가 있는 상태(우측).
림 라이트가 형태를 정확히 전달하는데 도움을 준다는 것을 알 수 있습니다.

★ 림 라이트가 들어가지 않은(좌), 사진과 림 라이트가 추가된 사진(우).
배경과 분리된 인상을 받을 수 있습니다.

 **중간정리**

직접광

주광과 림라이트에서만 나타난다.
빛이 강하고 피사체의 형태를 뚜렷하게 나타낸다.

확산광

모든 빛에서 나타날수 있지만 반사광, 환경광은 반드시 확산광이다.
빛이 부드럽고 피사체의 밝은 면을 부드럽게 표현한다.

주광

피사체를 나타내는 가장 강한 광원.

광원에서 직접 오는 빛을 말하며 1차광원이다.

투영 그림자를 만드는 광원.

반사광

피사체에게서 2번째로 영향을 끼치는 광원.

주광이 첫 번째로 물체에 부딪힌 후 생성된 광원.

확산광의 성격이 강하며 색채는 주광을 따른다.

환경광

피사체에게 전체적으로 영향을 미친다.

대기 중에 항상 퍼져있는 광원.

광원세기는 가장 약하나 환경에 따라 색채가 다양하다.

08 하이키 조명과 로우키 조명

조명법은 크게 하이키 조명법과 로우키 조명법 두 가지로 나뉩니다. 하이키 조명, 로우키 조명 이라고도 쓰이고 소프트라이트, 하드라이트라고도 합니다. 이 두 개의 조명법은 환경이 상당한 영향을 미치므로 이 두 가지의 조명 상태에 대해 이해한다면 좀 더 환경이 풍부한 그림을 그릴 수 있습니다.

▌하이키 조명(=소프트라이트)

하이키 조명 상태(=소프트라이트)

← 주광

← 환경광

← 확산된 주광

← 간섭하는 환경광

★ 주광이 부드럽게 확산되어 환경광이 그 사이를 비집고 들어와 환경광의 영향이 커지는 상태.
환경광은 주광이 약해진 곳에는 언제나 간섭하는 특성이 있습니다.

주광이 확산광 상태이고 환경광의 영향이 커지는 상태를 말하며, 소프트라이트 라고도 부릅니다. 주광이 구름층이나 전등갓 같은 인위적인 물질에 의해 확산되면 하이라이트는 넓고 부드러워지고 강도는 약해집니다. 이를 확산광 조명 상태라고 부르며, 자연광 상태에서는 주로 흐린 날, 비오는 날, 눈오는 날 등 두터운 구름층이 낀 상태에 서 있을때 주로 발생하고, 인공광 상태에서는 전등의 갓등이나 불투명 유리등으로 인위적으로 확산광을 산란시킬때 발생하게 됩니다.

하이키 조명 상태의 가장 크게 두드러지는 점은 하이라이트입니다. 주광이 확산된 상태에선 하이라이트의 크기가 더 부드럽게 넓어지고 약한 것을 볼 수 있습니다. 그 외에도 확산광 조명 상태에선 주광이 약해지고 환경광이 상대적으로 강해져 밝음과 어둠의 대비가 줄어드는데, 그로 인해서 조금 더 화사한 이미지를 얻을 수 있습니다.

★ 눈 오는 날 주광이 부드럽게 확산된 모습을 사진에서도 쉽게 관찰할 수 있습니다.

★ 흐린 날은 투영 그림자가 거의 생기지 않는 것을 볼 수 있습니다. 약한 주광은 그림자를 생성하지 못합니다. 이것은 하이키 조명 상태에서 나타나는 큰 특징입니다.

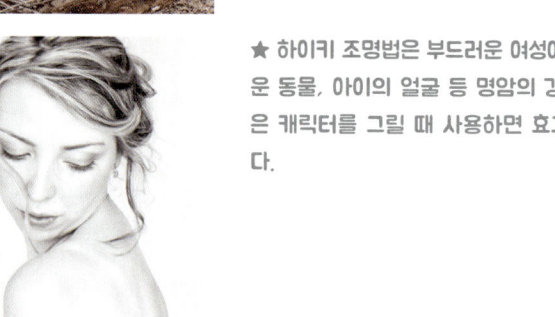

★ 하이키 조명법은 부드러운 여성이나 귀여운 동물, 아이의 얼굴 등 명암의 강조가 적은 캐릭터를 그릴 때 사용하면 효과적입니다.

그림 상에서 구름층이 두껍거나, 눈이 내리는 등 하이키 조명이 사용될 것 같다면, 임의로라도 하이키 조명으로 세팅을 변경해주는 것이 좋습니다.

이 하이키 조명(=소프트라이트)는 눈오는 날, 비오는 날, 흐린 날 등의 환경적인 요소 외에도 여성의 얼굴, 아이의 얼굴 등 하이라이트가 부드럽게 표현되고 명암의 강조가 적은 캐릭터를 그릴 때 사용하면 효과적입니다.

▌로우키 조명(=하드라이트)

하드라이트라도 불리는 로우키 조명법은 하이키 조명법과 완전히 반대라고 생각하면 이해하기 쉽습니다. 로우키 조명은 직접광이 퍼지지 않고 그로 인한 환경광이 적은 상태를 말합니다.

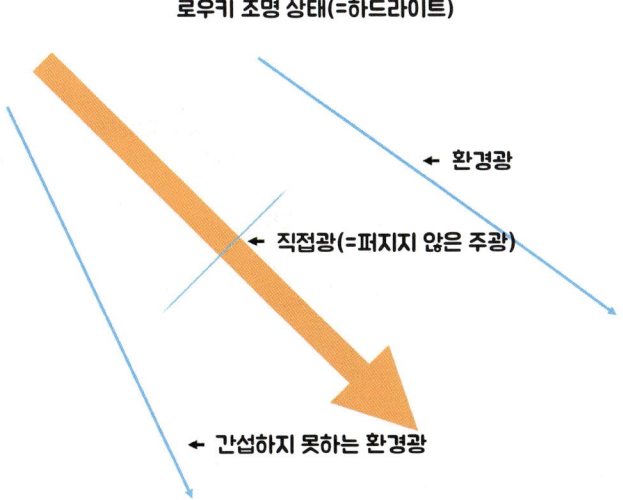

로우키 조명 상태(=하드라이트)

← 환경광

← 직접광(=퍼지지 않은 주광)

← 간섭하지 못하는 환경광

★ 주광이 퍼지지 않아 직접광인 상태, 주광이 강하므로 환경 광이 간섭할 수 있는 영역이 적습니다.

강한 주광은 명암대비를 증가시킵니다. 이런 로우키 조명으로 그림을 그린 대표적인 화가는 17세기의 바로크 양식 화가들입니다. 그 중에서도 네덜란드를 중심으로 활동한 플랑드르파를 꼽을 수 있는데, 대표적으로는 우리가 익히 아는 렘브란트나 루벤스를 꼽을 수 있습니다. 반면 하이키 조명의 그림의 양식을 로코코 양식이라고 부릅니다. 렘브란트의 자화상에는 강한 하드 라이트를 사용하였는데, 이로 인해 그림자의 영역이 넓고 대비 역시 강한 것을 볼 수 있습니다.

★ 바로크미술의 대표 화가 렘브란트의 작품, 렘브란트의 작품에서는 대부분 강한 명암의 대비를 볼 수 있다.

로우키 조명은 대기의 산란이 적은 쾌청한 맑은 날에 주로 관찰되며, 사물의 요철 등이 강하게 표현되는 것이 특징인데, 캐릭터의 경우 얼굴의 주름 등을 정확하게 보여줘야 하는 노인 혹은 인상이 강한 남성에 주로 사용됩니다.

★ 맑은 날은 뚜렷한 투영 그림자를 볼 수 있습니다.
또한 사물의 요철이나 바닥의 재질이 더욱 잘 보이는 것을 관찰할 수 있습니다.
이것은 로우키 조명 상태에서 나타나는 큰 특징입니다.

★ 로우키 조명법은 강인한 남성이나, 주름이 많은 노인 등의 캐릭터에 사용하면 효과적입니다.

09 삼점 조명법

3점 조명의 배치도

보조광(=림라이트)

피사체

키조명(=주광)

보조광(=환경광)

카메라(=관찰자)

삼점 조명법은 위에서 설명했던 주광, 환경광 그리고 림라이트가 모두 들어간 상황을 인위적으로 연출하는 소녕법입니다. 이 삼점 조명법은 조명 세팅의 기본과 같은 것으로 우리가 그림을 그릴 때에도 이 조명법을 사용한다면 기본적으로 무난한 조명상태의 그림을 그려낼 수 있습니다. 하지만 최근에는 너무 많이 사용되다 보니 조금 지루하다는 평가도 있어 새로운 조명법을 스스로 연구해 보는 것도 재미있을 것입니다.

★ 삼점 조명을 설치한 사진 스튜디오의 모습

★ 스튜디오에서 촬영된 인물사진은 대부분 삼점 조명법을 따릅니다.

 **요약정리 Q & A**

Q. 3개의 광원을 반드시 다 표현해야 하나요?

반드시 그런 것은 아닙니다. 3개의 광원을 모두 찾으면 리얼리티가 상승하고 사실적인 묘사를 할 수 있는 기반을 다지는 것이지, 자신의 그림체에 따라 어디까지 표현할지를 결정하면 됩니다.

예를 들어 파워퍼프걸 같은 스타일을 원한다면 1차 톤만으로도 충분할 것입니다. 묘사가 적은 스타일을 원한다면 2차 톤만으로도 그림을 설명하는데 있어 부족함이 없을 것입니다. 위의 세가지 광원을 모두 표현할 줄 안다면 자신의 스타일에 맞는 묘사 정도를 쉽게 찾을 수 있을 것입니다.

Q. 이론상으로는 이해가 가지만 이것을 그림에 어떻게 대입해야 할지 잘 모르겠습니다.

우선은 이론을 이해하는 것이 가장 중요합니다. 뒷장에서 더 자세히 다루겠지만 대략적인 광원의 모습을 그려보겠습니다.

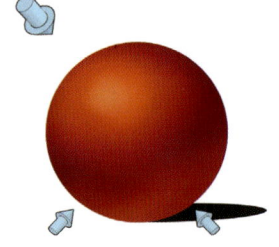

주광만 표현된 상태. 암부경계선 이후의 어둠이 같으며 투영 그림자가 만들어진다.

주광과 반사광이 표현된 상태. 반사광으로 인해 코어쉐도우가 생기며 사물의 형태와 반사율이 잘 드러난다.

주광, 반사광, 환경광이 모두 표현된 상태. 반사광을 받지 못하는 어두운 부분에 환경광이 들어오며, 그림자에도 환경광의 영향이 미친다.

★ 1차 톤, 2차 톤, 3차 톤에 대한 정의는 작가, 강사, 미술관계자분들의 의견이 모두 분분하지만 이 책에서는 주광을 1차 광원, 반사광을 2차 광원, 환경광을 3차 광원으로 정하여 주광 표현상태를 1차 톤, 반사광 표현 상태를 2차 톤, 환경광 표현 상태를 3차 톤이라고 부르도록 하겠습니다.

Q. 주광의 직접광과 확산광은 그림에서 어떻게 나타나나요?

주광이 직접광이냐 확산광이냐에 따라 가장 크게 변하는 것은 그림전체의 분위기가 하이키가 될 것이냐하는 부분입니다.

먼저 그림의 분위기를 정하고 조명을 함께 설계하는 것이 가장 중요합니다. 일단 주광의 직접광과 확산광일 때의 모습만 간단한 예제로 함께 비교해보도록 하겠습니다.

★ 주광이 직접광일 때(왼쪽)와 확산광일 때(오른쪽)의 비교 모습입니다. 직접광일 때는 형태가 뚜렷하고 강인해 보이며, 확산광일 때는 직접광보다 부드러워 보이는 것을 볼 수 있습니다. 어떤 광이 좋다 나쁘다 말하기보단 자신이 처음 생각한 컨셉에 어울리는 조명을 설계하는 것이 중요합니다.

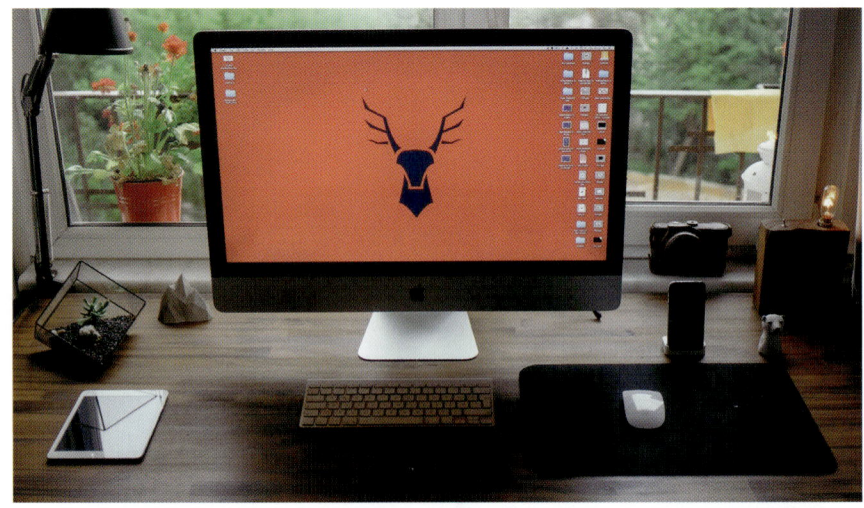

북쪽 창의 조명

항상 동일한 결과물을 내는 것은 상업 미술가에게는 매우 중요한 일입니다. 프로 아티스트들은 이런 동일한 결과물을 내기 위한 장소가 마련되어 있습니다. 바로 회사입니다. 회사는 작업하기 좋은 분위기 외에도 작업하기 좋은 환경을 제공해줍니다. 그것은 바로 아침부터 저녁까지 거의 빛이 변하지 않는 환경입니다.

'모니터가 빛을 내는 도구인데 굳이 주변의 빛이 그렇게 중요 한가' 라고 생각할 수도 있습니다. 집중이 잘된다며 깜깜한 방안에서 모니터만 켜둔 채로 밤에만 작업하는 학생 분들도 있습니다. 하지만 이것은 위험한, 좋지 않은 습관입니다. 간단한 사고실험으로 우리가 어두운 방안에서 스마트폰을 보고 있다고 상상해봅시다. '이 스마트폰의 밝기가 항상 같다' 라고 가정했을 때 주변이 밝을 때와 어두울 때, 관찰자는 어느 경우 화면이 더 밝다고 생각할까요?

그럼 이제 이 스마트폰의 화면이 밝기가 조절 된다고 가정해봅시다. 여러분들은 스마트폰 화면의 밝기를 어떻게 조절 할 것인가요? 변화된 화면의 밝기만큼 화면의 색상은 어떻게 변하게 될까요?

'우리는 눈으로 본다' 라고 생각하기 쉽지만 눈으로 본다는 것은 그저 허상일 뿐, 망막에 비친 상을 머릿속에서 생각한다 라는 것이 '본다'는 본질에 조금 더 가깝습니다. 그렇기에 우리의 '본다'라는 관점은 상황에 따라 항상 달라집니다.

프로 아티스트는 좋은 환경을 가진 회사가 작업 공간이겠지만, 이 책의 독자이신 대다수의 학생분들은 아마 자신의 방이 작업 공간일 확률이 높을 것입니다.

현재의 형광등과 같은 조명은 조건만 충족한다면 항상 비슷한 작업환경을 유지할 수 있습니다. 그렇다면 자연광에만 의존해야만 했던 옛날의 화가들은 어떻게 비슷한 작업환경을 유지할 수 있었을까요? 여기에서 우리는 우리의 작업환경을 어떻게 조절해야 하는지 유추해 볼 수 있습니다. 예로부터 화가들은 북쪽으로 창이 난 방을 작업실로 선호해왔습니다. 이유는 간단합니다. 태양은 동쪽에서 떠서 서쪽으로 지기 때문에, 북쪽으로 창이 난 방은 낮에도 크게 밝지 않고, 해가 많이 누워있을 때에도, 직사광이 창문으로 들어오지 않았습니다. 여러분들 중 해가 누워있을 때 즈음에 창문을 통해 모니터에 강한 빛이 치고 들어왔던 경험을 해본 분들이 있을 것입니다. 이런 상황에선 누구나 그림을 그리기 힘이 듭니다.

항상 같은 조도의 환경을 위하여 가능한 한 북쪽으로 창이 나있는 방에 작업실을 만드는 것이 좋습니다. 그럴 수 없다면 블라인드 등을 설치한 후 직사광을 차단하고 간접광으로 방안을 밝게 만드십시오. 모니터를 직접적으로 비추는 빛은 차단하거나 산란시키는 것이 좋습니다.

2 그림자의 종류

빛의 종류와 특성에 대해서 알아봤으니 이번에는 그림자의 종류와 특성에 대해서 알아보도록 하겠습니다. 그림자는 간단히 말해 빛이 지나가는 자리에 사물이 있어 빛이 차단되어 생기는 어두운 영역을 말합니다. 이 사물은 구름일 수도, 다른 물체일 수도, 혹은 물체의 한 부분일 수도 있습니다. 우리가 부르는 밤이 지구의 입장에선 그림자의 영역입니다.

← 그림자

밤은 지구의 그림자

★ 그림자란 간단히 빛이 차단된 부분을 말합니다.

이처럼 그림자는 간단히 빛이 차단된 부분을 말하는데, 우리는 이 그림자를 사물의 표면이 어두워지는 표면그림자와 피사체가 빛을 가려서 다른 피사체나 바닥이 어두워지는 투영그림자로 나눌 수 있습니다.

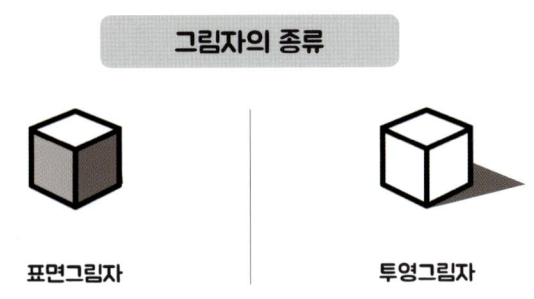

그림자의 종류

표면그림자 | 투영그림자

★ 그림자의 종류는 크게 자체그림자와 투영그림자로 구분됩니다.

이렇게 분류한다면 위 그림에서 생긴 지구의 그림자는 표면그림자라고 볼 수 있습니다.

01 폴 오프(Fall Off)

폴 오프란 광원과 사물간의 거리가 멀어짐에 따라 어두워지는 명암을 말합니다. 이 그림자는 우리가 흔히 양감, 덩어리 감이라고 부르는 그림자입니다. 이 그림자는 우리가 덩어리를 보다 잘 관찰할 수 있게 만들어주며, 그림에선 더욱 확실한 덩어리를 표현하거나 혹은 회화성을 강조할 수 있습니다.

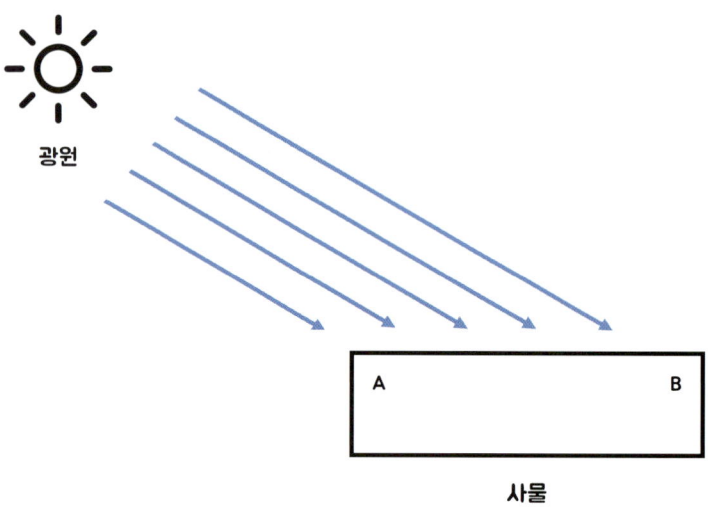

★ 광원과 사물이 부딪히는 각도가 같다는 전제 하에 A보다 B의 부분이 광원에서 멀기 때문에 더 어둡습니다.

빛의 감쇄와 각도가 있는 인공광의 경우 폴 오프를 쉽게 관찰할 수 있지만, 빛의 세기가 강한 자연광에선 폴 오프가 잘 나타나지 않습니다. 하지만 그림에선 회화적 표현으로 덩어리감을 표현하는 폴 오프를 넣어준다면 그림 내에서 쉽게 양감을 형성할 수 있습니다.

★ 인공광 상태에선 자연광 상태보다 더 확실한 폴 오프를 볼 수 있습니다.

02 오클루전(Occlusion)

오클루전이란 차폐광, 주변광 차단이라고도 부르며 인접한 면이 안으로 접혀 있는 경우 빛이 차단되어 발생하는 표면그림자 중 하나입니다. 아래 사진을 자세히 관찰하면 안으로 꺾여있는 모서리 부분이나 천장과 닿아있는 벽의 주변광이 차단되어 다른 위치보다 어두운 것을 볼 수 있습니다.

★ 안쪽으로 꺾여있는 모서리 부분이 더 어두운 것을 확인할 수 있으며 이 영역을 오클루전이라고 부릅니다.

우리의 눈은 명암으로 형태를 인식하게 되는데, 그 명암 중 대부분의 영역은 그림자가 차지합니다. 오클루전은 표면그림자의 정확한 형태를 설명하는데 있어 큰 역할을 합니다. 노련한 아티스트와 경험이 적은 아티스트의 가장 큰 차이를 말하라면, 제일 먼저 화면 안에서 오클루전을 찾아내는 양의 차이를 들 수 있습니다. 많은 오클루전을 찾을수록 우리는 더욱 더 디테일하게 표현 할 수 있습니다.

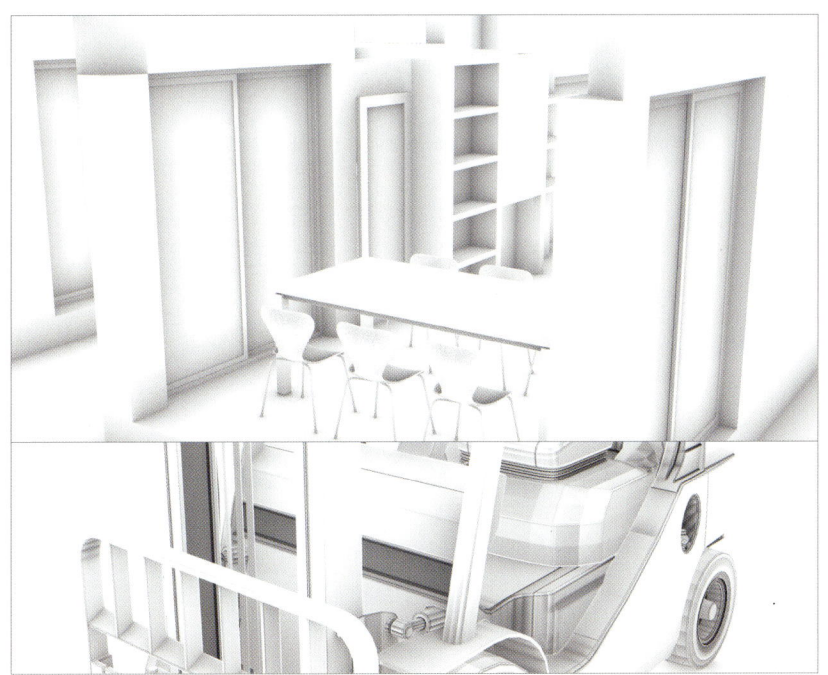

★ 옆의 이미지는 3DS MAX에서 오클루전만 추출한 상태의 렌더링들입니다. 우리는 오클루전만으로도 상당히 정확한 형태를 인지할 수 있습니다. 그리고 이 오클루전들을 더 찾아냄으로써 형태를 더욱 디테일하게 표현해 낼 수 있습니다.

03 투영그림자(Cast Shadow)

투영그림자란 피사체가 광원을 가려 자신이 아닌 다른 피사체나 바닥에 그림자를 만드는 것을 말합니다. 투영그림자가 중요한 이유는 투영그림자가 피사체의 형태를 더 정확히 설명해주기 때문입니다. 일반적인 스케치에는 투영그림자가 존재하지 않습니다. 하지만 명암정보에선 투영그림자를 표현하게 되는데, 이 투영그림자의 모양은 피사체의 모양과 같기 때문에 형태를 더욱 잘 설명해줍니다.

★ 투영그림자가 있을 때 우리는 이 박스의 모습을 더욱 쉽게 입체적으로 느낄 수 있습니다.
이는 투영그림자가 본래 사물의 정보를 우리에게 더 자세히 전달해주기 때문입니다.

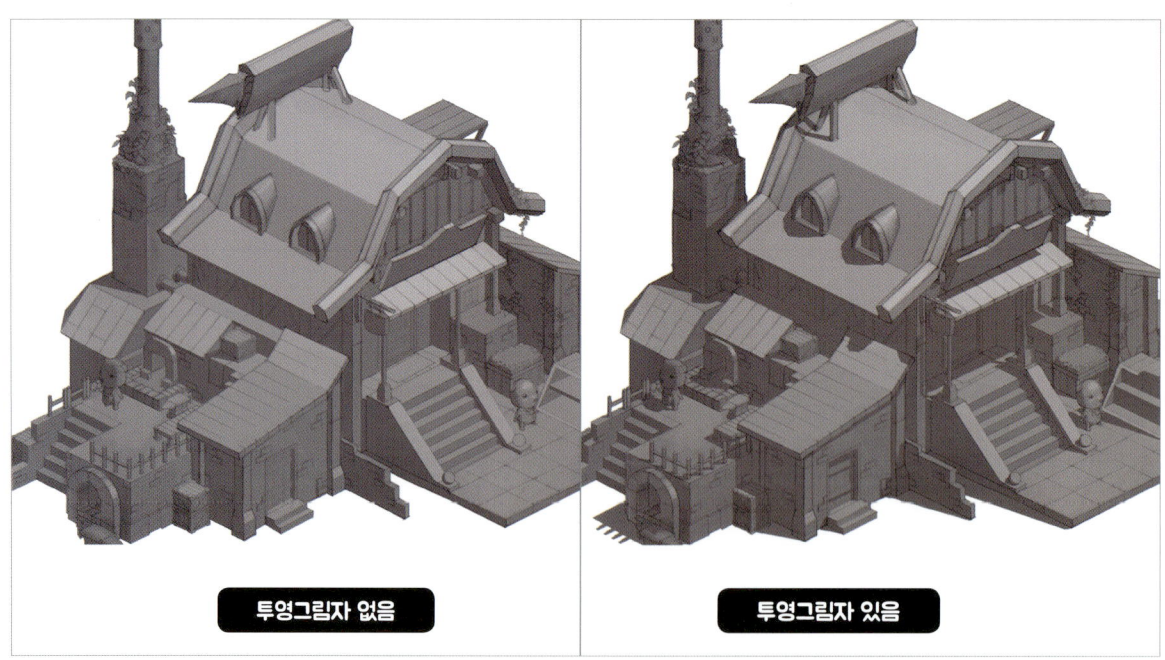

★ 투영그림자가 없는 상태(왼쪽)와 투영그림자가 있는 상태(오른쪽).
형태가 복잡해질수록 투영그림자의 중요성이 커지는 것을 볼 수 있습니다.

투영그림자는 광원의 종류에 따라 다르게 투영되는데, 크게는 자연광 상태일 때와 인공광 상태일 때, 그리고 자세하게는 하이키 조명 상태일 때와 로우키 조명 상태일 때 투영되는 그림자가 다릅니다.

먼저 자연광 상태와 인공광 상태일 때 투영되는 그림자의 가장 큰 차이점은 투영되는 크기가 다르다는 것입니다. 자연광 상태일 때의 투영그림자는 태양의 거대한 평행광으로 인해 거의 항상 물체와 평행한 그림자를 만들어냅니다. 해가 질 때처럼 해가 많이 기울지 않은 이상 그림자가 피사체보다 길어지거나 넓어지는 경우는 거의 없습니다. 그리고 자연광은 처음과 끝의 세기가 일정하기 때문에 투영 그림자의 끝부분까지 깨끗하게 투영되는 것이 또 다른 특징입니다.

반면 인공광 상태의 투영그림자는 광원으로부터 멀어질수록 점점 커집니다. 이것은 평행하지 못한 모든 조명에서 발생합니다. 또한 인공광은 세기가 약한 빛으로 환경을 비추다 보니 광원에서 멀어질수록 약해지고 넓어지는 것이 특징입니다. 또한 거리에 따른 빛의 감쇄가 있는 인공광의 경우 투영그림자가 끝으로 갈수록 흐려지는 것을 볼 수 있습니다.

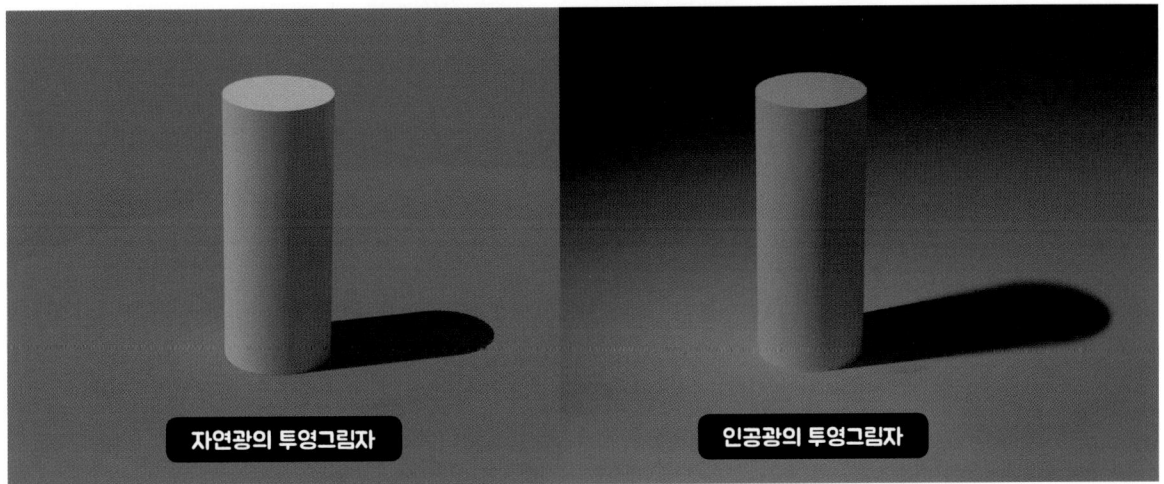

자연광의 투영그림자　　　　　**인공광의 투영그림자**

★ 인공광이 가지는 평행하지 않은 광원의 특성 때문에 인공광의 투영그림자는 자연광의 투영그림자에 비해 크기가 크며 끝으로 갈수록 넓어집니다. 반면 평행광인 자연광의 그림자는 빛의 방향과 함께 평행합니다.

또한 로우키 조명 상태일 때는 깨끗한 그림자가 생성되지만 하이키 조명 상태일 때는 확산된 주광과 환경광의 영향으로 투영 그림자가 거의 생성되지 않습니다.

로우키 상태의 투영그림자

하이키 상태의 투영그림자

★ 로우키 조명 상태일 때의 자동차 투영그림자(위)와 하이키 조명 상태일 때의 자동차 투영그림자(아래).
위의 그림자는 자동차의 모양대로 끝부분까지 선명한 반면, 아래 자동차의 그림자는 선명하지 않습니다.

투영그림자의 비교

☀️ **자연광**	· 피사체에 평행하다. · 사물보다 짧은 경우가 많다. · 그림자의 끝부분까지 선명하다. · 환경광의 영향으로 푸른색이 　섞일 때가 많다.	💡 **인공광**	· 피사체에 평행하지 않다. · 사물보다 넓은 경우가 많다. · 그림자의 끝으로 갈수록 흐리다. · 색은 잘 섞이지 않고 대부분 　명도만 어두워진다.

04 투영그림자의 작도

투영그림자를 그리는 데 어려움을 느끼는 학생들이 굉장히 많습니다. 하지만 투영그림자의 작도법은 원리만 알면 사실 굉장히 단순합니다. 아래의 방식을 따라 한다면 여러분들도 쉽게 투영그림자를 작도할 수 있을 것입니다.

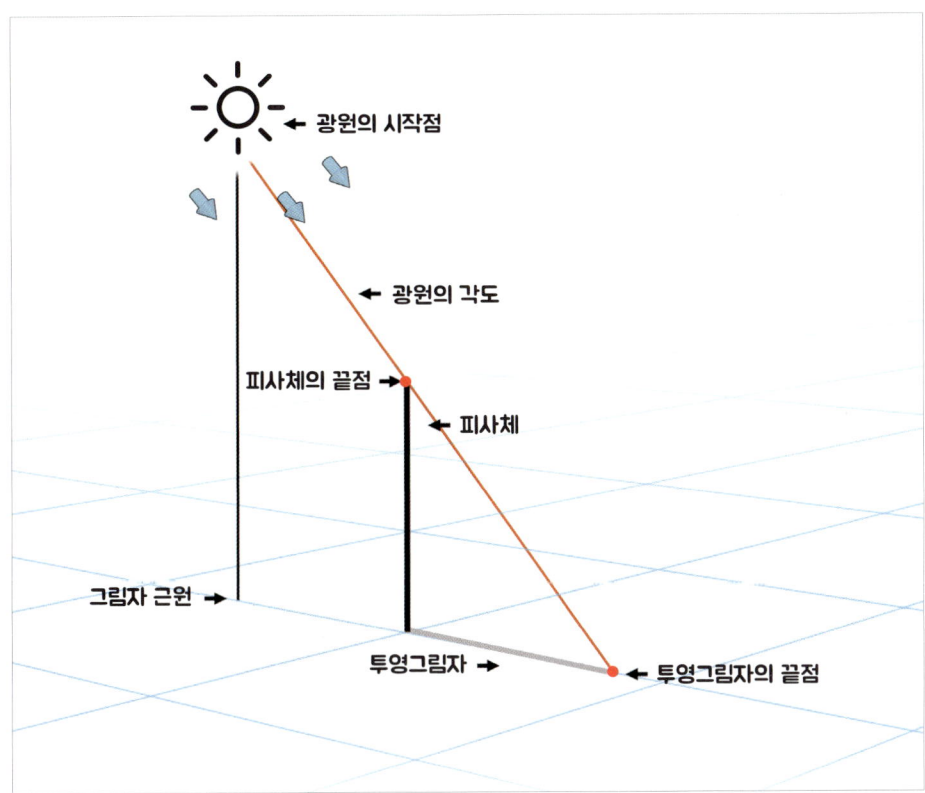

위 그림은 가장 기본적인 투영그림자의 작도법을 설명한 그림입니다. 무척 간단하게 보이는 이 그림은 투영그림자를 작도하는 가장 중요하고 근본적인 이론입니다. 투영그림자란 피사체가 빛을 가려서 생기는 구간을 의미합니다. 피사체의 끝부분과 빛의 각도를 연결하여 소실점에 대입하면 간단하게 그림자의 구간을 유추해낼 수 있습니다. 이 원리를 대입하여 몇 가지의 입방체의 투영그림자를 작도해보도록 하겠습니다.

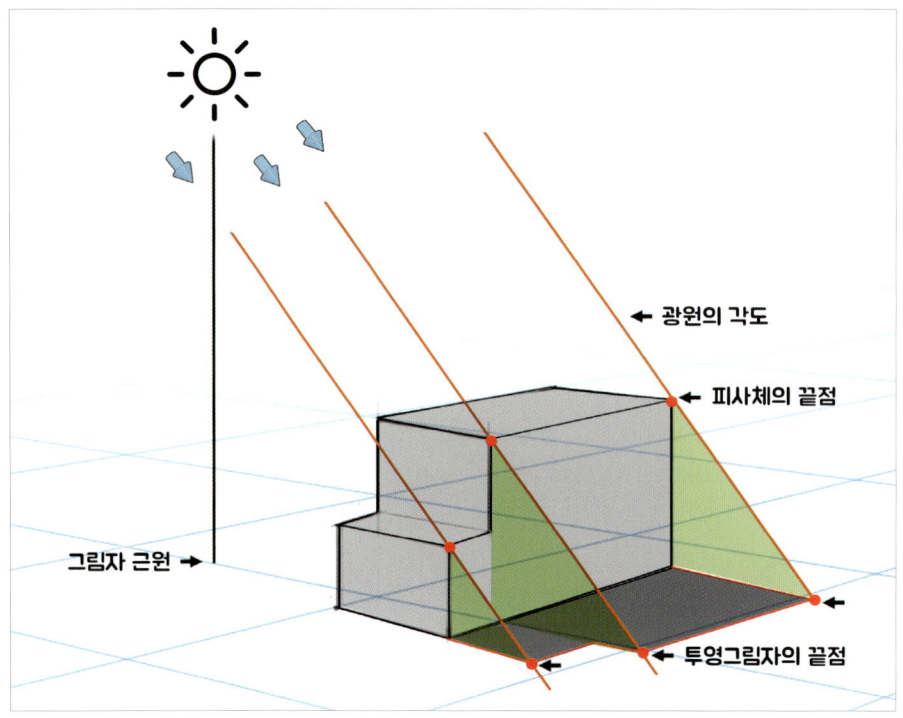

광원의 각도

피사체의 끝점

그림자 근원

투영그림자의 끝점

★ 피사체의 끝점과 광원의 각도, 그리고 투영그림자의 끝점이 연결되어 나타나는 삼각형을 유심히 관찰해보세요.
모든 투영그림자는 이 삼각형만 있다면 그려낼 수 있습니다.

위 그림에서 피사체의 끝점과 광원의 각도, 그리고 투영그림자의 끝점을 연결하면 녹색의 삼각형이 생기는 것을 확인할 수 있습니다. 이 삼각형은 투영그림자를 그리는 아주 쉬운 방법입니다. 이 삼각형만 기억한다면 여러분들도 어떠한 형태의 투영그림자도 작도해낼 수 있습니다.

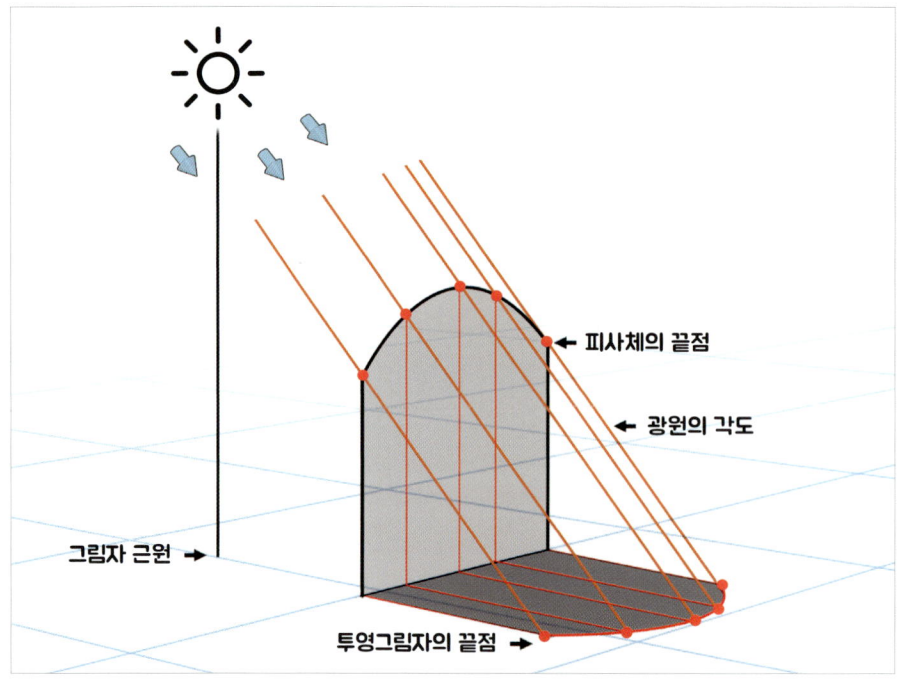

피사체의 끝점

광원의 각도

그림자 근원

투영그림자의 끝점 ▶

★ 둥근모양 역시 원리는 같습니다. 단지 삼각형이 좀 더 촘촘히 그려질 뿐입니다.

끝이 둥근 구 형태나 아치 모양의 형태 역시 작도법은 같습니다. 다만 삼각형을 좀 더 촘촘히 배치해 곡선으로 유려하게 연결해주면 좀 더 깨끗한 형태를 작도해 낼 수 있습니다.

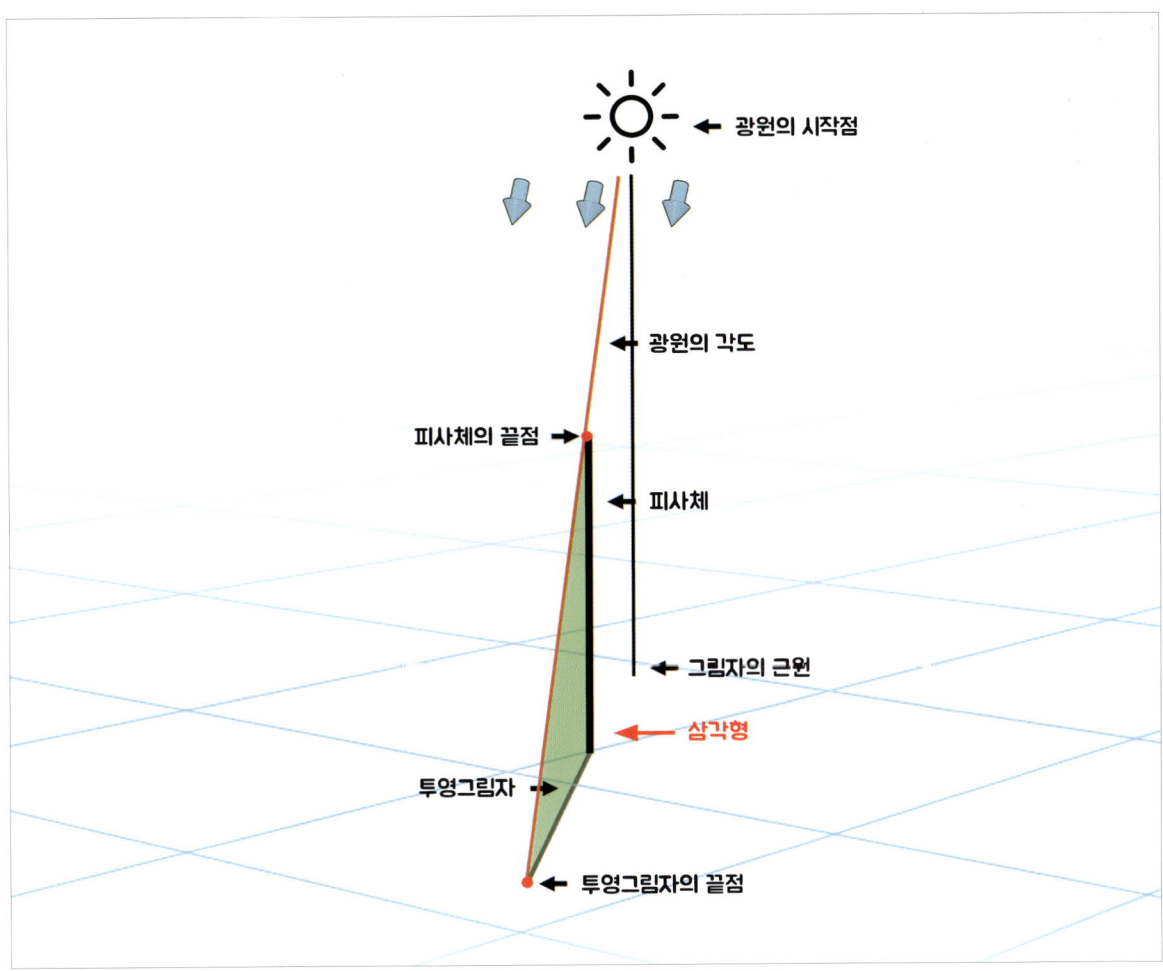

광원의 시작점

광원의 각도

피사체의 끝점

피사체

그림자의 근원

삼각형

투영그림자

투영그림자의 끝점

★ 광원의 높이와 각도, 그리고 피사체의 높이에 따라 투영그림자를 만드는 삼각형의 모양이 달라집니다.

05 오클루전 쉐도우(Occlusion Shadow)

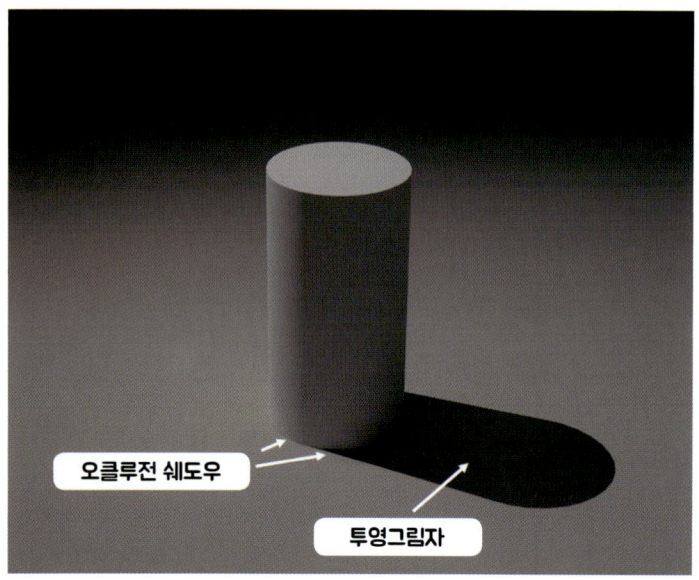

바닥 그림자(base shadow) 라고도 불리는 오클루전 쉐도우는 투영그림자 내에 가장 어두운 부분을 지칭하는 단어입니다. 사물과 사물 사이에 완전하게 빛이 들어가지 못하는 공간에 생기며, 재질이 바뀌는 부분에도 오클루전 쉐도우가 생깁니다. 앞서 설명했던 림라이트가 밝은 부분의 스케치를 없애서 피사체를 더욱 리얼하게 표현하게 해준다면 이 오클루전 쉐도우는 반대로 어두운 부분의 스케치를 대신해 주는 역할을 합니다. 오클루전 쉐도우가 없다면 형태를 잘 인지하지 못할 뿐더러 바닥과 사물의 오클루전 쉐도우를 표현하지 않는다면 피사체가 공중에 뜬 것처럼 보이기도 합니다.

★ 바닥 그림자라고도 불리는 오클루전 쉐도우는 투영그림자 중 가장 어두운 부분을 지칭합니다.

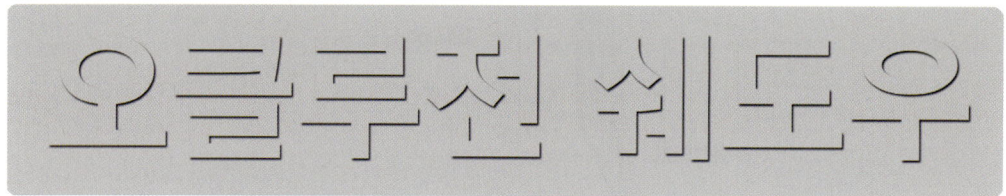

★ 오클루전 쉐도우는 위 그림자와 같이 바닥과 피사체를 정확히 구분하는 역할을 합니다.
오클루전 쉐도우 만으로도 우리는 충분한 형태를 유추해낼 수 있습니다

★ 손과 책이 만들어낸 투영그림자 중 책상과 완전히 붙어 가장 짙은 어둠을 내는 부분이 오클루전 쉐도우입니다.
나무책상의 파팅라인에서 생기는 짙은 어둠 역시 오클루전 쉐도우의 좋은 예시입니다.

★ 자동차의 파팅라인들은 오클루전 쉐도우의 좋은 예시입니다.

 중간정리

표면그림자

난반사를 띄는 사물의 면이 주광과 등각을 이룰수록 어두워지는 것

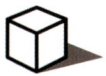

투영그림자

물체가 주광을 차단하여 빛을 받지 못하는 영역. 사물이나 바닥 모두 발생할 수 있다.

오클루전

사물의 면이 안쪽으로 꺾여 빛이 차폐되어 발생하는 표면그림자의 일종

오클루전 쉐도우

투영그림자 내의 가장 어두운 부분. 물체와 물체가 이어지는 부분에 빛이 들어오지 못해 발생하는 가장 어두운 차폐된 투영그림자

06 투영그림자 안의 물체

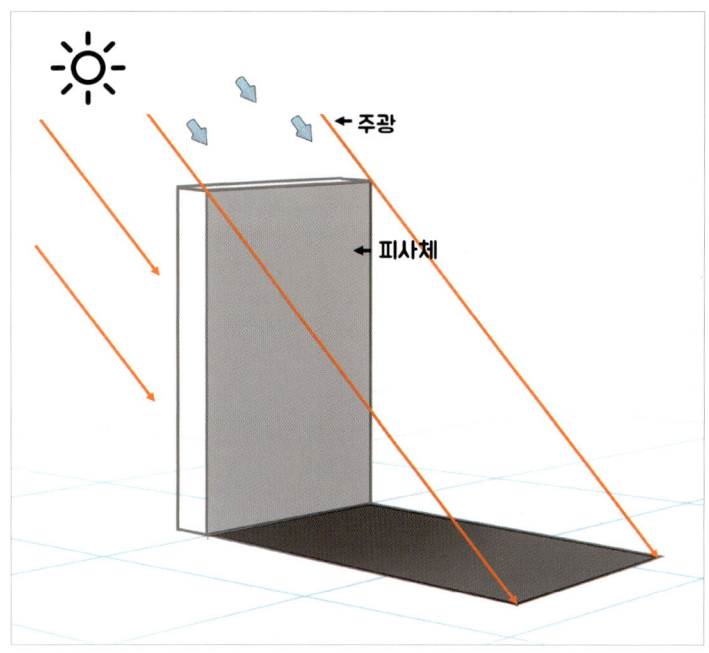

★ 투영그림자의 원리는 주광을 피사체가 막은 상태입니다.

우리는 꽤나 자주 투영그림자 안의 사물을 그려야 할 때가 있습니다. 자연광 상태라면 크게는 두꺼운 구름 밑의 피사체들이 있을 것이고, 작게는 천막 혹은 나무 그늘 밑의 사람들 같은 피사체들이 있을 수 있습니다. 주광이 인공광 상태라면 실내의 선반이나 가구에서 떨어지는 형태의 투영그림자 내의 사물을 표현을 해야 할 수도 있습니다.

정확하게 표현 하기 위해서 다시한번 투영그림자의 정의를 되짚고 넘어간다면 이해하기 훨씬 수월합니다. 투영그림자란 "어떤 사물이 주광을 받아 빛을 받지 못하는 상태" 라고 위에서 정의하였습니다.

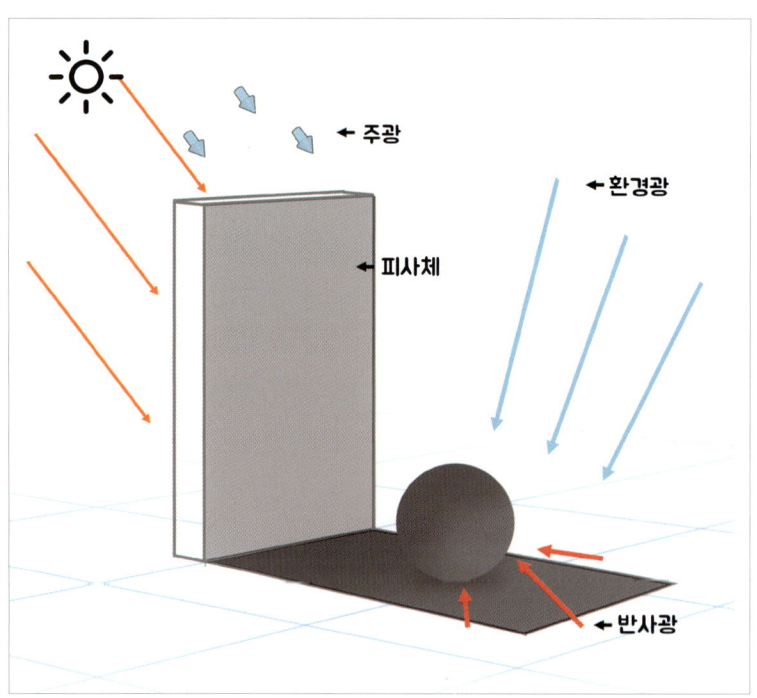

★ 투영그림자 안의 물체는 반사광과 환경광의 영향만 받게됩니다.

즉, 투영그림자의 안은 주광을 받지 못하는 상태가 됩니다. 만약 투영그림자의 안에 사물이 존재한다면 이 사물은 반사광과 환경광만의 영향을 받게 됩니다. 반사광과 환경과의 가장 큰 특징 중 하나는 주광에 비해 매우 확산된 광원이라는 것입니다. 확산광만의 영향을 받은 투영그림자 안의 사물은 매우 부드럽게 표현됩니다.

이런 상황을 3D프로그램을 통해 조금 더 자세히 관찰해보고 사진의 예시를 통해 함께 이해해보도록 하겠습니다.

★ 3D프로그램에서 구현한 투영그림자 안의 물체 모습.
3D프로그램을 활용하면 우리가 궁금해하는 사항을 언제나 쉽게 확인할 수 있습니다.

★ 사람에 의해 생긴 투영그림자 속 벽면이 주광을 받은 곳과는 다르게 표현 되는 것을 확인할 수 있습니다.

07 공기원근(=대기 원근)

공기원근은 현실세계에선 대부분 자연광 상태에서만 볼 수 있는 원근법입니다. 하지만 미술에선 회화적인 요소로 인공광 상태에서도 더러 사용하곤 합니다.

공기원근에는 크게 두 가지의 특징이 있습니다.

첫 번째는 관찰자와 피사체의 거리가 멀어지면 공기 안의 미립자들로 인해 멀어질수록 하얗게 보이는 현상입니다. 이 현상은 수분 미립자 때문에 일어납니다. 안개가 가득한 날이나 강가에서 하얗게 밝아지는 공기원근을 쉽게 발견할 수 있습니다. 공기 중의 수분의 정도에 따라 실안개와 안개로 구분할 수 있으며, 완전히 쾌청한 날이라도 공기 중의 수분이 없을 수는 없으므로 공기원근은 그 정도가 다를 뿐 항상 발생한다고 볼 수 있습니다.

★ 피사체와 관찰자의 거리가 가까우면 사물 본연의 색이 관찰되지만 피사체가 관찰자와 멀어질수록 관찰자와 피사체간의 공기층이 두꺼워져 피사체는 공기의 색에 가까워집니다.

★ 안개가 낀 도시, 안개로 인해 관찰자에게 멀수록 점점 하얗게 변하는 것을 관찰 할 수 있습니다.
공기 중의 수분 정도에 따라 안개, 실안개, 연무라는 표현을 씁니다.

두 번째는 피사체가 관찰자와 멀어질수록 환경광의 영향으로 푸르게 변한다는 것입니다. 레일리층에서 산란한 푸른색의 환경광이 공기층의 미립자들과 부딪혀 피사체를 하늘빛으로 물들입니다. 만약 두꺼운 구름이 많이 끼어있다면 레일리층에서 산란한 환경광이 구름층에 이미 산란되어 푸른빛을 잃었기 때문에 공기원근에 푸른색이 섞이지 않습니다.

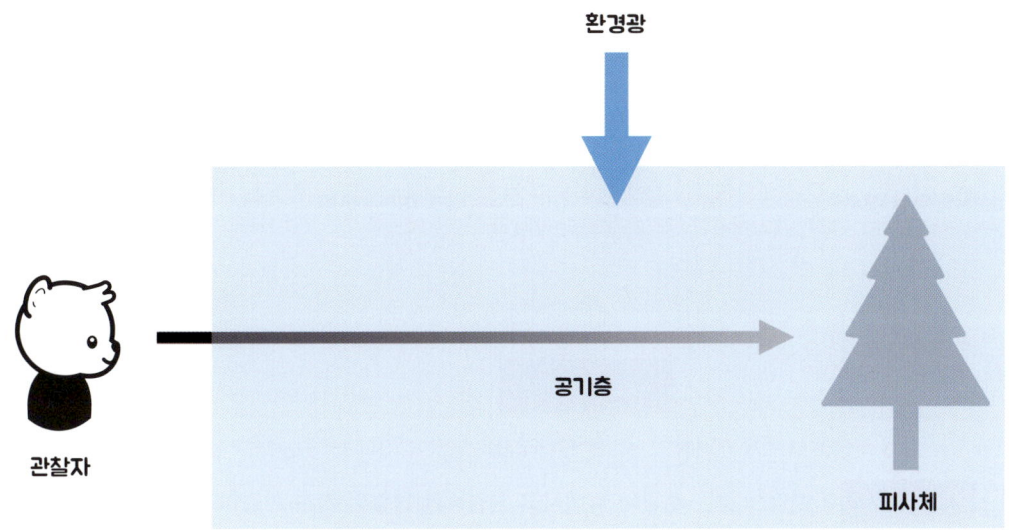

★ 공기층에 환경광이 섞여 공기층이 푸른색으로 변하게 됩니다.

★ 맑은 날은 멀어질수록 피사체에 푸른색의 환경광이 섞이게 됩니다.
멀리 있는 산들이 가까운 산보다 푸르게 변하는 것을 쉽게 관찰할 수 있습니다.

중간정리

공기원근이 하얗게 변하는 경우	공기원근이 푸르게 변하는 경우
·습도가 아주 높아 안개가 낀 상황	·습도가 낮은 쾌청한 날씨
·구름이 많이 끼어 푸른색의 환경광이 구름층에서 이미 산란되어버린 상황	·구름층이 없어 푸른색의 환경광이 산란되지 않고 피사체에 내려오는 상황
·비나 눈이 오는 상황	·비나 눈이 오지 않는 상황

요약정리 Q & A

Q. 비가 오는 날은 세상이 푸르게 변하는데, 공기원근은 하얗게 변한다고 적혀 있습니다. 잘못 설명된 것 아닌가요?

흐린 날 세상이 푸르게 변하는 것은 주광이 약해지고 환경광의 영향이 커져 환경이 균일하게 푸르게 변하는 것입니다. 공기원근은 멀수록 어떻게 변하는가를 설명하는 것이니 이 현상과는 분리해서 생각해야 합니다.

Q. 자연광과 인공광을 분리해서 설명하시는데, 이 차이가 그렇게 중요한 것인가요?

이 둘을 분리해서 생각하는 것은 기초를 배우는 분들에게는 다소 어렵고 복잡할 수 있습니다. 커다란 집을 표현하고자 하는데 인공광의 그림자를 쓴다면 분명 거대한 느낌을 전달하기는 힘들 것입니다. 그리고 스튜디오에서 찍은 증명사진이 바깥에서 찍은 증명사진보다는 훨씬 나을 것입니다.

지금은 이 두 개를 분리하기 힘들겠지만 분명 이 조그마한 차이로 프로와 아마추어의 실력이 갈리는 시점이 올 것입니다. 보다 더 많은 정보를 제공해 주고 싶은 것은 필자이자 선생으로서의 자그마한 욕심입니다. 둘을 한꺼번에 이해하기 어렵다면 우선 자연광을 먼저 이해하라고 조언하고 싶습니다.

메모

사물 표현법

Chapter 4

미술이란 2차원의 공간에 3차원을 표현하는 일입니다. 2차원의 공간에 3차원의 명암을 표현하기 위해서는 어떻게 표현해야하는지, 그리고 어떤 원리를 가지고 있는지 알아보도록 하겠습니다.

1 스케치와 명암

01 축 읽과 면 읽기

2차원의 공간에 3차원을 표현하는 방법은 두 가지가 있습니다. 선 만으로 표현하는 스케치와 우리 눈이 실제 인지하는 것과 같은 형태인 명암으로 표현하는 방식 두 가지입니다.

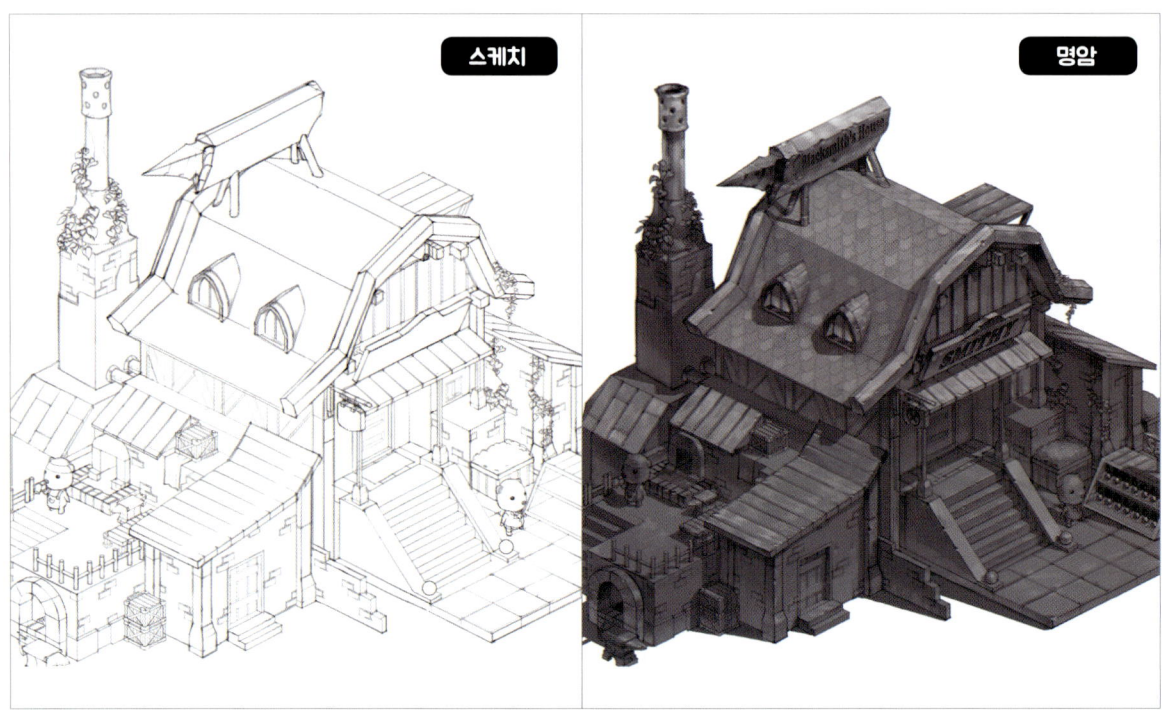

스케치

명암

★ **2차원의 공간에 3차원을 표현하는 방법은 스케치와 명암이라는 두 가지 방법이 있습니다.**

하지만 현실에선 위의 그림처럼 사물의 외곽선이 스케치의 형태로 보이지는 않습니다. 그렇기 때문에 현실적인 3차원의 표현방법은 스케치보다 명암으로 표현하는 것이 현실적이다라고 정의할 수 있습니다. 그런데 상업미술에서는 시간의 제약이라는 변수가 존재합니다. 원화 한 장을 그리는데 실제와 똑같은 명암을 그릴 시간을 줄 클라이언트는 아마 없을 것입니다. 극사실주의처럼 실제와 같이 명암으로 모든 것을 다 표현하는 것은 시간이 많이 걸리는 방식이므로 시간의 제약이 있는 상업미술의 표현방식에선 그리 좋은 표현방식은 아닙니다. 스케치만으로는 형태를 완벽하게 표현할 수 없고, 명암만으로 표현하는 것은 시간이 많이 걸린다면 이 둘의 장점을 적절하게 섞어서 사용하는 것이 좋습니다.

우선 축 읽기(=x-y-z 읽기)와 면 읽기(1-2-3면 읽기)에 대한 개념을 알아보며 2차원의 세상에 3차원의 입체를 표현하는 방법을 알아보도록 하겠습니다.

먼저 스케치만으로 표현하는 것을 x-y-z 표현법이라고 부릅니다. 이것은 소실원근법에 기반해 외곽선을 포함한 스케치선을 그려서 형태를 표현하는 방법입니다. 입체로 보이려면 반드시 소실축이 다른 두면 이상의 면을 그려 넣을 필요가 있습니다. 그 중에서 가장 좋은 것은 x-y-z 각각 넓이-높이-깊이 3개의 축이 모두 다 보이는 형태입니다.

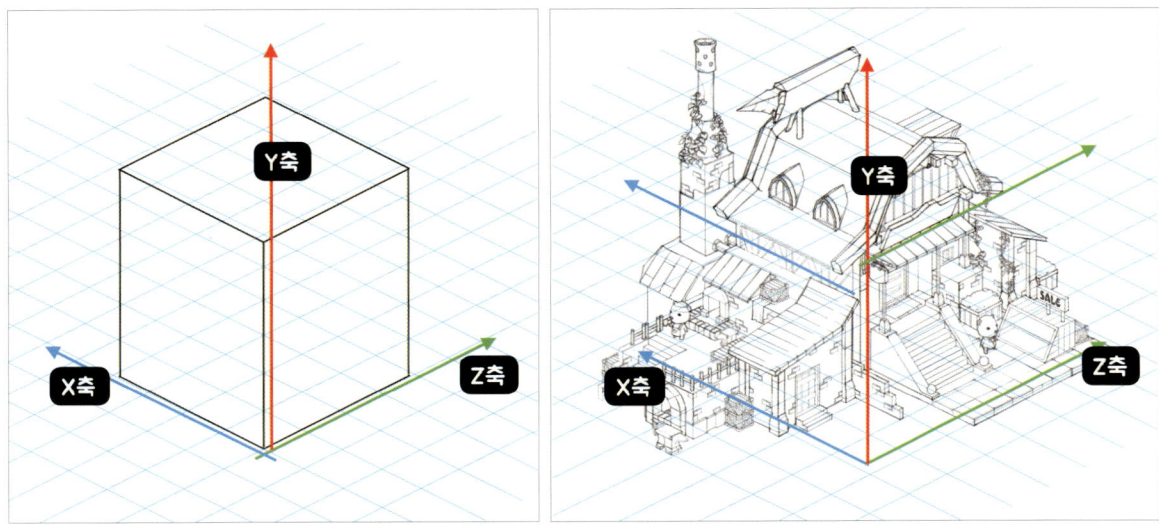

★ 스케치에서는 축의 그림으로 입체를 표현할 수 있습니다.

명암으로 표현하는 것을 1-2-3 표현법이라고 부릅니다. 1-2-3 표현 역시 표현하려는 사불의 2년 이상이 보이는 것이 좋으며, 소실원근법을 기준으로 작성된 스케치 위에 가장 밝은 면인 1면과 중간 톤인 2면, 그리고 어두운 면인 3면이 모두 보이는 것이 가장 이상적입니다.

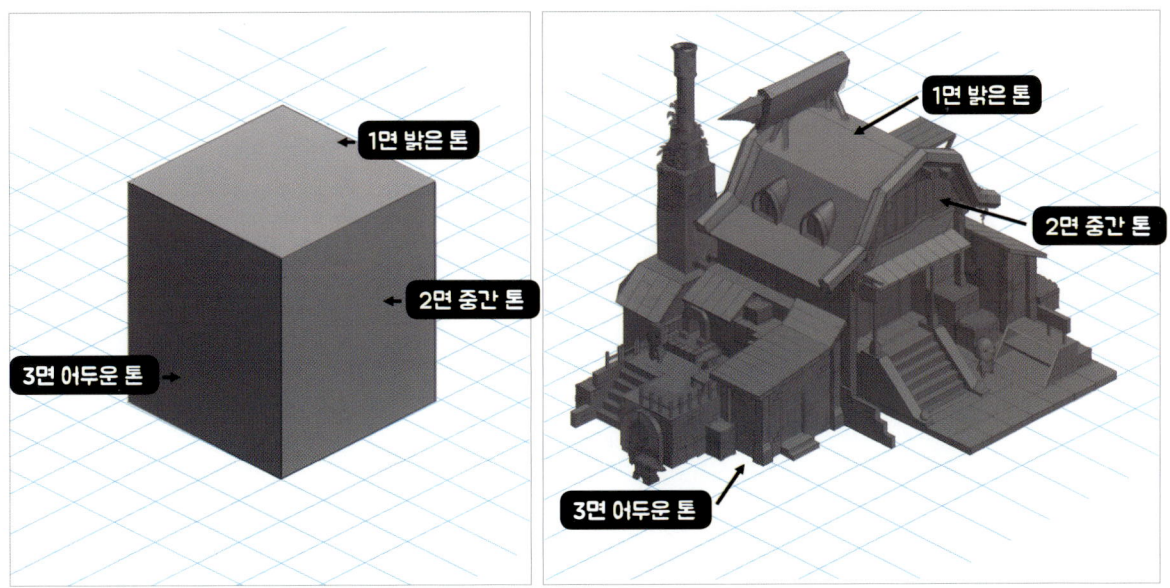

★ 명암에서는 면의 밝기로 입체를 표현할 수 있습니다.

02 면 읽기에서 추가면 찾기

명암으로 그려진 그림이 스케치보다 완성도가 높아 보이는 것은 스케치보다 전달하는 정보의 양이 많기 때문입니다. 선으로 그려진 x-y-z 스케치의 경우 보이는 면이 정보양의 전부인 반면 명암으로 그려진 1-2-3면 읽기의 경우 명암에서만 찾을 수 있는 추가면을 찾음으로써 더욱 사실적으로 보이게 표현할 수 있습니다.

〈추가면의 종류〉

▌투영그림자

투영그림자는 형태를 정확히 인지하게 하는 4면과 같은 역할을 합니다. 앞장에서 설명한 바와 같이 투영그림자가 있는 형태와 없는 형태의 차이는 우리가 형태를 더욱 잘 인지할 수 있게 만들어 줍니다.

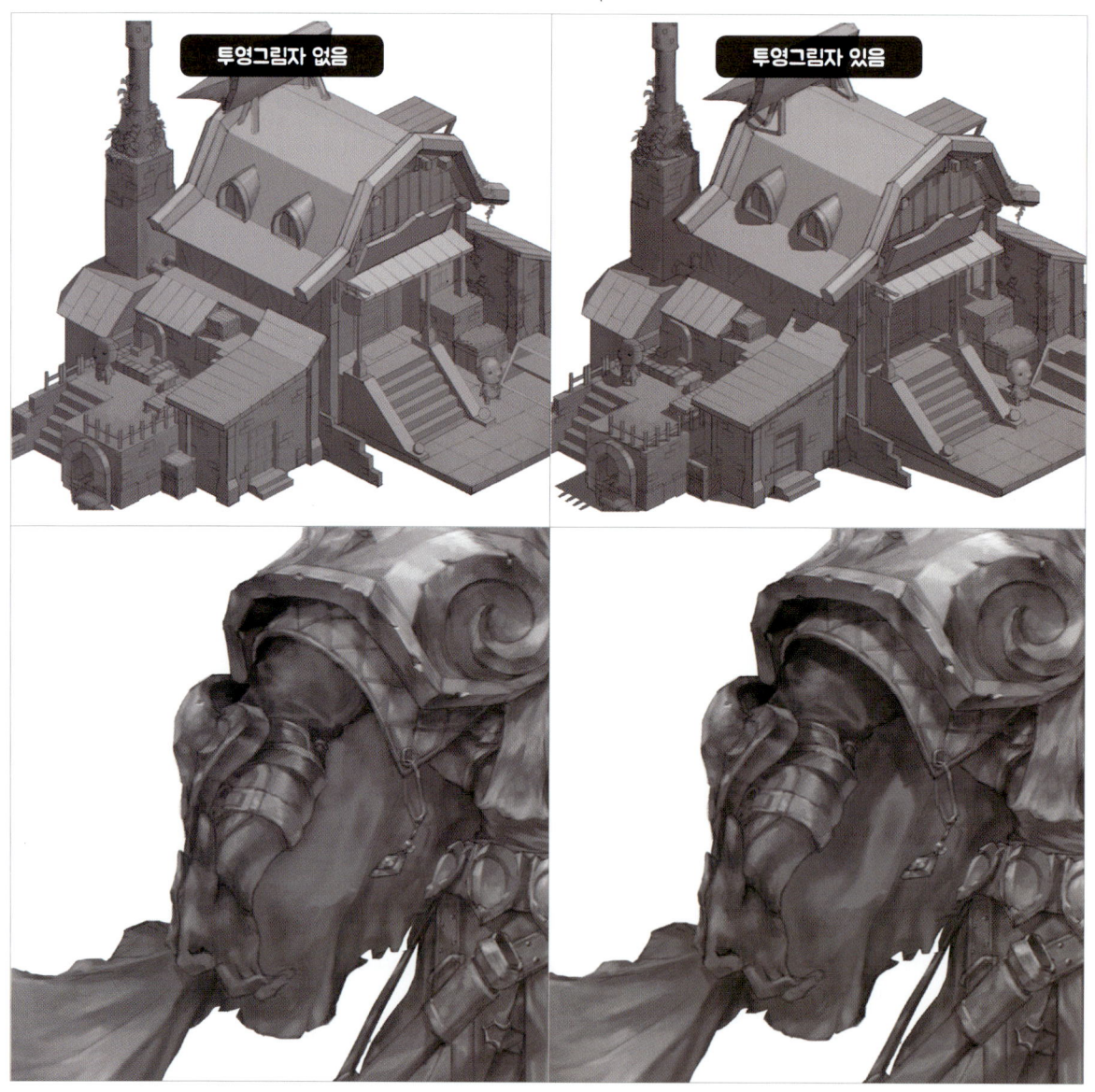

★ 투영그림자(4면)를 표현한 것(오른쪽)과 표현하지 않은 것(왼쪽)의 차이.
투영그림자로 인해 깊이라는 3차원적인 요소를 쉽게 인지할 수 있습니다.

▌하이라이트와 반사광 면

하이라이트와 반사광 면은 피사체의 빛에 대한 민감도로 인한 재질적인 정보의 전달 외에도 각각 밝은 면보다도 밝은 면의 역할과 중간톤 면과 어두운 면의 사이에 있는 면의 역할을 수행합니다. 이 역할로 인해 밝은 면에서와 형태와 어두운 면에서의 형태가 입체적으로 더욱 잘 드러나게 됩니다.

반사광과 환경광으로 인해 물체의 가장 어두운 영역이 다시 밝아지기 시작합니다. 우리는 이 반사광 면으로 인해 입체를 조금 더 쉽게 이해할 수 있습니다. 이렇게 우리는 3면의 상자를 하이라이트, 반사광, 환경광을 이용해 조금 더 세부적으로 나눌 수 있습니다. 또한 투영그림자를 이용해 면을 추가할 수도 있습니다. 이것은 입체를 이해하는 데 많은 도움이 됩니다.

지금 제시한 면들만 더 찾아도 조금 더 입체를 정확하게 전달할 수 있습니다. 우리는 여기서 더 나아가 투영그림자 안에서는 오클루전 쉐도우, 표면그림자 안에서는 폴 오프와 오클루전의 다양한 면을 더 추가로 찾아 줄 수 있습니다.

얼마나 자세히 찾아 줄지는 여러분에게 달려 있습니다. 많이 찾을수록 리얼리티에 가까워지고 조금 찾을수록 우리가 흔히 말하는 캐쥬얼에 가까워집니다. 하지만 반드시 알아두어야 하는 것은 명암은 반드시 스케치보다 면의 수가 많아야 한다는 것입니다.

1,2,3면의 상태　　　　**반사광면 추가상태**　　　　**하이라이트+반사광면 추가상태**

★ 추가되는 정보량이 많을수록 리얼리티에 가까워집니다.

03 곡선 물체에서의 1, 2, 3면 읽기

우리가 그리는 물체는 또한 곡선적인 면을 가진 것들도 많습니다. 곡선물체 중에서 원기둥이나 삼각뿔과 같이 면이 나뉘어져있는 물체는 스케치로 표현하기 쉬운 반면 완전한 곡선으로만 이루어진 구와 같은 물체는 물체의 와이어 프레임이 없이는 스케치만으로 온전한 표현이 불가능합니다.

와이어 프레임이란?

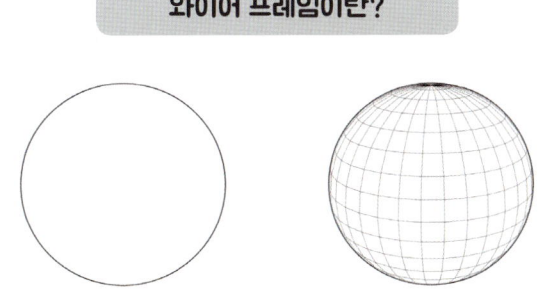

★ 와이어 프레임이란 사물의 표면에 능선을 그려 3차원의 깊이를 표현하는 방식을 말합니다.
구와 같은 사물은 능선을 표현하지 않으면 스케치만으로는 3차원적인 형태를 표현할 수 없습니다.

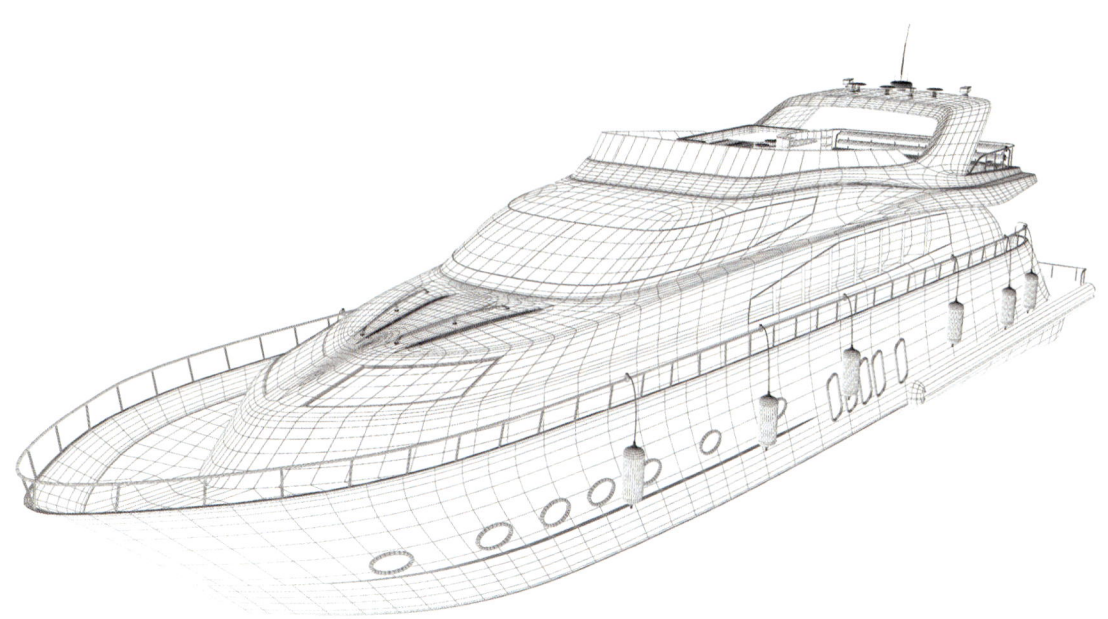

★ 와이어 프레임 스케치는 평면적인 그림을 3차원의 입체로 보이게 만들어줍니다.

와이어 프레임 스케치는 평면적인 스케치를 입체적으로 보여줍니다. 이것은 매우 좋은 스케치 방식이지만 문제점은 그림의 완성 단계에 이르러서는 이 와이어 프레임을 남길 수 없다는 것입니다. 그렇다면 이 원을 구처럼 보이게 만드는 방법은 명암밖에는 존재하지 않습니다.

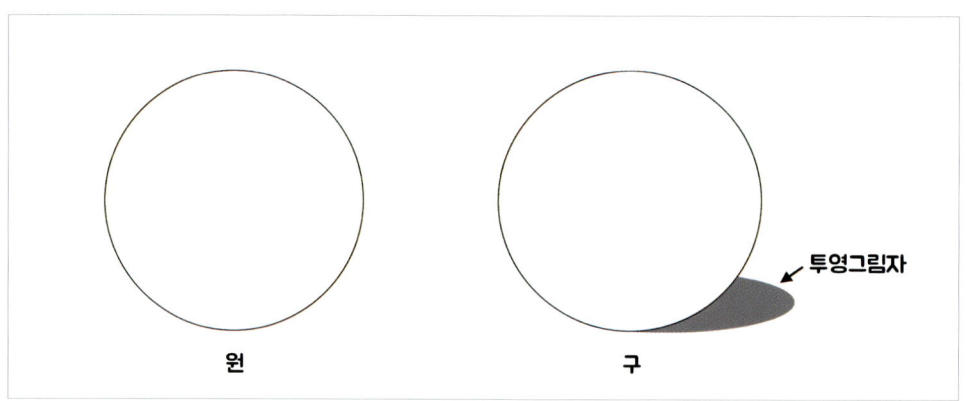

★ 투영그림자로 면을 하나만 더 추가해도 원을 구처럼 보이게 만들 수 있습니다.

복잡한 와이어 없이 추가면을 하나만 확보해주어도 원을 구처럼 보이게 할 수 있습니다. 그래서 곡선물체에서는 직선직인 물체에서보다 1, 2, 3면의 읽기가 더욱 중요해집니다.

▌구에서의 1, 2, 3면 표현

곡선물체는 직선물체와 다르게 물체의 표면에 명암경계선을 지니고 있습니다. 이 명암경계선은 빛과 사물의 면이 평행해 표면그림자가 생성되는 위치를 말합니다. 물론 육면체 등의 박스형태의 빛과 평행한 면도 명암경계선에 해당하지만 곡선물체에서의 명암경계선은 형태를 보여주는 데 있어 다면체보다 훨씬 더 중요한 역할을 합니다.

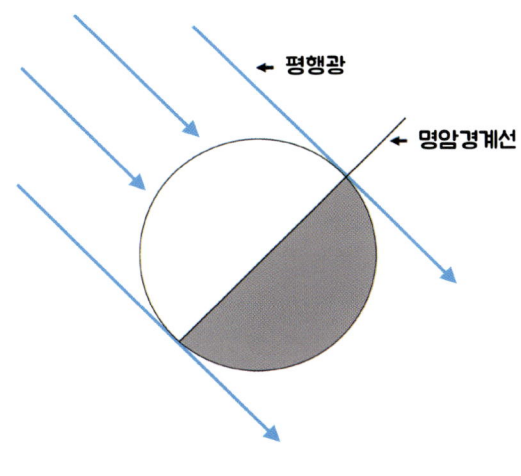

위에서 본 구의 모습

★ 평행광이 내리쬐는 상황에서 위에서 봤을 때의 명암경계선의 모습입니다.
명암경계선을 찾는 방법은 앞서 설명한 투영그림자의 작도 방법과 과정이 같습니다.

그럼 이제 위에서 본 구의 모습을 투시를 넣은 모습으로 바꾸어서 명암경계선이 어떻게 이동하는지 관찰해 보도록 하겠습니다.

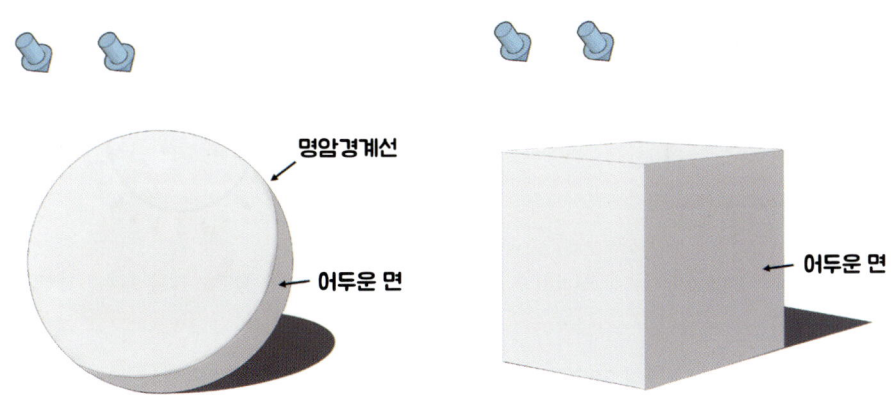

★ 위에서 내려다 본 모습을 투시가 있는 모습으로 바라본 형태. 빛은 여전히 왼쪽 상단에서 내리쬐는 평행광입니다.

위에서 내려다 본 모습의 그림을 투시가 들어간 모습으로 바꾸면 위 그림과 같이 변합니다. 곡면체에서 암부경계선후로의 면은 1, 2, 3 읽기의 3면, 즉 어두운 면과 역할이 같습니다. 그럼 이제 밝은 면과 중간톤 면인 1면과 2면을 찾을 차례입니다. 1면과 2면의 위치는 조명의 높이에 따라 변하는데, 여기에서 사용된 조명은 60도 정도의 각도로 바닥을 향해 내리쬐는 평행광입니다.

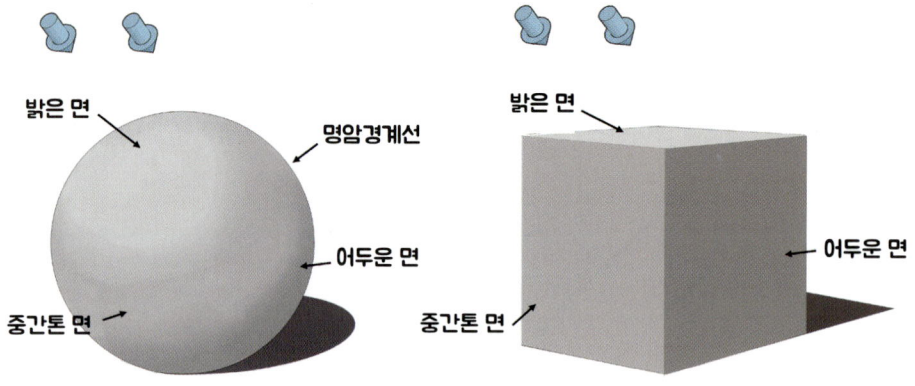

★ 구에서도 박스와 마찬가지로 1, 2, 3면을 찾아서 입체적으로 읽히게 만들 수 있습니다.

명암경계선 앞쪽을 양등분하면 1면과 2면을 찾아줄 수 있습니다. 주광의 높이가 높으므로 상자와 구의 윗면이 더 밝아집니다. 이제 남은 추가면들을 더 찾아줄 차례입니다. 박스에서는 특정 조건에만 발생되는 하이라이트가 구에서는 항상 발생됩니다. 박스의 법선은 특정한 방향만을 향하고 있지만, 구의 법선은 모든 방향을 향하고 있기에 빛과 법선이 평행이 되는 부분, 즉 면과 빛이 90도를 이루는 부분이 반드시 발생합니다.

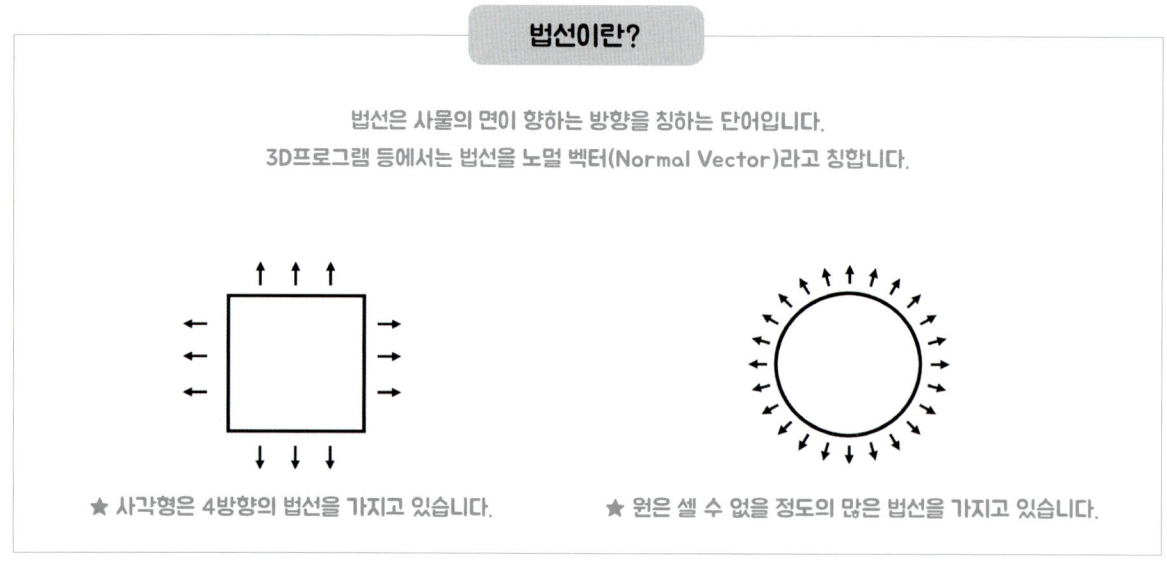

법선이란?

법선은 사물의 면이 향하는 방향을 칭하는 단어입니다.
3D프로그램 등에서는 법선을 노멀 벡터(Normal Vector)라고 칭합니다.

★ 사각형은 4방향의 법선을 가지고 있습니다.   ★ 원은 셀 수 없을 정도의 많은 법선을 가지고 있습니다.

하이라이트의 조건은 사물의 면과 주광이 90도를 이룰 때, 즉 사물의 법선과 빛이 평행할 때 발생합니다. 직면체는 사물과 빛이 90도를 이루는 특정한 상황에서 하이라이트가 발생하지만, 구와 같은 곡면체의 경우 무수한 면의 방향으로 인해 대부분 하이라이트가 발생합니다.

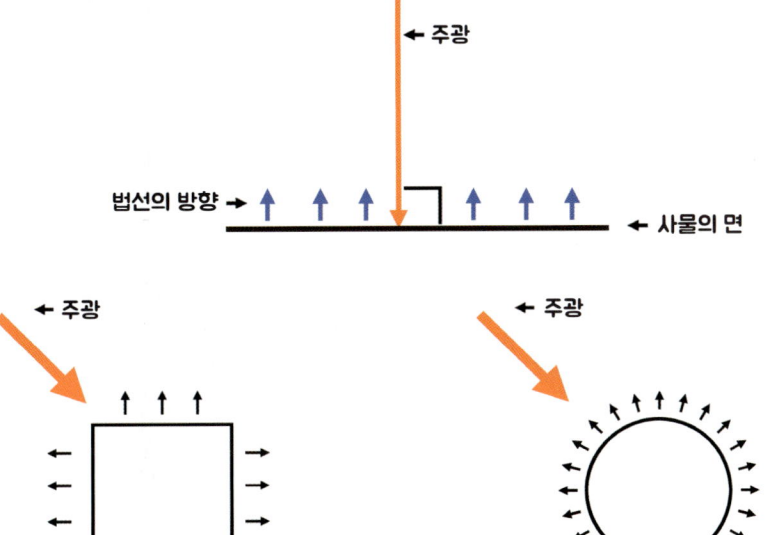

★ 사물의 면과 주광이 수직으로 만난다 = 사물의 법선과 주광이 평행하다

← 주광

법선의 방향 → ⬆ ⬆ ⬆ ← 사물의 면

← 주광

← 주광

① 빛과 사물이 수직에 가까울수록 밝은 면이 생성되지만 수직이 되는 부분은 없기 때문에 하이라이트는 발생하지 않습니다.
② 빛과 사물이 수직인 부분이 생기므로 하이라이트가 발생합니다.

흔히 사물에서 가장 밝은 면을 하이라이트라고 생각하기 쉽습니다.
이 개념만 정확히 집고 넘어가도 우리는 한 면을 더 찾아 줄 수 있습니다.

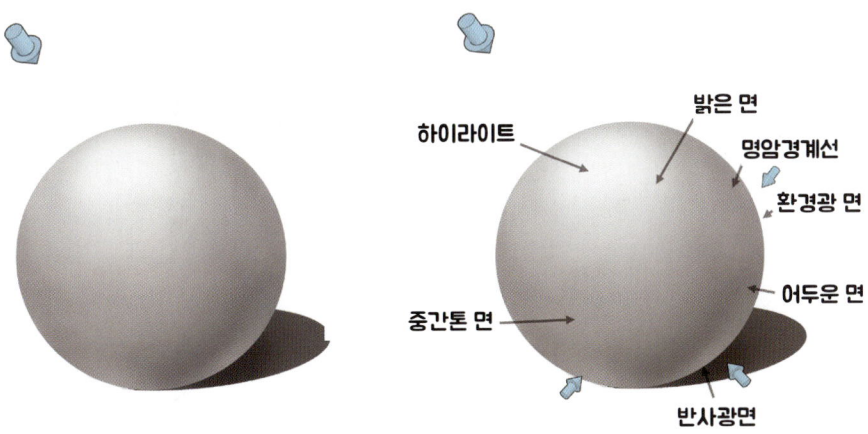

하이라이트

밝은 면

명암경계선

환경광 면

어두운 면

중간톤 면

반사광면

★ 명암의 정보가 많을수록 스케치가 없어져도 입체를 표현하는 것이 가능해집니다.

하이라이트와 반사광면 등의 추가면들을 찾아주고 구의 명암을 완성시킵니다. 구의 명암이 정확하다면 더 이상 외곽선 없이도 형태가 안정되게 보이게 될 것입니다.

▌원기둥에서의 1, 2, 3면 표현

원기둥은 우리가 그림을 그리면서 가장 자주 표현하는 형태 중 하나입니다. 우리가 앞으로 자주 그리게 될 사람의 몸, 동물의 몸 같은 유기체 역시 자세히 관찰해보면 대부분 원기둥으로 이루어져 있다는 사실에 놀라게 될 것입니다. 이 원기둥을 입체적으로 이해하는 것은 상업미술을 위해 굉장히 중요한 부분입니다.

★ 사람의 몸을 기초 도형으로 제작했을 때 몸의 대부분이 원기둥으로 구성되어 있는 것을 볼 수 있습니다.

원기둥은 앞서 보았던 구보다는 형태적으로 표현하기 조금 쉽습니다. 하지만 직면체보다는 면수가 월등히 적기 때문에 어렵습니다. 특히나 원기둥은 스케치단계일 때 위나 아래의 둥근 면이 보이지 않을 경우 직육면체와 형태가 같아 형태의 오해를 일으키기 쉽습니다. 그러므로 원기둥을 표현할 때는 사물의 윗면이나 아랫 면을 포함한 두 면이 모두 보이는 것이 형태적으로 완전하게 보입니다.

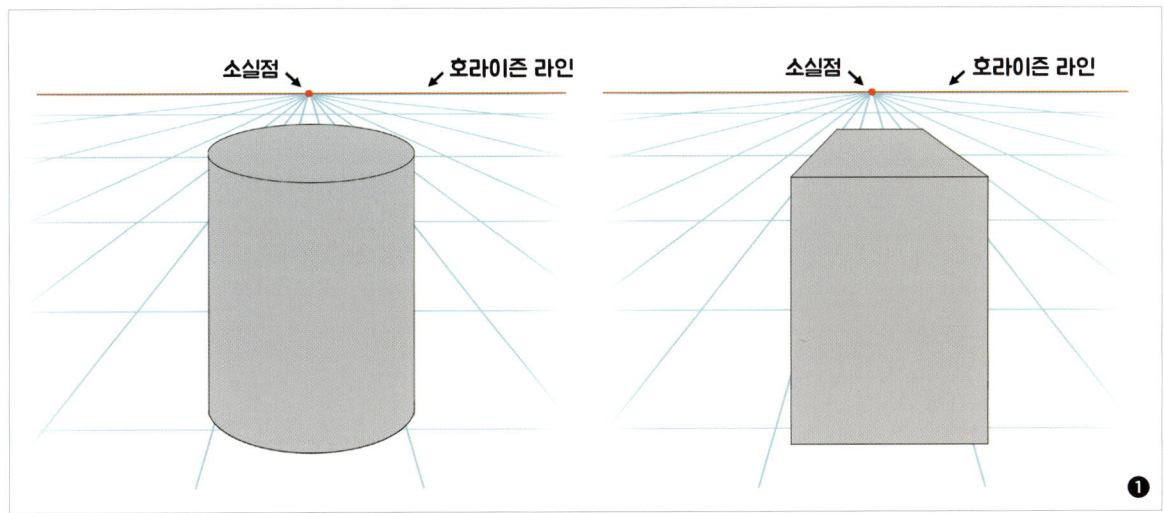

★ 호라이즌 라인이 위나 아래에 있어 사물이 두 면 이상이 보일 때에는 원기둥과 직육면체의 구분이 확실합니다.

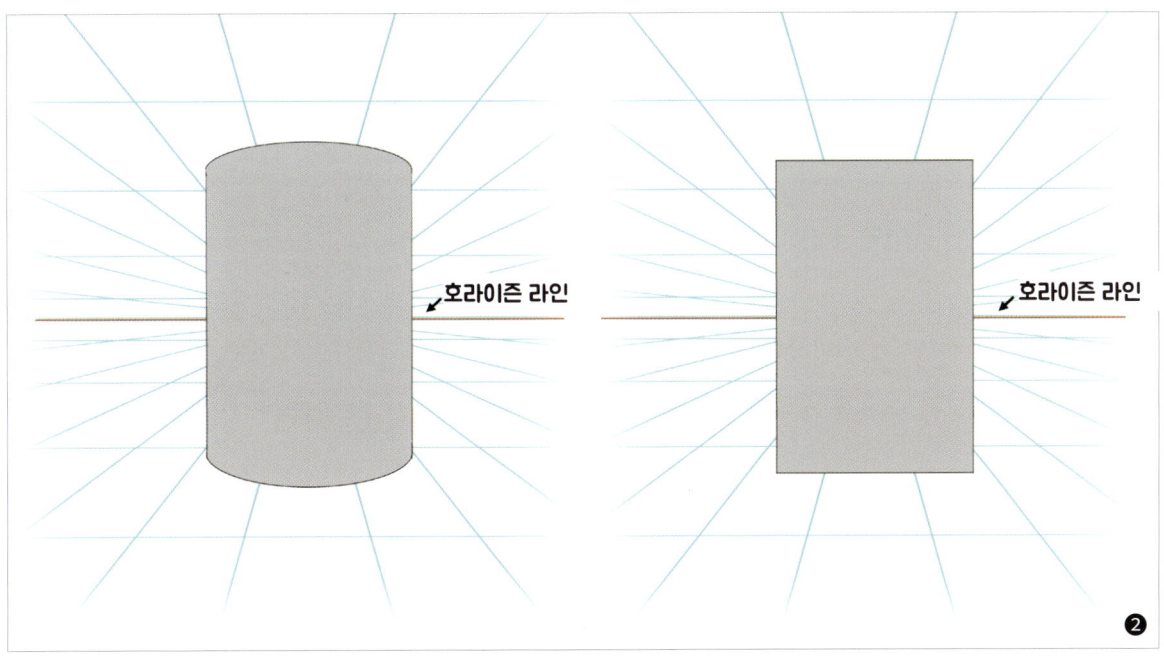

★ 호라이즌 라인에 사물이 걸쳐져 사물의 한 면만 보일 때에는 원기둥과 직육면체의 구분이
위의 두 면이 보이는 경우보다는 확실하지 않습니다.

소실점 위에 스케치하는 경우 다른 위치보다 깊이축이 잘 나타나지 않기 때문에 어떤 물체든 형태를 표현해내는 것이 쉽지는 않습니다. 위에서 소실점 위에 피사체를 배치한 경우에 원기둥과 직육면체의 형태 구분이 두 면이 모두 보이는 위그림 ❶보다 약해지는 것을 알 수 있습니다. 이런 경우 형태를 잘 인지할 수 있게 만드는 것은 명암 외에는 없습니다.

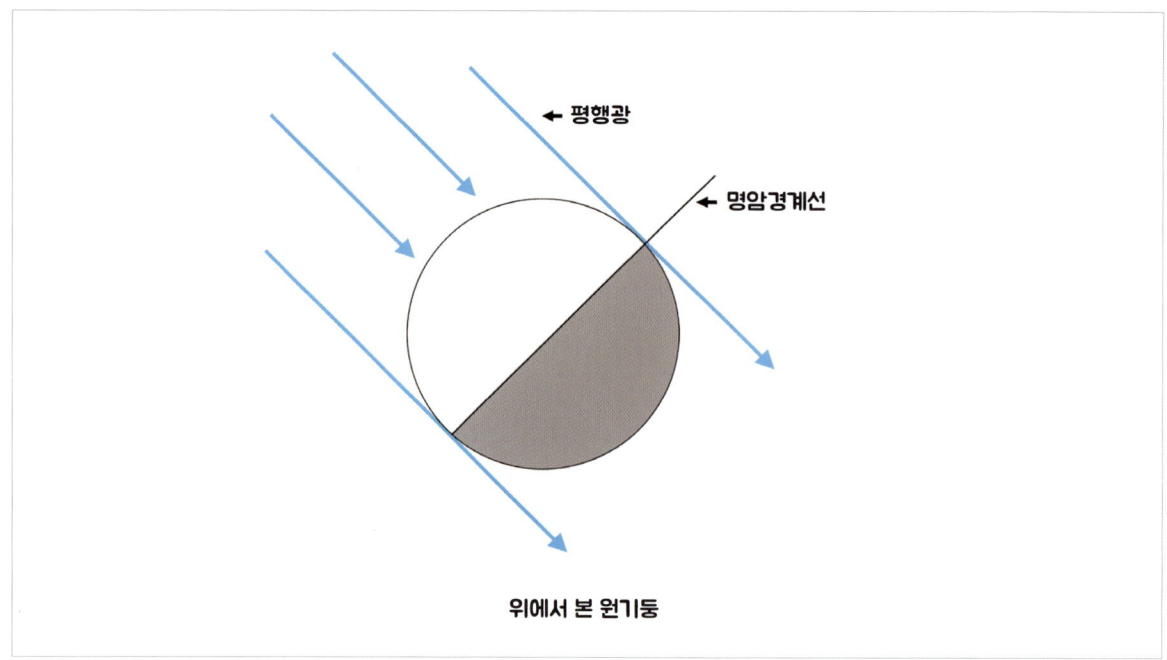

원기둥을 위에서 봤을 때의 형태는 구와 동일합니다. 구에서 잡았던 명암경계선을 응용해서 실린더 명암경계선도 쉽게 잡아낼 수 있습니다.

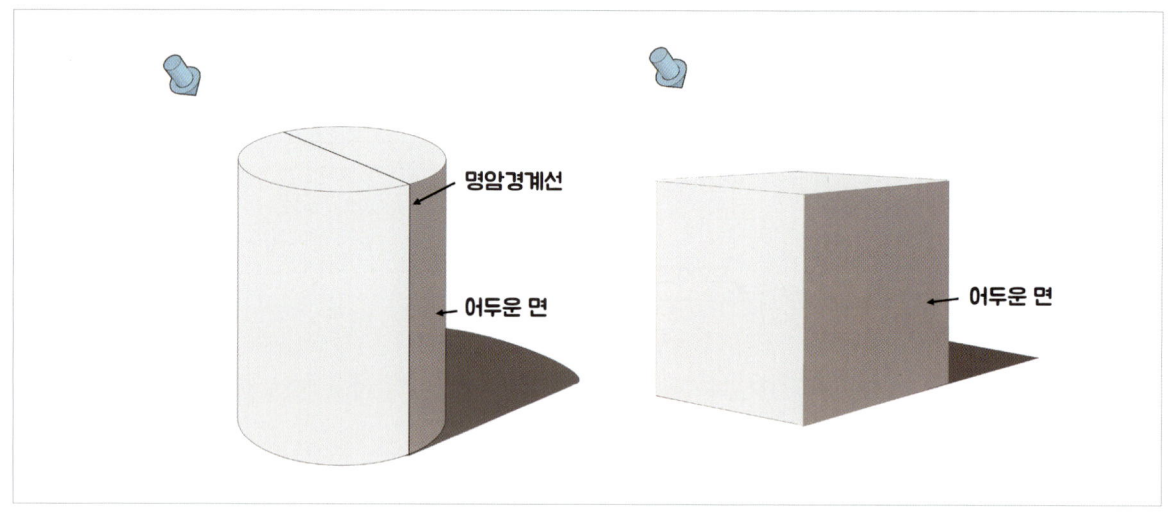

★ 위에서 내려다 본 모습을 투시가 있는 모습으로 바꾼 형태입니다.
빛은 왼쪽 위에서 내리쬐는 평행광 상태입니다.

위에서 내려다 본 모습의 그림을 투시가 들어간 모습으로 바꾸면 위 그림과 같이 변합니다. 위에서 본 모습에서의 명암경계선을 원기둥의 옆면으로 연결하면 쉽게 찾을 수 있습니다. 명암경계선 뒤의 어둠은 옆의 정육면체의 어두운 면과 같이 1, 2, 3면에서 3면의 역할을 합니다.

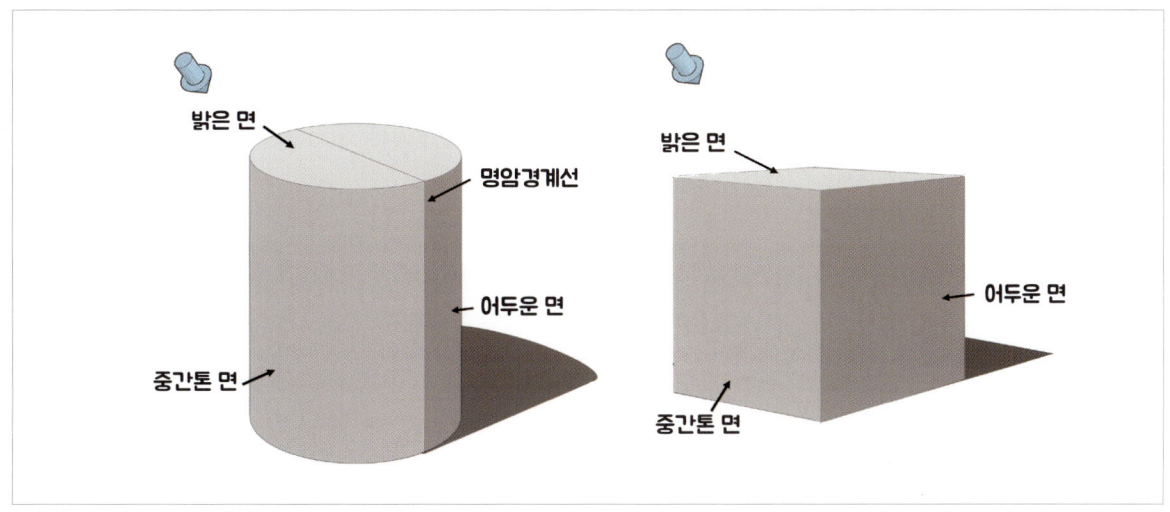

★ 원기둥에서는 원기둥 옆면의 명암경계선을 기준으로 중간톤 면을 찾을 수 있습니다.

오른쪽의 정육면체와 같이 밝은 면과 중간톤 면인 1, 2면을 찾아줍니다. 기본이 되는 1, 2, 3면과 투영그림자를 모두 찾아준 상태가 되었습니다. 이 상태에서 폴 오프, 바운스라이트, 하이라이트, 환경광면, 오클루전 등 다양한 추가면들을 찾아준다면 명암으로의 입체의 설명이 더욱 명확해 집니다.

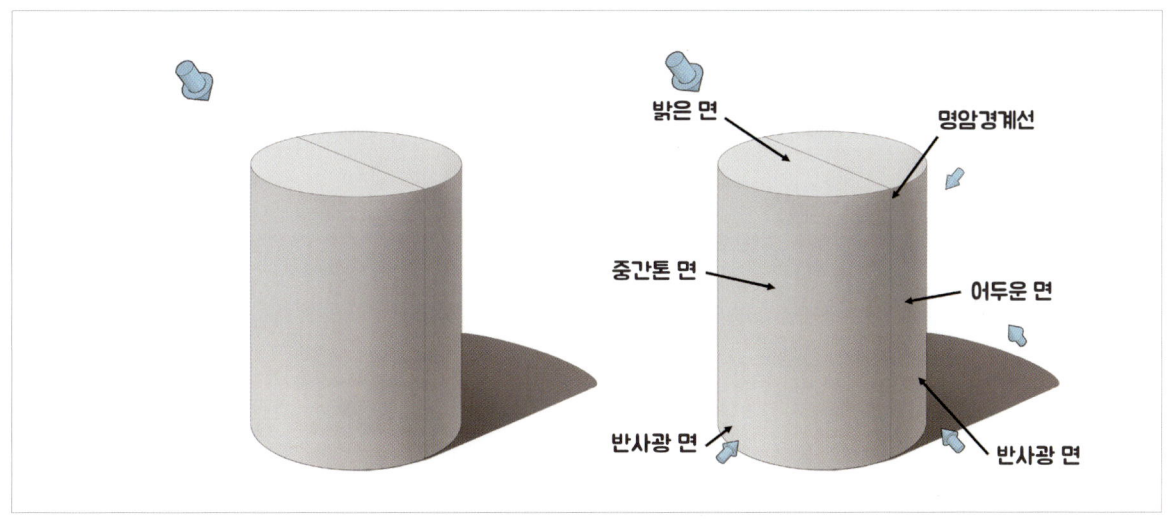

★ 추가 면을 넣어 명암의 형태를 완성합니다.
명암의 정보가 많을수록 입체의 전달이 확실해집니다.

추가 면들을 찾아주고 그림을 마무리합니다. 곡선물체의 추가면들을 찾아줄 때에는 면과 면의 이행을 부드럽게 이어주는 것이 중요합니다.

곡선물체에서 밝은 면과 어두운 면을 부드럽게 이어주는 것을 말합니다. 이행이 중요한 이유는 이행을 어떻게 이어주느냐에 따라 그 작가의 표현법이 결정되기 때문입니다.

에어브러쉬로 한 것처럼 깨끗하게 잇는 사람도 있고 거친 터치로 잇는 사람도 있으며 간혹 직면체처럼 면을 잘게 쪼개면서 잇는 사람도 있습니다. 이것이 우리가 흔히 말하는 그림에서 터치라고 부르는 부분입니다.

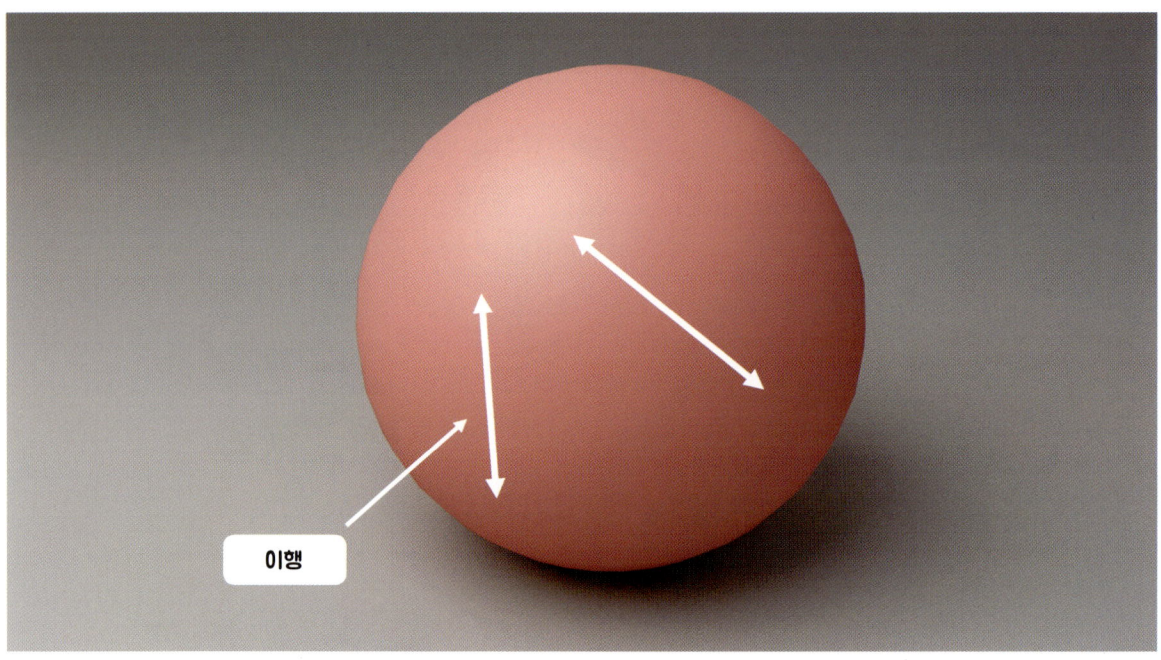

이행

★ 이행은 우리가 흔히 그림에서 터치가 거칠다 부드럽다고 말하게 하는 요소입니다.

★ 곡선이 많은 물체일수록 직선인 물체보다 명암이 훨씬 더 큰 영향력을 발휘합니다.

04 사물의 재질에 따른 하이라이트의 종류

하이라이트는 사물의 가장 밝은 부분을 지칭하는 단어입니다. 하이라이트를 만드는 조건에는 두 가지가 있는데 첫 번째는 관찰자와 상관없이 사물과 주광이 수직을 이루는 경우, 두 번째는 관찰자가 개입하여 사물과 관찰자간의 입사각과 반사각이 같은 경우입니다.

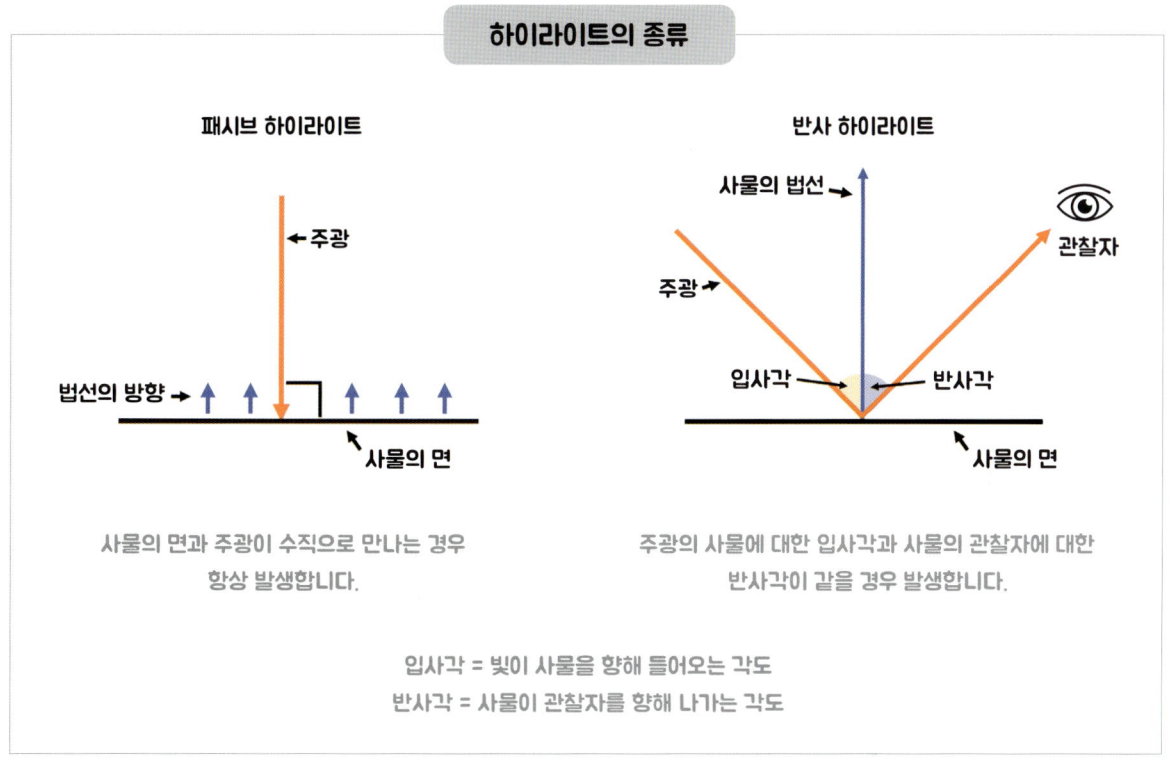

★ 패시브 하이라이트의 경우 사물과 광원의 관계에서 발생하고,
반사 하이라이트의 경우 사물, 광원, 관찰자가 모두 개입되어 발생합니다.

대부분의 하이라이트는 첫 번째 경우처럼 사물의 면과 주광이 수직인 경우에 생성됩니다. 우리는 이것을 패시브 하이라이트(Passive Highlight)라고 부르며 주변에서 가장 쉽게 관찰되고 그림에 가장 쉽게 표현되는 하이라이트입니다.

두 번째는 반사 하이라이트(Replected Highlight)로, 사물의 입사각과 반사각이 같은 경우를 정반사 재질이라 부르는데 사물이 정반사를 띄는 경우에만 관찰되는 하이라이트입니다.

우리는 첫 번째의 경우처럼 패시브 하이라이트만 관찰되는 물체를 난반사 물체 또는 확산반사 물체라고 부르고, 두 번째의 경우처럼 반사 하이라이트가 관찰되는 물체를 정반사 물체 또는 거울반사 물체라고 부릅니다.

이처럼 하이라이트가 생기는 조건은 [빛-사물]의 관계와 [빛-사물-관찰자]의 관계로 나누어 볼 수 있습니다. 이 두 가지 하이라이트의 종류에서 항상 조건에 개입되는 것은 바로 사물입니다. 사물에 따라 어떤 종류의 하이라이트가 발생될지 결정됩니다. 여기에서 우리가 흔히 저지르는 실수는 표면이 깨끗한 물체를 정반사 물체라고 착각하는 것입니다. 정반사는 물체표면의 자기적 특성으로 인하여 생기는 부분일 뿐 표면의 거칠기와는 무관합니다.

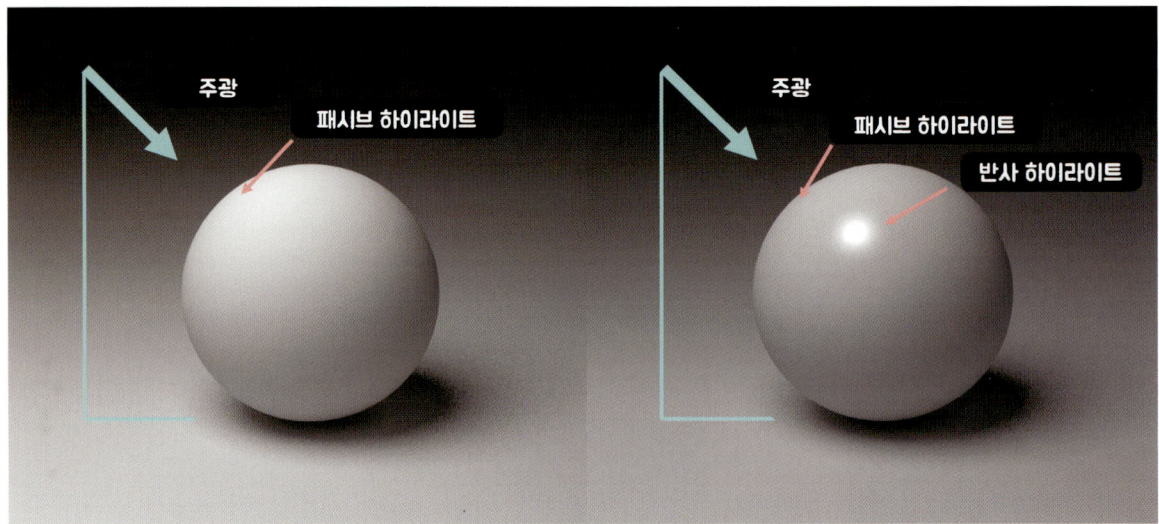

★ 두 그림 안에 위치한 각각의 구는 동일하게 왼쪽 상단에서 오는 평행광을 받고 있는 상태입니다. 왼쪽의 그림에서는 주광과 사물의 면이 수직이 되는 부분에 하이라이트가 생기는데 비해 오른쪽 그림에서는 하이라이트의 위치가 관찰자 쪽으로 옮겨진 것을 볼 수 있습니다.

위 그림에서 볼 수 있듯이 사물의 재질에 따라 반사 하이라이트가 생성되거나 생성되지 않습니다. 패시브 하이라이트의 경우 관찰자가 움직여도 사물의 하이라이트 위치가 변경되지 않습니다. 패시브 하이라이트는 사물과 주광의 관계에서만 발생하며, 관찰자가 개입하지 않는 하이라이트이기 때문입니다.

★ 패시브 하이라이트는 관찰자가 움직여도 하이라이트의 위치가 변하지 않습니다. 그것은 하이라이트가 오직 빛과 사물의 관계로만 발생하기 때문입니다.

반면 관찰자가 개입하는 반사 하이라이트는 관찰자의 위치에 따라 하이라이트의 위치가 변하기에 패시브 하이라이트 보다 관찰자 쪽으로 하이라이트가 더 이동되어 있는 것이 특징입니다. 사람의 입술(립스틱이나 립글로스를 바른 상태)이나 눈동자의 하이라이트에서 쉽게 관찰할 수 있습니다. 특히나 정반사 물질의 경우 패시브 하이라이트와 반사 하이라이트, 두 개의 하이라이트가 동시에 발생하는 경우가 많습니다.

화살표 = 하이라이트의 위치

❷

★ 반사 하이라이트는 관찰자에 따라 하이라이트의 위치가 변합니다. 더욱이 제일 오른쪽 그림과 같이 피사체가 빛을 등지고 있는 상태에서도 반사 하이라이트는 발생합니다.

정반사 물체에서 두 개의 하이라이트를 발견하는 것은 그리 어려운 일이 아닙니다. 그림 ❷는 정반사 물체에서 광원과 피사체의 위치는 고정하고 관찰자의 위치만 이동한 상태입니다. 패시브 하이라이트는 그림 ❶처럼 고정된 위치에 있지만 반사 하이라이트의 위치는 관찰자의 위치에 따라 시시각각 변하는 것을 볼 수 있습니다. 그림 ❷의 가장 오른쪽에 있는 구는 주광을 등지고 있는 상황임에도 불구하고 반사 하이라이트가 발생하는 것을 발견할 수 있습니다. 그림 ❷의 가운데 그림과 같이 패시브 하이라이트와 반사 하이라이트의 위치가 같은 경우 하이라이트의 세기가 조금 더 세지는 것을 확인살 수 있습니다.

★ 좌측 사진에서의 패시브 하이라이트와 반사 하이라이트의 위치가 서로 다른 것을 확인할 수 있습니다. 한낮의 주광상태라 패시브 하이라이트는 조금 높게 있는 반면 반사 하이라이트는 사진을 찍은 관찰자 쪽으로 내려와 있습니다.

입술의 립밤과 같은 클리어코트 층은 입술을 보다 확실한 정반사 물질로 만들어 줍니다. 입술의 하이라이트는 우리 주변에서 쉽게 관찰할 수 있는 좋은 예시입니다.

하이라이트는 사물의 재질적인 정보 외에도 사물을 더욱 입체적으로 보여줄 수 있는 좋은 추가면입니다. 우리는 풍부한 톤의 표현을 위해 사물과 광원, 그리고 관찰자의 거리를 적절히 조절해 좋은 사진을 찍는 사진가처럼, 이 거리를 조절해 적당한 크기의 하이라이트를 발생시켜 풍부한 톤의 그림을 그리는 것이 좋습니다.

05 라인웨이트(Line Weight)

라인웨이트란 그림에서 스케치와 명암의 비중을 얼마나 가져갈 것인가를 결정하는 것입니다. 앞서 설명한 대로 스케치만으로는 형태를 모두 표현하기 어렵고, 명암만으로는 표현하는데 시간이 많이 걸립니다. 그래서 우리는 이 두 가지를 섞어 자신의 스타일에 맞는 적절한 타협점을 찾아내야 합니다. 이것은 그림에 현실감을 얼마나 부여할 것이냐 생각할 수 있는데, 이것으로 게임원화나 상업미술 분야에서는 흔히 말하는 그림체라는 스타일의 척도로도 삼을 수 있습니다.

우리가 다소 평면적이라고 생각하는 일본 미소녀 그림체 스타일에 라인을 없애면 명암의 1, 2, 3면 읽기가 어려운 스타일이 되어 그 형태를 알아보기 힘들게 됩니다. 그리고 채색을 리얼하게 표현하지 않는 작가라면 라인웨이트를 줄이면 형태를 전달하기 힘들고 어색해질 것입니다. 반면 북미나 유럽의 스타일 같이 3D적인 형태를 중요시하는 그림의 경우 라인과 명암 모두 존재한다면 복잡한 그림이 되기 쉽습니다. 명암만으로 충분한 형태를 전달할 수 있다면 라인웨이트를 줄이는 것이 형태를 인지하는 입장에선 훨씬 매끄러운 전개가 될 것입니다.

라인웨이트를 어떻게 쓰느냐는 결국 명암의 면들을 얼마나 상세하게 찾아줄 것인가, 재질을 얼마나 상세하게 표현할 것인가의 차이로 인식할 수 있습니다.

라인웨이트가 가벼운 그림은 사진을 대신했던 중세시대의 미술을 비롯하여, 제품 파이널랜더링, 북미나 유럽풍의 사실적인 게임들(위쳐, 언챠티드, 배틀필드 등) 에 주로 사용됩니다. 라인웨이트가 무거운 그림은 명암적인 형태의 전달력이 다소 떨어지기 때문에 보다 2차원적인 형태의 그림과 미술의 스타일을 추구하는 데 용이합니다. 이런 스타일은 제품의 초기 렌더링이나 단순한 명암처리를 요하는 웹툰 플랫폼, 명암의 단계가 적은 2D 셀 애니메이션 부분에 사용하는 것이 좋습니다.

자신이 추구하고자 하는 스타일이 어느 정도의 선에 위치하는지 생각해 보는 것은 앞으로 여러분의 스타일을 완성시켜 가는 데 중요한 잣대가 될 것입니다.

2 반사(Reflectivity)

01 사물이 보이는 원리

우리는 사물을 공감각적 형태로 인식합니다. 보고, 만지고, 냄새를 맡을 수 있으며, 혹은 사물이 내는 소리를 들을 수 있습니다. 그림에서는 사물을 시각적인 형태로 밖에 판단할 수 없습니다. 그림에서는 시각적 감각 외엔 존재하지 않기 때문입니다. 그래서 그림은 공감각적인 전달이 어렵습니다. 한 가지의 감각만으로 현재의 모습을 보여줘야 한다는 것은 마치 소리가 없는 무성영화를 만드는 것처럼 그 의미를 정확하게 전달시키는 것이 중요합니다.

사물이 우리에게 어떻게 보이냐를 결정하는 것은 크게 사물의 면에서 일어나는 흡수, 굴절, 반사라는 세 가지의 요소로 결정됩니다.

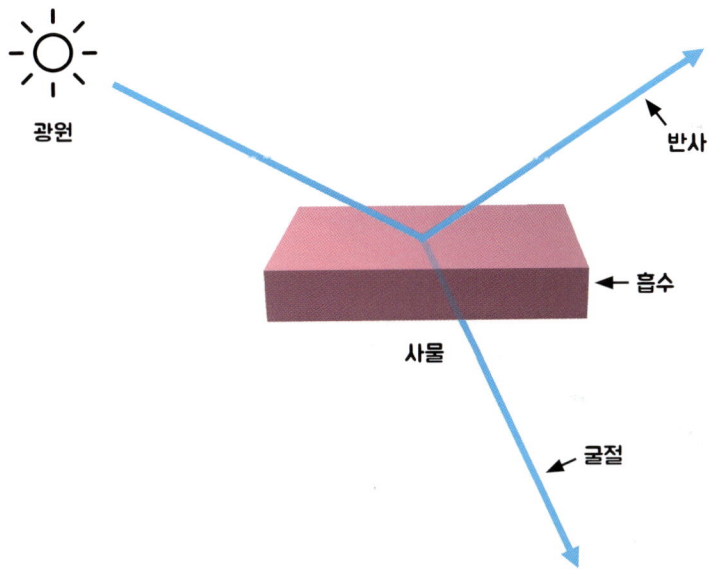

★ 광원이 사물에 닿게 되면 사물에선 세 가지 현상이 일어납니다. 반사, 흡수, 굴절이 바로 그것입니다.

이 세 가지 중 첫 번째로 알아볼 것은 흡수입니다. 흡수란 가시광선의 영역 중 어떤 색을 흡수하고 어떤 색을 내보낼 것인가 하는 물체가 가진 자기장적인 특성입니다. 물체는 흡수한 가시광선을 열에너지로 변환하고 흡수하지 않은 가시광선은 다시 반사해냅니다. 이 과정은 우리가 색을 인지하는 과정입니다.

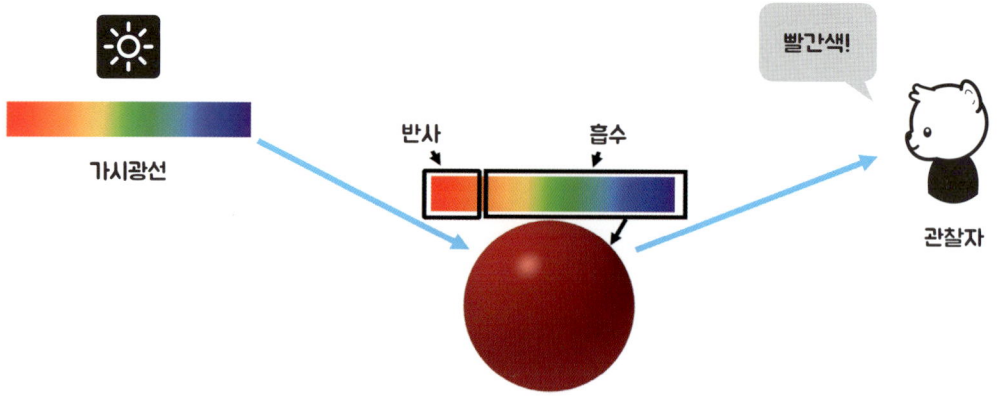

흡수된 가시광선은 열에너지로 변환

★ 흡수되지 못한 가시광선만이 반사되어 사물의 색상으로 관찰자에게 인지됩니다.
간단히 말하면 빨간공은 빨간쪽 파장을 싫어해서 빨간공이 되는 것입니다.

검은색의 옷이 흰색의 옷에 비해 더 뜨거운 이유는 모든 가시광선을 흡수하기 때문입니다. 사물의 특성 중 흡수라는 영역은 가시광선을 선택적으로 활용하고 볼 수 있게 합니다.

★ 우리는 사물의 흡수라는 특성 때문에 현실에서 다양한 색을 볼 수 있습니다.

사물의 두 번째 특성은 굴절입니다. 굴절은 사물의 매질이 투명도를 가져 빛을 통과시킬 수 있는 물질에 일어나는 현상을 말합니다. 보통 투명, 반투명 플라스틱, 유리나 물과 같은 어느 정도의 투명도를 가진 매질에서 빛의 굴절을 쉽게 찾아볼 수 있습니다. 사물의 투명도가 사라지면 빛의 굴절 역시 나타나지 않습니다. 굴절된 빛은 다양한 형태로 우리에게 보여 지는데, 주로 투영그림자에 생기는 커스틱스 반사로 굴절된 빛을 쉽게 찾아 볼 수 있습니다.

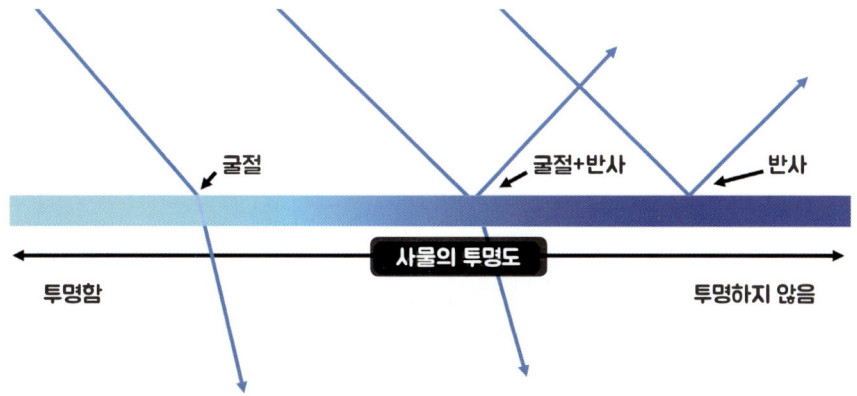

굴절은 몇몇의 특수한 매질에서 일어나는 형태이고, 흡수는 모든 물체에서 나타나는 형태입니다. 흡수와 굴절, 그리고 반사가 함께 나타나는 매질들도 존재합니다. 그 물질들은 일반적인 물질에 비해 조금은 특이한 경향을 띕니다. 위에 언급했던 커스틱스 반사 등의 조금 생소한 단어들은 다음 장에서 하나씩 예를 통해 자세히 알아보도록 하겠습니다.

물질을 결정짓는 3가지 요소인 흡수, 굴절, 반사 중 가장 중요한 것은 반사입니다. 반사로 인해 우리는 물질을 볼 수 있고, 그 물질의 색을 알 수도 있으며, 굴절된 형태마저 인식할 수 있습니다. 반사가 없다면 모든 물질은 보이지 않습니다.

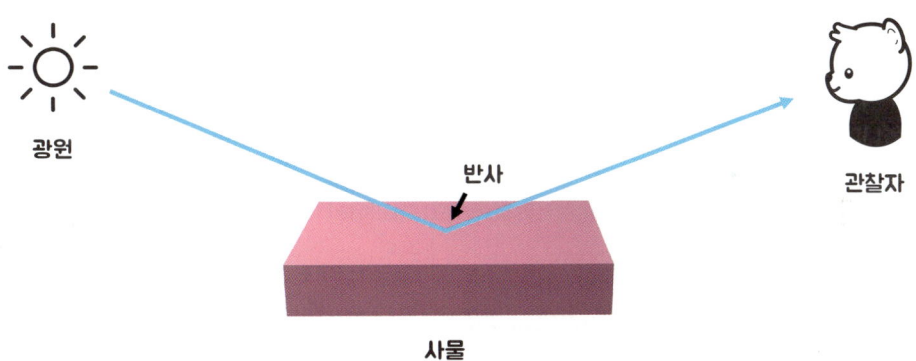

★ 반사란 간단하게 광원이 사물을 치고 관찰자에게 튕기는 것을 말합니다.

우리가 시각적인 정보를 얻는 중요 요소로 광원, 사물, 관찰자 세 가지를 필수 요소라 할 수 있습니다. 이 중 하나라도 없다면 우리는 시각적인 정보를 얻을 수 없게 됩니다. 당연하게도 빛을 제거하거나 물체를 제거하거나 관찰자가 없으면 보이지 않습니다. 여기에서 사물을 볼 수 있게 관여하는 것이 바로 반사입니다.

빛이 사물에 닿는 순간 반사가 일어나고 이 반사된 빛이 우리 눈에 들어오게 됩니다. 반사라는 과정에 따라 우리는 사물을 시각적으로 인지 할 수 있게 됩니다. 가시광선 중 어떤 파장이 우리 눈에 들어오느냐가 색을 결정 짓는다면, 그 사물이 우리에게 빛을 얼마나 반사 하느냐가 사물의 재질을 결정합니다.

02 반사의 종류

앞서 설명했듯이 우리가 사물을 보는데 있어 가장 큰 요소를 차지하는 것은 반사입니다. 이 반사는 물체 표면의 자기적 특성에 따라 난반사라 불리는 확산반사와 정반사라 불리는 거울반사로 나뉩니다. 이 둘을 간단하게 분리한다면 사물에 관찰자나 다른 사물이 비친다면 정반사 혹은 거울반사, 사물에 다른 사물이 비치지 않는다면 난반사 혹은 확산반사라고 생각하시면 이해하기 편합니다. 그럼 이제 이 두 가지의 반사를 비교해보고 알아보도록 하겠습니다.

★ 완전한 난반사체(왼쪽)와 정반사체(오른쪽)의 비교 모습.
두 물체는 명암경계선을 비롯한 중간톤, 하이라이트까지 그 표현 방식이 모두 다릅니다.

▌난반사(=확산반사, diffuse reflection)

먼저 난반사부터 알아보는 것이 반사에 대해 이해하기 좋습니다. 난반사란 거의 대부분의 물질에서 일어나고 관찰되는 형태의 반사입니다. 사물에 어떠한 상도 비치지 않으며 빛을 먼지라고 가정할 때, 이 먼지가 많이 쌓이는 곳이 밝아지는 형태의 반사를 지칭합니다. 여기서 먼지란 빛의 입자, 즉 광자가 됩니다. 우리가 흔히 하이라이트, 반사광 등의 위치를 이해하기 위해 그리는 구가 이 확산반사를 하고 있는 물질의 가장 대표적인 예입니다.

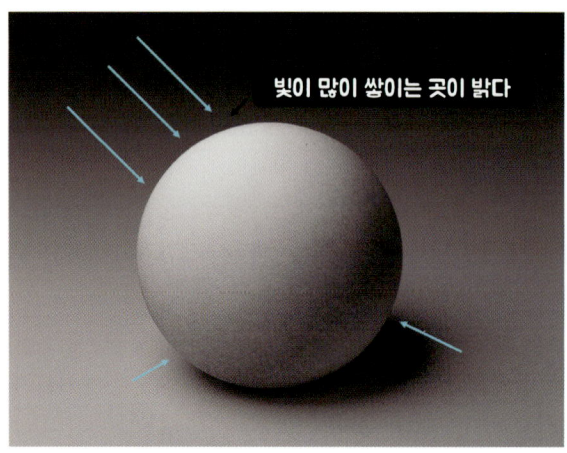

빛이 많이 쌓이는 곳이 밝다

★ 우리가 미술시간에 흔히 접하고 그리는 이 구가 난반사의 대표적인 예입니다.

난반사에서는 광자가 많이 쌓이는 곳이 밝고 광자가 쌓이지 못하는 각도의 면이나, 빛과의 거리가 먼 쪽이 어둡게 됩니다. 지금까지 우리가 예제로 그려온 빛과 수직이면 밝고 등각으로 갈수록 어두워지는 방식의 모든 그림들은 난반사 물체입니다. 빛과 기리에 따라시 어두워지는 깃을 폴 오프라고 부르는데, 난반사와 정반사의 가장 큰 차이점은 난반사에선 이 폴 오프가 두드러진다는 것입니다.

폴 오프는 우리가 흔히 덩어리감이라 부르는 사물의 양감을 시각적으로 느낄 수 있게 해주는 요소입니다. 난반사 사물의 경우 이 양감을 많이 느낄 수 있어, 복잡한 형태를 표현할 때 쉽게 표현할 수 있습니다. 이와 같은 특징 때문에 정반사의 물체를 그릴 때에도 난반사의 덩어리부터 잡아두고 그 위에 정반사 층을 그려내는 편이 진행하기 수월합니다. 정반사에선 양감이 나타나지 않아 초반의 면 읽기가 어려워 묘사가 적을 땐 시각적으로 형태를 인지하기 어렵기 때문입니다. 난반사는 우리가 보는 대부분의 사물에서 볼 수 있는데 나무, 흙, 돌과 같이 자연물의 대부분은 난반사를 띄고 있으며 인공물의 대다수도 난반사의 재질이 많습니다.

난반사의 하이라이트의 세기와 밝은 면의 크기는 표면의 거칠기와 반비례합니다. 면이 거칠수록 밝은 면의 영역이 줄어들고 면이 부드러울수록 밝은 면의 영역이 늘어나는데, 이는 표면이 거칠수록 사물 표면의 반사가 많이 쪼개져 반사된 빛이 관찰자까지 오는 동안 대부분 산란되어 버리기 때문입니다.

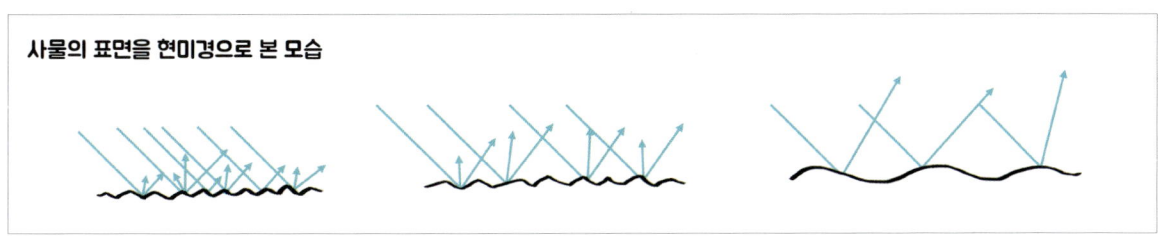

★ 표면이 거칠수록 관찰자에게 오는 반사가 줄어들고 확산됩니다.

물체의 표면의 거칠기에 따라 밝은 면의 크기와 세기가 바뀌는 것은 표면을 현미경 레벨 정도로 확대하여 보고 생각하면 보다 쉽게 이해할 수 있습니다. 위 그림은 구의 표면을 확대하여 옆에서 지켜본 상황을 그려본 것입니다. 반사의 세기가 약한 물체의 표면은 상대적으로 반사도가 높은 물체에 비해 표면이 거칠어 난반사가 심해지는 것을 볼 수 있습니다.

난반사 물체의 추가적인 특징은 물체의 촉감이 시각적으로 잘 느껴진다는 점입니다. 간단히 말하면 '재질이 잘 보인다' 라고 설명할 수 있습니다. 물체에서 재질이 가장 잘 보이는 곳은 중간톤의 영역으로, 이 영역이 대부분 빛을 45도로 받는 구간이기 때문입니다.

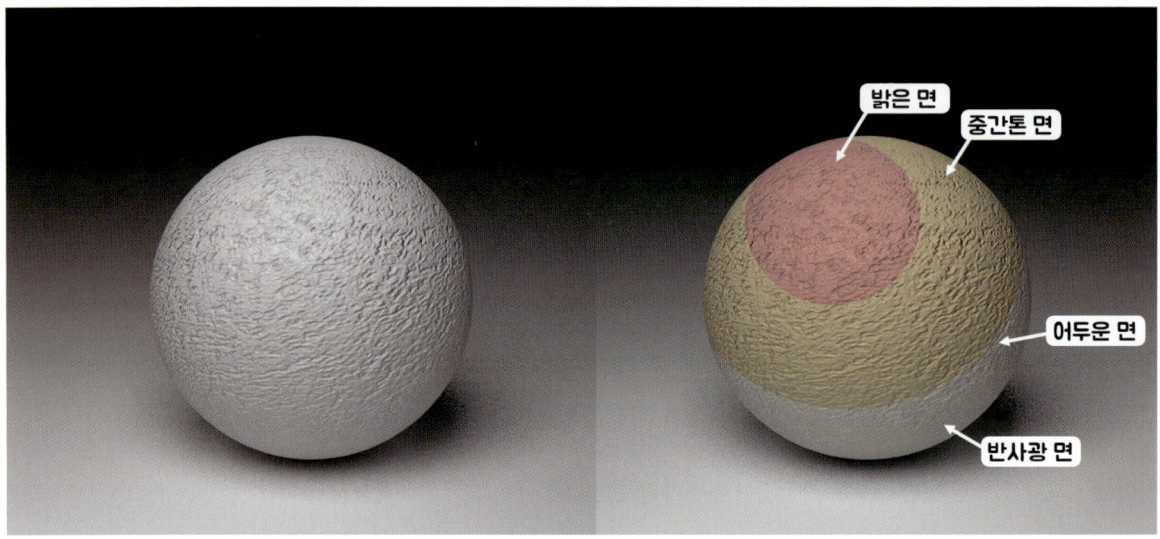

★ 사물의 재질이 중간톤 영역에서 가장 잘 드러나 보입니다.

위 그림은 재질이 들어간 구를 45도 입사광의 빛을 받게 한 상태의 렌더링입니다. 하이라이트와 밝은 면은 빛을 수직으로 받기 때문에 재질이 보이기는 하지만 이 재질이 양각인지 음각인지는 정확히 잘 보이지 않습니다. 정면광일 때 사물의 재질을 알아보기 힘들어지는 것과 같습니다.

★ 45도 입사광 상태(왼쪽)와 정면광 상태(오른쪽)의 비교.
사물의 재질을 45도 입사광 상태에서 훨씬 쉽게 추측할 수 있습니다.

위 그림은 같은 재질의 사물을 45도 입사광 상태와 정면광 상태에서 랜더링 한 것입니다. 정면광일 때 재질을 알아보기 힘들어짐을 알 수 있습니다.

명암경계선 근처의 어두운 면 쪽은 빛이 부족하기 때문에 재질을 알아보기 힘듭니다. 또한 반사광 면의 경우 확산광으로 빛이 부드러워져 사물의 재질을 파악하기 힘듭니다. 사물의 중간톤 면이 재질을 가장 잘 보여줍니다.

위의 설명들처럼 난반사 물질의 경우 덩어리감과 재질감이 잘 나타난다는 것을 알 수 있습니다. 우리는 사물을 그릴 때 처음 명암의 단계를 몇 단계로 구분해서 형태를 파악합니다. 이것은 난반사 성질의 물체를 그리는 것과 같습니다. 반면 정반사 물질의 경우 주변반사로 형태가 결정되기 때문에 상세한 묘사가 진행되지 않는 한 초반에 덩어리를 찾기가 쉽지 않습니다. 그렇기에 어떤 물체이든 난반사 물체로 먼저 접근을 한 다음 정반사의 물체로 다시 접근하는 것이 그림을 그리는 데 있어 조금 더 용이합니다.

▌정반사(=거울반사, specular reflection)

정반사란 거울반사라고도 불리며 현재의 사물에 다른 사물이 투영되어 보이는 형태의 반사를 지칭합니다.

★ 주변의 환경의 반사로 인해 형태가 보이는 물체를 정반사 물체라고 부릅니다.
위의 건축물은 최종적인 정반사의 모습입니다.

우리는 흔히 난반사의 물질이 극단적으로 부드러워지면 정반사가 되는 것이라고 생각하기 쉽습니다. 표면이 부드러운 것은 정반사가 일어나기 위한 반드시 필요한 조건이긴 하지만 물체에 다른 사물이 비치는 정반사는 사물과 광자에 대한 전자기적인 특성일 뿐 사물의 거칠기로 인해 정반사와 난반사가 결정되지는 않습니다. 아무리 거친 표면의 메탈이라도 정반사적인 특성과 난반사적인 특성이 공존하는 것을 살펴보면 정반사가 일어나는 물질은 그 분자가 광자에 반응하는 성질이 다르다고 할 수 있습니다.

브러쉬드 메탈처럼 정반사 물질의 거칠기를 일부러 매우 올리면 정반사 물질이 난반사의 물질처럼 보이기도 합니다. 그러나 이렇게 정반사의 물질을 난반사의 물질로 보이게 만들어도 하이라이트의 위치가 반사 하이라이트의 특성을 띄는 등 정반사의 특징이 정반사 물체에는 항상 공존합니다.

★ 같은 스테인리스 재질이라도 마감 공법(브러쉬드 메탈처리)에 따라 반사율이 달라짐을 볼 수 있습니다.
왼쪽의 스테인리스는 주변의 상이 비치지만 브러쉬드 처리가 된 오른쪽의 스테인리스는 주변의 상이 비치지 않습니다.

위 그림을 보면 정반사 물질의 경우 표면의 거칠기로 정반사와 난반사의 정도를 결정 할 수 있습니다.

난반사 물체의 경우 물체 위에 새로운 반사층을 입힘으로 정반사 물질의 성질을 띄게 만들 수 도 있습니다. 예로 나무의 표면을 아무리 깨끗하게 처리하여도 그 나무에서 정반사를 발견할 수는 없습니다. 하지만 나무에 유약을 몇 번 발라 광택이 돌게 만든다면 어느 정도의 정반사를 발견할 수 있습니다. 그것은 나무의 표면이 정반사를 할 수 있는 재질로 변화하였기 때문입니다. 이렇게 거울반사를 일으킬 수 있는 층을 클리어코트 층이라 부르며, 클리어코트 층을 만드는 데에는 우리가 흔히 수지라고 부르는 재료가 있습니다.

원목 그대로의 표지판과 수지 처리된 악기

★ 마감재가 바뀜으로 인해 악기는 이제 반사 하이라이트 등의 정반사의 재질을 나타내게 됩니다.
항상 마감재가 사물의 재질을 결정한다는 것을 잊지 않아야합니다.

★ 비온 후의 젖은 바닥은 바닥 사이사이에 고인 물이 클리어코트 작용을 해 정반사를 일으킵니다.
도로 위에 하늘과 건물들이 비춰지는 것을 볼 수 있습니다.

정반사를 아직 접하지 못했거나 이해하지 못하신 분들은 정반사 물체에서 어두운 면이나 명암경계선, 중간톤 면 등의 일반적으로 난반사 물체에서 발견되는 면들을 먼저 찾으려 합니다. 하지만 정반사는 난반사와는 다르게 주변 환경의 반사로 인해 그 형태가 드러납니다. 이것은 광자가 쌓여 밝아지는 확산반사와는 전혀 다른 개념입니다.

아래 그림은 나무 위에 크롬볼을 가져다 둔 모습입니다. 이 크롬볼에선 난반사에서 흔히 보아 왔던 명암경계선이나 어두운 면, 그리고 중간톤 등을 찾을 수 없습니다. 하지만 우리는 이 크롬볼이 둥글다라는 형태를 인지 할 수 있습니다.

★ 위의 크롬볼에선 우리가 흔히 보아왔던 어두운 면이나 밝은 면, 명암경계선 등을 찾을 수 없습니다.
하지만 분명 우리는 이 크롬볼이 둥글다고 인식하고 있습니다.

어두운 면이나 중간톤 등 난반사에서 찾을 수 있는 덩어리가 없는데 우리는 어떻게 이 크롬볼을 둥글다고 인지 할 수 있는 것일까요? 그것은 이 크롬볼이 주변반사로서 우리에게 형태를 보여주고 있기 때문입니다. 이것이 주변 환경의 반사로서 보이는 정반사의 형태입니다.

정반사의 대표적인 특징은 위쪽에서 언급했던 반사 하이라이트와 이번에 설명할 프레넬 효과(Fresnel Effect)입니다.

★ 정반사와 난반사가 뒤엉켜있는 오토바이 엔진부의 모습. 두 재질의 묘사의 모습이 확연히 다름을 볼 수 있습니다.

★ 유성페인트는 좋은 정반사 마감재 중 하나입니다.
풍화작용으로 페인트가 떨어져 나간 부분과 아직 남아있는 페인트와의 반사율의 차이를 확인할 수 있습니다.

03 프레넬 효과(Fresnel Effect)와 반사 하이라이트(Reflected Highlight)

프레넬 효과란 프랑스의 물리학자인 오귀스탱 장 프레넬(Augustin-Jean Fresnel)이 발견한 이론으로 그의 이름을 따 프레넬 효과라 부르고 있습니다. 이 프레넬 효과는 우리 주변의 거의 모든 사물에서 관찰 할 수 있는데, 정반사 물질에서 더 두드러지게 관찰됩니다. 그렇기 때문에 프레넬 효과는 정반사 물질을 묘사하는 특징이기도 합니다.

프레넬 효과는 '정반사 물질의 반사도는 사물에 대한 빛과 관찰자의 입사각에 따라 달라진다.' 라고 정의할 수 있습니다. 정반사를 거울반사라고도 부르는 가장 큰 이유는 주변의 상이 비쳐 보이기 때문입니다. 우리는 각도에 따라 상이 비쳐 보이는 기준을 프레넬 효과를 통해 설명할 수 있습니다.

우리는 보통 반사도가 높은 물질이 밝을 것이라고 추측합니다. 그리고 환경이 어느 정도 밝지 않으면 우리는 사물을 관찰 할 수 없습니다. 때문에 주변의 환경을 반사한다는 것은 반사된 사물이 밝아질 가능성이 높다고 추론할 수 있습니다.

위 말을 프레넬 효과의 정의에 대입하면 정반사 물질은 빛과 사물만의 각도보다는 빛, 사물, 관찰자간의 입사각에 따라 밝기가 달라진다라고 해석할 수 있습니다.

그렇다면 입사각이 무엇인지에 대해 정확히 집고 넘어가도록 하겠습니다.

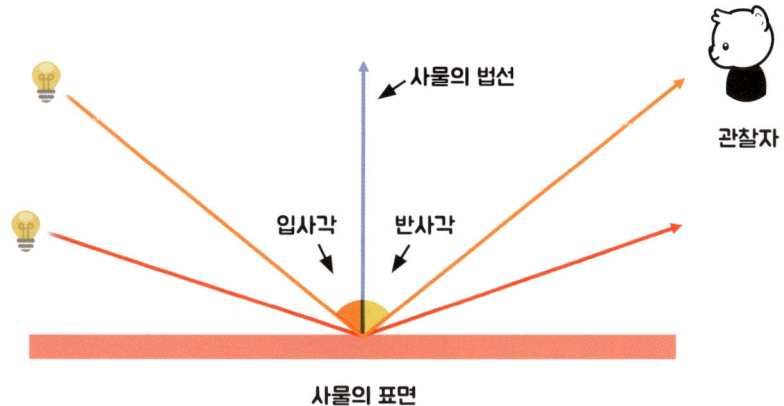

★ 입사각이란 빛이 사물으로 들어오는 각도를 말합니다. 반사각이란 사물이 관찰자에게로 향하는 각도를 말합니다.
정반사 물체는 빛의 위치에 상관없이 입사각과 반사각이 같습니다.

위 그림은 정반사 물질을 현미경레벨로 확대하여 옆쪽에서 바라본 형태입니다. 사물의 가운데 위치하는 법선을 기준으로 빛이 들어오는 각과 나가나는 각이 같은 것을 정반사라고 부릅니다. 대부분의 정반사 물질은 난반사 물질과 달리 매 끄러운 표면을 유지하지 하고 있습니다.

그리고 여기에서 빛과 사물간의 각도를 입사각과 사물과 관찰자와의 반사각도를 반사각이라고 부릅니다. 반대로 관찰자의 입장에선 관찰자가 사물을 향하는 시선을 시선의 입사각이라 부를 수 있습니다. 정반사에서 사물의 법선을 기준으로 관찰자와 사물의 입사각과 빛과 사물간의 입사각의 각도는 항상 같습니다. 즉 빛이 사물에서 부딪혀 반사되어 관찰자로 향하는 각도와 관찰자가 사물을 바라보는 각도가 항상 같습니다. 이 말은 사물의 반사가 관찰자를 항상 향한다는 것입니다. 이 내용을 우리는 앞 챕터에서 반사 하이라이트로 언급했던 기억이 나실 것입니다.

화살표 = 하이라이트의 위치

★ 하이라이트 중 푸른색 화살표의 반사 하이라이트는 관찰자의 시선을 따라 다닙니다.

위 그림의 푸른색 반사 하이라이트는 관찰자의 시선을 항상 따라 다닙니다. 입사각과 반사각이 같으므로 관찰자의 시선 부분에서 강한 반사가 관찰 되는 것입니다. 이것을 다시 정리하면 밑의 그림과 같습니다.

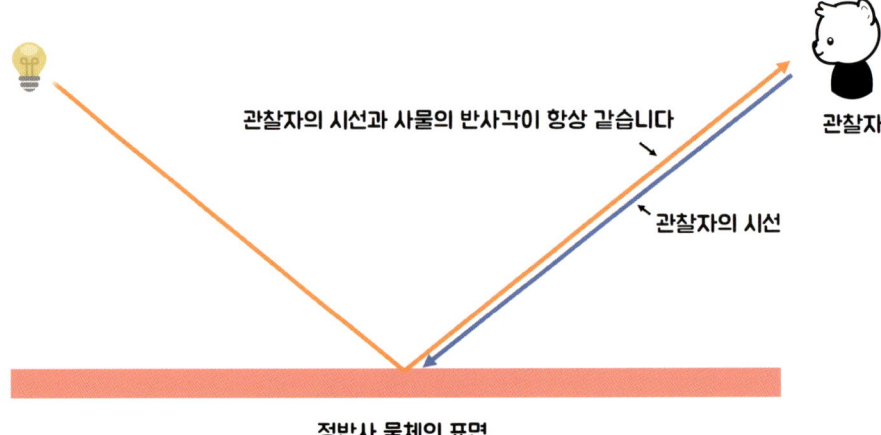

관찰자의 시선과 사물의 반사각이 항상 같습니다

관찰자의 시선

관찰자

정반사 물체의 표면

★ 정반사 물체는 관찰자의 시선을 향해 항상 반사합니다.

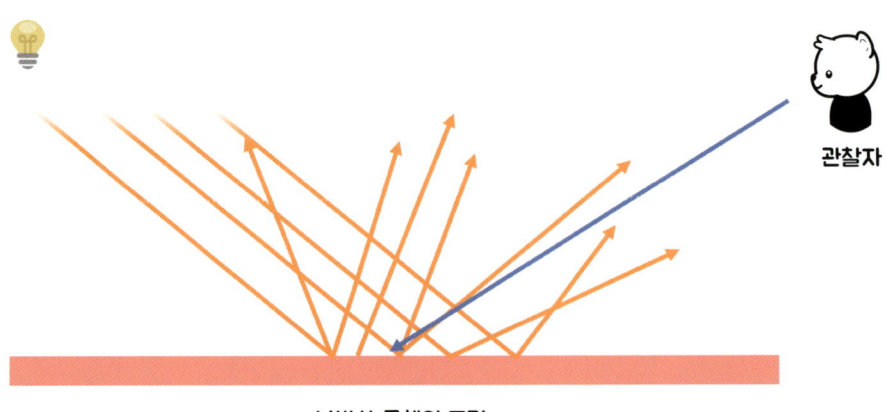

관찰자

난반사 물체의 표면

★ 난반사 물체는 모든 방향으로 확산반사 합니다.

정반사와 난반사의 가장 큰 차이점은 관찰자의 포함여부입니다. 그렇다면 정반사 물질의 반사 하이라이트는 빛과 사물과의 관계에 따라 정해지는 것이 아니라, 관찰자와 사물과의 관계로 정해진다고 볼 수 있습니다. 이런 종류의 하이라이트를 반사 하이라이트 라고 부르며, 반사 하이라이트는 정반사 물체의 큰 특징 중 하나입니다.

★ 옆의 종이컵과는 다르게 안경테의 하이그로시 재질에서는 관찰자를 따라다니는 반사 하이라이트를 관찰할 수 있습니다.

프레넬 효과란 정반사 물체에서 입사각이 얕아질수록 반사율이 높아지는 것을 말합니다.

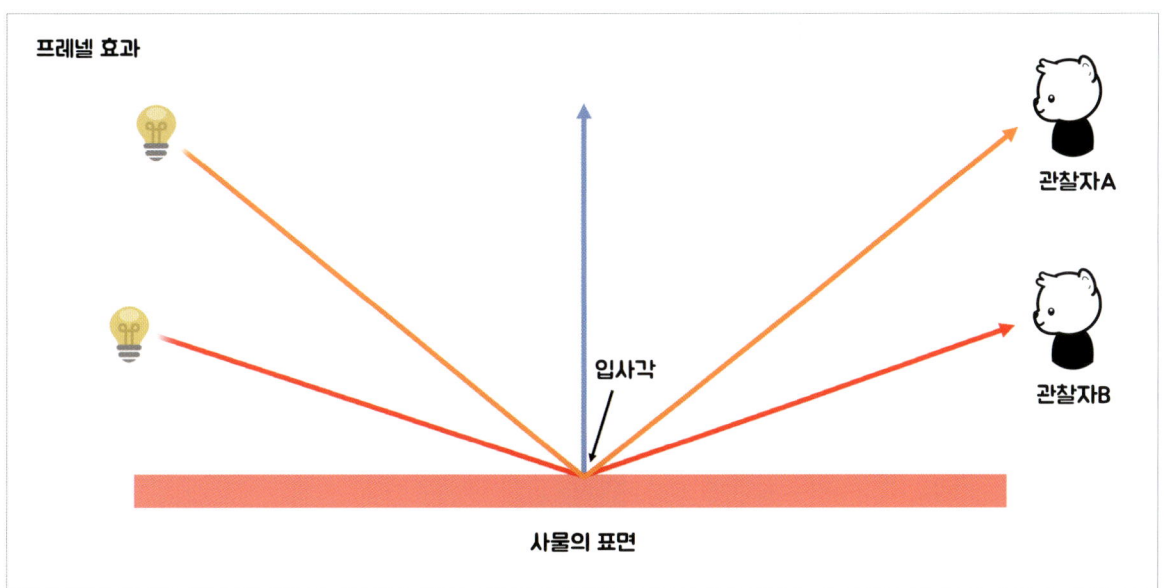

★ 프레넬 효과란 관찰자 A와 B가 바라보는 시선의 입사각에 따라 반사율이 달라지는 것을 말합니다.

이 말을 그림으로 정리하자면 위 그림의 관찰자A와 B가 사물을 바라본다면 입사각에 따라 사물의 반사율이 다르게 보인다는 것입니다.

밑의 그림에서는 관찰자A가 물체를 바라보는 것을 위쪽에서 바라본 것 입니다. 물체가 정반사 물체라면 부분마다 반사율이 다르게 나타날 것입니다. 먼저 위에서 바라보는 그림인 밑의 그림을 보고 관찰자A가 무엇을 보고 있는지 함께 살펴보도록 하겠습니다.

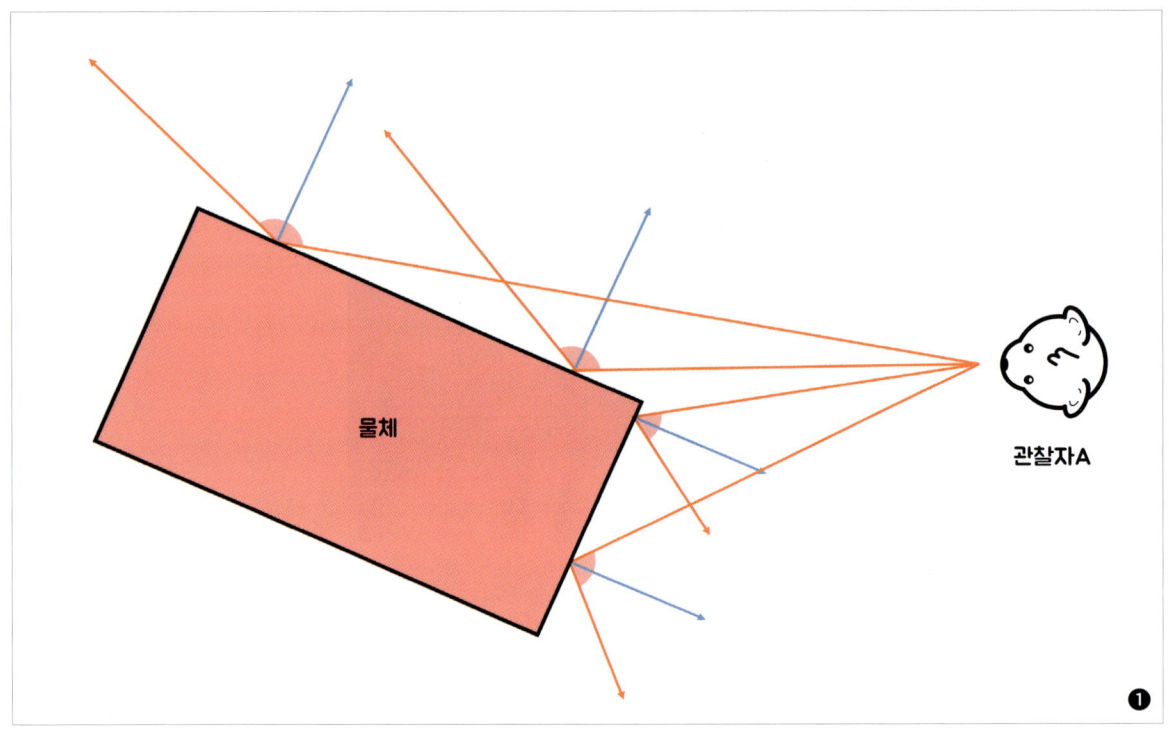

★ 정반사 물체에서는 관찰자 시선의 입사각과 반사각이 같습니다.

시선의 임사각이 얕아져 주관의
위치와 상관없이 밝아지고 있습니다.

주광의 방향

시선과 사물이 수직에 근접해
반사도가 적어집니다.

깊어질수록 시선이 얕아져
반사율은 상승합니다.

★ 주광의 방향으로만 보면 어두운 면이지만 높은 반사율로 인해 밝아지는 것을 볼 수 있습니다.

관찰자A는 빨간 스포츠카를 바라보고 있었습니다. 이제 우리가 관찰자A가 되어 같은 시점에서 스포츠카를 살펴 보도록 합시다. 보는 바와 같이 프레넬 효과가 적용되어 관찰자A의 시선의 입사각이 얕은 곳은 높은 반사를 보여 주변의 색이 반사되어 밝아지고 있고, 입사각이 시선과 수직에 가까운 곳은 반사가 일어나지 않는 것을 확인할 수 있습니다

반사가 일어나는 것은 주변의 상이 물체에 맺히는 것이지만 사물의 표면에 따라 정확하게 상이 맺힐수도 있고, 빛 정도만 맺힐 수도 있습니다. 대부분의 경우 반사가 일어나게 되면 고유색보다 밝아지게 됩니다. 주변의 상이 반사해서 다시 맺히기 위해선 주변의 상 역시 빛을 어느정도 머금어야 하기 때문입니다.

이번엔 다른 각도에서 보고 있는 관찰자B의 시점으로 이동하여 프레넬 효과가 어떻게 변하는지 관찰해보도록 하겠습니다.

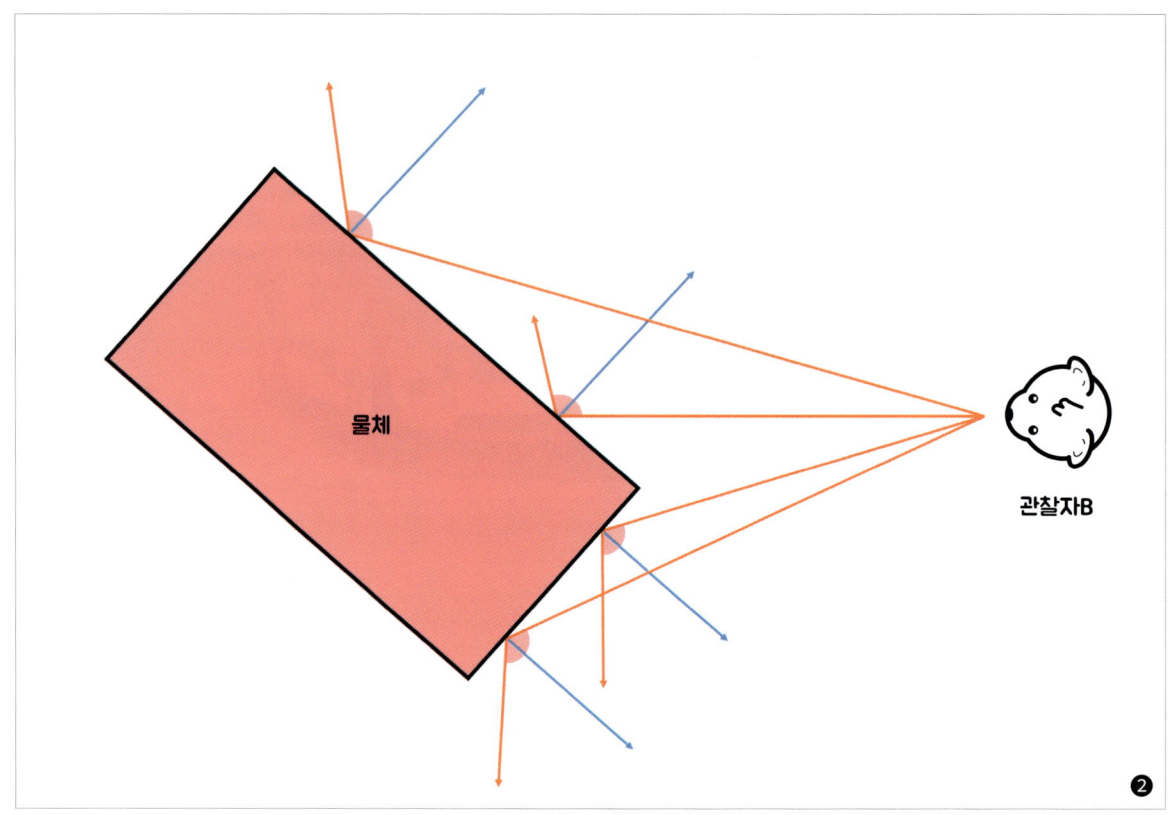

★ 관찰자B는 앞의 그림 ❶의 관찰자A와 다른 위치에 서 있습니다.
물체는 정반사 물체 그대로이므로 시선의 입사각이 달라지는 만큼 반사각도 달라집니다.

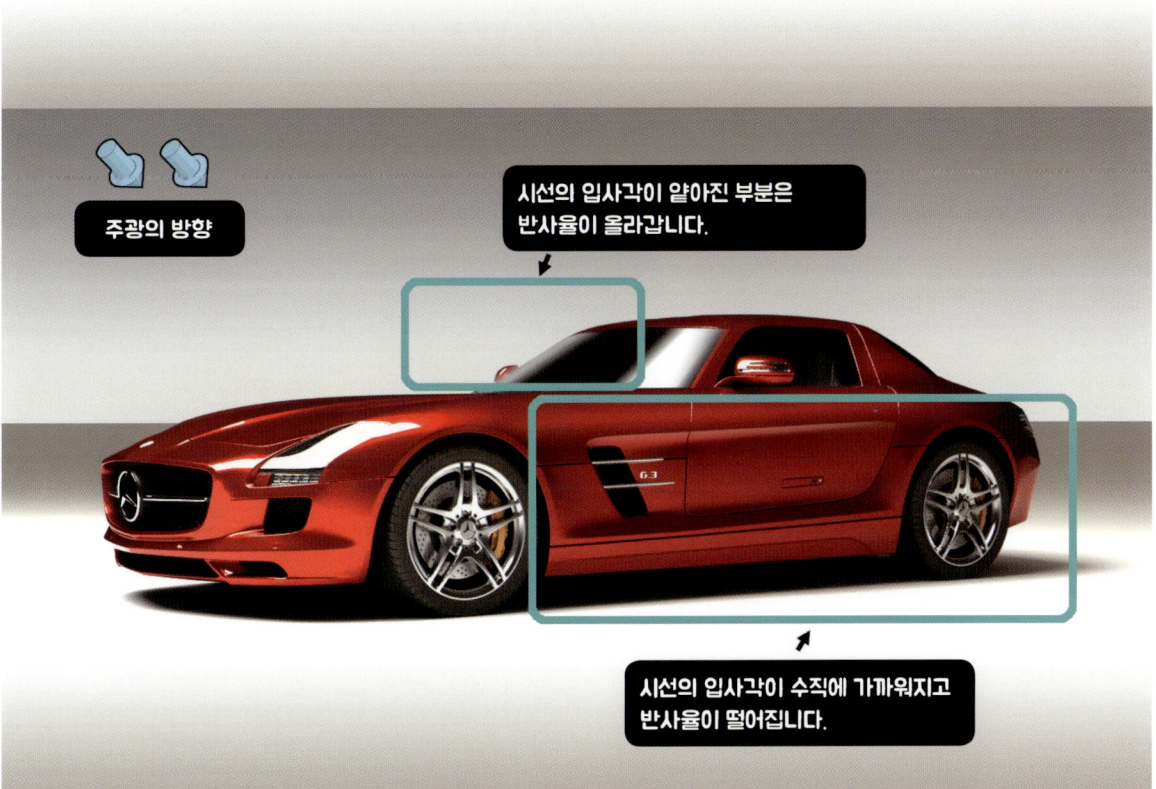

주광의 방향

시선의 입사각이 얕아진 부분은
반사율이 올라갑니다.

시선의 입사각이 수직에 가까워지고
반사율이 떨어집니다.

★ 자동차는 주광의 방향으로 돌았지만 관찰자B에게 자동차의 옆면은 오히려 더 어둡게 보입니다.

위 그림과 같이 관찰자의 위치가 옮겨지자 시선의 입사각이 바뀌어 반사율이 바뀌는 것을 볼 수 있습니다. 특히나 자동차의 옆면은 주광 쪽으로 더 향했음에도 불구하고 오히려 반사율은 급격히 떨어졌습니다. 반면에 시선과 입사각이 얕아진 앞유리 끝쪽의 반사율은 증가한 것을 쉽게 확인 할 수 있습니다. 반사율이 줄어든 부분은 반사 없이 사물의 고유색이 다시 잘 보이게 됩니다. 반사율이 가장 낮은 부분은 피사체와 관찰자의 입사각이 수직에 가까운 부분들입니다. 이 부분들은 반사율이 낮음으로 프레넬 효과가 생기는 곳보다 어두워 보이게 됩니다.

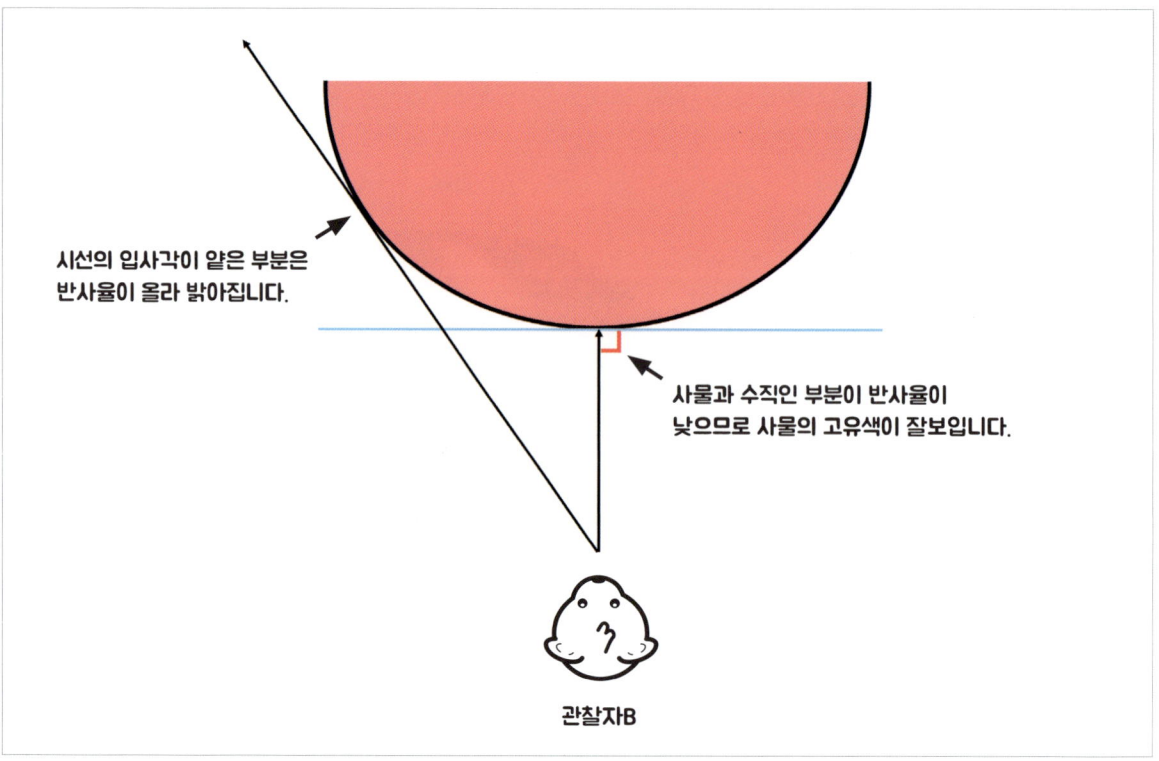

시선의 입사각이 얕은 부분은
반사율이 올라 밝아집니다.

사물과 수직인 부분이 반사율이
낮으므로 사물의 고유색이 잘보입니다.

관찰자B

이제 이해하기 좋게 위의 두 자동차를 비교해보도록 하고 그 밖의 프레넬 효과를 실제의 사진 속에서 찾아보도록 하겠습니다.

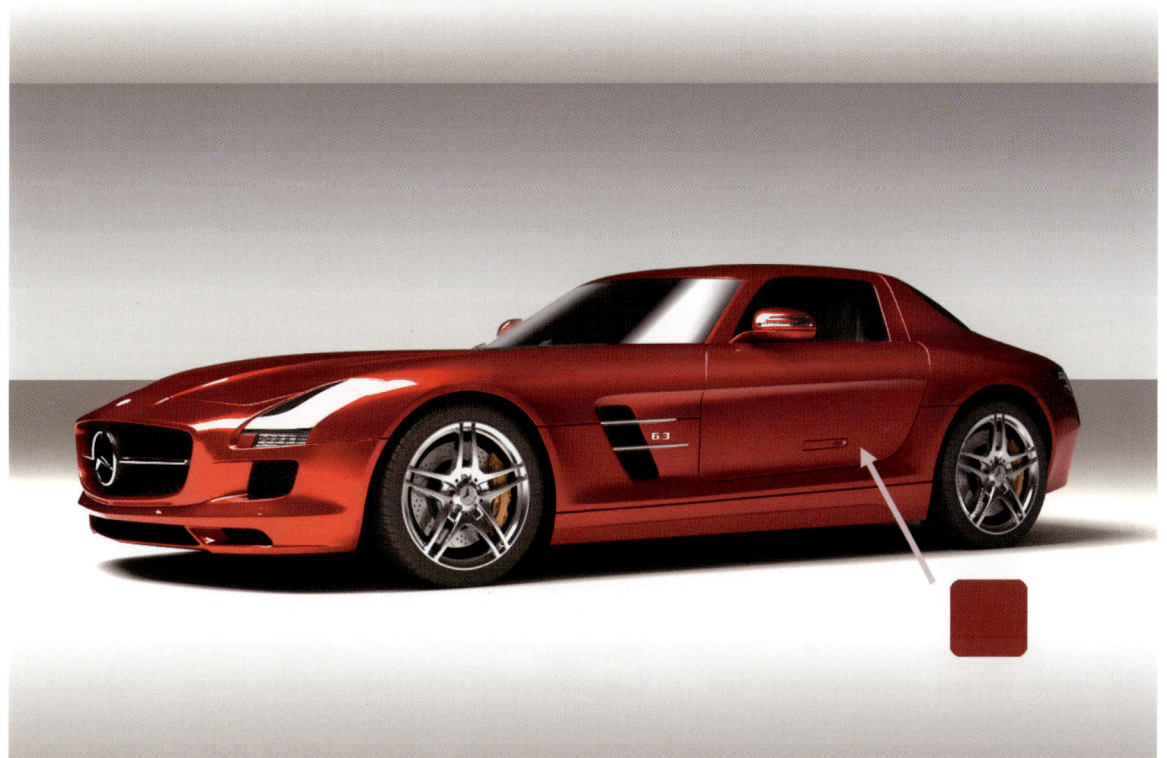

★ 빛과 사물의 위치는 같고 관찰자의 위치만 다른 두 대의 자동차입니다.
다른 점을 유심히 관찰해보십시오. 적극적인 관찰은 좋은 이해의 시작입니다.

반사율 ↑

반사율 ↓

★ 이 사진에서 환경이 반사되는 반사율과 주광으로 인해 밝은 면과는 전혀 관련이 없습니다.

반사율 ↑

★ 시선의 입사각이 얕아질수록 같은면에서도 반사가 점점 어떻게 변화 하는지 확인해보십시오.

★ 시선의 입사각이 얕은 멀리 있는 쪽의 길이 훨씬 더 부드럽게 반짝거려 보입니다.

★ 공항 바닥의 대리석에도 프레넬 효과가 적용되어 먼 곳의 반사율이 높아지는 것을 볼 수 있습니다. 프레넬 효과는 우리 주변 어디에든 존재합니다.

이번엔 반투명, 투명 물질의 프레넬 효과를 관찰하기 위해 관찰자를 데리고 호숫가로 가보도록 하겠습니다.

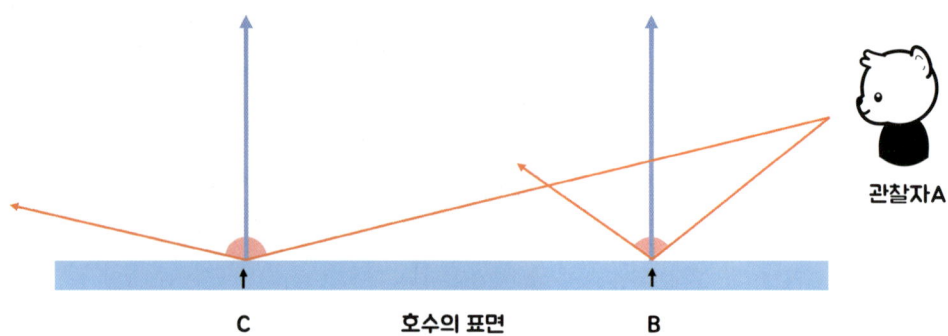

★ 관찰자A가 호숫가 앞에서 B지점과 C지점을 바라보고 있습니다.

위 그림과 같이 관찰자A가 호숫가에서 서서 호수를 바라보고 있습니다. 물은 정반사 물체이니 앞서 배운 것을 적용하면 B지점과 C지점의 반사율은 다를 것입니다. 앞의 자동차 예시대로라면 C지점 반사율이 B지점 반사율보다 높을 것입니다. 자동차와 같이 투명하지 않은 매질에선 시선의 입사각이 수직에 가까운 B지점에서는 반사율이 떨어지고 사물의 고유색이 드러났습니다. 그렇다면 투명물질인 물에서는 B지점에서 어떤 현상이 일어날까요? 아래 사진과 함께 그 결과를 알아보도록 하겠습니다.

위 그림은 관찰자A의 시점에서 호수를 바라본 사진입니다. 물과 같이 투명한 물질에서의 정반사는 어떻게 되었습니까?

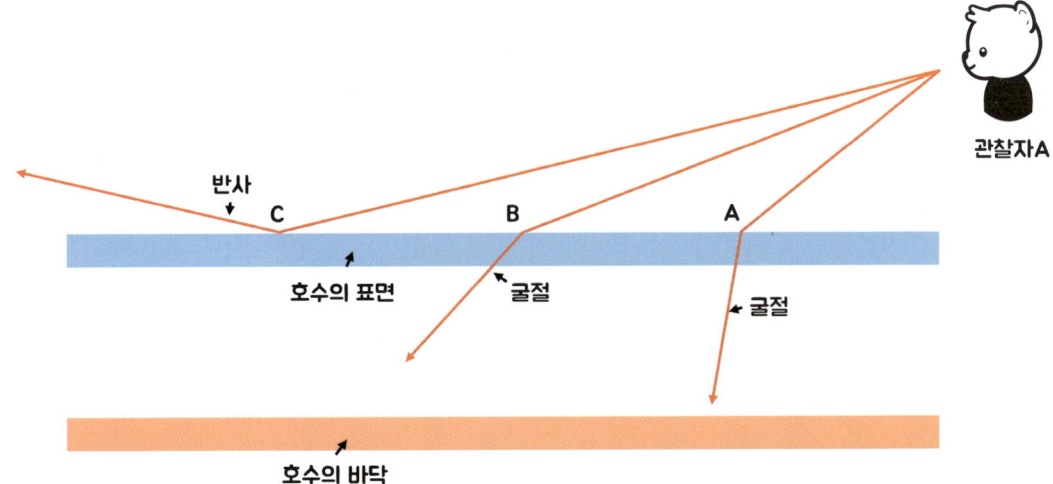

C지점

반사율이 높아져 주변의 상이 반사되고 있습니다.

B지점

**시선의 입사각이 수직에 가까운 부분은 투명
해져 수면 아래가 비칩니다.**

C지점은 자동차 예제처럼 주변의 상을 반사하는 높은 반사율로 변화하였습니다. B지점은 마치 고유색이 드러나듯 물 자체의 투명성이 드러나 수면 아래가 비쳐 보이기 시작 했습니다. 수면 아래가 비쳐 보이는 B지점부터 완전한 정반사가 일어나는 C지점까지는 각도에 따라 점점 다른 굴절률을 보이게 되는데 이를 굴절률에 따라 내부의 모습이 바뀌는 것을 스넬의 법칙 이라고 지칭합니다. 점점 커지는 굴절률로 인해 C부분에 가까울수록 수면 아래의 사물이 떠보이게 되는데, 흔히 우리가 바라볼 때 얕아 보이는 호수가 더 깊은 이유이기도 합니다.

관찰자A

반사

C   B   A

호수의 표면   굴절   굴절

호수의 바닥

★ 매질에 대한 입사각의 임계각에 따라 표면의 성질이 변화합니다.

A와 B지점은 굴절로 인해 호수의 바닥이 보이지만, C지점부터는 호수의 내부가 보이지 않고 호수의 표면에 주변의 상이 반사됩니다. 굴절률이 일정 각도 이상 높아지면 매질의 표면은 반사로 성질이 바뀝니다. 이 지점을 임계각이라 부르는데 굴절을 가지는 매질은 각 매질의 굴절 계수에 따라 각기 다른 임계각을 가지게 됩니다.

위의 예제와 같이 물에서 발생하는 정반사되는 모습은 투명도를 가진 다른 매질에도 모두 똑같이 적용됩니다. 이제 함께 사진 예제들을 살펴보며 다양한 투명, 반투명 재질의 정반사에 대해 이해해보도록 하겠습니다.

★ 빌딩 유리의 모습은 입사각이 얕아질수록 반사가 높아져 주변의 반사되는 것을 볼 수 있습니다.

반사율 ↑

★ 빌딩이나 아파트와 같은 건물은 우리주변에서 쉽게 관찰할 수 있는 좋은 예시입니다.

반사율 ↑

★ 입사각이 얕아질수록 하늘을 반사하고 있습니다.

세상에는 다양한 종류의 질감이 존재하고 그 질감을 이해하고 공부하는 것은 매우 중요하고 흥미로운 일입니다.

04 반사율표의 작성

앞에서 우리는 난반사와 정반사라는 두 가지 종류의 반사의 형태를 알아보았습니다. 난반사는 우리가 흔히 알고 있듯 빛이 닿는 면이 반사도가 높아지는 것이고, 정반사에선 빛이 닿는곳 보다 더 반사도가 높은 곳들이 존재하였습니다. 이것을 간단히 정리해보도록 하겠습니다.

난반사

정반사

난반사	정반사
· 빛과 사물의 관계가 중요	· 사물과 관찰자의 관계도 중요
· 패시브 하이라이트만 발생	· 패시브 하이라이트, 반사 하이라이트 모두 발생
· 폴 오프에 의한 덩어리감	· 반사에 의한 덩어리감
· 프레넬 효과가 없음	· 프레넬 효과가 있음
· 자연물, 인공물 모두 흔함	· 인공물에서 두드러짐
· 보통은 표면이 조금 거침	· 보통은 표면이 부드러운 재질이 많음
· 표면 거칠기에 의한 반사율을 가짐	· 매질의 구조에 의한 반사율을 가짐

작성하는 반사율표는 지금부터 묘사하는 다양한 재질의 지침과도 같은 역할을 합니다. 때문에 여러분들도 함께 만들어 보시기를 권합니다. 이 표를 만들어보면 여러 재질을 묘사할 때 묘사의 정도를 직접 체감할 수 있고, 자신의 반사율표를 가지고 있다면 보다 묘사를 빠르게 하는 자신을 발견할 수 있을 것입니다.

사물이 우리 눈에 보이는 한 0% 반사물체는 존재할 수 없고, 대표적인 100% 반사물체는 거울로 주변의 환경묘사 없이는 그려낼 수 없습니다. 때문에 반사율표는 15~85% 정도의 반사율을 기준으로 만들도록 하겠습니다. 혹시 여러분이 앞으로 그림을 그릴 때에 주변 환경을 고려한다면 90%이상의 반사물체도 쉽게 그려낼 수 있을 것입니다. 또한 반사율표는 반사율 50%를 기준으로 난반사와 정반사의 기준을 나누도록 하겠습니다. 40%정도의 반사율을 가진 물체에도 약간의 정반사는 관찰되며, 60%이상의 반사 물체에도 난반사는 섞여있습니다. 하지만 이 두 재질을 분리해 주는 것은 애매한 재질감을 전달하기 보다 정확한 재질감을 전달하는 것이 상업미술에 더 적합하다고 판단하기 때문입니다. 정확한 재질적 특성이 보이는 여러 재질들이 한 그림, 혹은 한 오브젝트, 한 캐릭터 내에 섞인다면 우리는 더욱 완성도 있는 그림을 완성할 수 있습니다.

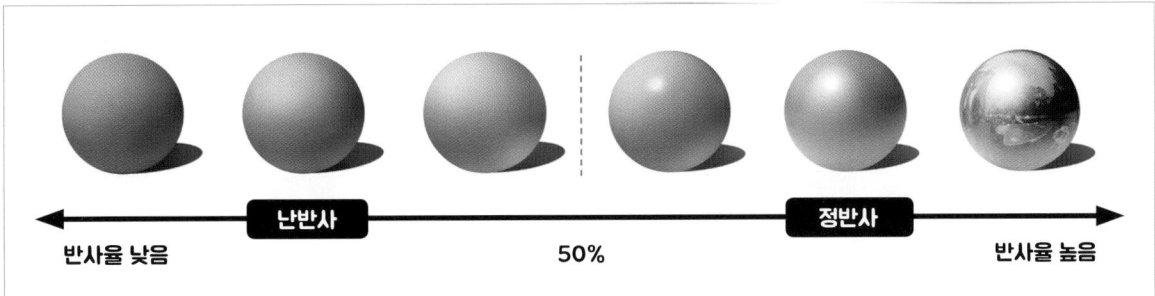

위 그림은 가운데에 있는 50%를 기준으로 좌측 끝과 우측 끝의 반사도를 각각 15%, 85%정도로 가정하여 작성된 반사도표입니다. 50%의 가운데 선을 기준으로 왼쪽은 난반사, 오른쪽은 정반사를 이루고 있습니다. 대부분의 자연물과 절반이상의 인공물은 왼쪽에 위치합니다. 자연물 중 진액이나 수지가 덮여있는 물질들은 정반사로 오른쪽에 위치하게 됩니다. 이 수지는 유막을 형성해 정반사 물질에 있는 클리어코트층을 형성합니다.

게임미술에서 자주 그리는 메탈은 오른쪽에 위치합니다. 흠이 많고 거친 메탈 질감은 난반사로도 충분히 표현할 수 있지만, 그렇게 표현하게 되면 메탈이 마치 반들반들한 돌처럼 느껴지는 경우가 많습니다. 이럴 때에 메탈느낌을 추가하고자 메탈 특유의 웨더링이나 녹을 넣어 질감을 표현하는 경우를 종종 보게 되는데 이렇게 되면 보통 녹슨 메탈 외에는 표현하기 어려워하는 경우가 많습니다.

깨끗한 플라스틱과 그와 비슷한 인공수지 질감의 인공물, 자동차의 도장 면 같은 글로시 페인트, 메탈릭 페인트는 우측에 위치합니다. 이렇게 인공수지로 클리어코트를 일부러 만들어낸 것들은 우측에 위치시키면 빠르게 묘사할 수 있습니다. 또한 유리 같은 굴절 물질 역시 우측에 위치하게 됩니다.

재질의 반사율표를 설정해서 몇몇 재질들의 반사율표상의 위치와 특성을 알아보았습니다. 그렇다면 이제 반사율표에 들어갈 대표적인 재질들 몇 개를 구체적으로 알아보고, 그것을 그림으로 어떻게 표현하는지 다음챕터에서 함께 알아보도록 하겠습니다.

구체적 재질과 묘사 방법

Chapter
5

우리 주변엔 수많은 재질들이 있고, 이 재질들을 표현하는 것은 상업미술에서 매우 중요한 일입니다. 나무, 가죽, 플라스틱, 메탈, 유리 등 우리 주변에서 자주 볼 수 있는 재질들을 집중적으로 설명하고, 반사도에 따른 대표적인 재질을 구체적인 예제를 통해 그리는 방법을 함께 알아보도록 하겠습니다.

1 나무

나무의 원목은 일반적으로는 도표의 가장 왼쪽에 위치할 만큼 낮은 반사율을 보이지만 가공의 방법에 따라서 반사율은 변하게 됩니다. 나무의 가공방법에는 다양한 방식들이 존재하는데 가공을 전혀 하지 않은 일반적인 원목부터, 광택제와 같은 수지를 발라 세미글로스의 광택이 나는 내장재들, 그리고 오일 스테인을 겹겹이 발라 충분한 내수성을 가진 외장재들까지 다양한 반사율의 가공방식이 있습니다. 이들은 각기 다른 반사율을 보이는데 이것은 나무 고유의 반사율이라기 보다는 나무 위에 쌓인 클리어코트층의 성분에 따라 반사율이 결정됩니다.

★ 왼쪽 탁자는 일반적인 원목의 모습이고 오른쪽의 탁자는 수지가공 되어 정반사로 바뀐 모습입니다.

위 그림의 왼쪽은 일반적인 원목의 모습이고, 오른쪽은 광택제와 같은 수지를 발라 정반사로 바뀐 모습입니다. 하지만 이는 광택의 차이일 뿐 수지 아래에 존재하는 나무 본연의 모습을 변하지 않았습니다. 또한 나무의 가장 큰 특징은 나무의 종류와 집성 방식의 차이입니다. 이는 모두 나뭇결이라는 단어로 묶어 표현 할 수 있는데, 나무의 종류는 흔히 판재로 많이 쓰이는 삼나무, 미송, 적송, 아카시아 등 나무 원재료를 말하며 각각 나무마다 고유의 색과 결을 가지게 됩니다.

집성이란 원목을 켠 다음 그것들을 이어 붙여 활용이 용이한 판재로 만드는 것을 말하는데, 집성의 방식에 따라 솔리드, 핑거 조인트, 탑 조인트 등으로 나뉘며 이에 따라 나뭇결이 다르게 나타납니다. 집성을 어떻게 하느냐는 곧 기술발전을 보여주므로 현재의 기술수준을 알려줄 수 있는 좋은 척도가 되기도 합니다. 또 다른 나무의 특징 중 하나는 세월의 흔적이 고스란히 재질에 드러난다는 점입니다. 판재는 더울 때는 팽창하고 추울 때는 수축합니다. 이 과정이 반복 되면 자연스레 나무 표면엔 약한 부분을 중심으로 갈라짐이 표면에 발생하게 되는데 이는 나무라는 재질을 강하게 인식시켜줄 뿐만 아니라, 이 나무를 가지고 있는 구조물의 역사성을 부여할 수 있는 매우 좋은 묘사 거리입니다. 나무 특유의 웨더링은 건물과 물건들에 역사성을 더해 사실감과 현실성을 높여줍니다.

★ 나무의 성질로 인해 둥근 사물을 나무로 만들기 위해선 반드시 파팅라인이 존재합니다.
나무의 집성방식과 웨더링은 역사성과 현실성을 높여줍니다.

⟨알아보기⟩

이제 나무를 흑백의 명암만으로 표현하는 방법을 살펴보도록 하겠습니다. 이 예제들은 순서대로 직접 따라해 보시면 여러분이 재질을 이해하는데 있어 많은 도움이 될 것입니다.

지금부터 표현할 나무는 클리어코트층이 전혀 없는 수지가공이 되지 않은 상태를 전재로 표현하겠습니다.

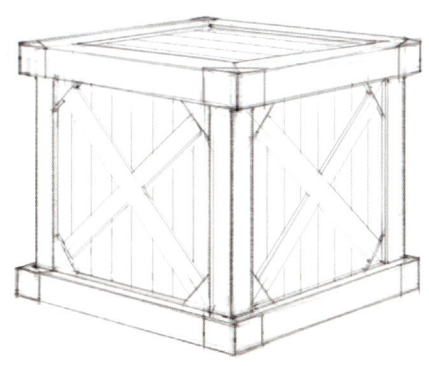

1. 먼저 스케치가 필요합니다. 2점 소실의 나무 박스 스케치를 준비합니다.

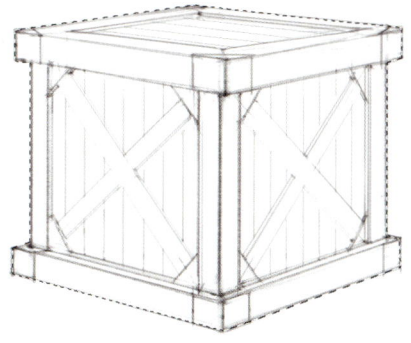

2. 왼쪽 그림과 같이 올가미 툴(단축키 L)을 이용하여 영역을 지정하여 줍니다.

3. 그 후 페인트 버킷 툴(단축키 G)를 이용해 50퍼센트 회색을 채워줍니다. 페인트 버킷 툴 외에도 전경색을 채우는 (단축키 Alt+Del)를 사용하여 채워주어도 편하게 색을 채울 수 있습니다.

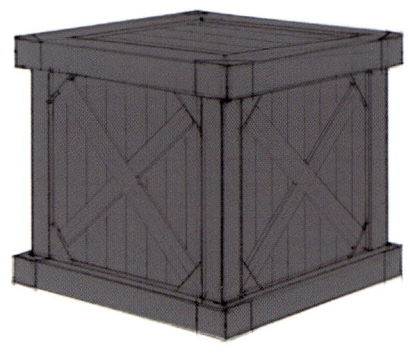

4. 이제 이 실루엣은 영역을 지정하는 마스크가 됩니다. 이렇게 마스크를 지정하여 색을 칠하면 색이 실루엣 밖으로 튀어나가는 일이 없이 깨끗하게 칠해져 매우 효율적입니다.

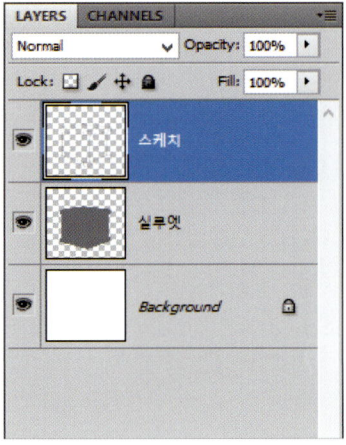

5. 회색으로 채워진 레이어를 실루엣 레이어로 명명하고, 실루엣 레이어를 스케치 레이어의 아래로 내려 위치를 정리하여 줍니다. 스케치 레이어는 디테일을 진행하는 2차 톤의 후반까지는 항상 제일 위에 있는 것이 좋습니다. 스케치는 일종의 가이드입니다. 스케치가 없어도 명암만으로 형태가 흔들리지 않고 잘 보일 때 에 비로소 스케치를 덮거나 사라지게 하는 것이 좋습니다.

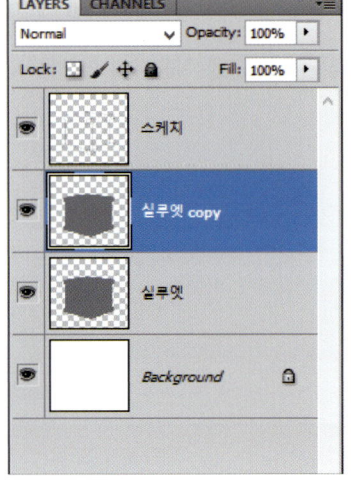

6. 레이어 정리가 되었다면 왼쪽 그림과 같이 실루엣 레이어를 복제(단축키 Ctrl+J)하여 같은 레이어를 하나 더 만듭니다.

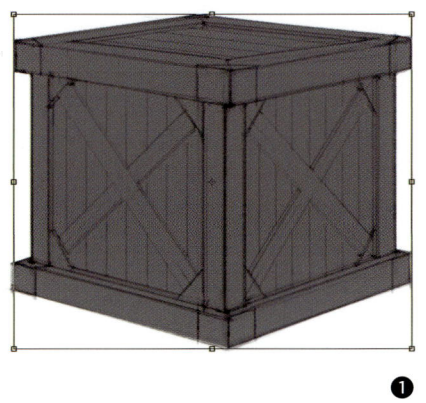
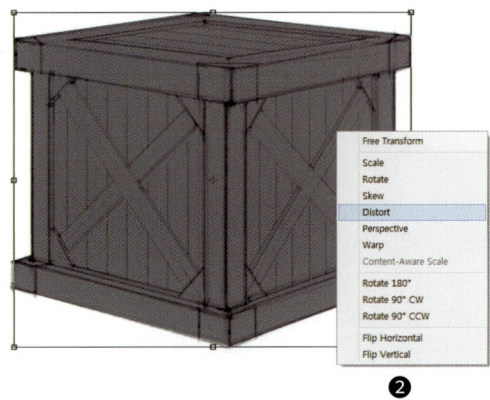

❶   ❷

7. 왼쪽 ❶번 그림과 같이 트랜스폼(단축키 Ctrl+T)을 하면 사각박스가 생기는 것을 확인할 수 있는데, 이 상태에서 마우스 오른쪽 클릭을 하면 [Distort]이라는 창을 찾을 수 있습니다.

8. 이제 복제된 실루엣을 [Distort]를 이용하여 대강의 투영그림자를 만들 것입니다. 이렇게 만들어진 투영그림자는 우리가 빛이 어디에서 오는가를 정확하게 알 수 있게 만들어 줍니다. 다양한 방향으로 왜곡을 주어 자신이 원하는 위치의 빛을 찾도록 합니다.

그림자가 길어지면 광원의 위치는 관찰자의 눈높이만큼 낮아지게 되고, 그림자가 짧아지면 광원의 위치는 높아지게 됩니다. 지금의 이 그림을 자연광 상황이라고 가정한다면, 그림자의 길이가 길면 해질녘 혹은 동틀 때 즈음이 될 것이고 그림자가 짧다면 한낮에 가까울 것입니다. 그에 따라 주광의 세기가 변하므로 그림이 하이키(=소프트라이트)가 될지 로우키(=하드 라이트)가 될지 결정되며, 색감 또한 환경광의 영향을 많이 받아 붉게 물들지, 한낮의 주광색을 유지할지 결정됩니다. 그 뿐만 아니라 그림자의 위치에 따라 광원이 상면광이 될지 측면광이 될지, 45도 입사광이 될지, 후면광이 될지가 결정됩니다. 각각의 광원들은 모두 피사체에게 주는 인상이 다릅니다.

이처럼 명암을 위해 제일 처음 작업하게 되는 투영그림자의 건설은 지금 이 그림의 명도와 색채를 좌우하는 매우 중요한 작업입니다. 그러므로 여러분이 만약 어떤 그림을 그리고 있다면 채색 전에 제일 먼저 투영그림자를 건설하여 환경을 구체적으로 생각해 두는 편이 좋습니다.

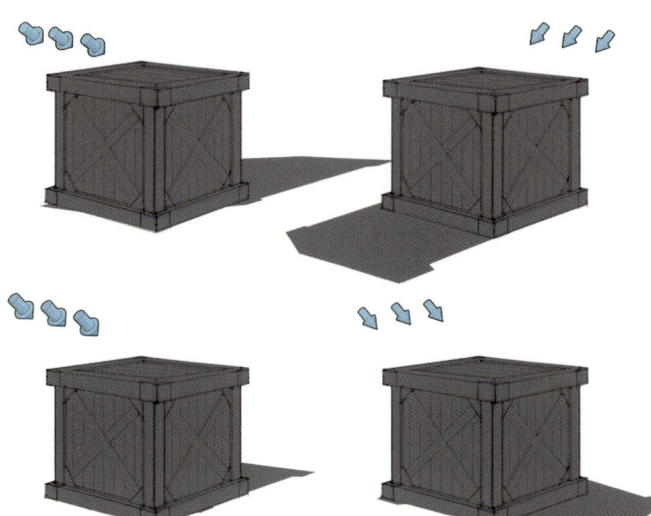

왼쪽 그림처럼 간단하게 다양한 방식의 투영그림자를 생각해 볼 수 있습니다.

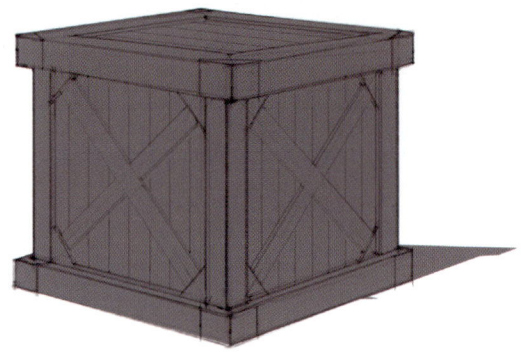

9. 필자는 왼쪽 그림처럼 왼쪽 45도의 약간 높은 쪽에 위치한 태양광을 설정하였습니다.

10. 왼쪽 그림처럼 우선 선 레이어의 투명도를 50%로 낮추어줍니다. 그리고 새로 레이어를 생성하는데 새로 생성된 레이어는 실루엣 레이어에 클리핑하여, 투영된 그림자에 따라 표면그림자를 만듭니다. 표면그림자의 경우는 3톤 이상 쪼개야 그 형태를 가장 판단하기 좋다고 설명하였습니다. 우리는 앞서 이것을 1-2-3면 읽기라고 칭하였습니다.

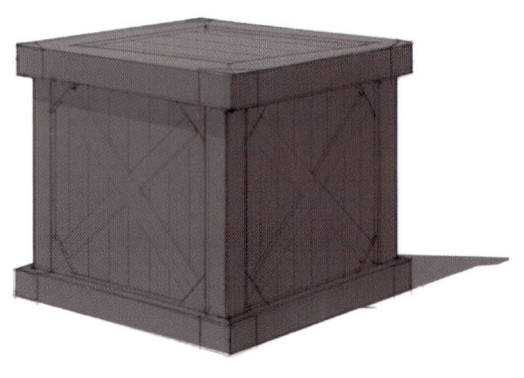

11. 1-2-3면의 큰 면을 찾아준 후에는 사물 안에서의 투영그림자를 찾아서 표현하여줍니다. 투영그림자는 물체의 4면과 같습니다. 투영그림자로 인해 우리는 뇌는 형태를 더욱 정확히 인지할 수 있습니다.

★ 왼쪽은 사물 안의 투영그림자를 찾지 않았고, 오른쪽은 사물 안의 투영그림자를 찾아준 모습입니다.

필자는 선생으로 그림을 가르칠 때 학생 자신의 프로세스를 만드는 것에 가장 중점을 둡니다. 그림에서 프로세스가 중요한 이유는 최소한의 터치 만으로 항상 좋은 결과를 얻을 수 있기 때문입니다. 지금 어디를 해야 할 지의 순서가 흔들리게 된다면 그림이 언제 완성될지 우리는 예측할 수 없습니다.

12. 나머지 투영그림자들을 찾아서 표현해주고, 작은 밝은 면들도 놓치지 않고 표현해 줍니다. 지금 단계에서 가장 중요한 점은 반사광이나 환경광을 생각하지 않고 오직 주광만을 기준으로 광원이 수직에 가까운 부분은 밝게, 등각이 커져 수평에 가까워지는 부분은 어둡게 표현해 주는 것입니다.

빛이라는 것은 마치 총알과 같습니다. 빛이 사물과 수직으로 부딪치게 되면 가장 밝아지고, 수평으로 갈수록 점점 어두워집니다. 이것이 난반사를 표현하는 가장 기본방법입니다. 정반사에서는 이 개념이 조금 달라지게 됩니다. 하지만 완전한 정반사 물체인 거울을 제외하고서는 대부분의 정반사 물질은 난반사 물질에 어느 정도의 정반사 층이 덮혀있는 구조를 이루고 있는 경우가 많기 때문에 어떤 물체이건 난반사적인 요소를 제일 먼저 묘사하고 들어가는 것이 좋습니다.

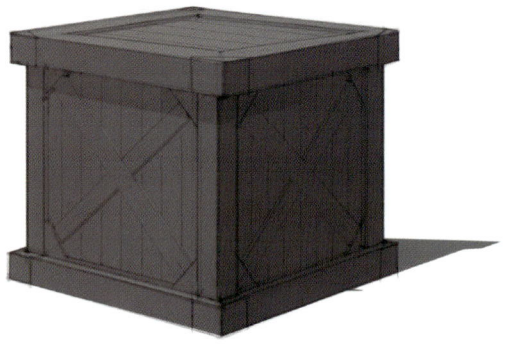

13. 그 후 왼쪽 그림과 같이 빛의 거리에 따른 감쇄인 폴 오프를 표현해줍니다. 폴 오프는 우리가 흔히 말하는 덩어리감이라고 부르는 것입니다. 순서상 그림의 가장 처음에 작업해도 되고 1차 톤이 마무리된 지금 작업하여도 좋습니다. 중요한 것은 1차 톤이 마무리 될 때는 덩어리가 반드시 묶여 있어야 합니다.

사실상 현실에서는 지금 설정한 태양광 상태에서 폴 오프가 일어나기 힘든 상황입니다. 하지만 국부광 상태에서 폴 오프를 흔히 볼 수 있습니다. 문학에서의 시적 허용처럼 태양광 상태에서도 폴 오프를 약간은 표현하여 미술적 허용으로 회화감을 높여주는 것입니다.

★ 왼쪽은 폴 오프가 표현되지 않은 상태이고, 오른쪽은 폴 오프가 심하게 들어간 상태입니다.
정확한 예시를 위해 폴 오프를 과도하게 표현하였습니다.

14. 위 그림은 예시를 위해 오른쪽 상자의 폴 오프를 과도하게 처리한 모습입니다. 예시의 그림처럼 폴 오프가 더 높게 표현된 상태에서 우리는 양감을 더 잘 느낄 수 있습니다.

1, 2, 3차라고 부르는 톤의 구분은 강사, 작가, 그림을 그리는 사람마다의 정의가 달라 그 경계기 조금 애매하고 의견이 분분한 부분입니다. 이 책에서는 1차 톤은 주광만을 표현한 상태, 2차 톤은 그 주광에 따른 반사광과 오클루전을 표현한 상태, 3차 톤은 미세한 환경광과 세부적인 재질의 질감을 표현한 상태로 정의하도록 하겠습니다.

주광에 의한 큰 표면과 투영그림자를 표현한 상태를 1차 톤이라고 정의한다면, 이제 주광에 따른 반사광을 표현한 상태를 2차 톤을 진행할 차례입니다.

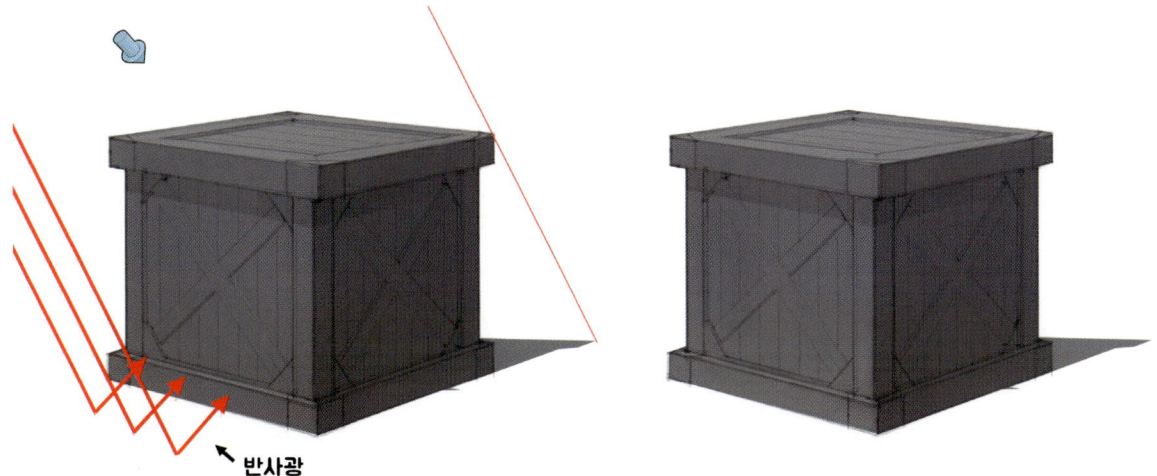

15. 가장 먼저 생각하기 쉬운 빛의 방향에서 오는 반사광을 표현합니다. 빛이라는 것은 공기 중을 투과할 때는 방향성을 가지지만 딱딱한 매질에 부딪히고 난 후에는 모든 방향으로 퍼지는 성질이 있습니다. 우리는 이를 확산반사라 부릅니다.

확산반사(=난반사)라는 것이 계속 언급되는 이유는 이것을 이해하는 것이 그림을 그림에 있어 중요한 과제이기 때문입니다. 흐린 날처럼 빛이 대기 중에 확산하거나 디퓨저를 이용하여 인공조명을 인위적으로 확산시킨 것을 우리는 확산광 상태라고 불렀습니다. 확산광 상태의 빛은 이미 산란되어 피사체를 부드럽게 비춥니다. 그 다음으론 빛이 딱딱한 바닥 면을 치고 다시 튕겨져 올라오는 반사광 역시 확산반사라고 불렀습니다. 그리고 지금 그리고 있는 나무상자는 난반사 물체(=확산반사 물체) 라고 부릅니다. 확산반사라는 것은 확산반사 물체에 튕겨져 나온 빛을 의미합니다. 그리고 이 확산반사를 일으키는 매질을 우리는 난반사 물체라고 지칭합니다.

우리는 지금 바닥 면을 보통의 난반사율을 가진 확산반사 물체라고 가정하고 반사광을 표현하려하고 있습니다. 바닥을 정반사체로 설정하였다면 반사광은 아마 조금 더 강해질 것입니다. 하지만 바닥이 정반사 물체인 것은 인공적인 특수한 상황이고, 난반사인 상태는 자연적인 보편적인 상태입니다. 우리는 보편적인 시각을 유지하여 대다수가 인정할만한 공통감각을 이끌어낼 수 있습니다.

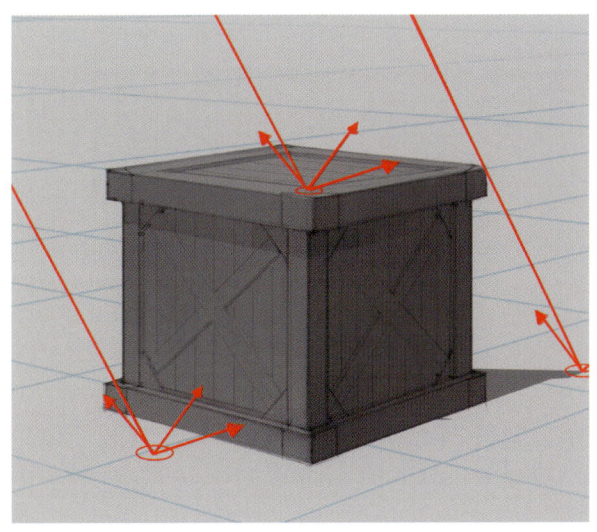

16. 우리가 그리고 있는 주광은 피사체에 닿든, 바닥에 닿든 빛은 난반사의 매질에 닿는 순간 확산반사를 일으킵니다. 우리는 여러 개의 피사체가 섞여있는 물체를 그리거나 복잡한 모양의 피사체를 그릴 때에도 바닥이 아닌 피사체가 일으키는 확산반사들로 인한 반사광을 찾아주어야 합니다.

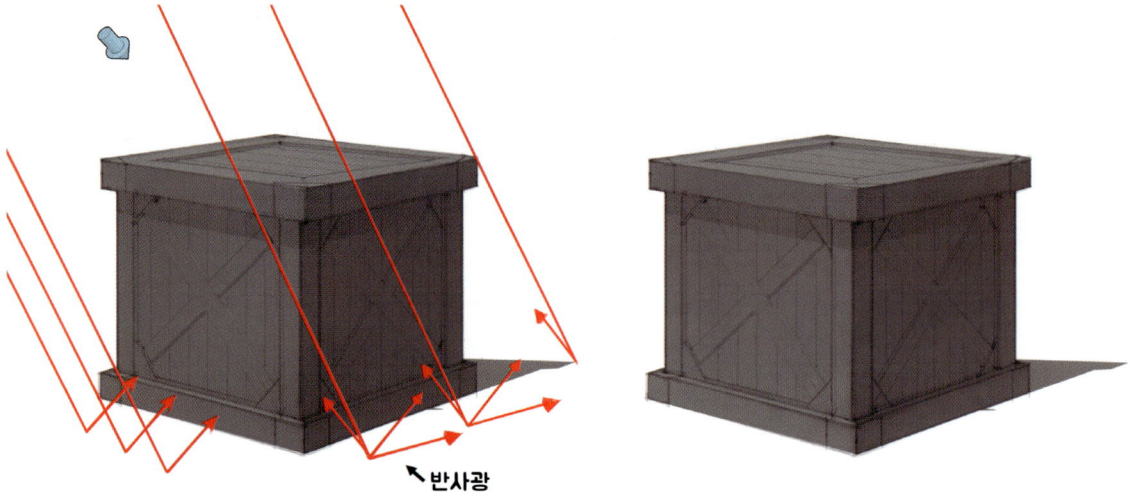

반사광

17. 바닥의 앞쪽 면 뿐만이 아니라 직사광이 360도로 확산한다는 생각으로 옆면과 뒷면까지 반사광을 피사체에 묘사하여 줍니다.

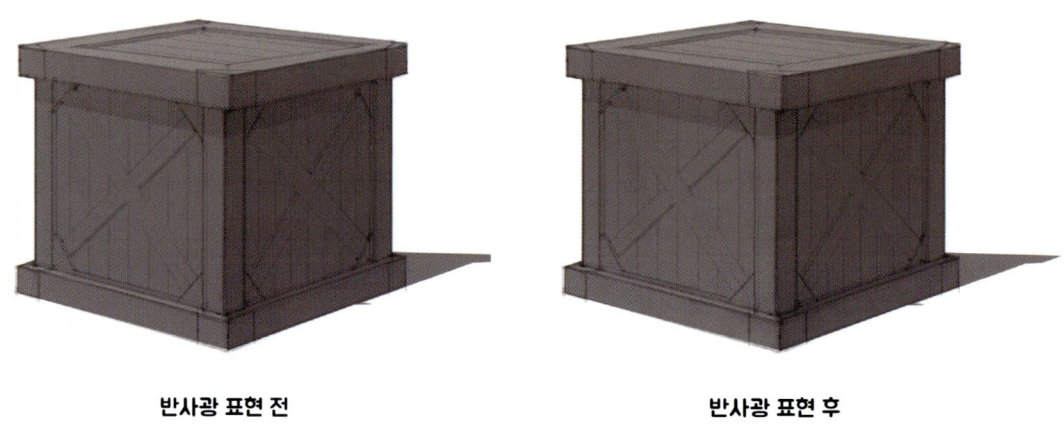

반사광 표현 전   **반사광 표현 후**

18. 2차 톤인 반사광이 들어감으로써 형태가 더욱 사실적으로 변해가는 것을 볼 수 있습니다. 2차 톤 초반부인 이 부분까지 제대로 진행이 되었다면 라인웨이트를 떨어트려도 형태가 크게 달라지지 않는 것을 확인할 수 있습니다.

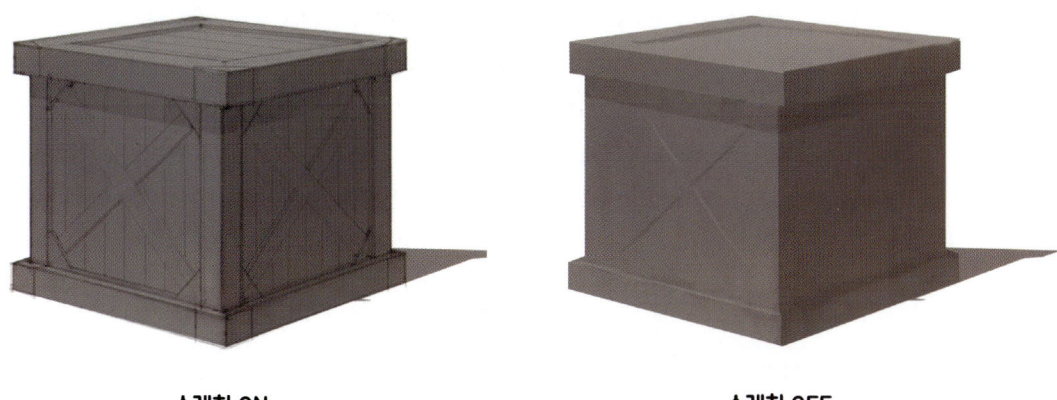

스케치 ON

스케치 OFF

★ 왼쪽 그림은 스케치 레이어가 켜져있는 상태이고 오른쪽은 스케치 레이어가 꺼져있는 상태입니다. 스케치가 사라져도 이 구간부터는 큰 형태를 읽을 수 있어야 합니다.

19. 색으로 그림을 그렸을 때 덩어리가 잘 맞지 않는다거나, 라인을 없애니 형태가 잘 보이지 않는 것은 대부분 이 과정이 잘못되었을 가능성이 큽니다. 그럴 때에는 그림의 채도를 완전히 빼서 지금의 명암의 형태가 맞는지를 확인하면 쉽게 확인할 수 있습니다.

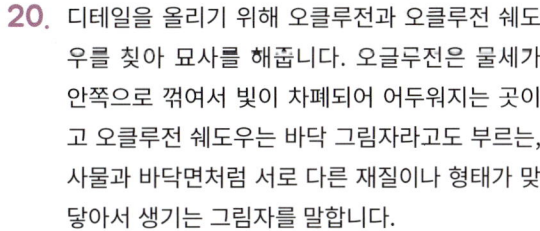

20. 디테일을 올리기 위해 오클루전과 오클루전 쉐도우를 찾아 묘사를 해줍니다. 오글루전은 물체가 안쪽으로 꺾여서 빛이 차폐되어 어두워지는 곳이고 오클루전 쉐도우는 바닥 그림자라고도 부르는, 사물과 바닥면처럼 서로 다른 재질이나 형태가 맞닿아서 생기는 그림자를 말합니다.

오클루전과 오클루전 쉐도우는 크게는 표면그림자와 투영그림자에 속하지만 그 속에서도 디테일한 그림자들입니다. 이 단어는 영어를 그대로 한글로 표기하고 있는데, 이 단어를 완전히 대체할 만한 한국어가 없는 까닭은 라디오나 텔레비전과 같은 단어처럼 미술이 서양에서 넘어온 학문이기 때문입니다.

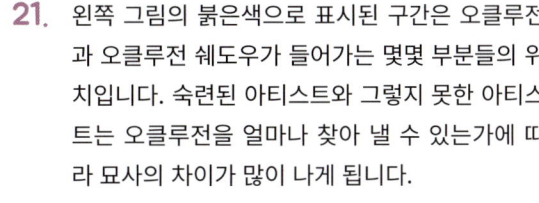

▶ 오클루전과
오클루전 쉐도우들

21. 왼쪽 그림의 붉은색으로 표시된 구간은 오클루전과 오클루전 쉐도우가 들어가는 몇몇 부분들의 위치입니다. 숙련된 아티스트와 그렇지 못한 아티스트는 오클루전을 얼마나 찾아 낼 수 있는가에 따라 묘사의 차이가 많이 나게 됩니다.

반사광, 오클루전, 오클루전 쉐도우의 묘사가 어느정도 진행되었다면 이제 3차 톤을 진행할 차례입니다. 3차 톤은 재질의 묘사와 환경광을 묘사해줄 차례입니다.

우선 나무라는 재질은 더울 때는 팽창하고 추울 때는 수축합니다. 이로 인하여 표면의 약한 부분부터 갈라짐, 쪼개짐 등이 나타나게 되는데 이 요소는 우리가 보는 것이 나무라는 것을 강하게 인식시켜줍니다. 또한, 나무는 표면이 굉장히 무른 재질이므로 까짐이나 패임 등을 그림에 설명해준다면 더욱 그럴듯한 나무를 표현할 수 있습니다.

이 부분을 쉽게 표현하기 위해 포토샵의 [베벨 앤 엠보스] 라는 기능을 활용하겠습니다. 먼저 레이어를 추가로 생성한 후 레이어 스타일 메뉴에서 [베벨 앤 엠보스] 를 클릭합니다. 그 후 레이어 스타일 창이 뜨면 이곳에서 [필로우 엠보스] 를 선택하여줍니다.

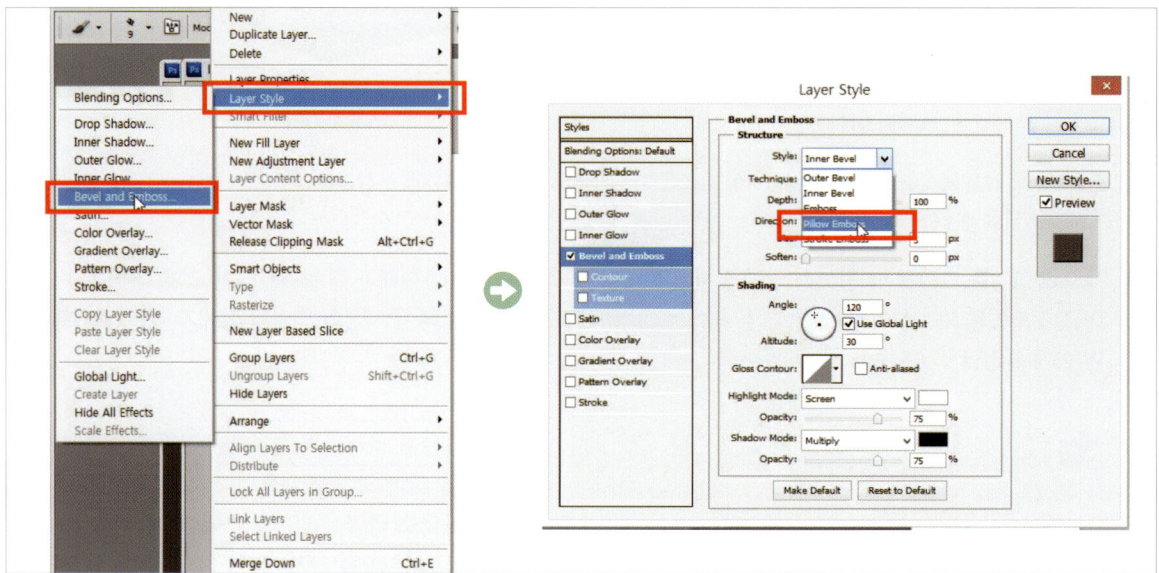

★ 레이어 생성 후 [레이어 스타일] -> [베벨 앤 엠보스] -> [필로우 엠보스] 를 순서대로 선택하여 줍니다.

이 상태에서 브러쉬를 그어보면 아래의 그림과 같이 묘사되는 것을 확인할 수 있습니다.

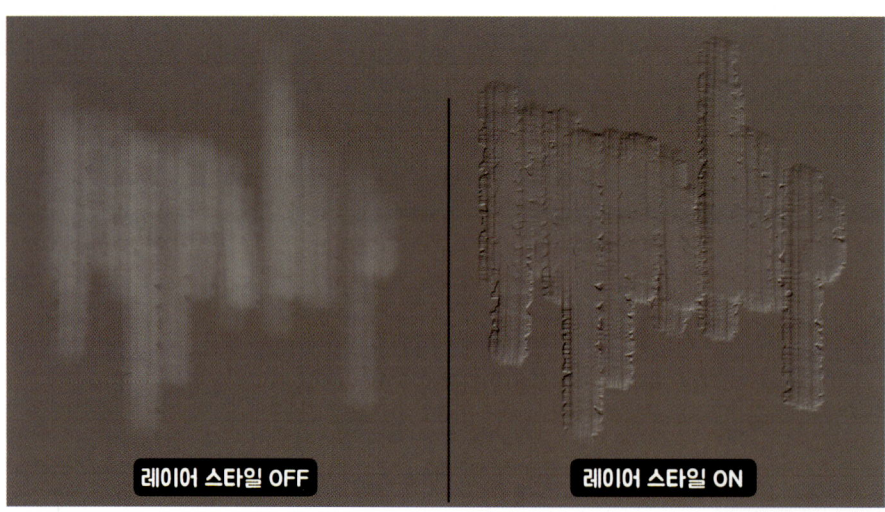

레이어 스타일 OFF   레이어 스타일 ON

★ 왼쪽 그림은 레이어 스타일이 꺼져있는 상태이고 오른쪽은 레이어 스타일이 켜져 있는 상태입니다.

이 [베벨 앤 엠보스] 기능을 활용하면 다양한 음양각의 부조 표현을 할 수 있습니다. 이것은 마치 3D프로그램 중 하나인 [ZBrush]의 표면 스컬핑과 같이 표면의 상태를 쉽게 알 수 있게 만들어 줍니다.

22. 왼쪽 그림의 푸른색 사각형 영역 안의 부분처럼 먼저 살짝 긁어서 나무의 재질을 시험해 봅니다. 살짝 그려 본 다음 레이어 스타일 창을 다시 열어 파라미터를 조절하는 것이 좋습니다.

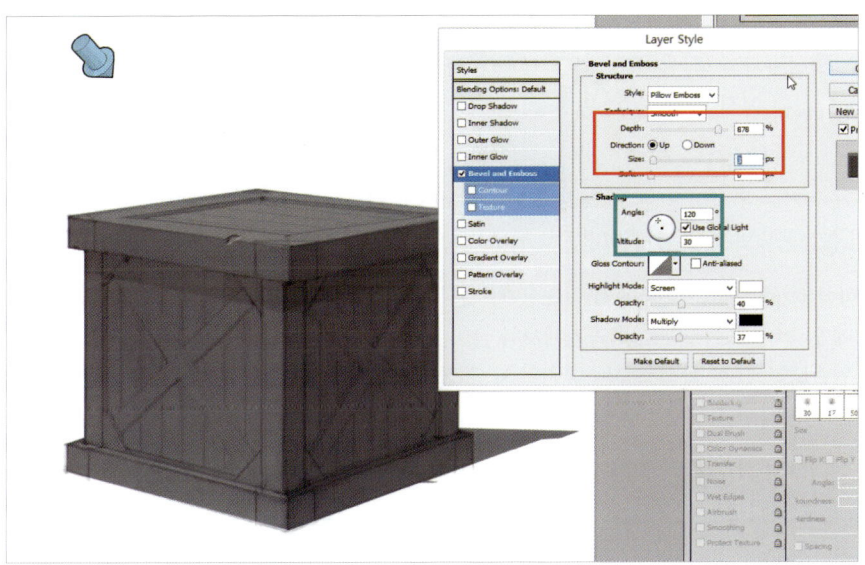

23. 레이어 스타일 창을 열어 붉은색 부분의 깊이와 크기, 그리고 주광의 광원에 맞추어서 아래쪽의 광원의 부분을 셋팅해줍니다. 파라미터의 세팅이 완료되었다면 본격적으로 묘사을 시작합니다. 재질의 구조는 크게 등방성과 비등방성으로 나뉩니다. 등방성이란 재질의 구조가 결을 이루지 않는 것을 말하며, 비등방성이란 재질의 구조가 결을 이루는 것을 말합니다. 쉽게 설명하면 나무는 쉽게 쪼개어지는 방향이 존재합니다. 이렇게 쉽게 쪼개지는 결이 있는 것을 비등방성 혹은 이방성 이라 부르고, 쪼개어지는 결이 존재하지 않는 구조의 물질을 등방성이라 부릅니다. 대체적으로 자연물의 경우 구조가 눈에 보이지 않는다 하더라도 비등방성을 띄는 경우가 많고 인공물의 경우 등방성을 띄는 경우가 많습니다. 비등방성과 등방성은 당장 눈에 보이는 쪼개어지는 방향 외에도 하이라이트의 모습에서도 차이를 보입니다.

나무는 비등방성의 구조를 가진 물질이니 구조적으로 방향성을 가지고 있습니다. 그 방향성 대로 묘사를 해주면 쉽게 나무를 묘사할 수 있습니다.

24. 어두운 면 중 반사광이 닿지 않는 부위에 환경광을 묘사해주고 방향성대로의 결을 묘사해 재질감을 높여주어 묘사를 정리하였습니다.

2 옷감

여러분이 캐릭터 디자이너를 지망하고 있다면 옷감은 가장 많이 그려야 하는 재질 중에 하나가 될 수도 있습니다. 옷감은 우리의 옷장을 열어보면 알 수 있듯 확산반사부터 정반사까지 다양한 종류의 옷감이 존재합니다. 천연섬유인 면직, 마직, 모직, 견직을 비롯하여 합성섬유인 폴리에스테르, 나일론 등이 존재하며, 옷감을 만드는 기초단위인 실이 무엇인가에 따라 반사율이 결정됩니다.

합성섬유는 대부분 플라스틱과 유사한 구조의 매우 가는 실로 옷감을 짜기 때문에 옷감자체에 정반사가 주로 생기며, 상대적으로 실이 굵은 천연섬유에는 확산반사가 생기는 편입니다. 또한 반사의 정도는 실을 얼마나 얇게 촘촘하게 쓰는지에 따라 반사도가 달라지게 됩니다. 같은 면직이라도 20수면과 80수면은 비교해 보았을 때 그 반사도가 확연히 다름을 알 수 있습니다.

천연섬유 중에서도 간혹 정반사가 생기는 옷감이 있는데, 대표적으로는 비단이 있습니다. 누에고치에서 뽑은 명주실은 매우 얇고 탄성이 높아 그 형태가 합성섬유와 매우 유사합니다.

역사적으로 비단이나 실크는 합성섬유가 발견되기 전, 세계 어느 곳에서든 부와 권력의 상징이었습니다. 그렇게 된 이유는 정반사를 내는 옷감의 희귀성에 있습니다. 현실에서나 과거에서나 금이 고급스러움을 대표하듯 한정자원이나 희귀자원은 사치품의 성격을 내포하고 있습니다. 또한 합성섬유는 발명된 지 오래 되지 않았기 때문에 합성섬유로 이루어진 옷감은 이것을 입는 캐릭터의 시대적 환경에 대해서도 설명할 수 있습니다.

옷감을 어떻게 다루느냐에 따라 여러분이 창조하는 캐릭터가 어느 시대의 캐릭터인지, 그리고 어떤 계급인지를 더욱 현실감 있게 표현할 수 있는데 도움을 줄 것입니다.

★ 무심코 지나쳤던 옷감의 종류들을 관찰해보면 우리 주위엔 상당히 다양한 옷감들이 있습니다.

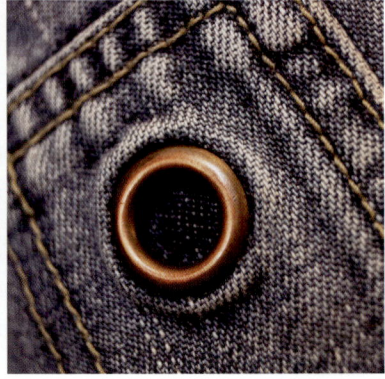

★ 단추나 지퍼, 박음질 같은 것은 옷감을 보다 쉽게 설명하는 중요한 단서들입니다.

3 가죽

가죽이란 동물의 피혁 중 털을 제거한 부분을 지칭하는 단어입니다. 피혁과 피혁에 붙은 털을 함께 사용하는 것을 모피라고 하고, 털을 제거한 피혁을 가죽이라고 부릅니다. 가죽은 벗겨내고서 가공하지 않으면 부패해 버리기 때문에 반드시 유제를 흡수시키는 무두질의 과정을 거치는데, 이 유제로 인해서 우리가 일상에서 접하는 부드러운 가죽이 만들어집니다.

가죽은 인류 역사상 가장 오래된 재료 중 하나인 만큼 다양한 원재료와 그에 따른 수많은 가공방법이 발달하였는데, 원재료와 가공방법에 따라 다양한 종류의 패턴과 반사도를 띄고 있습니다. 가공된 가죽의 일부는 스웨이드와 같이 무두질 과정에서 인위적으로 긁어 난반사를 일으키는 것도 있으나 대부분은 유제성분으로 인해 정반사를 띄게 됩니다.

원피의 종류와 부위에 따라 정반사의 정도가 조금씩 다르며 정반사를 많이 일으키는 에나멜 재질 역시 가죽에 포함되는 재질 중 하나입니다.

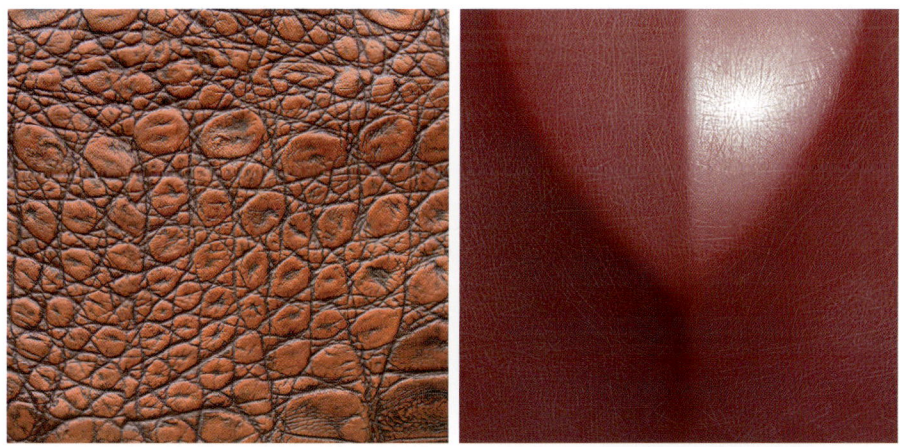

★ 원피의 종류에 따라 나타나는 다양한 패턴은 가죽의 가장 큰 특징 중 하나입니다.

★ 무두질 중 표면을 긁어 가죽의 정반사 느낌을 제거한 가죽들도 존재합니다.
옷감과 마찬가지로 스티치나 징, 벨트구멍, 지퍼 등은 가죽을 설명해주는 좋은 단서들입니다.
가죽은 그 두께로 인하여 바느질이나 기타 가공이 조금 더 큰 것을 볼 수 있습니다.

이번엔 가죽을 활용한 가죽점퍼로 가죽의 묘사과정을 정리해보도록 하겠습니다. 가죽의 묘사방법이 앞선 예제의 나무와 가장 다른 점은 약간의 정반사를 보인다는 점일 것입니다. 이는 가죽의 공정과정인 무두질에서 인위적으로 유제를 흡수시키는 과정을 거치기 때문에 거의 모든 가죽에서 정반사를 관찰할 수 있습니다.

1. 먼저 간단한 스케치를 준비하도록 하겠습니다. 스케치의 모양은 간단한 마네킹에 걸려있는 가죽점퍼입니다. 가죽은 원피의 종류와 무두질의 방법에 따라 광이 거의 없는 스웨이드부터 철보다 더 반짝이는 에나멜까지 다양한 광택의 종류를 보여줍니다. 우리는 가장 널리 쓰이는 가죽 중 하나인 우피로 만든 사피아노 정도의 광택을 가진 가죽점퍼로 설정을 하도록 하겠습니다. 사피아노 가죽은 우리주변에서 살펴본다면 지갑에서 흔하게 쓰는 가죽 중 하나입니다.

2. 위의 박스 예제처럼 올가미 툴을 이용해 영역을 설정 후 50%의 회색을 설정합니다. 50%의 회색을 설정하는 이유는 후에 오버레이 레이어를 활용한 글레이징 채색 시 오버레이의 특성 때문에 50%를 기준으로 설정하고 작업하는 것이 좋기 때문입니다.

3. 나무상자의 예제와 같이 실루엣 레이어를 선 레이어 아래로 내려줍니다. 그림을 진행하다 선 레이어와 명암 레이어를 종종 합치는 실수를 할 때가 있습니다. 그런 상황을 막기 위한 팁으로 선 레이이나 명암 레이어 둘 중 하나를 그룹화 해주면 아래 레이어 병합(단축키 Ctrl+E)의 명령어가 듣지 않기 때문에 실수를 예방할 수 있습니다. 또한 레이어 색상을 지정해준다면 구분이 쉬워져 더욱 실수를 막을 수 있습니다.

주광의 방향 ◀

광원의 각도 ◀

투영그림자의 끝점

4. 주광의 방향을 설정 후 디스톨트를 이용해 투영그림자를 간단하게 만들어 줍니다. 왼쪽 그림에 사용한 광원의 각도선처럼 피사체의 끝과 투영그림자의 끝을 연결해주면 피사체와 빛이 수직이 되는 밝은 면의 위치를 쉽게 가늠할 수 있습니다.

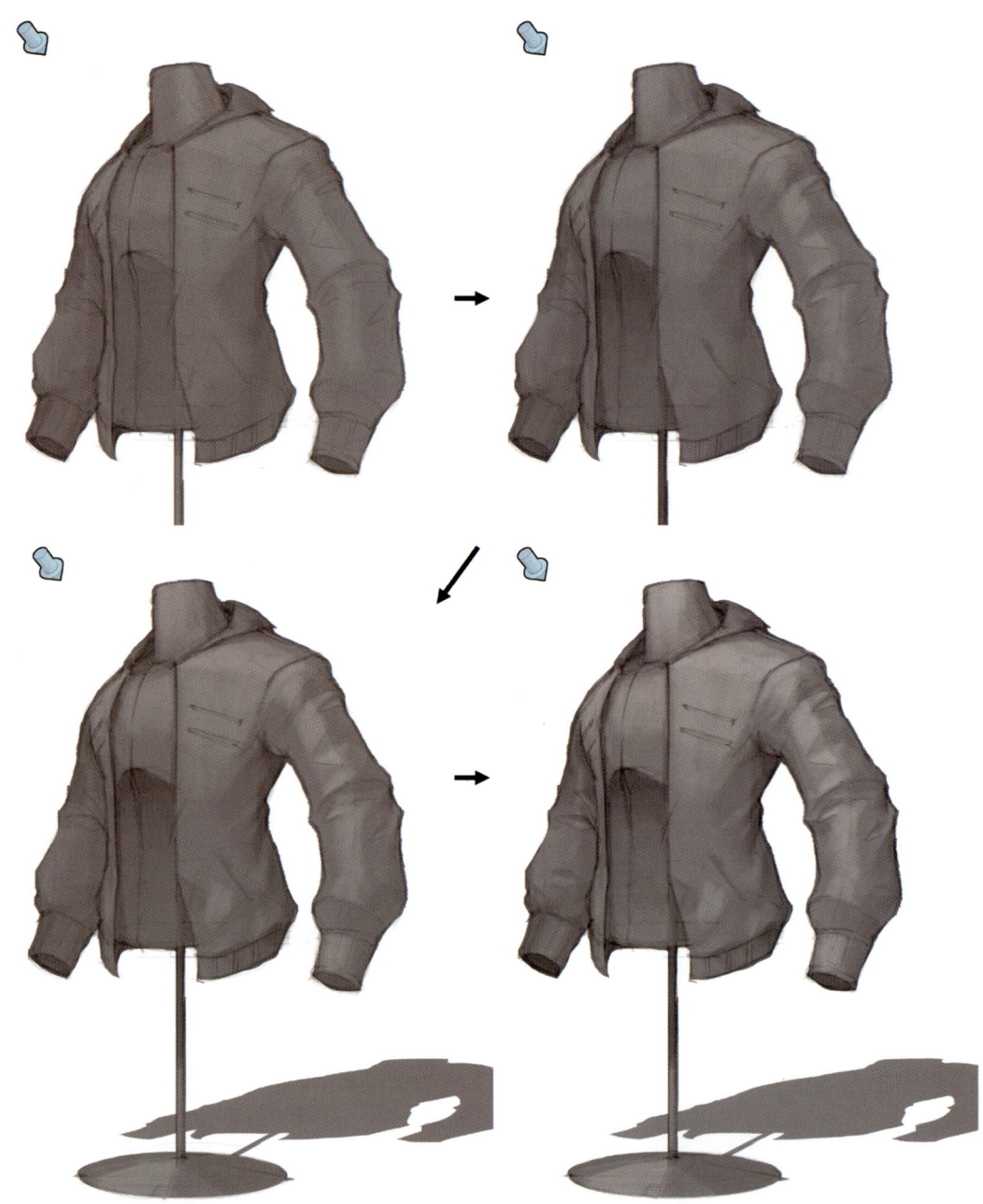

5. 빛이 수직으로 닿는 부분은 밝게 등각이 점점 커지는 부분은 어둡게 터치하며 난반사의 1차 톤을 표현합니다. 이 때 브러쉬는 1차 톤 인만큼 줄이지 않고 크게 써주는 것이 좋습니다. 1차 톤의 묘사가 어느 정도 마무리 되었다면 가죽의 재질의 특성상 어둠과 밝음의 차이가 조금은 뚜렷하므로 커브(단축키 Ctrl+M)을 이용해서 밝은 면과 어두운 면의 차이를 만들어 줍니다.

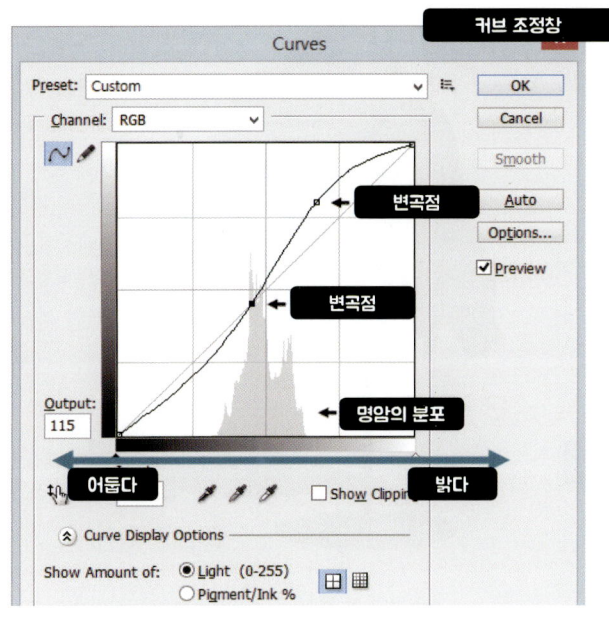

커브 조정창

변곡점

변곡점

명암의 분포

어둡다   밝다

6. 커브(단축키 Ctrl+M)는 레벨과 같은 기능이지만 변곡점을 활용하여 조금 더 미세하게 명암을 조절할 수 있습니다. 항상 레벨 창의 명암의 분포를 잘 보는 것이 중요한데 이 부분에 대해서는 차후 다시 다루도록 하겠습니다. 커브에선 변곡점을 추가하여 레벨보다 명암을 보다 부드럽게 변화시켜 줄 수 있습니다. 필자는 레벨보다는 커브를 조금 더 선호하는 편입니다.

7. 커브의 조정이 끝났다면 이제 2차 톤인 반사광을 찾아줄 차례입니다.

반사광 OFF   반사광 ON

반사광의 표현은 2차 톤의 시작이자, 질감표현의 시작입니다. 가죽은 빛에 민감한 재질이므로 반사광에도 민감하게 반응할 것입니다. 반사광을 넓고 강하게 표현하여 빛에 민감한 재질임을 설명합니다.

간혹 강한 반사광만이 정반사를 나타낸다고 느끼시는 분들도 있습니다. 하지만 이것은 프레넬 효과의 위치와 반사광의 위치가 비슷한 곳이기 때문에 느끼는 것일 뿐 반사광의 강함으로만은 정반사를 표현해낼 수는 없습니다. 하지만 나중에 실력이 늘어 과정을 조금씩 생략할 수 있게 된다면 반사광과 프레넬을 함께 처리하여 정반사를 표현할 수 있습니다.

반사광 ON   **하이라이트 표현**

8. 반사광이 아무리 강해도 하이라이트보다 강할 수는 없습니다. 반사광이 강해진 만큼 하이라이트도 더 강하게 올려 줍니다. 약간의 정반사를 띄는 물질인만큼 패시브 하이라이트 뿐 아니라 반사 하이라이트도 찾아 표현하여 줍니다.

시선 입사각에서
등각의 부분들

시선 입사각에서
수직인 부분들

등각의 프레넬 효과　　　　　　　　　　　　**수직부분의 고유색 증가**

9. 이제 프레넬 효과를 묘사할 차례입니다. 프레넬 효과는 2차 톤의 반사광이 묘사되고 난 후 묘사하는 것이 좋습니다. 거울과 같은 물체를 제외하고는 대부분의 정반사 물체는 정반사와 난반사의 성격을 동시에 가지고 있습니다. 그러므로 기초가 되는 난반사를 먼저 묘사하고 정반사를 위에 쌓는 식으로 묘사해 나가는 것이 묘사순서상 편합니다.

먼저 노멀 레이어를 추가한 후 관찰자시점과 수평에 가까운 부분부터 부드러운 에어브러쉬를 활용하여 조금씩 밝게 만들어 줍니다. 재미있게도 이 부분들은 대부분 반사광의 위치와 겹치게 됩니다. 그 후엔 이번에는 관찰자와 피사체가 수직이 되는 부분을 어둡게 만들어 사물이 빛이 많이 받지 않은 중간톤 면 정도의 색이 뜨게 만듭니다. 이 과정에서는 멀티플라이 레이어를 활용하면 좋습니다. 이제 재질이 점점 정반사로 변해가는 것을 확인할 수 있을 것입니다. 프레넬 효과 레이어는 반드시 따로 관리하여 정반사도가 결정되기 전까지는 투명도를 조절할 수 있도록 합치지 않도록 유의합니다.

10. 3차 톤으로 노멀레이어를 추가하여 세세한 디테일들을 조금씩 더 찾아줍니다. 반사광의 영향을 받지 못한 부분들도 환경광의 영향으로 조금씩 밝게 터치하여 줍니다. 3차 톤에서 가장 중요한 부분은 큰 덩어리를 더 이상 건드리지 말고 묘사를 진행해야 한다는 것입니다. 큰 덩어리의 부분은 1, 2차 톤에서 마무리 하였습니다. 우리는 3차 톤에서 질감이나 웨더링, 패턴 같은 고유의 디테일을 찾아서 그 디테일을 묘사하여야 합니다.

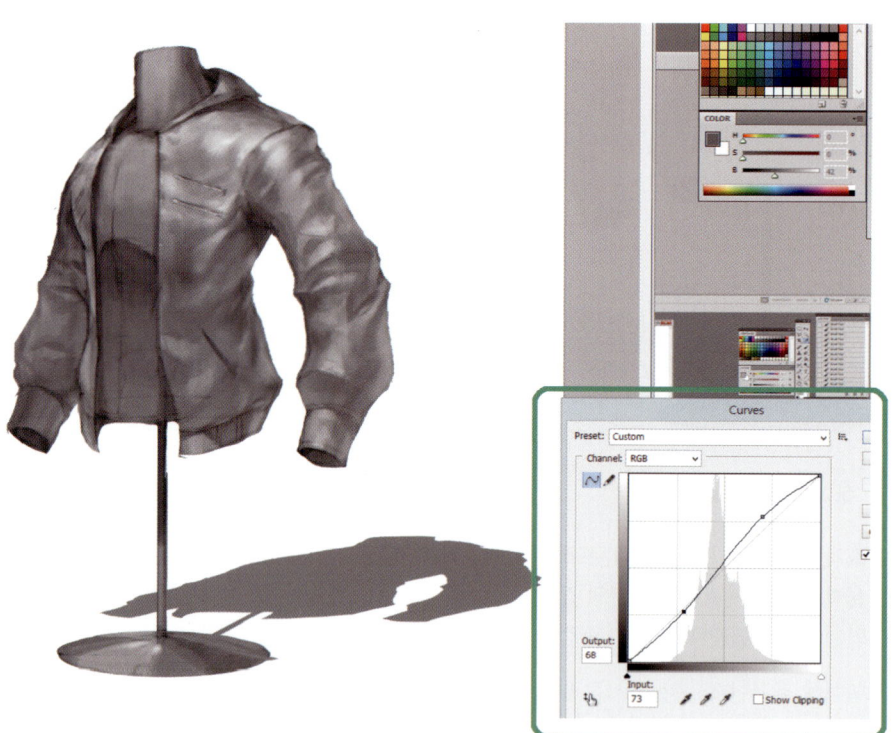

11. 묘사의 완료가 다 되어가는 시점이라면 다시 한번 [커브]를 활용해서 가죽에 가까운 톤을 만들어냅니다. 처음부터 톤을 벌려주는 것이 아니라 완성에 가까울수록 톤을 벌려주어야 묘사가 쉽고 사이사이의 톤들이 비지 않습니다.

마무리로 노멀맵 텍스처를 활용하여 가죽의 패턴을 넣어보도록 하겠습니다. 일반적인 사피아노는 패턴이 그리 크지 않습니다. 그러므로 예제에서는 패턴이 잘 보여서 이해하기 쉽도록 파충류 무늬의 가죽패턴을 사용해 보도록 하겠습니다.

12. 위 그림과 같은 노멀맵 텍스처를 준비합니다. 3D에서 사용하는 노멀맵 텍스처는 폴 오프나 1, 2, 3면과 같은 큰 명암의 정보를 많이 가지고 있지 않습니다. 그래서 지금 여러분이 그려놓은 그림의 명암 방향에 영향을 끼치지 않습니다. 사진 텍스처들은 질감의 정보 외에도 빛의 방향에 대한 정보를 가지고 있기 때문에 그림의 마무리단계에 사용할 경우 자신이 설정해놓은 큰 빛이 깨어지는 경우를 종종 볼 수 있습니다. 노멀맵 텍스처에 대한 자세한 이해와 활용은 TIP4에서 자세하게 다루고 있습니다.

13. 텍스처는 재질이 가장 잘 드러나는 부분인 중간톤면의 영역에 배치하는 것이 좋습니다. 이렇게 그림을 마무리하여 가죽을 묘사하는 방법을 함께 알아보았습니다.

텍스처가 무엇인지, 그리고 어떻게 사용해야 하는지 어떤 텍스처가 좋은지 고민 하는 분들이 많습니다.

먼저 텍스처란 무엇일까요? 텍스처란 간단히 번역하면 질감입니다. 이 질감은 우리가 흔히 생각하는 나무결, 가죽의 모양과 같은 구체적인 피사체의 질감이 될 수도 있고, 캔버스와 같은 그림 전체에 영향을 미치는 커다란 질감일 수 도 있습니다.

★ 왼쪽의 구체적인 나무결의 재질과 우측의 캔버스 재질, 두 가지 모두 텍스처라고 부를 수 있습니다.

그림에서 텍스처 사용 시 텍스처가 그림의 사실성을 높여주는 근본적인 이유는 텍스처로 인한 면 분해 효과 때문입니다. 어떤 사물이든 그 면을 자세히 들여다보면 같은 면 안에서도 미세하게 명도가 변화하는데, 이것은 현실에서 일어나는 난반사적인 특성입니다. 면 분해는 그림 안에서 현실을 재현하므로 그림의 사실성이 높아집니다.

★ 왼쪽의 네모는 단색으로 채워진 면이고 오른쪽의 네모는 노이즈필터를 사용한 그림입니다.

위 그림을 자세히 관찰해 보십시오. 그림에서 왼쪽은 단색의 청록색 사각형이고, 오른쪽은 노이즈필터를 사용하여 면 분해를 인위적으로 일으킨 사각형입니다. 이것은 매우 단순한 예제이지만 이 형태가 돌이나 나무처럼 복잡한 것이라고 생각해본다면 면 분해가 일어난 청록색이 훨씬 더 사실성을 가지게 될 것입니다.

★ 대부분의 물질들은 위의 자갈과 같이 면 분해를 일으키고 있습니다.

그럼 텍스처는 언제 사용하는 것이 좋을까요?

텍스처는 보통 커다란 명암과 느낌을 잡아주는 1차 톤적인 요소의 텍스처와 크랙, 웨더링, 작은 디테일 등을 잡아주는 3차 톤적인 텍스처로 구분할 수 있습니다. 이번에 설명할 것은 3차 톤적인 텍스처입니다. 이 3차 톤은 이미 어느 정도의 명암 정리가 끝나고 디테일을 올리는 시점을 말합니다. 텍스처 사용은 디테일을 올릴 수 있는 2차 톤 이후라고 말씀드릴 수 있습니다.

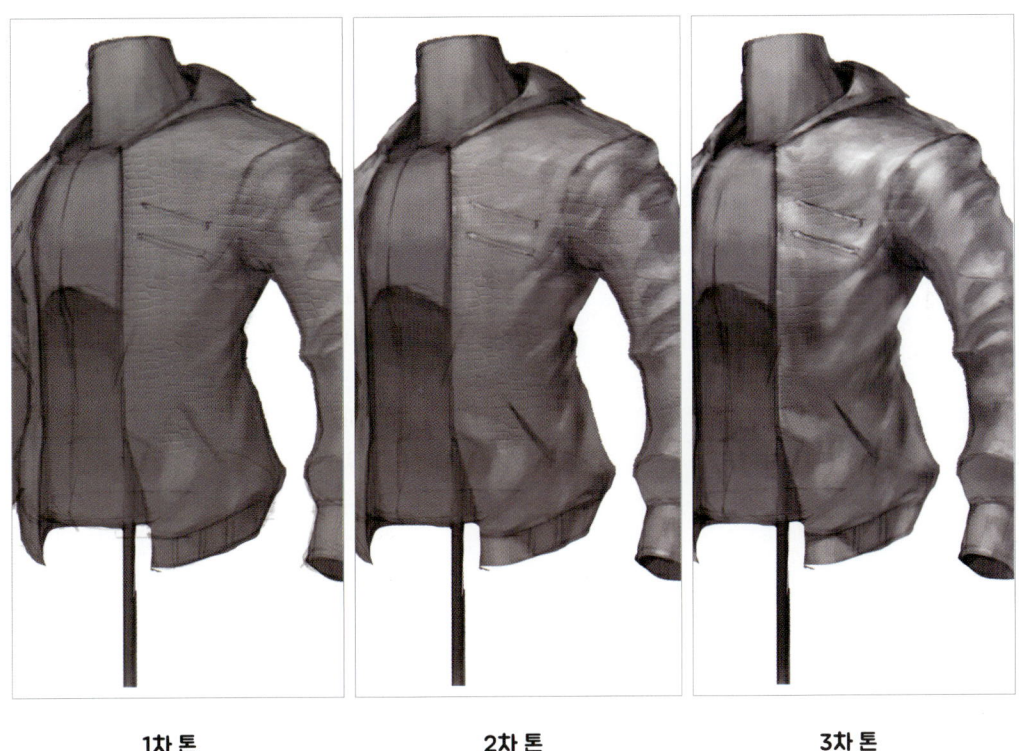

1차 톤   2차 톤   3차 톤

위 그림은 그림의 각 단계 때 마다 같은 텍스처를 적용한 모습입니다. 그림에서 2차 톤 이후부터 텍스처가 그림에 어우러 져 적용되는 것을 확인할 수 있습니다. 이것은 묘사의 과정자체가 2차 톤 이후부터 해당되는 과정이기 때문입니다.

그렇다면 노멀맵 텍스처란 무엇이고, 사진 텍스처와의 차이점은 무엇일까요?

3D 툴을 조금이나마 접해보신 분들은 노멀맵이란 단어를 한번쯤은 들어보셨을 겁니다. 노멀맵이란 노멀벡터(면의 법선, 사물의 면이 바라보는 방향)의 정보를 가진 맵입니다. 이 맵은 Z-BRUSH나 머드박스와 같은 3D스컬핑 툴을 이용해서 얻어지는데, 폴리곤의 위의 작은 요철만이 표현되어 있습니다.

 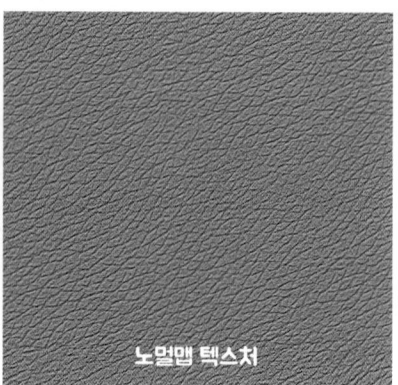

위 그림은 가죽 텍스처를 각각 사진 텍스처와 노멀맵 텍스처로 구한 것입니다. 같은 가죽의 질감이라도 사진 텍스처에 비해 노멀맵 텍스처는 톤이 균일하고 광원의 정보가 적은 것을 볼 수 있습니다. 묘사의 과정에서 항상 주의해야 하는 것은 앞에서 잡아둔 큰 광원이 틀어지지 않는 것입니다. 우리는 이미 1차 톤에서 빛을 방향을 설정했기 때문에 1차 톤의 전제를 무시하고 들어오는 추가적인 디테일은 그림의 통일감을 떨어트립니다.

사진텍스처   노멀맵텍스처

사진 텍스처와 노멀맵 텍스처 사용의 비교

위 그림은 같은 그림 위에 사진 텍스처와 노멀맵 텍스처를 적용한 그림입니다. 노멀맵 텍스처에 비해 사진 텍스처는 광원이 흐트러지는 것을 볼 수 있습니다. 그렇다면 이제 노멀맵 텍스처를 구하는 방법에 대해서 알아보도록 하겠습니다. 노멀맵을 구하는 루트는 다양합니다. google에서 normalmap이라고 검색을 해서 구할 수도 있고, 혹은 3D TOTAL과 같은 곳에서 판매하는 텍스처 소스에 포함되어있는 경우도 많습니다. 모델링소스에도 노멀맵 소스가 들어있는 경우가 많이 있고, 언리얼 엔진과 같은 엔진 내에 있는 게임 소스에서 추출해 낼 수도 있습니다. 노멀맵의 디테일 소스는 작은 나사부터 총의 디테일까지 z-brush로 표현된 많은 소스들이 존재합니다. 이를 잘 사용한다면 2D작업자가 그림의 묘사에 들이는 시간을 획기적으로 단축시킬 수도 있습니다.

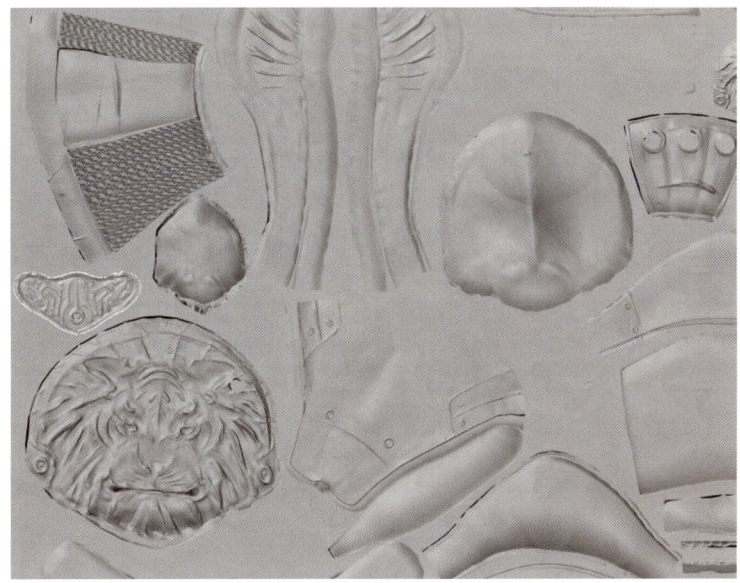

위 그림은 필자가 AD를 맡았던 게임에서 사용된 노멀맵 텍스처입니다. 단순한 질감뿐만 아니라 밧줄이나 금속공예와 같은 모양의 정보들도 있는 것을 볼 수 있습니다. 이런 소스들을 잘 활용한다면 묘사의 시간을 획기적으로 단축시킬 수도 있습니다.

노멀맵 소스를 치음 구해서 열이본디먼 기존의 범프맵이나 사진 텍스처와 다른 새파란 화면에 어떻게 써아힐지 당황할 수도 있을 것입니다.

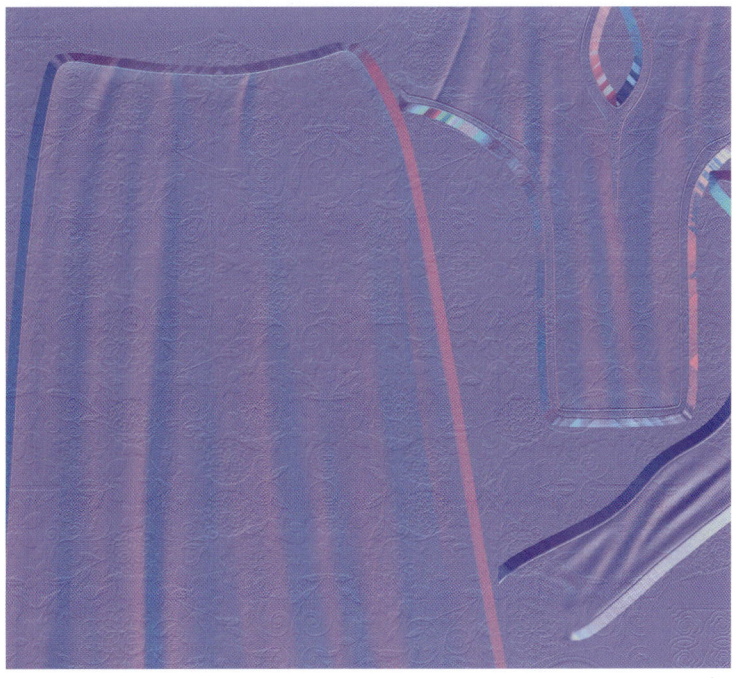

위 그림은 노멀맵 텍스처를 포토샵에서 처음 불러왔을 때의 화면입니다. 새파란 화면에 어떻게 사용해야 할지 당황할 수 있습니다. 텍스처의 채도를 빼서 흑백상태로 만들어 사용할 수도 있지만, 더 정확하게 사용하려면 노멀맵에 대해 조금 더 아는 것이 좋습니다. 노멀맵의 정보는 각각의 채널에 따로 저장 되어있습니다.

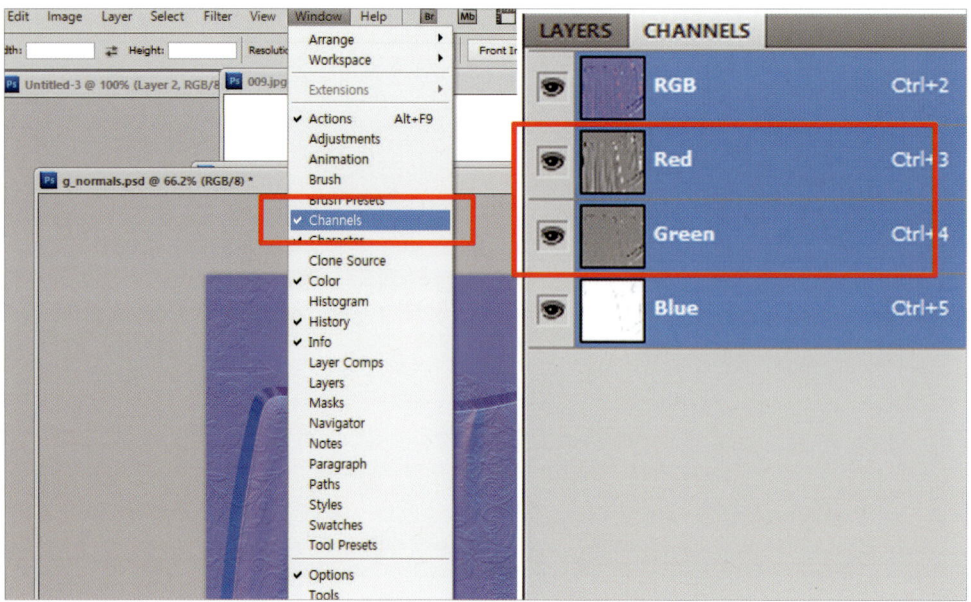

포토샵 툴의 [Windows]에서 [Channels] 항목을 열어보면 RGB에 각각의 정보가 들어있는 것을 확인할 수 있습니다.

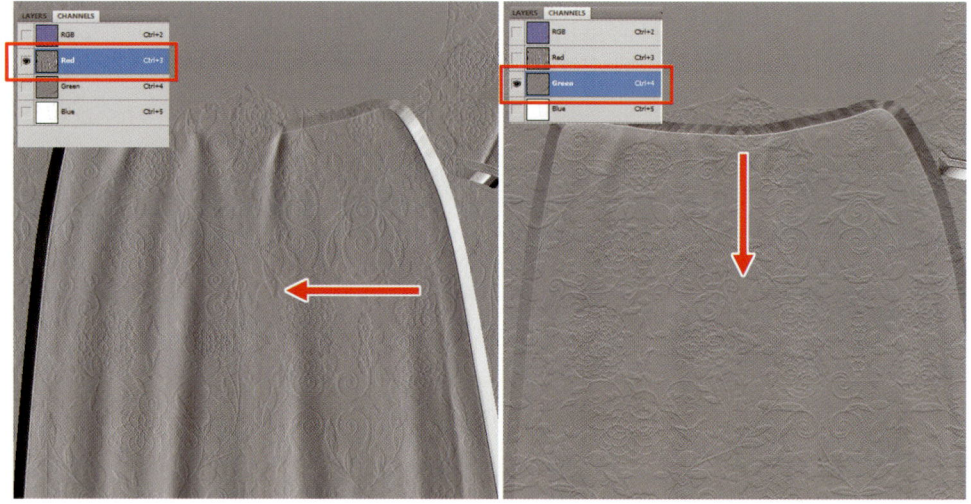

각각의 [채널]은 다른 정보를 가지고 있습니다. 확인해 본다면 [RED채널]은 우측에서 오는 빛 방향에 대한 요철을, [GREEN채널]은 위에서 오는 빛 방향에 대한 요철을 가지고 있습니다. 포토샵의 Flip 기능을 활용한다면 우리는 4방향의 광원에 따른 텍스처를 가지게 됩니다. 이 중 자신의 그림과 맞는 빛 방향의 텍스처를 사용한다면 텍스처를 더욱 자연스럽게 사용할 수 있습니다. 항상 묘사파트에서 가장 중요한 것은 빛의 방향이 틀어지지 않는 것입니다.

그럼 텍스처를 실제로 그림에 적용해보도록 하겠습니다. 우선 자신이 정한 빛 방향에 맞는 [채널]의 텍스처를 선택한 후 자신의 그림에 붙여 넣습니다. 붙여 넣을 때에는 채널에 붙여 넣지 않도록 주의합니다.

클리핑 기능을 사용하면 더욱 깨끗하게 텍스처를
사용할 수 있습니다.

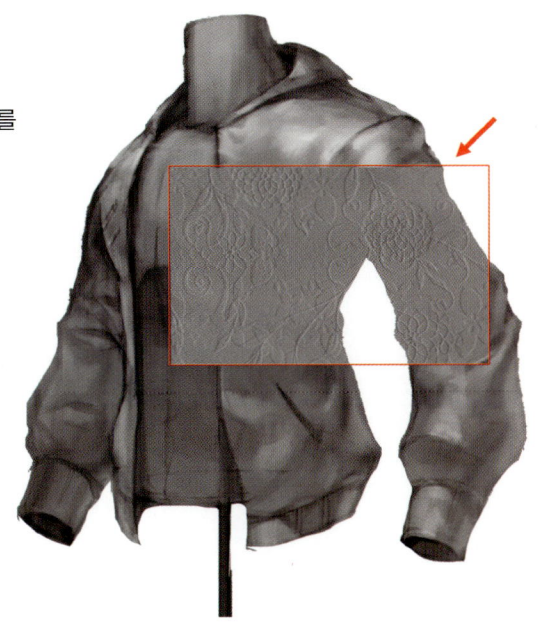

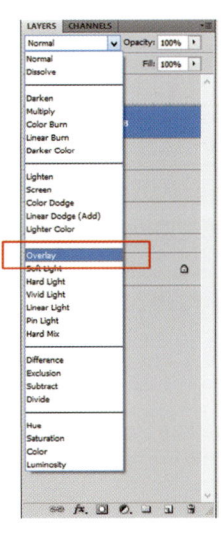

클리핑 된 텍스처 레이어의 속성을 [overay]로 바꾸어줍니다. 오버레이로 바꾸면 텍스처가 있는 부분이 조금 밝아지
는 것을 볼 수 있는데, 이것은 노멀맵이 50%의 회색보다 조금 더 밝게 추출되기 때문입니다. 오버레이 레이어는 특성상
50%의 회색보다 밝은 부분은 더 밝게, 50%의 회색보다 더 어두운 부분은 어둡게 처리하는 특성이 있습니다. 이 부분을
수정하기 위해 레벨(단축키 CTRL+L) 기능을 이용해 텍스처 레이어의 밝기를 50%정도로 수정해줍니다.

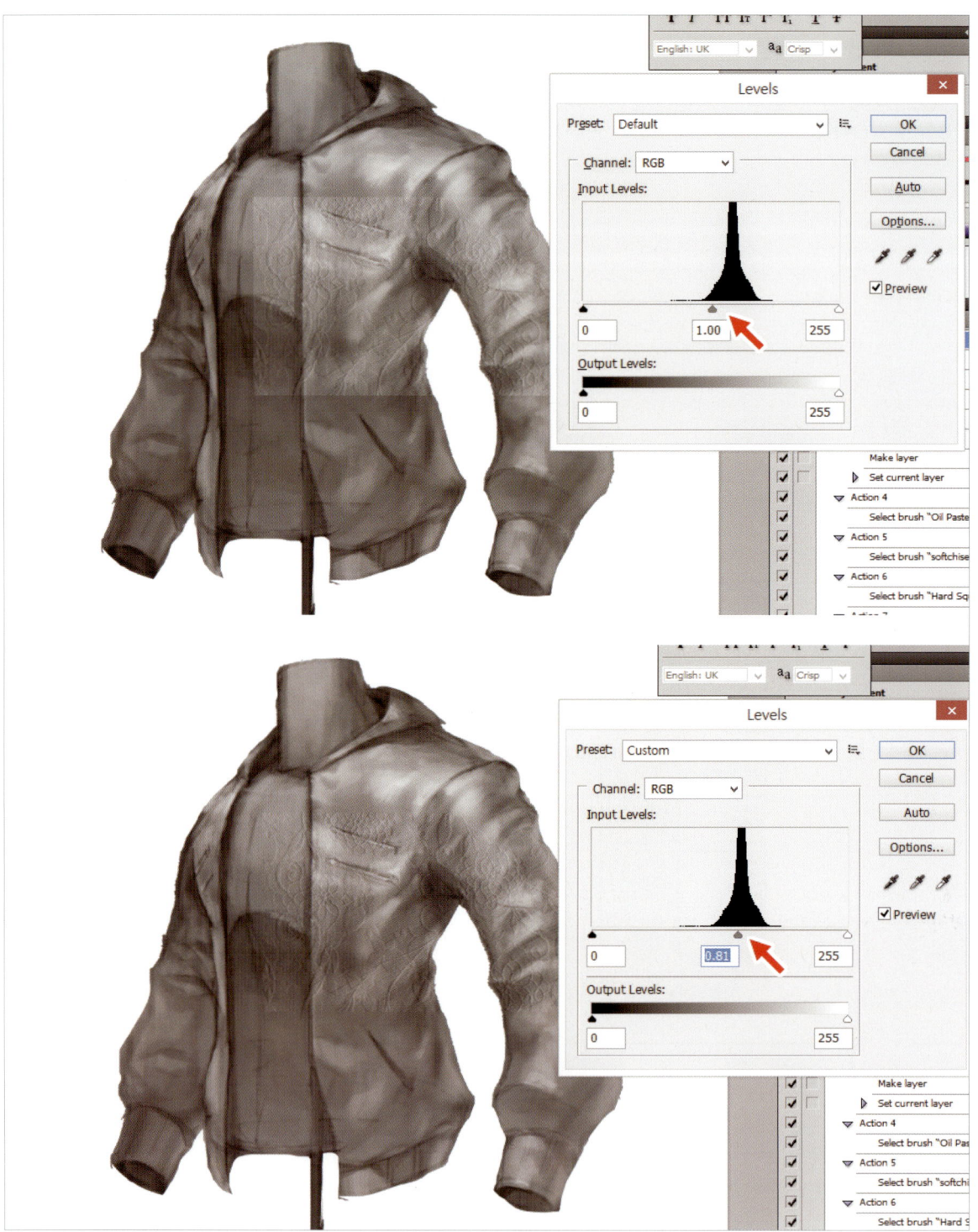

레벨 값을 위 그림처럼 레벨의 중간부분을 이동하여 수정합니다. 레벨을 수정하면 텍스처가 그림에 달라붙는 것을 확인할 수 있습니다.

그 후 지우개 툴을 이용해 어울리게 지워주면 텍스처 작업이 마무리됩니다. 이 예제에서는 텍스처를 잘 보이기 위해 모양이 들어간 텍스처를 선택하여 진행하였지만, 질감에 따른 텍스처를 선택한다면 더욱 좋은 결과물을 얻을 수 있을 것입니다.

4 녹

나무에서의 갈라짐이 그 나무의 역사성을 보인다면 금속에서는 녹이 그 역할을 대신할 수 있습니다. 그림 안에서 역사성이 중요한 이유는 단순한 사물이라도 이야기가 만들어지기 때문입니다. 반짝반짝한 갑옷은 아름다움을 주지만 녹슬고 조금은 망가진 갑옷은 이것을 입고 얼마나 많은 싸움을 하였는가하는 이야기를 전달해 줍니다. 감동은 아름다움보단 역사성에 기인하는 경우가 많습니다. 똑같은 모습으로 재건한 남대문이 예전의 남대문과 같은 감동을 주지 못하는 까닭도 이러한 역사성에 기인합니다.

★ 녹은 금속의 역사성을 보여줄 수 있는 대표적인 재질입니다. 사진 속의 배도 바다를 누비던 시절이 있었을 것입니다.

녹은 금속에서 발생하는 산화물입니다. 금속의 표면 층이 공기와 수분으로 인해 산화되어 광택이 없는 형태로 바뀌는데 대부분 붉은색과 청록색을 띄게 됩니다. 녹이 슬지 않기 위해 방청제와 같은 재료를 금속 위에 도포할 수 있는데 이것은 금속의 클리어코트층이 되어 도포된 방청제의 종류에 따라 반사율이 변하게 됩니다. 방청제는 대부분 정반사의 모습을 띄기 때문에 방청제가 있는 상태에서 녹이 슨다면 정반사와 난반사가 함께 나타나 더욱 다이내믹한 재질의 모습을 볼 수 있습니다.

★ 클리어코트층이 벗겨진 부분은 산화 반응으로 녹이 생깁니다.

페인트는 가장 널리 쓰이는 도료이자 방청제 중 하나입니다. 반사율이 높은 금속에 페인트를 칠하던지, 아니면 반사율이 낮은 오래된 플라스틱에 페인트를 칠하던지 두 경우 모두 당연히 지금 칠하고 있는 페인트의 반사율이 나타나게 되는데, 이는 페인트의 도료로서의 역할보단 방청으로서의 역할로 인해 반사율이 결정되기 때문입니다. 우리는 페인트를 두 가지로 분류하는데, 첫째는 기름에 녹여 쓰는 유성페인트와 둘째는 물에 희석하여 사용하는 수성페인트를 대표적으로 구분할 수 있습니다.

★ 페인트를 칠하면 나무의 반사율은 페인트의 반사율로 변화합니다.

유성페인트는 기름성분이 많기 때문에 정반사의 성격을 띠게 되며 주로 실외에 사용되고, 습기에 강하고 방청 효과가 뛰어납니다. 수성페인트는 실내에 주로 사용되며, 기름성분이 없기 때문에 난반사의 성격이 강합니다. 두 재료 모두 클리어 코트로 작용하여 어느 정도의 방청 효과가 있으며, 페인트가 떨어져 나가면 방청 효과 역시 사라지게 됩니다. 그 밖에도 페인트와 같은 도료를 칠한 후 도료 위에 도포하는 투명한 바니쉬 같은 마감재들이 있습니다. 이 경우는 페인트로서의 반사율이 아니라 페인트 위에 도포된 바니쉬의 종류로 반사율이 결정됩니다. 우리는 최종 마감재가 재질의 반사율을 결정한다는 것을 항상 기억해야합니다.

★ 페인트가 벗겨진 면은 다시 본래의 재질로 반사율이 변화합니다. 이는 페인트 도료의 방청으로의 역할 때문입니다.

〈알아보기〉

페인트의 예제로 페인트 중 반사율이 높은 카 페인트의 재질을 묘사해보며 유광도료에 대해 함께 이해하고 공부해보도록 하겠습니다. 앞서 설명한대로 항상 마지막 마감재가 반사율을 결정합니다. 자동차는 여러 가지의 재료로 구성되어 있습니다. 휀더는 철합금, 범퍼는 플라스틱, 후드는 알루미늄이 쓰입니다. 하지만 우리는 자동차를 그저 하나의 빛나는 덩어리로 봅니다. 이는 모든 부위의 마감재가 같기 때문입니다. 자동차는 반사율을 결정하는 것이 마감재라는 것을 알기 쉽게 하는 대표적인 예시입니다.

카 페인트에서는 매끈한 일반적인 도료형 페인트와 메탈이 섞여있는 메탈릭 페인트가 존재합니다. 메탈릭 페인트는 메탈의 특성을 설명한 후 예제를 진행하는 것이 이해하는 순서 상 좋으므로 이번 예제는 일반적인 반사율이 높은 광택을 가진 기본 카 페인트로 설명을 진행하도록 하겠습니다.

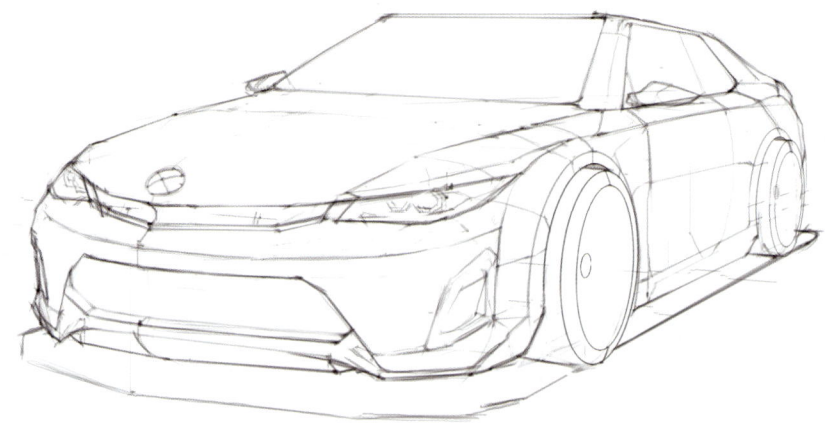

1. 이번에도 먼저 스케치를 준비합니다.

2. 준비된 스케치 위에 올가미 툴로 외곽선을 딴 후 50%의 회색을 채워 넣습니다. 실루엣 레이어는 선 레이어 아래에 두고 항상 레이어구조를 정리합니다.

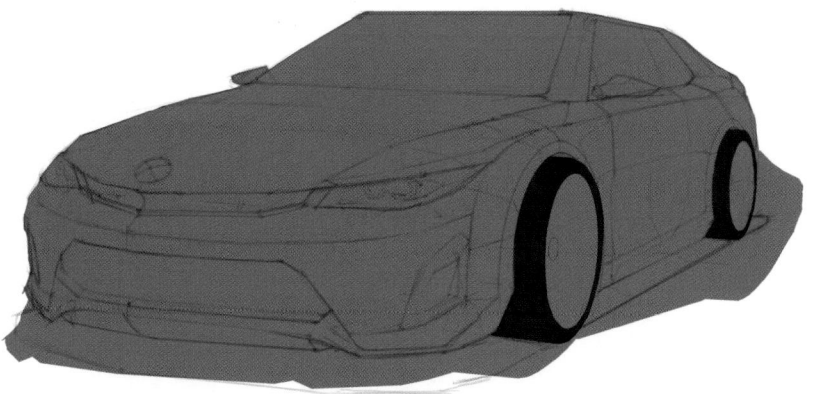

3. 타이어의 경우 묘사를 하지 않을 것이기 때문에 따로 떼어 어두운색을 입혀두었습니다. 앞의 두 예제와 마찬가지로 디스톨트 기능을 이용해 복제된 실루엣을 바닥으로 늘어뜨려 주광의 방향을 설정 하는 투영그림자를 만듭니다.

유의해야 할 점은 디스톨트로 만들어진 투영그림자가 항상 정확한 그림자의 모양을 갖는 것이 아니라는 것입니다. 실루엣의 디스톨트로 투영그림자가 정확하게 만들어지는 경우는 피사체가 세로로 길고 빛의 각도가 우연히 맞아 떨어질 경우 뿐입니다.(캐릭터는 세로로 길고 45도 입사광을 쓰는 경우가 많기 때문에 이러한 우연을 자주 볼 수 있습니다.) 이 단계는 정확한 투영그림자를 건설하는 것이 목표가 아닌, 주광의 위치를 어디로 설정할 것인가에 대해 초점을 맞추어 빠르게 진행하는 것이 좋습니다.

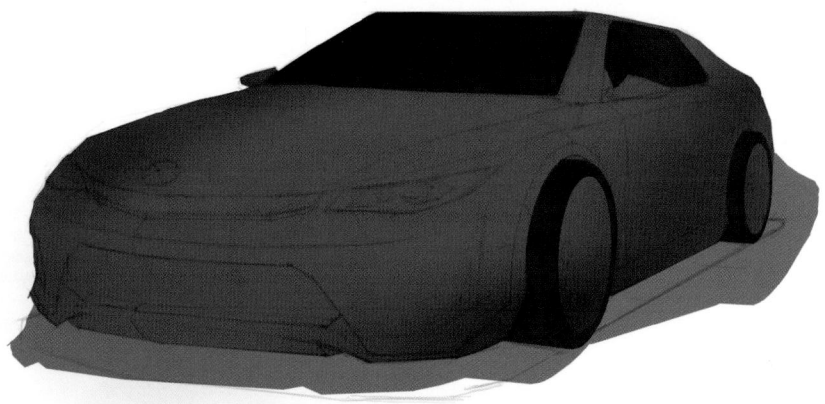

4. 폴 오프를 만들고 전체적인 명암을 암부 경계선 근처의 어둠 정도로 눌러주었습니다. 유광도료의 경우 빛에 민감하게 반응하기 때문에 깨끗한 반사광을 묘사하는 것이 무엇보다 중요합니다. 지금까지 진행했던 예제들이 중간톤 면에서 어두운 면을 만들고 반사광을 묘사했었다면, 이번 유광도료의 묘사는 어두운 면에서 반사광과 중간톤 면을 만드는 방식으로 진행을 할 것입니다.

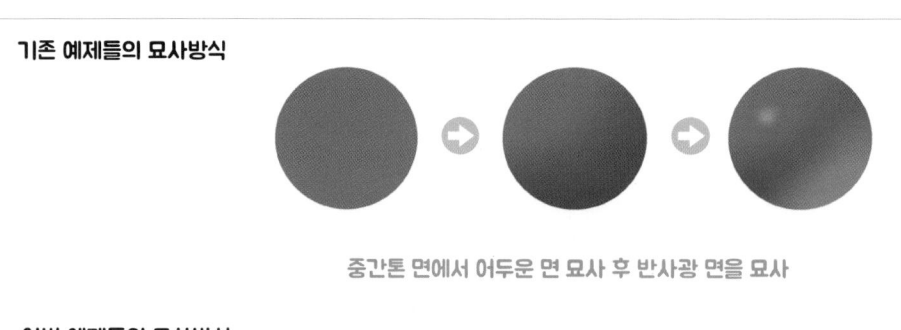

기존 예제들의 묘사방식

중간톤 면에서 어두운 면 묘사 후 반사광 면을 묘사

이번 예제들의 묘사방식

면 전체를 어두운 면으로 만든 뒤 반사광 면과 중간톤 면을 묘사

★ 아래의 묘사방식은 중간톤 면이 적고 반사광이 많을 때 깨끗하게 반사광을 묘사할 수 있습니다.

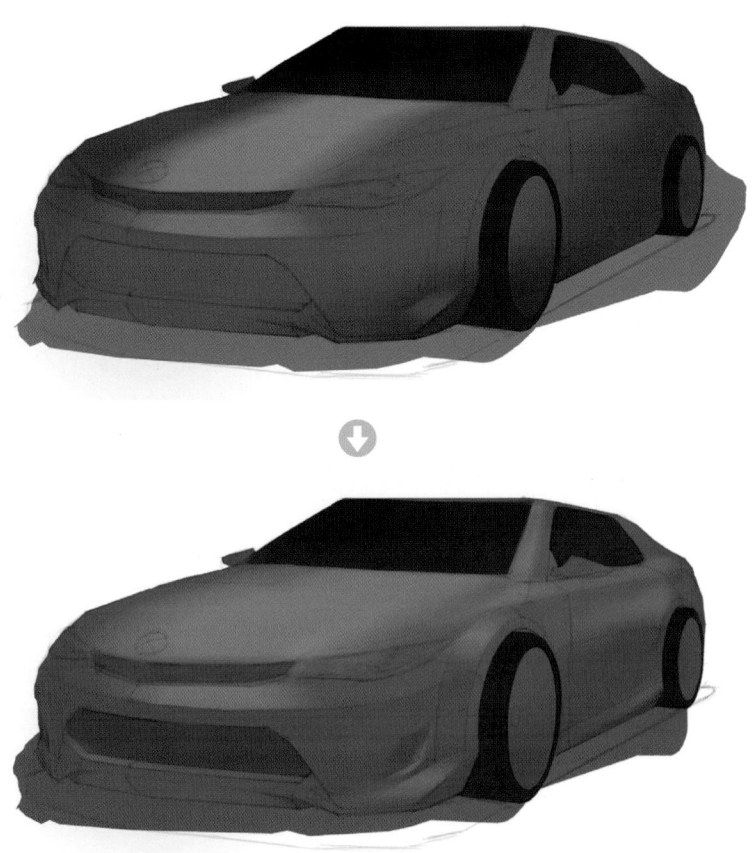

5. 주광의 위치에 따라 밝은 면을 에어브러쉬를 이용해 부드럽게 표현하여 줍니다. 글로스 페인트의 특징상 매우 광택이 좋은 도료이기 때문에 거친 브러쉬보다는 에어브러쉬가 표현하기 훨씬 수월합니다. 지금과 같은 상황에서도 1차 톤의 묘사법은 항상 같습니다. 반사광, 환경광을 제외하고 투영그림자와 표면그림자만을 묘사해주는 것입니다.

필자는 여러분들이 이 과정에서 가능한 자신이 찾을 수 있는 최대한의 확산 반사적인 요소를 찾아서 그려 놓기를 권합니다. 기초적인 난반사는 건물에 비유하면 뼈대와 같은 것입니다. 이 뼈대가 튼튼해야 앞으로 정반사든 묘사든 탄탄하게 올라가며, 형태감 역시 틀어지지 않습니다. 2차 톤 이상의 과정에서 이 면들을 함께 찾아주려 한다면 숙련된 아티스트가 아닌 이상 형태감이 틀어지거나 처음 스케치와는 느낌이 달라질 가능성이 높습니다.

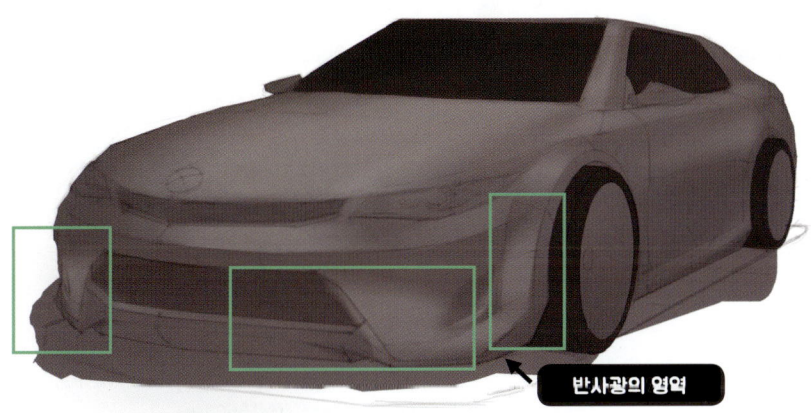

반사광의 영역

6. 1차 톤이 마무리 되었다면 2차 톤의 기반인 반사광을 찾을 차례입니다. 앞의 예시대로 이번 재질의 반사광은 넓고 부드럽습니다. 에어브러쉬를 이용해 크게크게 처리하여 반사광을 처리해줍니다. 이렇게 하면 자연스럽게 반사광이 넓은 재질의 어두운 면을 만들 수 있습니다.

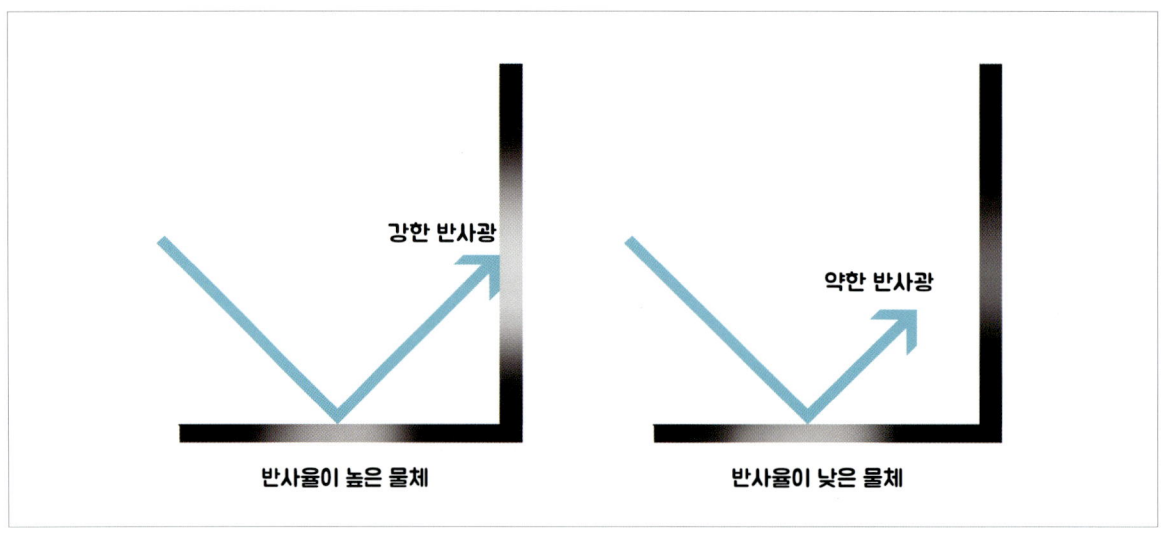

강한 반사광

약한 반사광

반사율이 높은 물체

반사율이 낮은 물체

★ 반사율이 높은 물체는 물체표면의 반사광 역시 강합니다.

7. 사물 자체의 반사광 역시 평소보다 강하다는 것을 인지하고 반사광들을 처리하여 줍니다.

8. 반사광이 강해진 만큼 사물의 재질을 쉽게 알아볼 수 있도록 하이라이트 역시 강하게 올려줍니다.

반사율 상승

시선과 등각인 부분에 프레넬 효과를 적용시키고
반사 하이라이트를 표현합니다.

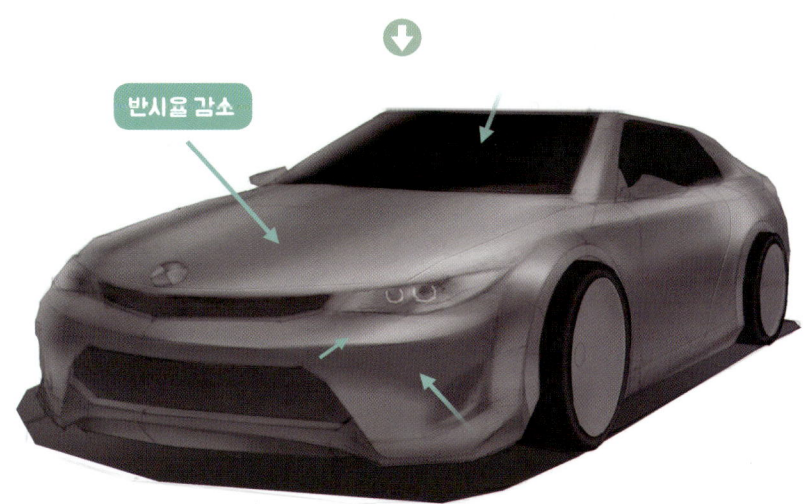

반사율 감소

시선의 입사각과 수직인 부분의
반사율을 감소시킵니다.

9. 글로시페인트의 특징인 프레넬 효과와 반사 하이라이트를 표현하여 줍니다. 프레넬 효과로 밝아지는 부분은 스크린
이나 노멀 레이어로, 어두워지는 부분은 멀티플라이 레이어가 사용하기 좋습니다. 프레넬 효과는 항상 레이어를 따
로 관리하여 반사율에 따라 조절할 수 있게 만들어 두는 것이 좋습니다. 특이하게도 정반사에서 프레넬로 반사도가
떨어지는 부분과 반사 하이라이트가 발생하는 부분은 위치가 거의 같습니다. 두 부분 모두 관찰자와 수직이 되는 부
분에 발생하기 쉽기 때문입니다. 정반사에서 관찰되는 어둠 속의 하이라이트는 이 같은 현상 때문에 생기는 아주 재
미있는 묘사입니다.

10. 커브를 활용하여 재질의 반사도를 맞추고 그림을 정리합니다.

플라스틱

플라스틱은 현대에서 가장 쉽게 찾아볼 수 있는 물질 중 하나입니다. 성형이 용이하다는 장점으로 거의 모든 인공물에 두루 사용되고 있습니다. 합성수지를 고형화한 최종단계의 결과물로 수지를 고형화 했다는 것에서 알 수 있듯이 기본적으로는 정반사의 경향을 뚜렷하게 나타냅니다. 하지만 매끄러운 정반사의 재질은 관리가 힘들고 빛에 너무 민감하게 작용하기 때문에 표면을 거칠게 가공하여 확산반사의 형태로 보이게 만드는 플라스틱이 많습니다. 왼쪽 사진의 의자 역시 표면을 확산반사로 보이게끔 가공한 형태의 플라스틱입니다.

★ 현대에서는 어디서나 쉽게 플라스틱을 볼 수 있습니다. 플라스틱은 표면의 거칠기로 반사도를 조절합니다.

하지만 기본적인 경향은 정반사의 구조를 띄므로 거친 플라스틱이라도 반사 하이라이트를 관찰할 수 있습니다. 열에 취약하고 탄성과 강도가 다른 재질에 비해 약한 편이라 외장재로는 거의 사용되지 않았지만, 최근 개발된 내열 플라스틱이나 우레탄을 첨가한 강화 플라스틱은 외장재로도 충분히 사용이 가능할 만큼 발달되어 자동차 범퍼와 같은 외장재로도 사용 되고 있습니다. 플라스틱과 탄소섬유와 같은 현대에서만 관찰되는 합성재료들은 그림 내의 캐릭터나 환경의 기술 수준을 보여줄 수 있는 좋은 컨셉 요소들로 사용할 수 있습니다.

〈알아보기〉 광택이 적은 플라스틱

이번엔 플라스틱의 묘사과정을 함께 배워보도록 하겠습니다. 플라스틱은 인공적으로 만든 합성수지를 고형화한 최종단계의 결과물로 본래는 높은 반사율을 보입니다. 이렇게 높은 반사율을 가진 플라스틱을 하이그로시 라고 부르며, 주방의 싱크대나 가구나 시트지의 마감재로 많이 활용됩니다. 하지만 우리 주변에선 반사율이 높은 하이그로시 재질보다는 표면을 미세하게 가공하여 인위적으로 난반사를 낸 플라스틱을 주변에서 더욱 많이 관찰할 수 있습니다.

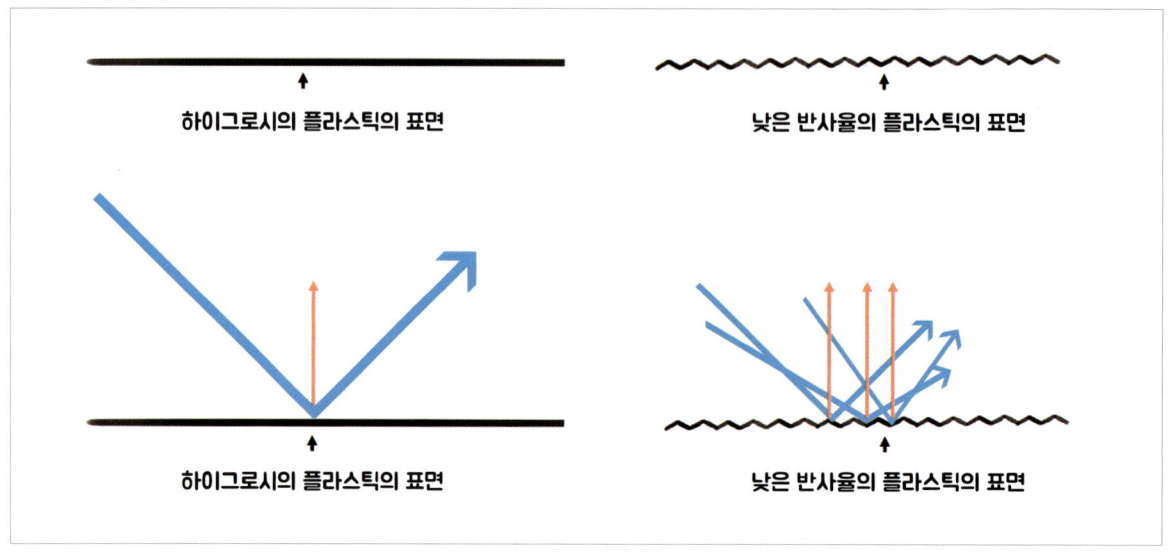

★ 한 방향으로 강한 정반사를 일으킨다.

★ 표면을 거칠게 만듦으로써 빛을 확산시킨다.
(기존의 정반사체와 같이 법선에 따른 입사각과 반사각은 같습니다.)

위 그림은 두 종류의 플라스틱 표면을 확대해서 본 모습입니다. 낮은 반사율의 플라스틱은 표면을 거칠게 만들어 빛을 확산시키는 것입니다. 표면의 거칠다고 해서 정반사 물질이 난반사의 물질로 변화하는 것은 아닙니다. 하지만 거친 정반사 물질이 난반사 물질처럼 보이는 것은 사실입니다. 하이그로시 플라스틱의 묘사는 앞의 카 페인트 묘사와 유사하므로 이번에는 반사율이 적은 플라스틱을 묘사해보도록 하겠습니다.

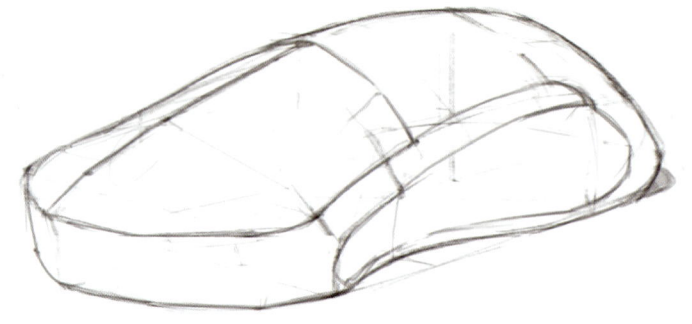

1. 스케치는 주변에서 흔히 볼 수 있는 노트북용 작은 마우스를 준비했습니다.

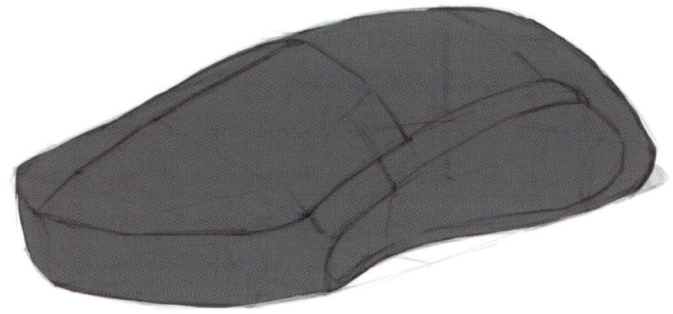

2. 실루엣을 올가미 툴로 선택한 후 새 레이어를 추가하고 50%의 회색을 페인트버킷으로 채운 후 레이어를 위치를 정리합니다.

앞부분과 같다고 설명하고 생략해도 될 이 단계를 계속적으로 언급하는 이유는 프로세스의 중요성 때문입니다. 필자의 글레이징 기법 채색방식의 시작은 항상 같습니다. 글레이징 기법 외의 다른 채색방식의 시작 방식도 각기 다르지만 프로세스는 항상 같습니다. 필자는 강사라는 직업을 가지고 있기에 자주 다른 방식을 연구하지만, 그것은 필자의 직업적 특징일 뿐 만약 현업에서 계속 일을 하고 있었다면 필수적으로 프로세스를 유지했을 것입니다. 프로세스를 가진다는 것은 그림을 보다 체계적으로 접근하여 그릴 수 있게 만들어 줍니다. 여러분도 여러분만의 프로세스를 확립하여 그림을 보다 체계적으로 접근할 수 있다면 일이나 공부를 훨씬 수월하게 진행 할 수 있을 것입니다.

이 책에 안에서 독자 분들께 염두하라고 말하고 싶은 내용은 글레이징 기법에서 결코 '이 프로세스가 정답이다' 라고 전달하는 것이 아닙니다. 이것은 그림을 그리는 수 많은 프로세스들 줒 하나일 뿐입니다. 중요한 것은 독자 여러분들이 자신만의 프로세스를 갖게 되는 것입니다.

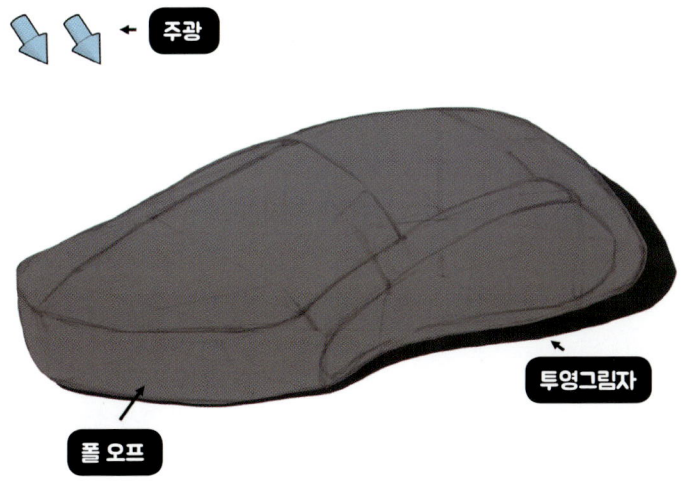

3. 실루엣 레이어를 복제하여 투영그림자를 디스톨트로 만들어 줍니다. 이때 여러 방향을 확인해보고 자신이 생각하는 직사광에 가장 유사한 투영그림자를 만들어줍니다. 그리고 이어서 폴 오프를 만들어 줍니다. 폴 오프를 만들 때는 자신이 생각하는 것 보다 조금 더 진하게 만들고 지우개로 지우거나 레이어 투명도를 조절하여 자신이 원하는 덩어리로 만들어주는 것이 보다 편하고 빠릅니다.

4. 위 그림처럼 폴 오프를 강하게 먼저 그리고 약하게 바꿔주었습니다.

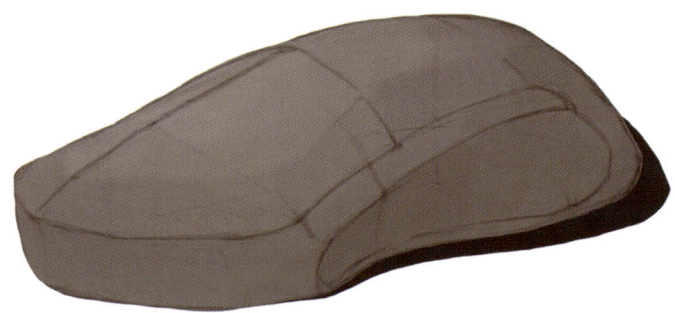

5. 확산반사를 묘사하여 줍니다. 형태가 단순하여도 확산반사를 꾸준하게 찾아주는 것이 중요합니다.

반사 하이라이트

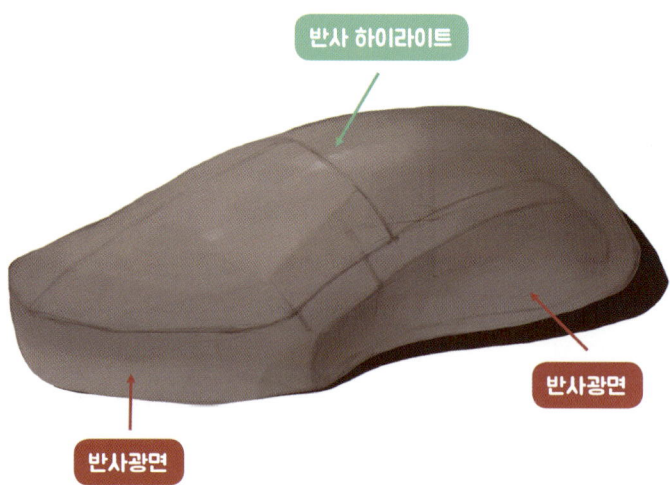

반사광면

반사광면

6. 1차 톤이 마무리 되었다면 2차 톤인 반사광면을 찾아 표현합니다. 반사광의 넓이는 재질을 나타내는 가장 핵심적인 요소입니다. 반사광이 강해짐에 따라 빛에 얼마나 민감한 재질인지 나타나므로 그에 맞추어 밝은 면 역시 조금 더 밝게 표현해줍니다. 방향성이 없는 등방성 하이라이트와 반시 하이라이트는 플라스틱만의 특징입니다. 이를 잘 표현하면 플라스틱을 보다 쉽게 표현할 수 있습니다.

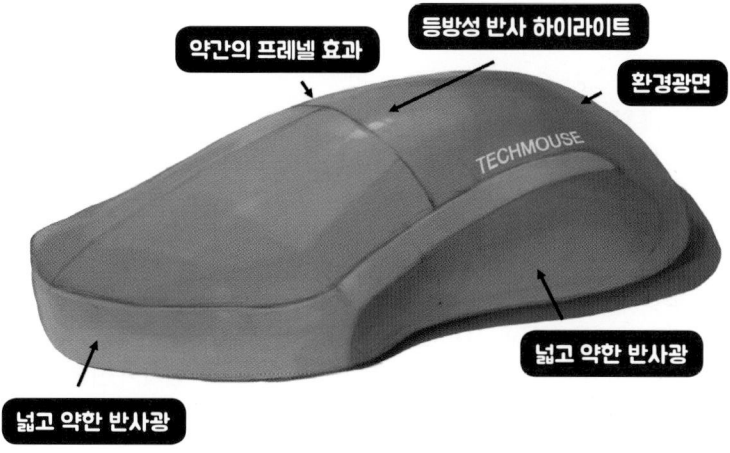

7. 3차 톤인 환경광의 영역을 찾아주고 노멀 레이어를 생성하여 세부묘사를 추가하여 넣습니다. 환경광의 영역은 암부 경계선 뒤쪽으로 사물의 법선이 위로 향하는 마우스의 뒤쪽 면이 될 것입니다. 반사광이 넓은 만큼 아마 환경광에도 어느 정도 반응하는 물질일거라 추측할 수 있습니다. 그 외에도 정반사에서 발견할 수 있는 사물의 끝 부분 쪽에 약간의 프레넬 이펙트를 넣어주었습니다. 이어서 데칼을 장식하고 묘사를 마무리합니다. 앞서 설명한대로 같은 플라스틱이라도 표면이 거친 플라스틱은 정반사보단 오히려 난반사 물체에 더욱 가깝게 표현해주는 것이 좋습니다.

Tip5 **레이어를 합치지 않고 레벨, 커브 등의 이미지 조정기능 사용하기**

포토샵의 조정 창에 있는 레벨, 커브, 컬러밸런스 등의 이미지 조정기능은 포토샵이 우리에게 제공하는 매우 편리한 기능입니다. 하지만 이 기능을 사용하기 위해선 레이어를 합쳐야 하는 불편함이 있는데 이것을 해결하는 간단한 팁을 써보려고 합니다. 앞서 그렸던 예제들에서 중간 중간 레벨 값이 조금씩 바뀌는 것을 보셨을 것입니다.

필자는 그림을 진행하면서 처음부터 그 톤을 명암을 잡지 않고 차이가 적게 그린 후에 레벨을 조정하여 조금씩 차이를 벌려가는 방법을 사용합니다. 톤을 처음부터 잡아주는 것도 좋은 방법이지만, 학생 분들의 경우 처음 톤을 너무 많이 벌려 놓으면 톤을 더 찾으려는 노력보다 묘사를 갑자기 진행하려는 노력을 합니다. 1차 톤 ⇨ 2차 톤의 순서가 되어야하는데, 중간 톤이 보이니 1차 톤 ⇨ 3차 톤으로 넘어가 버리는 것입니다. 이 책의 독자 여러분들 중에서도 간혹 덩어리가 다 잡히지 않은 상태에서 묘사를 시작하여 힘들어 했던 적이 있을지도 모릅니다. 그럴 때는 지금 제시하는 방법이 나쁜 습관을 고치는 하나의 수단이 될 수도 있습니다.

★ 필자는 톤의 단계를 올릴 때 마다 수정 레이어를 사용하여 레벨 수치를 조정합니다.

앞서 예제 중에 정반사 물질의 예제에서는 프레넬 레이어를 항상 따로 관리해야한다고 언급하였습니다. 그런데 포토샵 상단툴 바의 조정의 레벨기능 등을 사용하려면 레이어를 합쳐야 사용이 가능합니다.

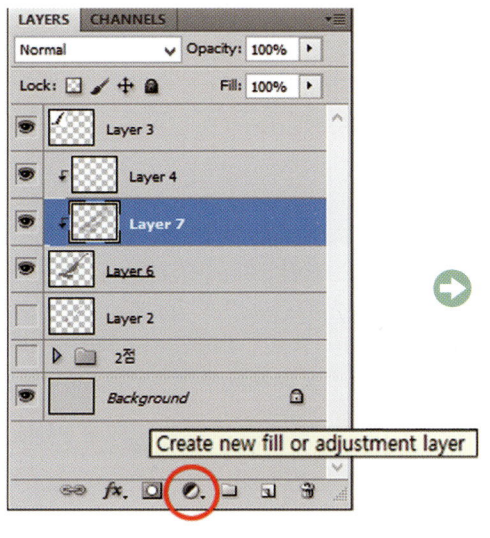 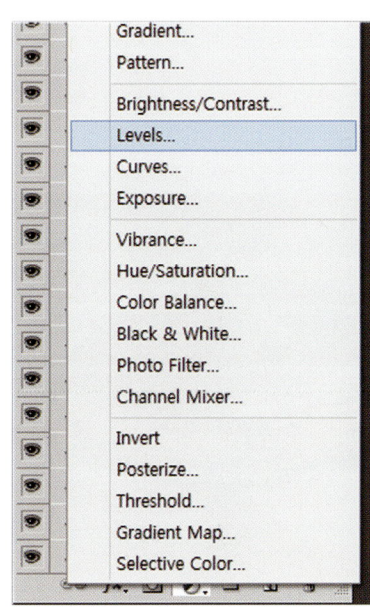

위 그림에서 레이어 창의 아래의 빨간색 동그라미 친 아이콘을 누르면 오른쪽과 같은 창이 뜹니다. 이 항목에서 거의 대부분의 수정 레이어들을 사용할 수 있습니다. 사용은 일반 레이어와 같습니다.

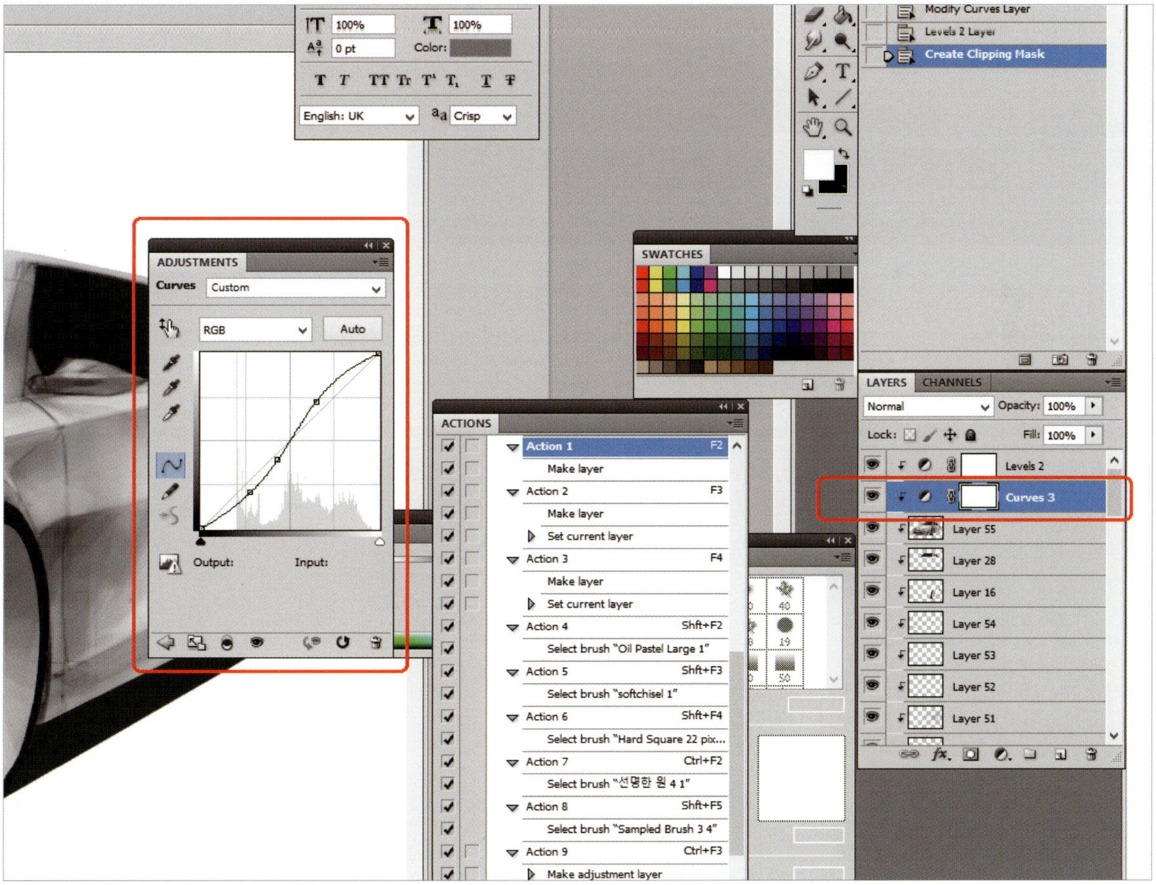

또한 상단툴 바에서 사용하는 조정기능과 달리 생성 후 언제든지 클릭해서 파라미터를 재편집 할 수도 있어 사용이 무척 편리합니다.

전성과 연성을 모두 가지고 있는 물질을 메탈(=금속)이라고 부릅니다. 메탈은 반사율이 높아 광택이 뛰어나고 강도에 비해 성형이 쉬워 주변에 널리 사용되는 물질입니다. 메탈의 색상의 경우 주재료의 성분에 따라 난색부터 한색까지 다양한 색상을 기본색으로 삼을 수 있습니다.

메탈은 프레넬 효과와 반사 하이라이트를 포함한 기본적인 정반사의 형태를 모두 가집니다. 하지만 플라스틱과 같은 인공재료와는 다르게 성형을 해도 약간은 거친 표면과, 단일 성분이 아닌 반사율이 다른 여러 가지 재료가 많이 섞인 구조, 균일하지 않은 표면 등으로 인해 하이라이트 부분에서 인공재료와는 다른 조금 특이한 반사의 형태를 보이는데 이것은 메탈을 다른 요소들과 시각적으로 다르게 인식시켜주는 중요한 요소로 작용합니다. 또한 비등방성 하이라이트 역시 메탈의 가장 큰 특징 중 하나입니다.

〈알아보기〉

이번엔 그림에서 많이 쓰이는 메탈을 묘사해보도록 하겠습니다. 메탈은 앞서 보여드렸던 정반사 물질인 카 페인트, 플라스틱과 유사하지만 조금 다른 점이 있습니다. 이 점에 초점을 두고 묘사를 한다면 메탈을 쉽게 묘사할 수 있습니다.

1. 먼저 스케치를 준비합니다.

   '글레이징 채색방식에서 스케치는 필수적이지 않다' 혹은 '조금 러프해도 된다' 라는 것이 어느 정도 통용되고 있으나 건물의 기초공사는 튼튼할수록 좋고, 스케치는 꼼꼼할수록 좋습니다. 한 번에 두 가지를 생각하면 프로든 아마추어든 간에 누구나 틀리기 쉽고 어렵긴 마찬가지 입니다. 큰 요철과 정확한 형태는 언제나 미리미리 정하고 진행하는 편이 수월합니다.

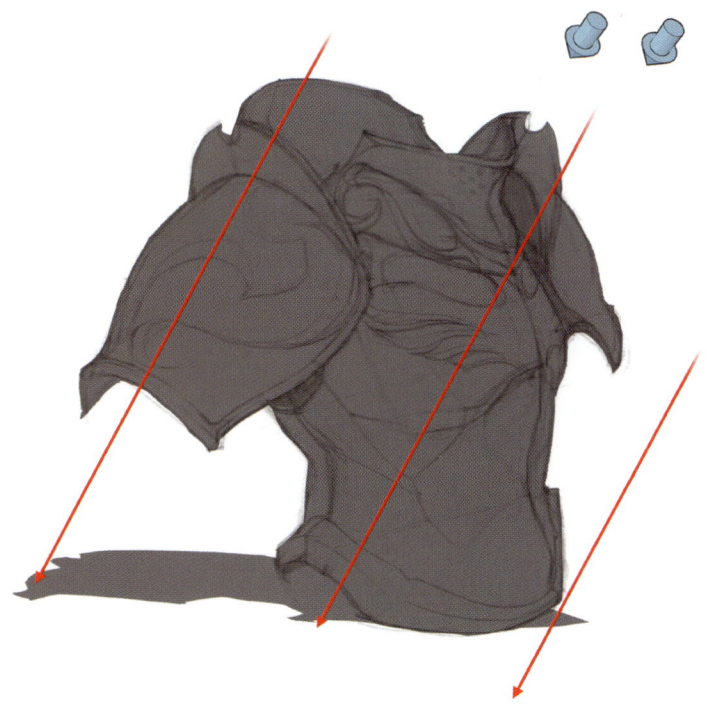

2. 앞의 예제와 마찬가지로 실루엣을 만들고, 주광의 방향을 생각하여 복제된 실루엣을 디스톨트하여 투영그림자를 만듭니다. 이때 선 레이어의 투명도를 50%정도로 설정하여 명암의 묘사를 쉽게 만들어 줍니다.

5. 구체적인 재질과 묘사 방법   185

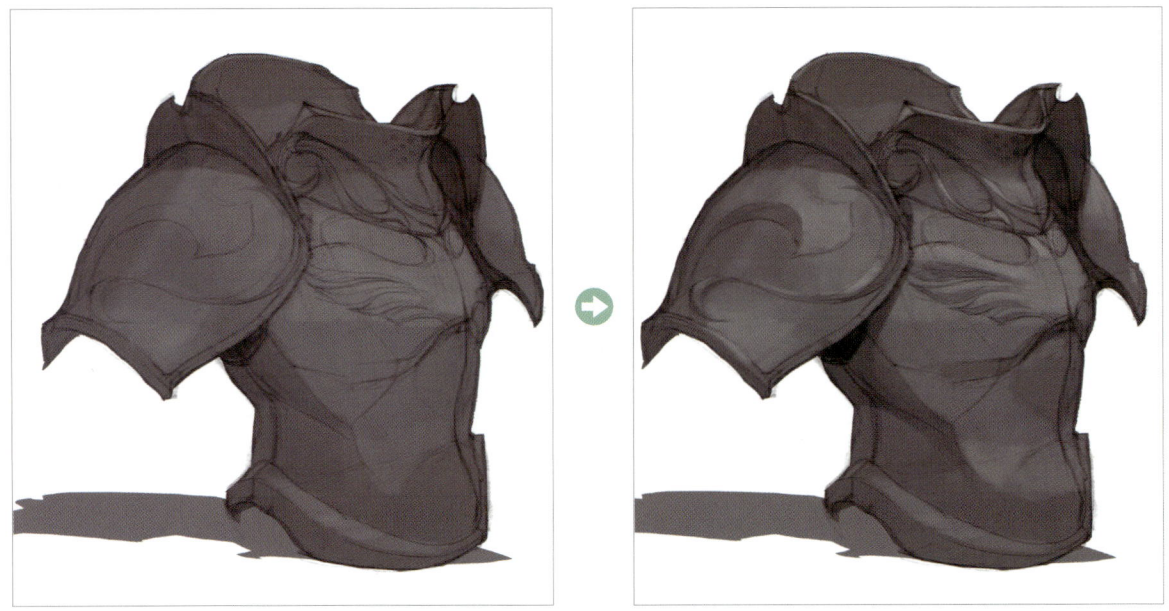

3. 앞서 학습한대로 확산반사를 묘사해줍니다. 이때에 자체그림자 외에도 사물에 생기는 투영그림자도 함께 묘사해줍니다.

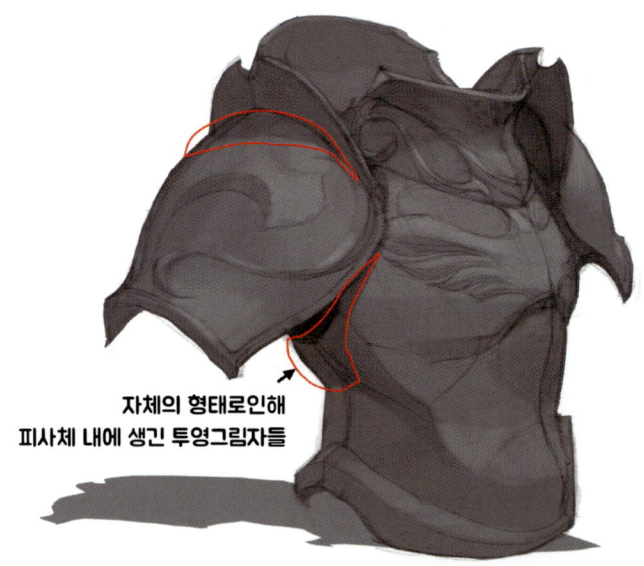

자체의 형태로인해
피사체 내에 생긴 투영그림자들

4. 위 그림의 붉은 구간은 피사체의 형태로 인해 생긴 투영그림자를 표시한 것입니다. 이 그림 안에서 투영그림자는 그림에 표시한 두 개만 존재하는 것이 아니라 찾으려고 한다면 얼마든지 더 찾아낼 수 있습니다. 투영그림자를 찾는 가장 간단한 이론은 어두운 면을 가진 물체라면 모두 투영그림자를 만든다는 사실을 항상 기억하는 것입니다.

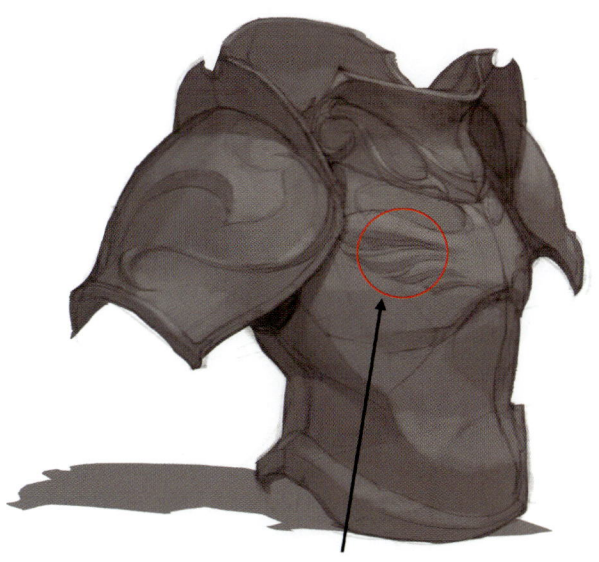

이런 작은 문양 사이사이에도 투영그림자는 반드시 생깁니다.

5. 위 그림에 표시한 부분과 같이 작은 자체그림자를 가진 곳에도 투영그림자는 반드시 생깁니다. 하지만 필자는 너무 작은 투영그림자는 오클루전으로 처리하는 편이므로 1차 톤에서는 상대적으로 큰 투영그림자만 찾아 주도록 하겠습니다.

이제 2차 톤의 시작인 반사광을 넣을 차례입니다. 메탈은 앞서 설명한 것과 같이 정반사 재질, 즉 빛에 민감한 물질입니다. 반사광을 보통의 난반사 물체보다 넓고 강하게 넣어줌으로써 반사율의 정도를 먼저 맞춥니다.

6. 반사광을 넣어 재질을 어느 정도 드러나게 하고 명암을 더욱 사실적으로 만들어 주었습니다.

7. 반사광의 정도에 맞추어 밝은 면과 하이라이트의 영역을 조금 더 강하게 올려줍니다. 그리고 1차 톤에서 다 처리하지 않았던 투영그림자는 오클루전으로 처리하여 주었습니다.

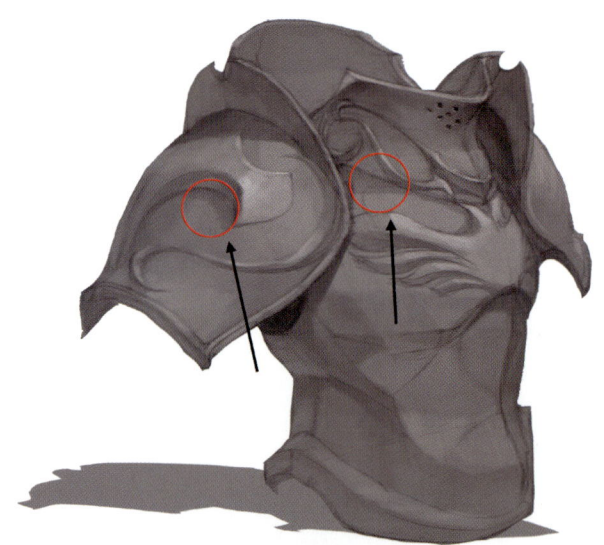

투영그림자를 오클루전으로 처리한 부분

8. 피사체의 자체에 생기는 투영그림자를 오클루전(사물이 안으로 꺾일 때 생기는 그림자)로 처리하는 것은 일종의 꼼수입니다. 2차 톤에서 여러 가지를 한 번에 정리하기가 어려우신 분들은 1차 톤에서 처리하고 넘어오는 것이 바람직합니다. 필자는 크기가 큰 투영그림자는 1차 톤에서 처리하고 크기가 작은 투영그림자들을 오클루전으로 처리하는 꼼수를 종종 사용합니다.

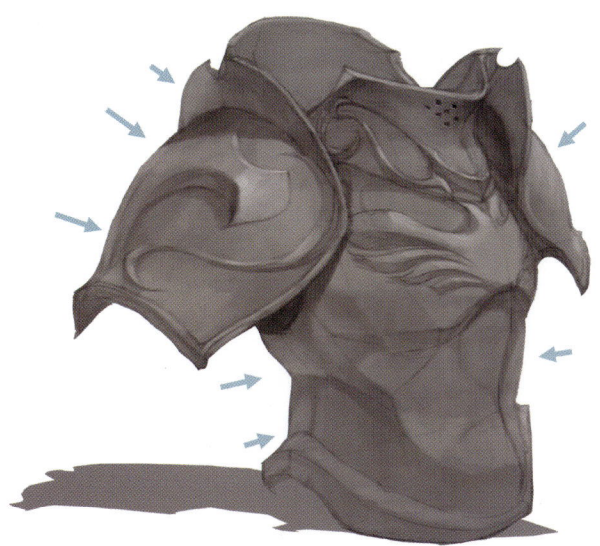

9. 위 그림과 같이 정반사의 특징인 프레넬 효과를 묘사합니다. 우선은 시선의 입사각이 커져 반사율이 높아지는 곳 부터 표현하겠습니다. 메탈의 프레넬 효과는 페인트나 플라스틱보다는 적게 나타납니다. 그 이유는 인공수지보다는 면이 거칠어 거친 면의 플라스틱처럼 확산반사의 요소가 조금 더 많기 때문입니다. 프레넬 효과 레이어는 항상 따로 관리하여 후 보정을 편하게 해주어야 합니다.

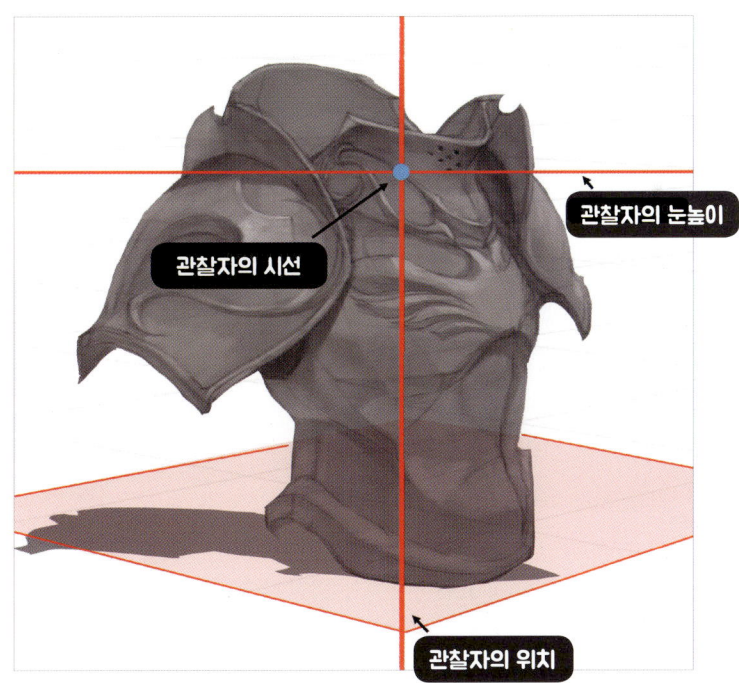

10. 프레넬 효과는 관찰자의 위치를 중심으로 관찰자 시선의 입사각이 수직에 가까울수록 반사율이 낮아지고, 수평에 가까운 등각일수록 반사율이 높아집니다. 이때 관찰자의 위치는 2점 소실의 FOV(Field of view)가 90도를 이루는 곳과 피사체가 가장 가까운 곳입니다. 간단하게 관찰자의 위치를 찾는 법은 피사체를 박스로 만들어 그 박스의 모서리가 가장 튀어나온 곳이라고 생각하면 편합니다. 이것을 조금 더 자세히 관찰해보도록 하겠습니다.

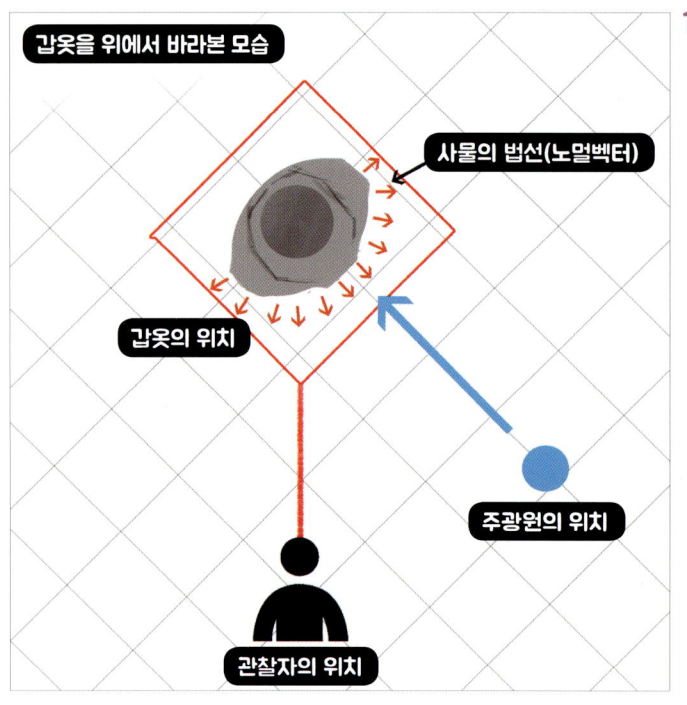

11. 사물을 위에서 바라보면 조금 더 쉽게 관찰자의 위치와 프레넬 효과에 대해 이해할 수 있습니다. 일단 관찰자는 피사체의 가장 튀어나온 곳과 수직선상에 위치하게 됩니다. 그리고 사물의 법선(노멀벡터, 사물의 면이 향하는 방향)과 관찰자의 위치가 일치할 때, 즉 사물과 관찰자의 시선이 수직이 될 때 정반사 사물의 반사율이 가장 낮아지게 되고, 사물의 법선과 관찰자의 시선의 입사각이 점점 커지면 반사율이 높아져서 결국 밝아지게 됩니다.

반사 하이라이트는 관찰자의 위치와 사물의 법선이 일치하는 곳에서 발생하며, 패시브 하이라이트는 주광원의 위치와 사물의 법선이 일치하는 곳에 발생합니다. 하이라이트들의 위치가 같은 경우도 발생하나, 같지 않은 경우에는 기본적으로 두 개의 하이라이트를 표현해 주어야합니다.

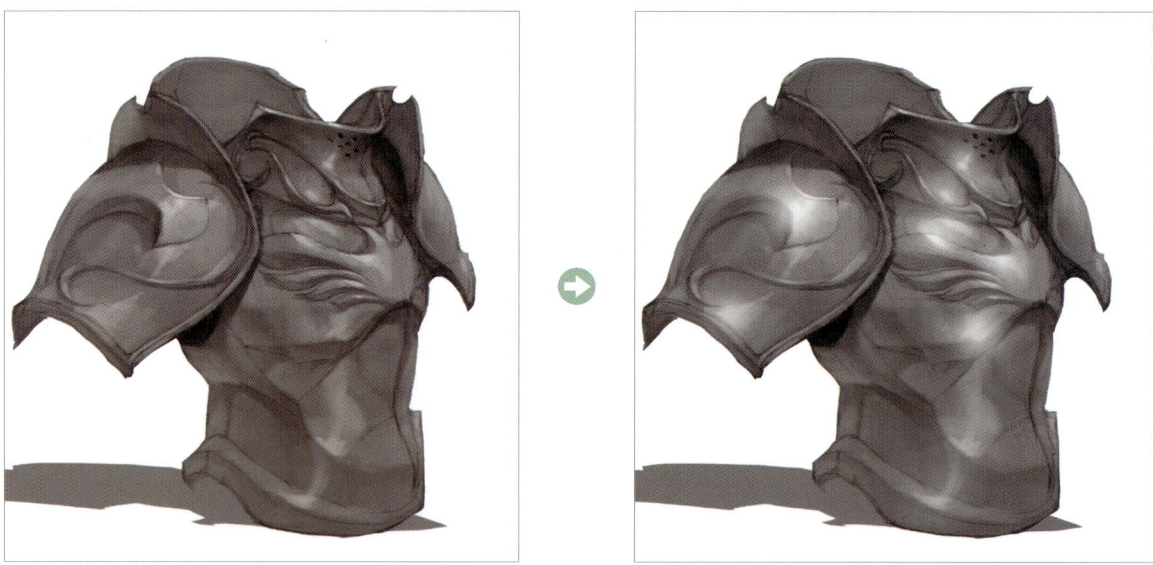

12. 순서상으로는 패시브 하이라이트를 먼저 표현하여 주는 것이 좋으나 설명을 이어나가기 위해 반사 하이라이트를 먼저 표현하도록 하겠습니다.

위 그림과 같이 관찰자의 위치와 사물의 법선이 만나는 곳에 반사 하이라이트를 표현한 후 스크린 레이어를 추가하여 부드러운 브러쉬를 이용해 빛이 퍼지는 효과를 하이라이트 구역에 그려 넣습니다. 이 글린트는 메탈 만이 가지고 있는 다른 물체와는 다른 조금 특이한 현상입니다.

13. 이 현상을 이해하기 위해 메탈의 표면을 확대하여 살펴보도록 하겠습니다.

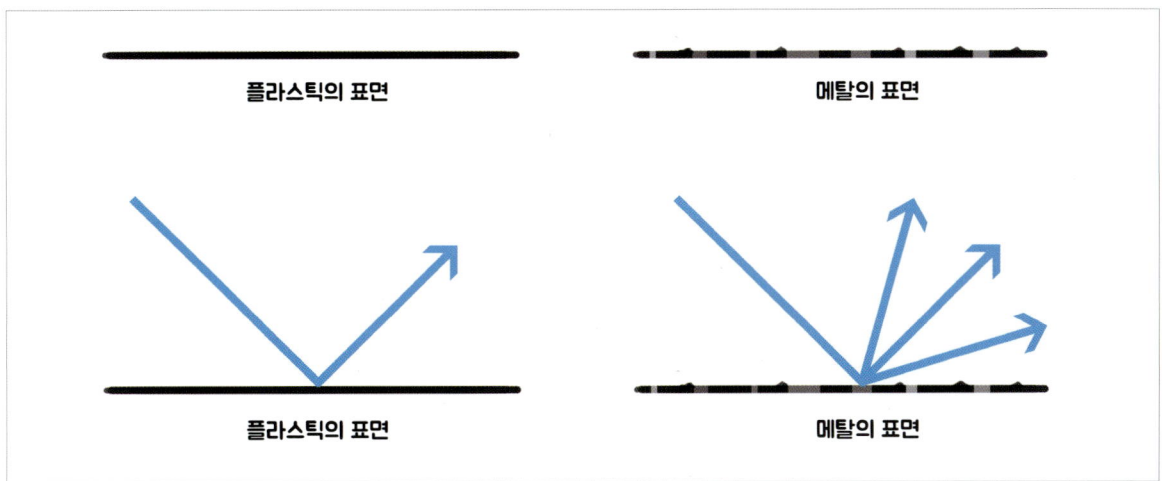

14. 위 그림은 하이그로시 타입의 플라스틱과 메탈의 표면을 옆에서 확대한 모습을 그려본 것입니다. 보편적인 정반사 물질인 하이그로시 플라스틱과 달리 메탈은 가공 후에도 표면이 매끄럽지 못한 경우가 많으며, 메탈의 구조 역시 다양한 반사도의 메탈 화합물들이 섞여있는 형태가 많습니다.

쉽게 풀어 생각하면 금속 파편들 속에 거울의 작은 파편들이 섞여 있다면 어떻게 보이게 될까요? 반사도가 다른 메탈 플레이크들은 메탈의 표면에 빛이 퍼지는 효과를 가져 옵니다.

15. 반사 하이라이트 표현 때 표현하지 않았던 패시브 하이라이트를 묘사합니다. 환경광과 묘사할 부분들을 조금씩 더 찾아 주고 그림을 마무리합니다.

8 메탈릭 페인트

★ 일반 페인트와 달리 자세히 관찰하면 금속 플레이크가 섞여있는 것을 볼 수 있습니다.

메탈릭 페인트는 페인트와 같은 일반적인 도료에 금속 조각 미세하게 갈아 넣은 도료를 말합니다. 메탈릭 도료는 위 사진과 같이 흔히 자동차의 도료에서 주로 찾아 볼 수 있습니다. 자동차의 외부는 플라스틱과 알루미늄, 탄소섬유 등 다양한 소재가 섞여있습니다. 하지만 우리는 주로 자동차를 금속으로 생각하기 쉬운데 이는 시각적으로는 항상 마감 도료가 그 재료로 보이게 만들기 때문입니다. 하지만 자동차의 범퍼를 손으로 만져 본다면 이것이 메탈이 아닌 플라스틱임을 쉽게 알아 챌 수 있습니다. 그러나 이는 현실에서만 해당되는 내용입니다. 그림에는 촉감의 감각이 존재하지 않기 때문에 시각적으로 판단하는 것이 중요합니다.

금속 플레이크가 섞여있는 메탈릭 도료는 일반 페인트에 비해 시각적으로 금속에 가까운 느낌과 특성을 가지고 있습니다. 이는 대부분 플라스틱이 주재료이지만, 금속의 느낌을 내려고 하는 가전제품이나 핸드폰 등의 전자기기, 반짝이는 고급스러움을 강조하는 실내장식의 공예품 등에서 쉽게 관찰 할 수 있습니다.

메탈릭 도료는 도료 사이사이 금속박편이 군데군데 섞여있는 구조입니다. 이 금속 박편들의 형태는 불규칙적이어서 모든 방향으로 반사를 하는데, 이로 인해 보통의 페인트의 정반사보다 넓은 하이라이트의 영역을 보이게 됩니다. 이는 메탈릭 도료의 특성이자 표면이 일정하지 못한 메탈의 특성이기도 합니다. 사진 ❶의 헤드셋의 마감재는 금속처럼 보입니다. 시각적으로 메탈릭 페인트와 가공된 메탈을 구분하기란 쉽지 않습니다. 사진 ❷의 자동차 콘솔부 역시 메탈릭 페인트로 마감 되었습니다. 메탈릭 페인트의 특징인 넓은 하이라이트를 관찰할 수 있습니다.

경도에 따른 금속 표현

금속의 종류에는 금, 은, 청동, 알루미늄, 스텐, 텅스텐, 티타늄 등의 다양한 금속이 존재합니다. 이는 단일 성분의 금속일수도 있고 합금일 수도 있습니다. 이런 다양한 금속을 표현하는데 있어 가장 중요한 것은 금속의 경도입니다.

경도란 물체 표면의 무르기를 나타내는 단어이고 강도란 물체의 강성을 지칭하는 단어입니다. 예를 들어 설명하면 유리는 손톱으로 긁어도 쉽게 기스가 나지 않아 경도는 강하지만 쉽게 깨어지므로 강도는 약한 편이라 할 수 있습니다. 반대로 순금은 유리처럼 쉽게 깨어지지 않으니 강도는 강하지만 사람의 이로 깨물면 자국이 남을 만큼 경도는 약한 편이라 할 수 있습니다.

금속은 경도에 따라 반사율이 변하는데, 이는 표면의 거칠기가 반사율에 큰 영향을 주기 때문입니다. 모든 재질은 막 만들어지지 않은 이상 어느 정도의 풍화작용을 받게 됩니다. 그리고 이것은 앞서 설명했듯이 그 피사체의 역사성을 보여줍니다.

갓 용광로에서 나온 금과 철은 같은 금속으로서의 비슷한 반사율을 가질 테지만 세월에 따라 경도가 약한 금은 철에 비해 반사율이 급격하게 떨어지게 됩니다. 약한 경도가 표면의 풍화작용을 오래 버텨내지 못하기 때문입니다.

금은 철에 비해 경도가 약한 금속입니다. 일반적으로 금과 철을 함께 표현한다면 철의 반사율을 조금 더 높게 표현하는 것이 맞습니다. 하지만 금은 귀중품이므로 잘 관리하여 철과 같거나 혹은 철보다 높은 반사율을 보일 수 있습니다. 이것은 그 그림내의 컨셉에 관련되는 문제이므로 컨셉 적으로 접근해서 풀어야 하는 부분이 됩니다.

★ 금속의 반사율은 재료보다 컨셉에 영향을 받는 경우가 많습니다.

10 유리(투명성이 있는 재질)

유리는 표현하기 까다로운 재질 중 하나이지만 앞서 배운 정반사와 프레넬 효과를 활용한다면 생각보다 간단하게 표현할 수 있습니다. 그리고 이 방식은 유리뿐 아니라 약간의 투명성을 가지고 있는 모든 매질에 적용할 수 있습니다.

사물의 법선과 관찰자의 시선이 같은 곳, 즉 관찰자 시선의 입사각이 90도인 곳은 투명하여 유리의 내부가 보이게 됩니다. 이 입사각이 점점 얕아질수록 프레넬 효과가 발생하여 반사율이 높아지게 되는데, 반사율의 상승에 따라 유리 속으로 들어가는 굴절이 줄어 사물의 내부가 점점 보이지 않게 됩니다. 사물의 법선과 관찰자의 시선이 90도가 되는 위치는 가장 강한 반사율을 보이게 되어 마치 일반적인 정반사의 물체처럼 보이게 됩니다.

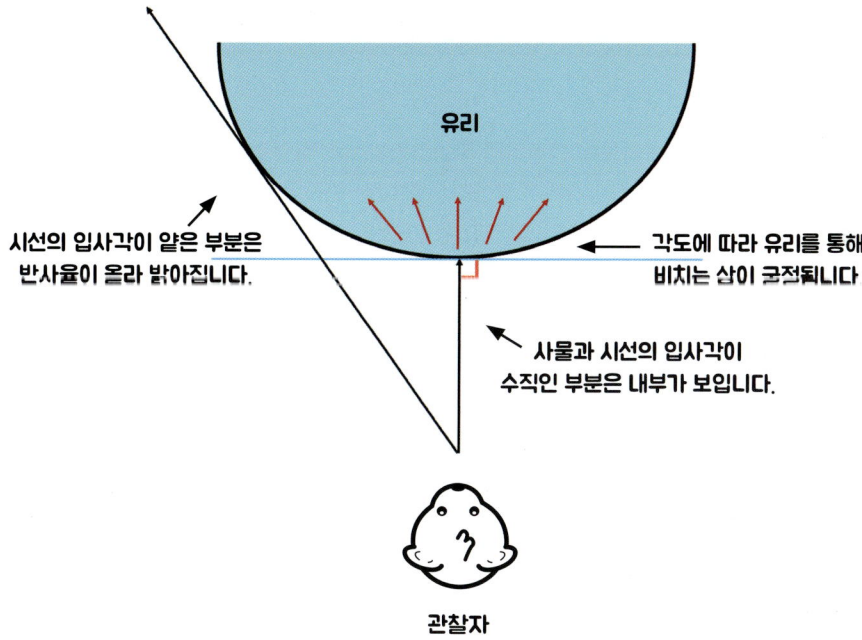

포토샵에서는 세 가지의 레이어를 사용하여 유리를 쉽게 묘사할 수 있습니다. 첫째, 내부의 비침을 멀티플라이 레이어로 설명하고 둘째, 유리의 색조는 컬러 레이어로 처리합니다. 셋째, 스크린 레이어를 활용해 프레넬 효과를 그려내는 레이어를 사용하는 것입니다.

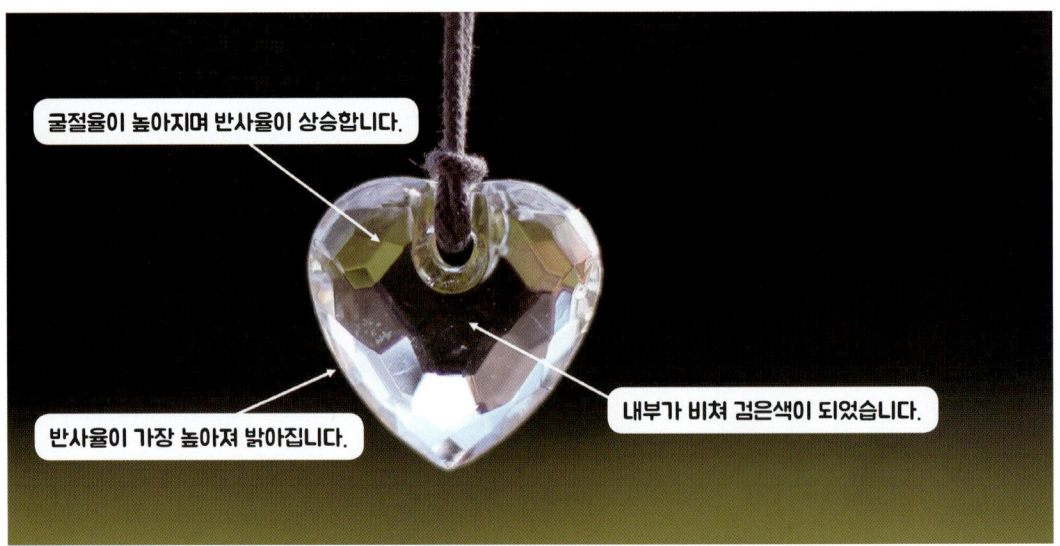

★ 이 보석이 색을 띈다 하더라도 투명한 매질의 묘사방법은 유사합니다.

투명한 매질의 또 다른 특징 중 하나는 사물이 만들어낸 투영그림자에서 발견할 수 있는 커스틱스 반사입니다. 커스틱스 반사란 곡률이 있는 투명한 매질의 투영그림자에서 발생하는 특이한 현상을 일컫습니다. 모든 투명한 매질은 굴절이 발생하며, 매질에 곡률이 있을 경우 동시에 커스틱스 반사가 동반됩니다.

★ 투명한 매질의 투영그림자 내부가 밝아지는 현상을 커스틱스 반사라고 부릅니다.

위 사진에서 유리병이 만들어낸 투영그림자의 안쪽이 밝아지는 현상을 커스틱스 반사라고 부릅니다. 이 현상을 위에서 바라보면 다음 사진과 같은 모양이 됩니다.

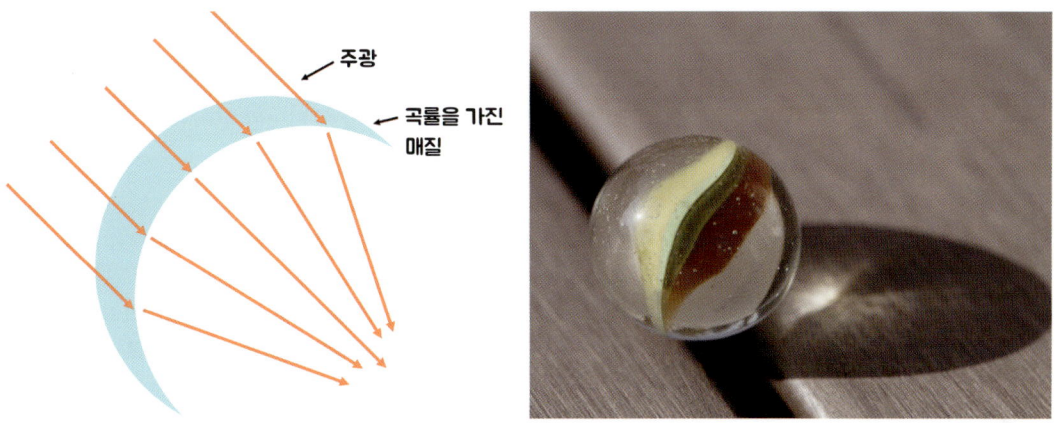

햇볕을 받고 있는 돋보기를 생각한다면 아마 이 현상을 쉽게 이해 할 수 있을 것입니다. 그 외에도 우리가 흔히 관찰할 수 있는 커스틱스 반사는 수면 아래에서 쉽게 볼 수 있습니다.

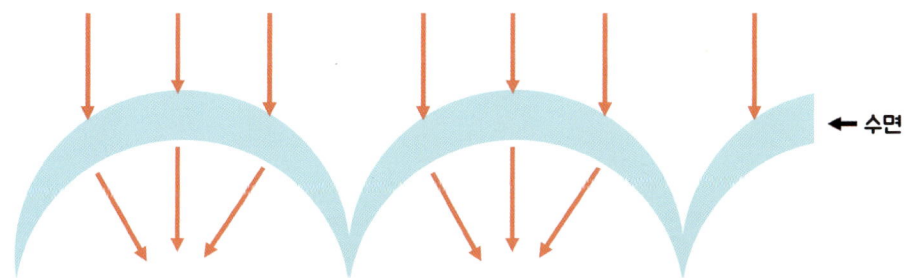

★ 물속의 일렁임은 수면의 곡률로 인한 커스틱스 반사의 대표적인 예입니다.

⟨알아보기⟩ 유리컵

유리는 매우 어려운 물질이지만 어떻게 표현되는지 이해한다면 생각보다 간단하게 그려낼 수 있습니다. 어느 정도의 반투명성을 가진 다른 물질들 역시 유리와 표현법은 같습니다. 그러므로 유리 하나의 묘사법을 알아두면 대부분의 투명, 반투명 재질을 틀리지 않고 대부분 묘사해낼 수 있습니다.

1. 먼저 스케치를 준비합니다. 예제는 굉장히 간단한 실린더 모양의 유리잔을 준비했지만 여러분들은 조금 더 복잡한 스케치를 사용해서 유리를 더욱 더 풍부하게 만들어도 좋습니다. 유리는 안이 비치는 재질이기 때문에 단순한 형태에선 막상 묘사를 하면 심심한 경우가 많습니다. 그래서 자동차의 헤드라이트처럼 유리 안의 내용물이나 예쁜 와인 디켄더와 같은 복잡한 실루엣은 유리가 가진 재질을 더욱 풍성하게 만들어 낼 수 있습니다.

2. 투명한 물질 역시 처음에는 난반사 형태로 접근합니다. 새로운 노멀 레이어를 생성하여 밑색을 50%의 회색으로 채우고선 레이어 아래로 정리해둡니다.

3. 주광의 위치를 정하고 투영그림자를 건설합니다. 예제의 특성상 투명매질 특유의 커스틱스 반사를 보여주기 위해 주광을 피사체의 뒤쪽에 위치시켜 투영그림자 부분이 잘 보이게 하였습니다.

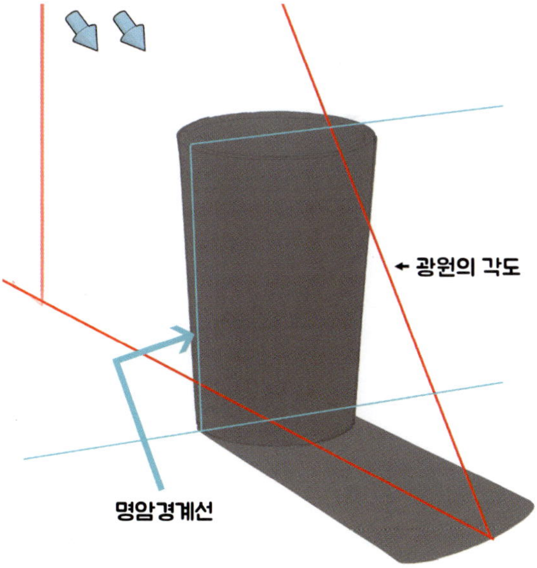

← 광원의 각도

명암경계선

4. 직사광에 따른 폴 오프와 1차 톤을 잡아주었습니다. 위와 같이 간단한 도형이라도 1차 톤에서는 1차 톤에서 해야 하는 것만 하는 것이 중요합니다. 주광을 직접 받지 않는 명암경계선 이후로는 2차 톤이 묘사될 때까지 반사광을 넣지 않고 같은 어두운 면을 유지시킵니다. 반사광을 항상 넣어야 한다는 생각으로 그림을 그리는 것 보다 이것을 나누어 생각하는 것이 진행하기 훨씬 수월합니다.

1차 톤 **2차 톤**

5. 쉽게 생각하면 위 그림과 같이 1차 톤에선 반사광 없이 그림을 그려 형태를 모두 찾고, 2차 톤에서 모든 반사광을 처리한다는 것입니다. 이것은 단순한 문제이나 우리나라 미술 교과의 특성상 반사광의 정확한 의미를 모르고 외워서 그리는 학생들이 많습니다. 그러다보니 반사광이 없으면 형태에 불안함을 느껴 1차 톤에서 반사광을 묘사하는 학생들을 자주 보곤합니다. 1차 톤에서 반사광을 함께 묘사하는 이 방식은 위 그림과 같은 구, 혹은 지금 그리고 있는 유리컵 같은 단순한 모형에선 그리 어렵지 않습니다. 하지만 어려운 형태의 모형에선 반사광과 함께 확산반사의 형태를 묘사하는 것은 어려운 일입니다. 그리고 우리는 앞으로 위의 구와 같은 형태보다 복잡한 형태를 묘사할 일이 더욱 많을 것입니다.

코어쉐도우 →   ← 반사광면

6. 2차 톤의 시작인 반사광을 표현해줍니다. 여기서 잊지 말아야 할 것은 가장 어두운 면은 빛을 받지 않는 피사체의 뒷면이 아니라 직사광과 반사광, 환경광 모두 받지 못하는 명암 경계선부터 반사광까지의 영역이라는 것입니다. 우리는 이 가장 어두운 면을 핵심그림자(코어쉐도우) 라고 부릅니다.

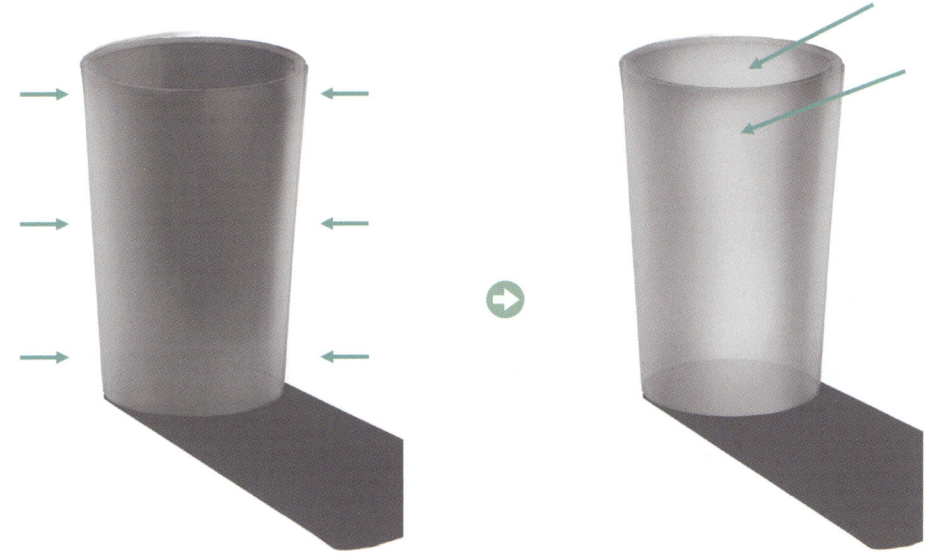

시선 입사각이 얕은 곳은 반사율을 높여줍니다.　　　**시선 입사각이 가까운 부분은 투명하게 만들어 줍니다.**

7. 먼저 시선 입사각이 얕은 쪽의 프레넬 효과를 표현해 주변을 밝혀줍니다. 프레넬 효과로 인해 실린더가 어느 정도의 플라스틱 컵 재질로 변하는 것을 확인할 수 있습니다. 그 후에 프레넬 효과의 관찰자의 시선과 수직인 부분을 표현합니다.

일반적인 정반사의 프레넬 효과를 묘사힐 때 사물의 법선과 관찰자의 시선이 일치하는 곳(=관찰자의 시선이 물체에 수직이 되는 곳)을 반사율이 떨어져 조금 어둡게 표현하였을 것입니다. 하지만 투명한 물체는 이위치가 가장 투명한 위치가 됩니다. 우리가 바닷가에서 발을 바닷물에 담그고 바다를 바로 내려다보면 발도 보이고 모래도 보이는 것을 확인할 수 있지만, 바다의 먼 곳을 바라보면 하늘이 반사되어 보이는 것과 같은 원리입니다. '투명 물체에서는 사물의 법선과 관찰자의 시선이 일치하는 곳이 가장 투명하다' 라고 외워두시면 편리합니다. 이 그림의 배경은 흰색이기 때문에 투명한 곳이 흰색으로 바뀌었습니다.

반사 하이라이트

8. 유리에도 반사 하이라이트는 생성됩니다. 이것은 안경의 렌즈에 하얗게 하이라이트가 맺히는 것을 생각한다면 쉽게 이해할 수 있습니다. 반사 하이라이트를 표현하고 그에 맞추어 프레넬 효과의 양을 조절합니다. 항상 프레넬 효과 레이어는 분리되어 있어야 작업하기 용이합니다.

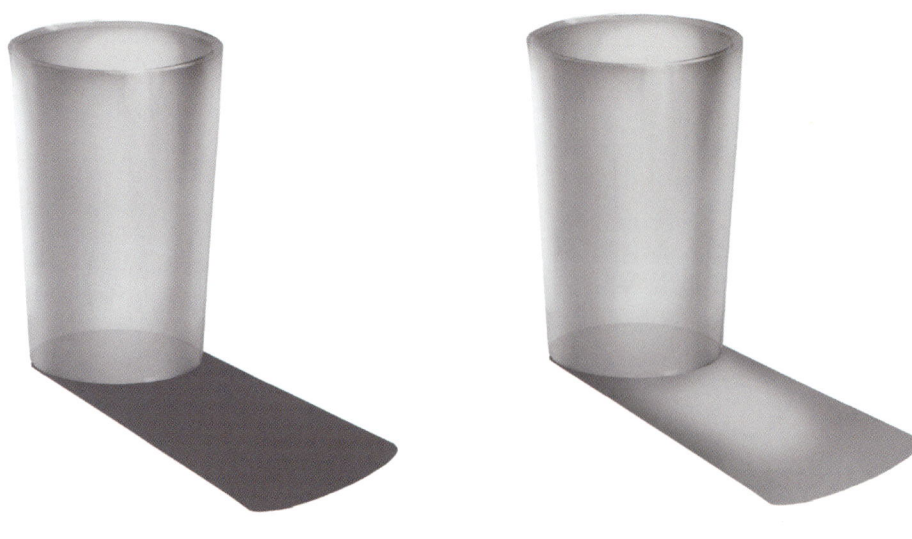

커스틱스 반사 없음　　　　　　　**커스틱스 반사 있음**

9. 위 그림과 같이 투영그림자에 커스틱스 반사를 넣어줍니다. 투영그림자는 사물의 곧 4면과 같습니다. 커스틱스 반사
만으로 사물의 재질이 확연히 달라보이게 됩니다.

10. 세부묘사를 정리하고 그림을 마무리합니다.

11

서브서페이스 스케터링(=표면 아래 산란)

빛이 사물의 표면을 뚫고 들어와 표면 안에서 산란하며 물체의 내부가 밝아지는 현상을 서브서페이스 스케터링이라고 부릅니다. 일반적으로 피부나 식물의 잎사귀, 플라스틱과 젤리와 같은 연질의 고체형 수지 등의 사물의 표면에 반투명 층이 존재하는 물체에서 관찰 할 수 있습니다. 서브서페이스 스케터링의 기본적인 원리는 아래의 그림과 같습니다.

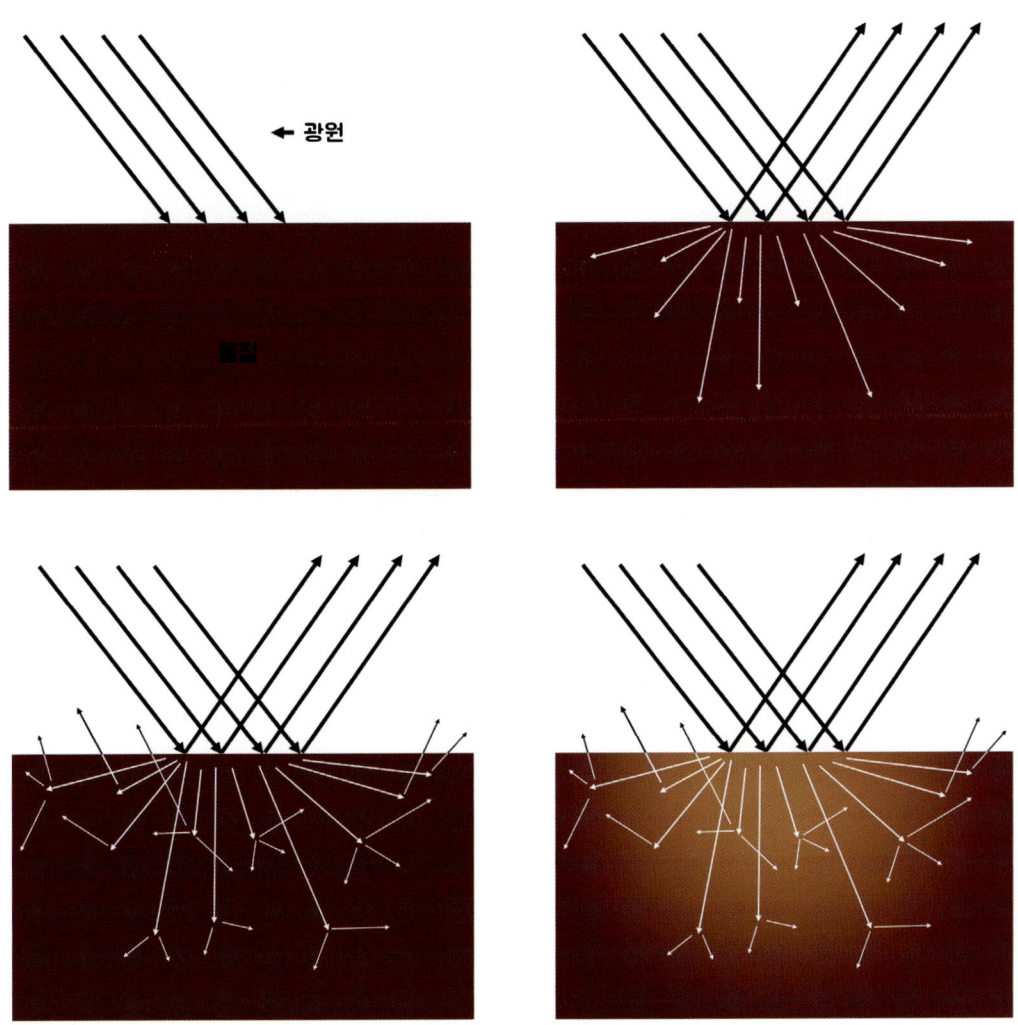

★ 서브 서페이스 스케터링은 물체 내부에 빛이 갇혀 생기는 현상입니다.

서브서페이스 스케터링은 그림에서 묘사하기 가장 까다로운 재질 중 하나입니다. 이것을 묘사하기 까다로운 이유는 사물의 밀도에 따라 내부 산란의 방향과 세기가 달라지는데 이를 예측하는 것이 몹시 어렵기 때문입니다.

★ 젤리의 내부가 서브서페이스 스케터링의 영향으로 밝아지고 있습니다.

★ 아기의 피부는 성인피부보다 훨씬 얇아 서브서페이스 스케터링이 훨씬 잘 일어납니다.

〈알아보기〉

그럼 예제를 통해 서브 서페이스 스케터링을 간단히 묘사하는 법을 알아보도록 하겠습니다. 이번에는 먼저 서브서페이스 스케터링이 묘사되기 전과 후의 비교를 먼저 보고 시작하도록 하겠습니다.

★ 왼쪽은 박쥐의 날개에 서브서페이스 스케터링이 묘사되기 전이고 오른쪽은 묘사되고 난 후입니다.
오른쪽의 박쥐에서 훨씬 더 현실감과 생동감을 느낄 수 있는 것을 알 수 있습니다.

서브서페이스 스캐터링은 줄여서 흔히 SSS라고 부르는 표면 아래의 산란현상입니다. 보통 캐릭터에서는 피부에 적용되며, 피부에 표면 아래 산란을 표현하지 않으면 살아있는 느낌이 들지 않고 플라스틱 같은 마네킹처럼 보이기도 합니다. 약 10년 전 부터 표면 아래 산란은 리얼타임 3D게임에서 가장 큰 골칫거리 중 하나였습니다. 리얼타임3D게임에서 표면 아래 산란을 넣자니 연산의 양이 많아져 게임의 사양이 너무 올라가버리고, 그렇다고 넣지 않자니 정교한 캐릭터 모델링에 비해 생동감이 너무 없어져버린다는 것이 문제였습니다. 그래서 등장한 것이 FAKE SSS라 불리는 표면 아래 산란이 자주 일어나는 피부의 장소에 밝은 붉은기를 올려주는 방식이었습니다. 지금 보면 매우 고전적인 꼼수이지만 그 당시의 컴퓨터 사양의 수준으로는 지금처럼 리얼타임 SSS를 처리하는 것은 무리였습니다.

게임업계에서도 이 SSS를 표현하기 위해 무던히 애써왔습니다. 완전한 리얼타임으로 SSS를 처리할 수 있게 된 지금 SSS를 원화에서 표현하지 못하는 것은 어떻게 보면 원화가로서 그림의 정보전달력에 한계가 생길 수 있는 요인이 될 수 있습니다.

서브서페이스 스캐터링은 빛이 사물에 갇혀 표면의 색상, 밑색의 색상, 색의 섞임과 색의 이동 등 색의 요소가 함께 영향을 주는 영역의 부분입니다. 지금까지 예제로 표현한 흑백묘사만으로는 표현하기 조금 까다로운 부분입니다. 흑백 인물 사진이 컬러 인물사진에 비해 피부의 느낌이 잘 전달되지 않는 점을 참고하시면 이해하기가 편하실 것입니다. 그래서 이번 예제에서는 대략적인 SSS에 대한 이해를 잡고, 뒷장의 실전예제 쪽에서 사람피부를 채색하며 SSS를 다시 언급하도록 하겠습니다.

1. 먼저 스케치를 준비합니다. 이번에 준비한 스케치는 박쥐 몬스터입니다. 박쥐의 날개는 사람의 피부보다 얇아서 서브 서페이스 스캐터링를 표현하기에 적합하며, 전체적으로 SSS를 나타내는 재질보다 여러 재질이 피사체 안에 공존하므로 재질 안의 이해가 쉽다는 장점이 있습니다. 날개의 SSS에 주력하며 나머지의 묘사는 확산반사 묘사로 차이점을 표현하도록 하겠습니다.

2. 앞의 예제와 마찬가지로 실루엣을 깨끗하게 잡은 다음 노멀 레이어를 추가하여 50%의 회색을 넣어줍니다. 레이어는 정리하여 선 레이어가 위로 가고 실루엣 레이어가 아래에 오도록 위치합니다. 그 후엔 투영그림자의 위치를 잡아 주광의 위치를 설정합니다. 태양이 뒤에 있을 때 사람의 귓불에 SSS가 나타나는 것을 쉽게 관찰할 수 있듯, 피사체의 등 뒤에 광원을 설정하여 SSS의 표현을 극대화 시킬 수 있는 광원을 사용하도록 하겠습니다.

3. 폴 오프와 1차 톤 그리고 반사광을 이어서 묘사합니다. 이 부분은 앞의 예제에서 자주 다루었기 때문에 이번에는 다루지 않도록 하겠습니다.

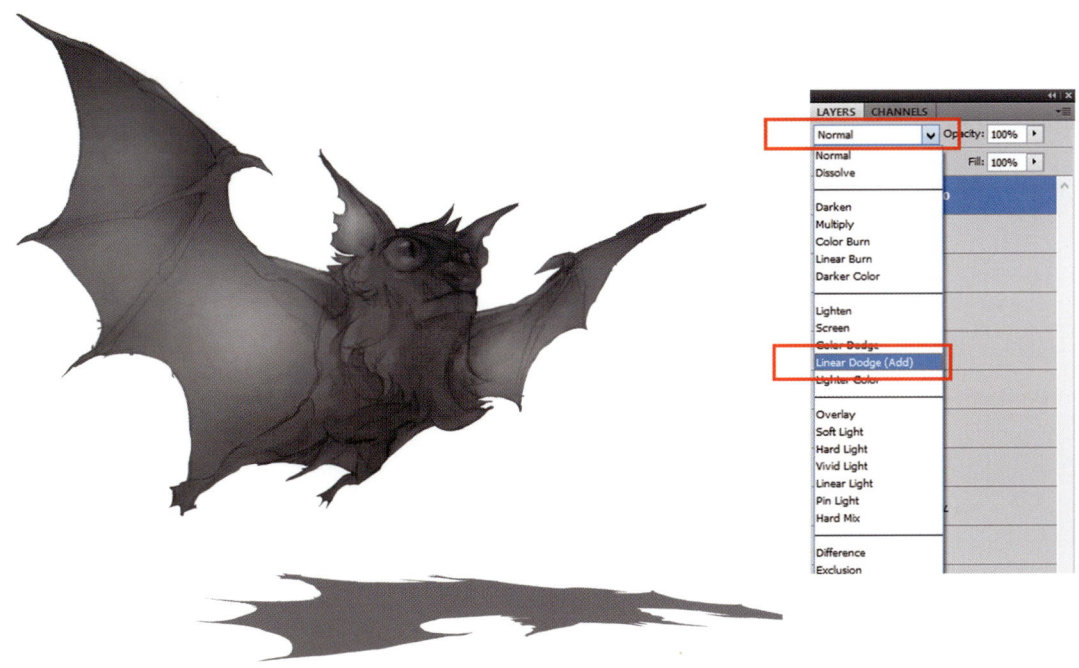

4. 리니어 닷지 레이어를 추가한 후 짙은 회색을 선택하여 서브서페이스 스케터링이 발생할 부분을 끝이 부드러운 소프트라운드 브러쉬로 부드럽게 밝게 만들어줍니다. SSS는 내부에서 산란된 빛이 올라오는 매우 부드러운 확산반사입니다. 이렇게 부드러운 확산반사를 묘사할 때에는 끝이 딱딱한 브러쉬보다는 끝부분이 부드러운 소프트라운드 브러쉬가 훨씬 묘사하기 수월합니다.

하드라운드 브러쉬

소프트라운드 브러쉬

★ 묘사에 따라 필요한 브러쉬를 쓰는 것은 묘사를 매우 빠르고 편하게 만들어 줍니다.

5. 리니어닷지 레이어로 올라간 밝은 톤을 기반으로 날개 안쪽과 귀 쪽을 정리해주며 묘사를 진행해 나갑니다.

6. 안구의 정반사, 몸의 확산반사와 그에 맞는 날개의 서브서페이스 스케터링을 정리하며 그림을 마무리 짓습니다.

12

웨더링

웨더링은 직접적으로 번역하면 풍화작용을 뜻하는 단어이지만, 미술에서는 모든 물체의 마모를 뜻하는 단어로 사용됩니다. 밸류(value)는 가치라는 단어이지만 미술에서는 명도, 계조의 뜻으로 사용됩니다. 이처럼 특정 학문마다 독특하게 번역되어 사용되는 단어들은 숙지해두면 공부하기가 수월해집니다. 마모와 스크래치, 금속의 찌그러짐, 나무의 갈라짐, 부서진 페인트, 녹 등 오랜 세월 공기와 수분에 노출되면 모든 소재는 상하게 되기 마련입니다. 이 모든 작용을 웨더링이라고 부릅니다.

웨더링의 가장 중요한 요소는 그 물체에 역사성을 부여한다는 점입니다. 헤리티지는 곧 생명력입니다. 여러분은 자동차나 집과 같은 무생물이 나이를 먹는다고 상상할 수 있습니까? 웨더링을 통해서라면 가능합니다. 자동차와 집이 우리와 함께 늙어 가는 것처럼 보이고 생각되게 만들 수 있습니다. 이는 그림 밖의 관찰자와 그림 안의 피사체간의 상호작용을 일으킵니다. 그리고 관찰자의 상상력을 극대화 시킵니다. 또 웨더링은 현실성을 나타내어 줍니다. 주변에 있는 모든 사물들이 모두 새것인 경우가 있습니까? 만약 그런 곳이 있다면 우리는 매우 위화감을 느낄 것입니다. 우리 주변에는 오래된 아파트도 존재하고 방금 새로 구입한 자동차도 존재하고, 수명이 다된 형광등도 함께 존재합니다. 이것이 현실성입니다. 웨더링은 여러분의 그림에 한층 더 높은 현실성과 이야기를 그리고 상상력을 불어넣어 줄 것입니다.

★ 새 악기에서는 느끼지 못하는 감동을 오래된 악기에서는 느낄 수 있습니다.

★ 사물들이 우리와 함께 늙어간다는 것을 느낀다는 것은 무척이나 재미있는 일입니다.

〈알아보기〉

웨더링이 있는 물체는 무언가 역사가 담겨있는 듯합니다. 나보다 오래된 집이나 자동차는 그저 물질일 뿐인 피사체에 생명력을 불어넣어줍니다. 포토샵의 기능 중 레이어 스타일을 활용하여 웨더링을 쉽게 작업할 수 있는 방법을 소개해보도록 하겠습니다.

1. 먼저 지난번 예제에서 작업한 플라스틱을 가져오도록 하겠습니다. 어떤 재료이던 괜찮습니다. 하지만 이 작업은 도장면이 있는 물질에 조금 더 잘 어울립니다.

2. 올가미 툴을 활용해 웨디링이 일어날 위치를 정해준 후 레이어 복제(단축키 CTRL+J)를 이용해 레이어를 복제해줍니다.

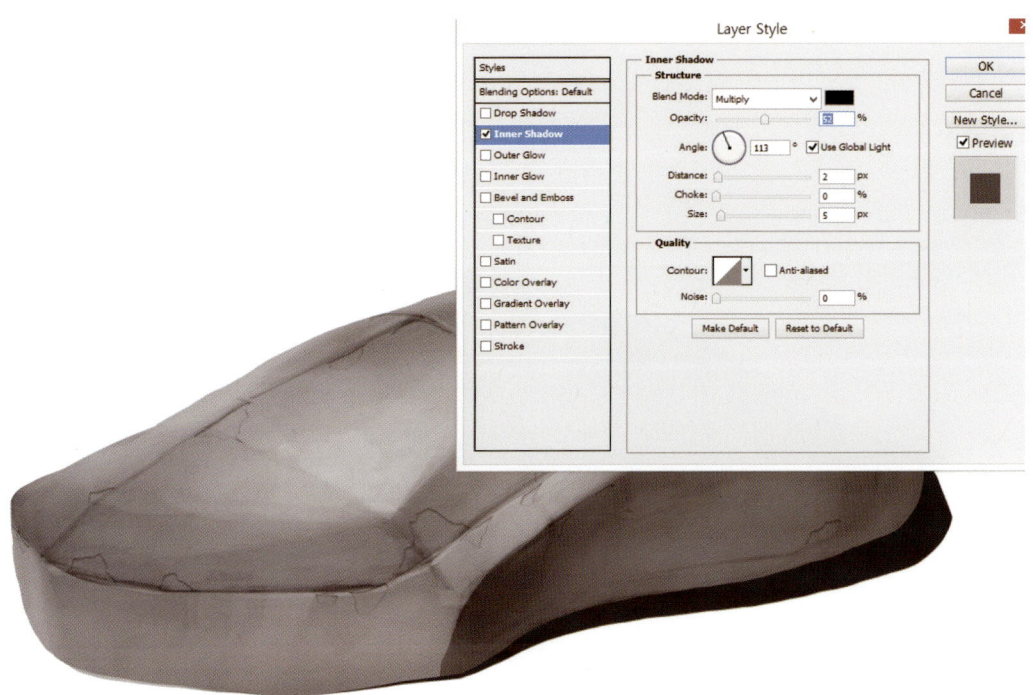

3. 먼저 [이너쉐도우]부터 적용하도록 하겠습니다. 위와 같은 셋팅 값으로 빛이 오는 방향에 주이해서 웨더링의 까진 면을 표현하여줍니다.

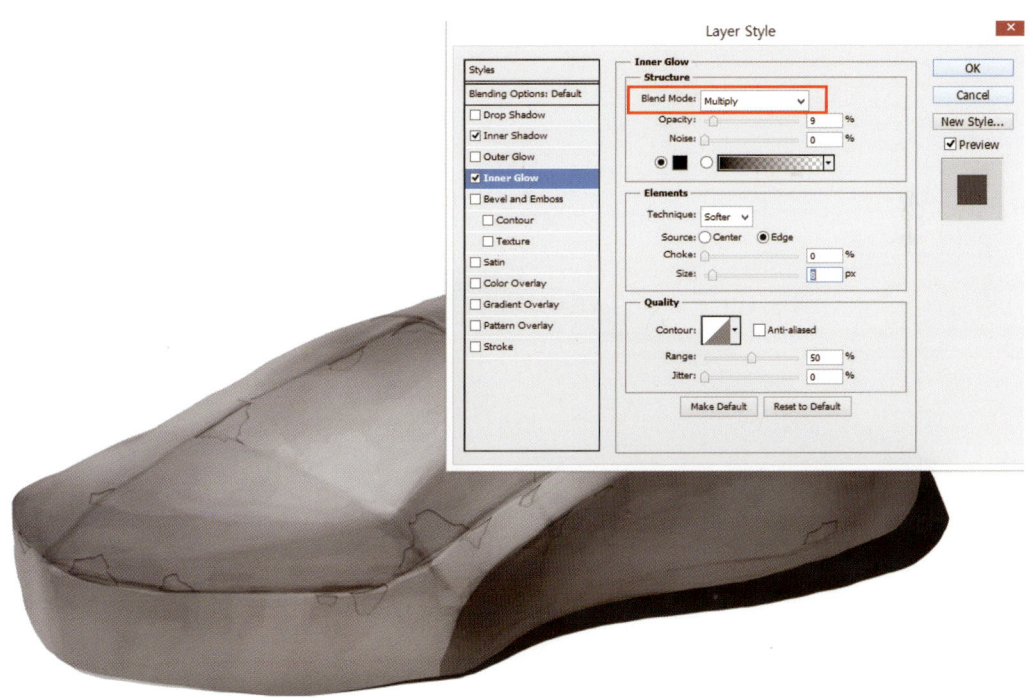

4. 그 다음은 [이너글로우]입니다. [이너글로우]의 기본 블렌드모드는 스크린으로 되어있어 밝아지게 되어있지만 [블렌드 모드]를 [멀티플라이]로 바꾸어 사용한다면 이너글로우를 어둡게 표현하여 사용할 수 있습니다. 이렇게 되면 안쪽으로 패여 있는 크레바스를 만들 수 있습니다.

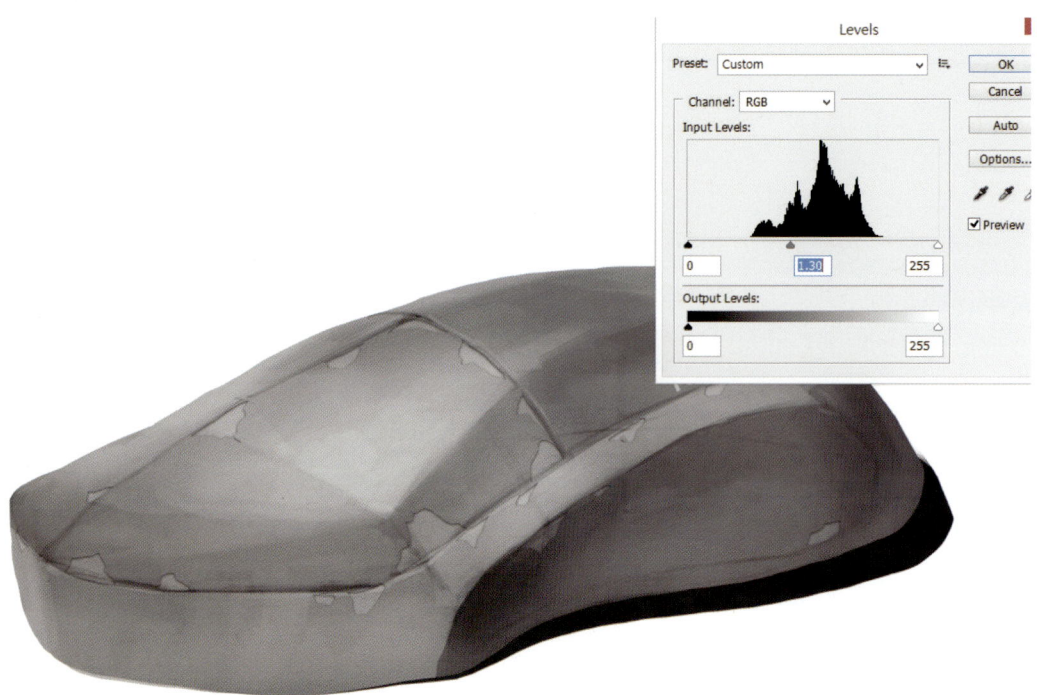

5. 이제 레벨 값을 조정하여(단축키 CTRL+L) 중간의 슬라이더를 움직여 도장 면이 뜯겨져 나간 본래 재질의 밝기를 표현하여 줍니다.

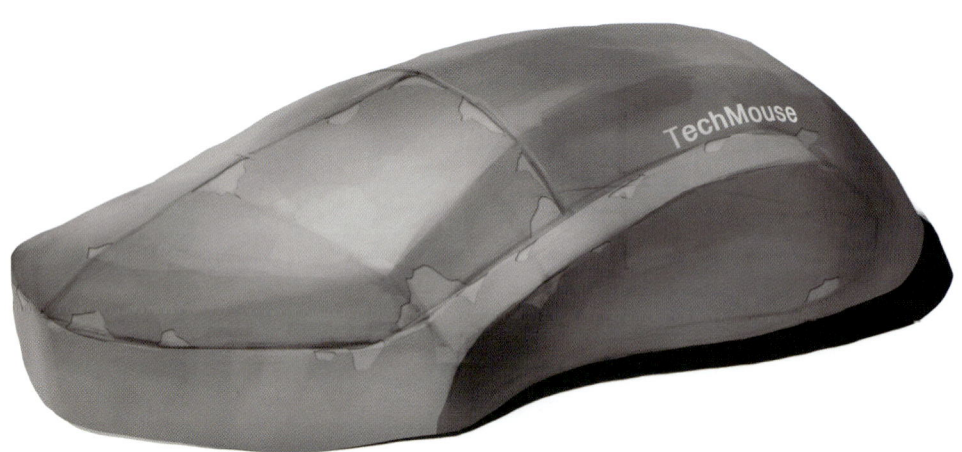

6. 이렇게 포토샵의 레이어 스타일을 활용한다면 쉽게 웨더링을 작업할 수 있습니다. 그 외에도 앞의 상자예제에서 설명했듯이 베벨엔 엠보스의 필로우 엠보스를 사용하여 스크레치 등의 마모 효과를 쉽게 표현 할 수 있습니다.

입문예제 1   모바일 게임용 대장간 배경원화 제작하기

기초적인 명암에 대한 이론을 공부해 보았으니 이제 이것을 형태가 조금 더 복잡한 스케치에 대입하여 응용해 보는 시간을 갖도록 하겠습니다.

먼저 준비한 예제의 완성본을 보고 어떻게 진행했는지 과정별로 살펴보도록 하겠습니다.

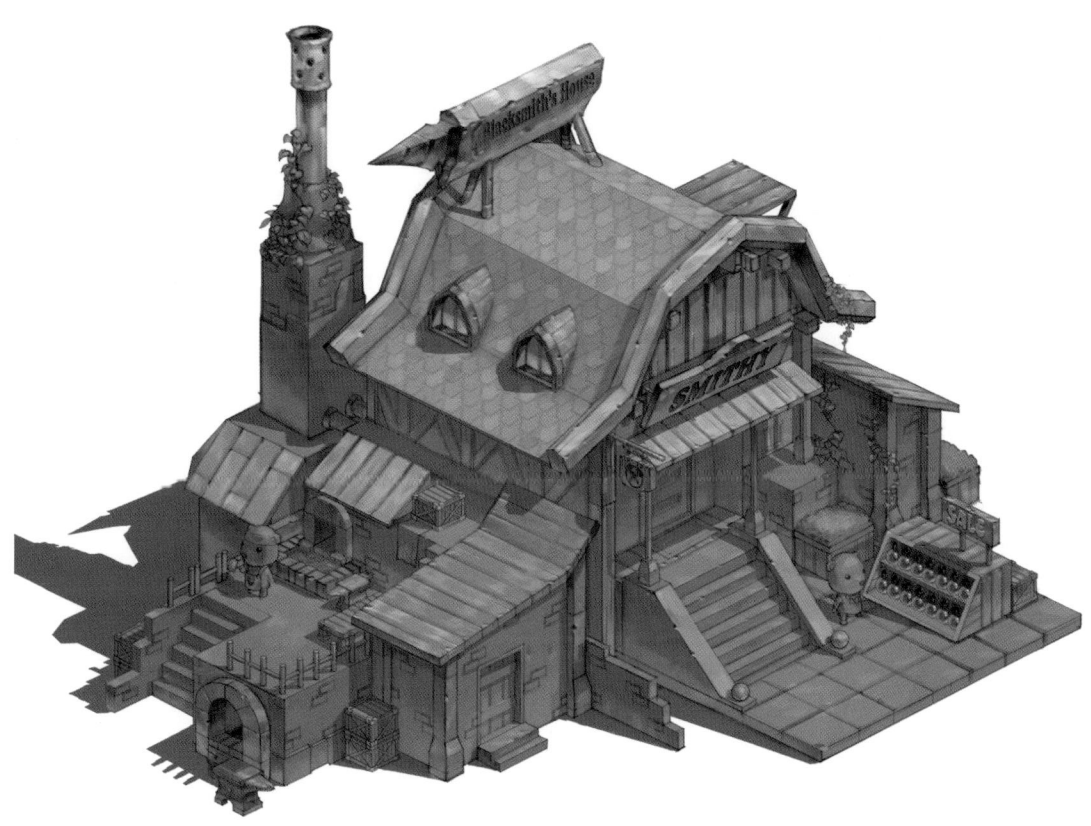

★ 대장간의 완성된 모습입니다. 이제부터 어떻게 그려졌는지 과정을 하나하나 살펴보도록 하겠습니다.

이번에 그릴 대장간 그림은 평행투사법으로 그려졌습니다. 평행투사란 1점, 2점 같은 작아지는 소실점이 생기는 투시도법과 달리 소실점이 생기지 않는 스케치 방식을 말합니다. 쿼터뷰 방식의 2D게임이나 스마트폰용 모바일 게임은 평행투사로 표현되는 경우가 많이 있습니다. PC 게임 중 스타크래프트나 모바일 게임 중 크래쉬 오브 클랜, 놀러와 마이홈 등은 평행투사를 활용한 표현방식입니다.

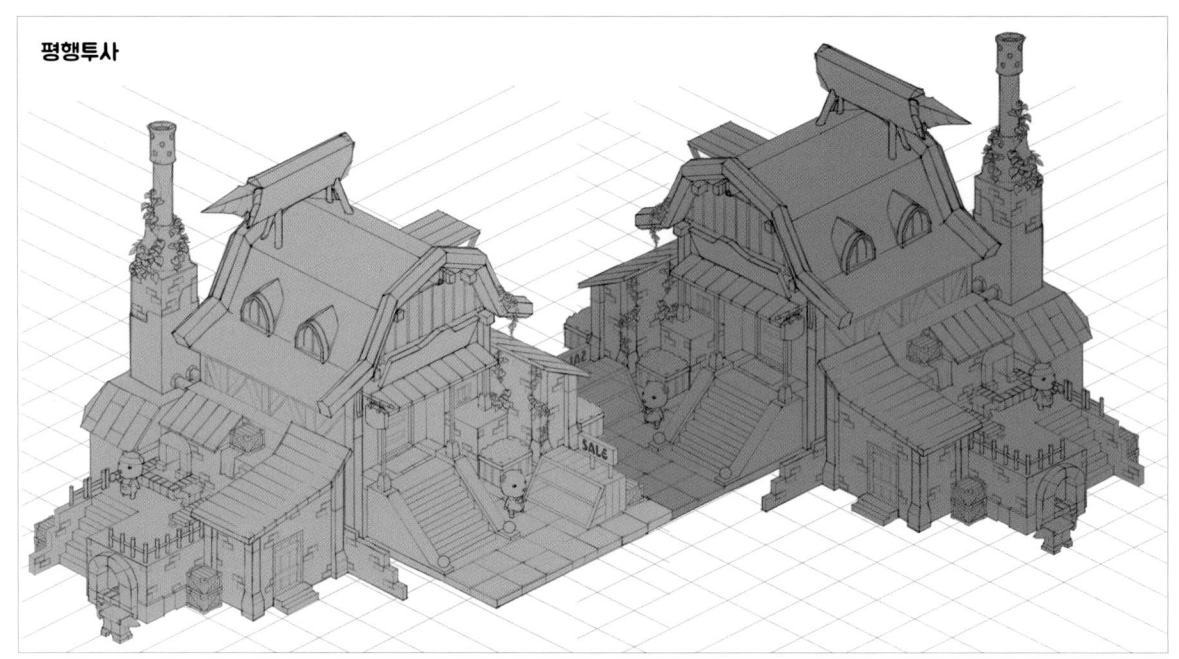

평행투사

★ 평행투사를 사용하면 같은 그리드상에서는 모두 같은 투사를 가집니다.

먼저 평행투사법으로 그려진 스케치를 준비합니다. 모바일 게임에 어울리게 캐쥬얼한 비율을 사용하여 스케치하였습니다.

스케치의 실루엣을 선택해 50%의 회색을 채워 넣습니다. 형태가 복잡하므로 마술봉 툴(단축키 W)로 그림의 바깥영역을 선택하면 쉽게 영역을 선택할 수 있습니다.

주광의 각도

투영그림자

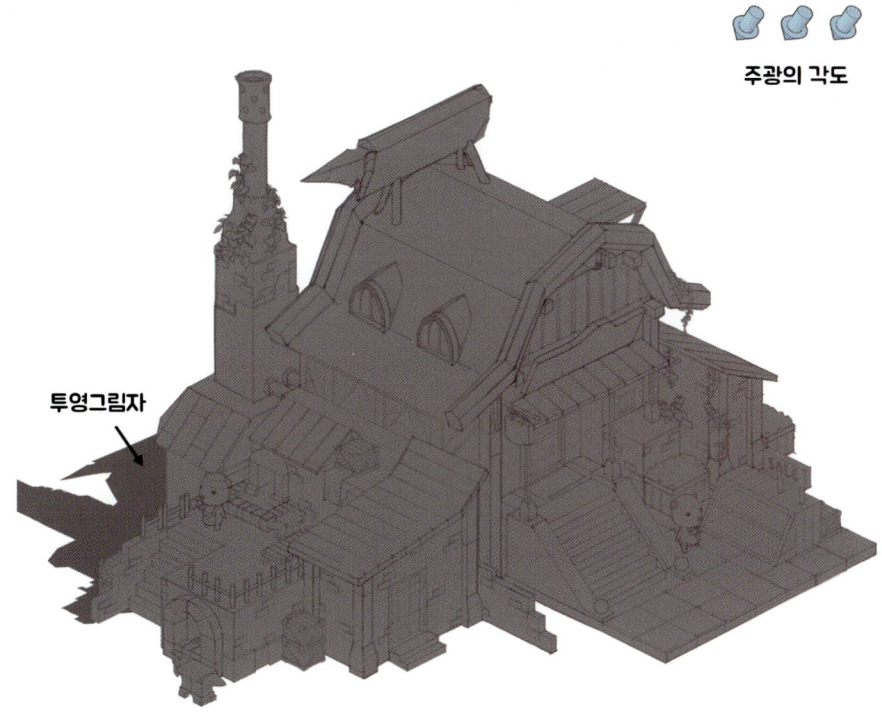

투영그림자를 만들어 주광의 각도를 설정합니다. 형태가 복잡해질수록 프로세스의 중요성은 더욱 커집니다.

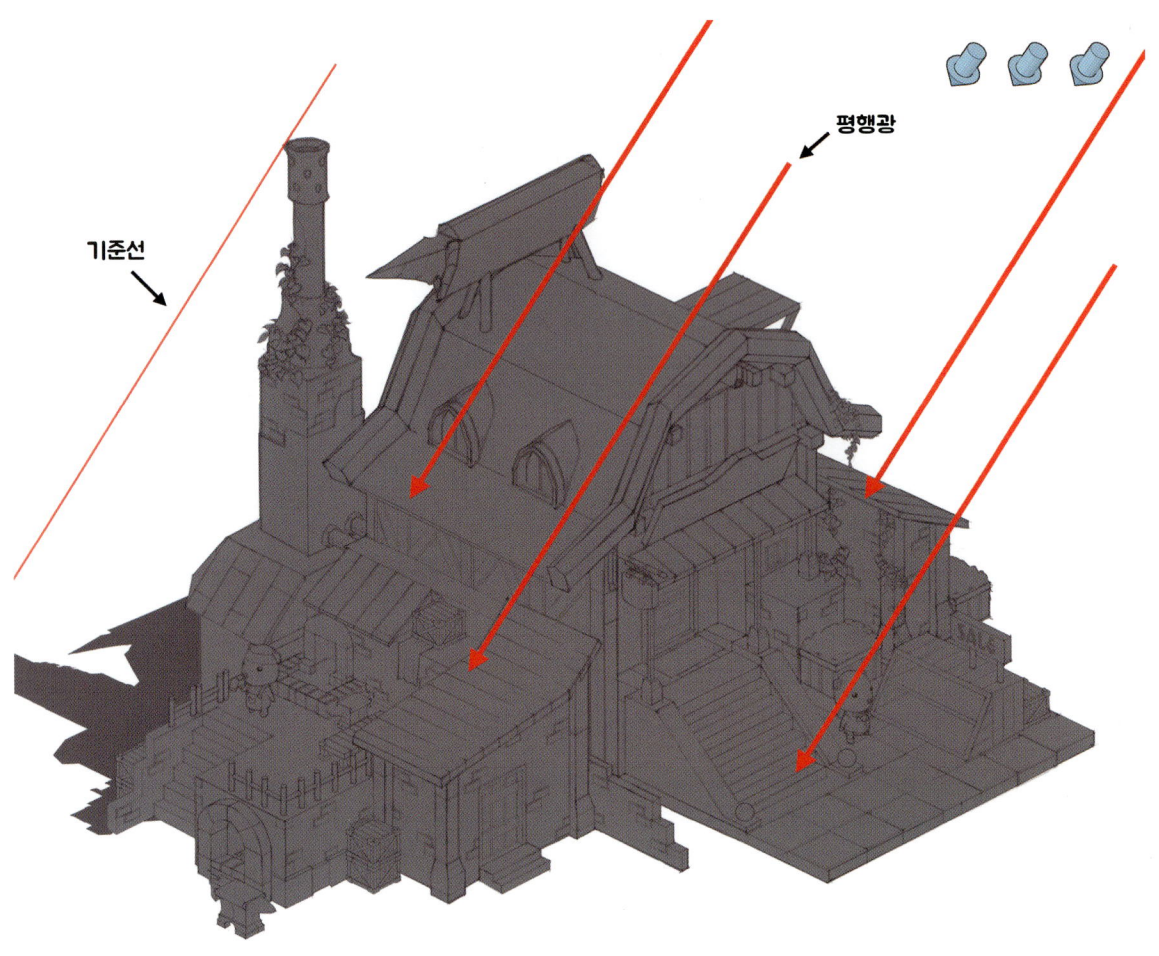

기준선

평행광

투영그림자의 끝과 피사체의 끝을 연결하여 기준선을 만든 후 기준선에 따라 평행광을 설계합니다. 건물과 같은 배경원화의 경우 자연광을 설계하는 것이 자연스럽고 그림에 잘 어울립니다.

위 그림과 같이 순서대로 난반사의 1차 톤을 잡아줍니다. 1차 톤에선 반사광을 생각하지 않고 단순히 주광과 사물의 각도가 수직에 가까울수록 밝고 수평에 가까울수록 어둡게 처리합니다. 빛과 사물의 수평이 되는 지점 이후의 구간은 모두 수평과 같은 어둠으로 처리합니다.

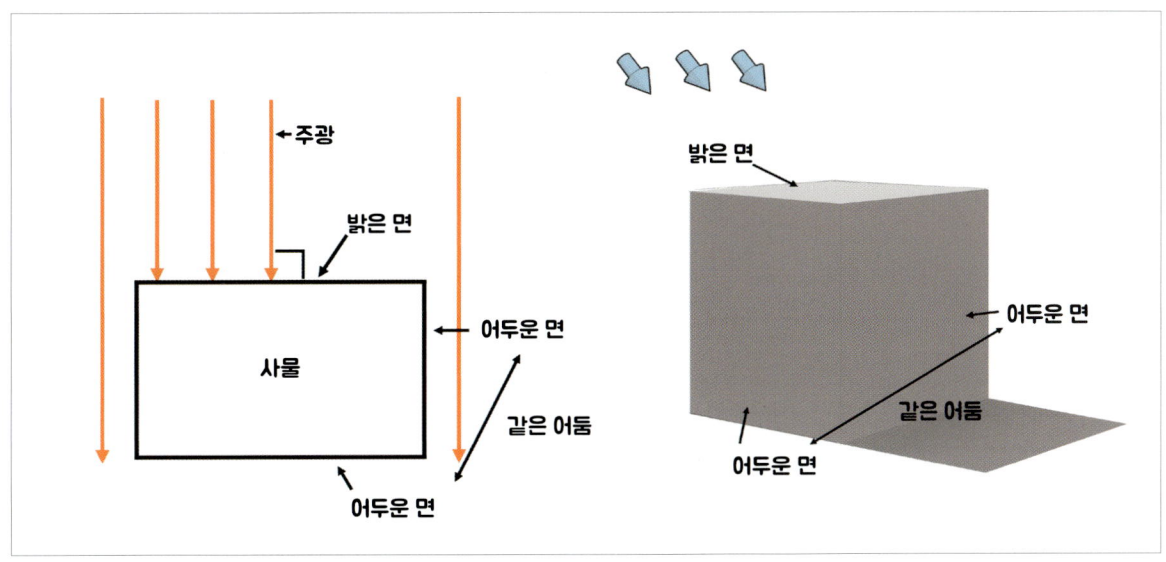

★ 1차 톤에서 주광과 사물이 평행을 이루고 난 후의 면은 모두 같은 어둠으로 처리해 줍니다.

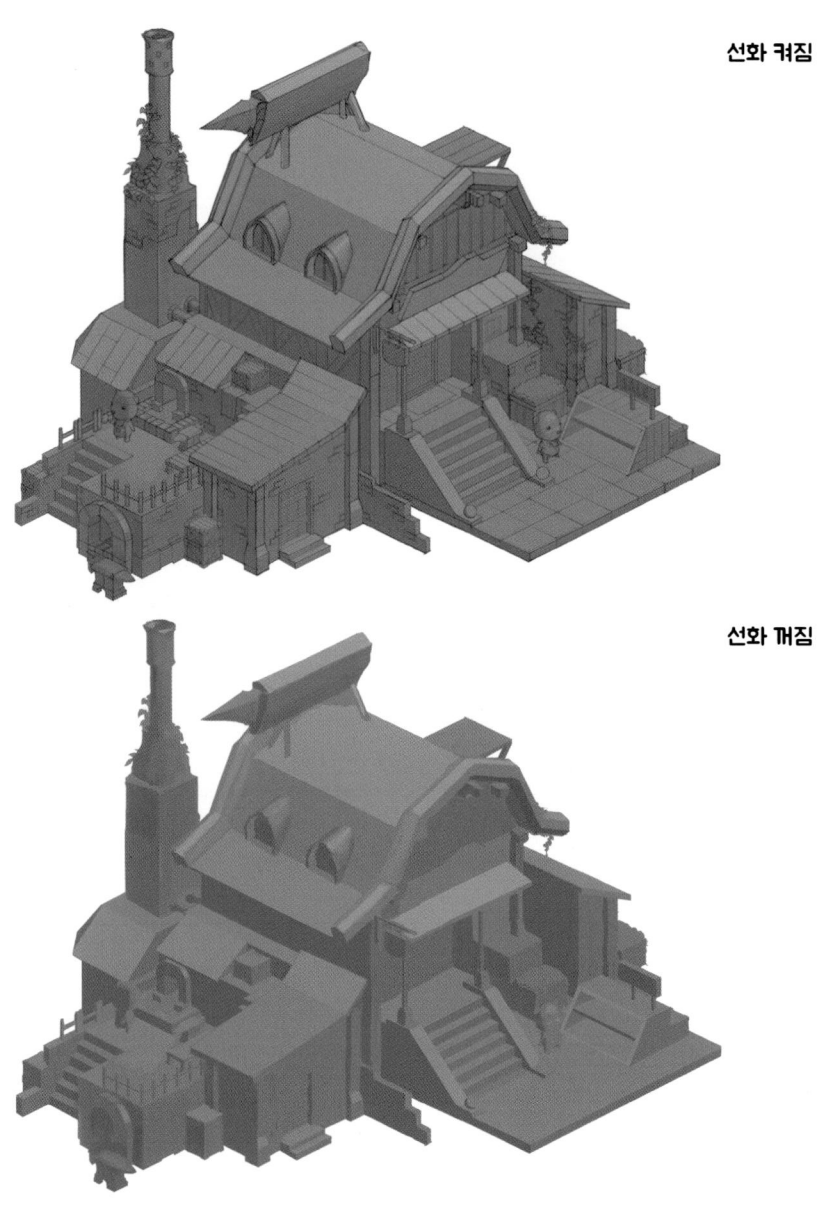

★ 1차 톤이 제대로 정리되었다면 선화를 꺼도 형태가 보입니다.

1차 톤이 제대로 정리되었다면 선화를 꺼도 형태를 볼 수 있습니다. 만약 선화를 꺼서 형태가 유지 되지 않는다면 명암이 제대로 맞춰지지 않은 것입니다. 1차 톤은 가장 중요한 명암이므로 반드시 명암만으로 형태가 맞춰질 때까지 수정하며 노력해야 합니다.

명암이 제대로 정리되었다면 형태에 따른 투영그림자를 만들 차례입니다. 투영그림자는 사물의 곧 4면과 같다고 설명 하였습니다. 투영그림자를 만드는 순간부터 선화보다 정보량이 많아지게 되는데 이때부터 명암이 선화의 퀄리티를 넘어 서는 것을 확인할 수 있습니다.

투영그림자 위치

일반 레이어를 추가하여 어두운 면과 같은 명도로 투영그림자들을 찾아 추가해줍니다. 될 수 있는 한 많은 그림자를 찾아줄수록 좋습니다. 혹시나 여기서 묘사하기 힘들 정도의 작은 크기의 투영 그림자들은 2차 톤에서 오클루전으로 대체합니다.

근본적으로 투영그림자의 밝기는 빛을 받지 못한 면과 밝기가 같습니다. 투영그림자 역시 빛을 받지 못해 생기는 구간이기 때문입니다. 하지만 실제로는 투영그림자가 어두운 면보다 조금 더 어두운데, 그 이유는 반사광과 환경광이 어두운 면을 밝혀주기 때문입니다.

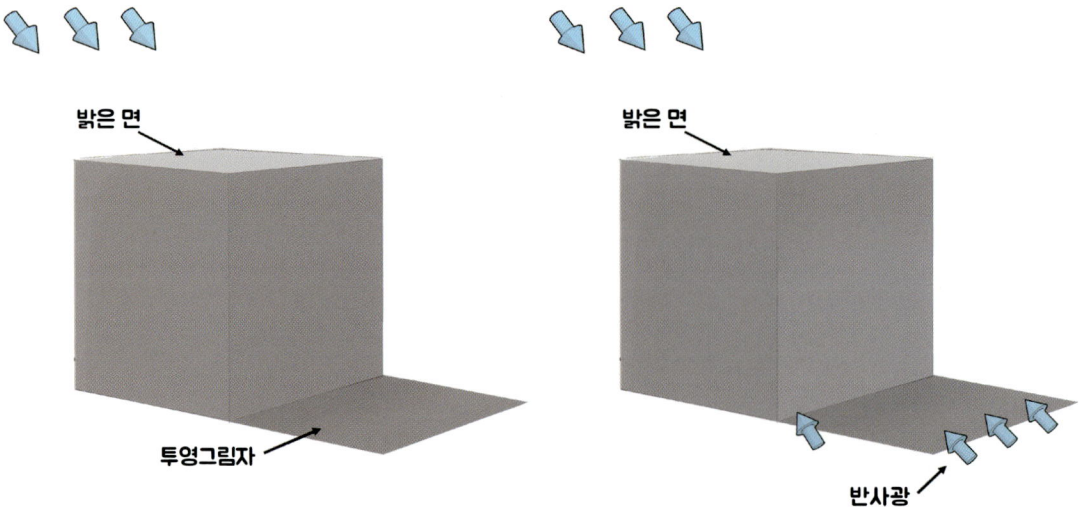

밝은 면　　　　　　　　　　　　　　　　밝은 면

투영그림자　　　　　　　　　　　　　　　반사광

★ 1차 톤에서는 투영그림자와 어두운 면의 밝기가 같습니다.　　★ 2차 톤에서는 반사광으로 인해 투영그림자가 더 어둡게 보입니다.

위 그림을 보면 반사광이 들어간 상태와 들어가지 않은 상태를 쉽게 구분 할 수 있습니다. 우리는 반사광이 들어가지 않고 1, 2, 3면과 투영그림자를 찾은 상태를 1차 톤, 그리고 반사광과 그에 따른 하이라이트가 들어간 상태를 2차 톤이라고 앞서 정의하였습니다.

위 그림의 1차 톤 상태인 왼쪽 박스에서는 어두운 면과 투영그림자의 명도가 같습니다. 반면 오른쪽 박스에서는 반사광에 의해 어두운 면이 밝아지면서 상대적으로 투영그림자가 어두워진 것을 볼 수 있습니다.

1차 톤을 마무리 하기 위해 폴 오프를 넣어줍니다. 자연광 상태에서 폴 오프는 거의 생성되지 않지만 미술적 허용으로 아주 조금 넣어서 덩어리를 묶어줄 계획입니다. 폴 오프는 레이어 스타일의 이너글로우 기능을 활용하여 작업하였습니다. 이너글로우를 활용한 폴 오프 제작 프로세스는 Tip6 부분에서 자세히 다루어 두었으니 이번엔 대략의 순서만 나열하도록 하도록 하겠습니다.

❶　　　　　　　　　　❷　　　　　　　　　　❸

❶ 제일 먼저 실루엣 레이어를 선택영역 지정(단축키 Ctrl+레이어 클릭)을 이용하여 선택영역으로 지정합니다.
❷ 그 후 일반 레이어를 추가하고 흰색으로 색을 채웁니다.
❸ 그 다음 추가한 레이어를 멀티플라이(곱하기) 속성으로 바꾸어줍니다.

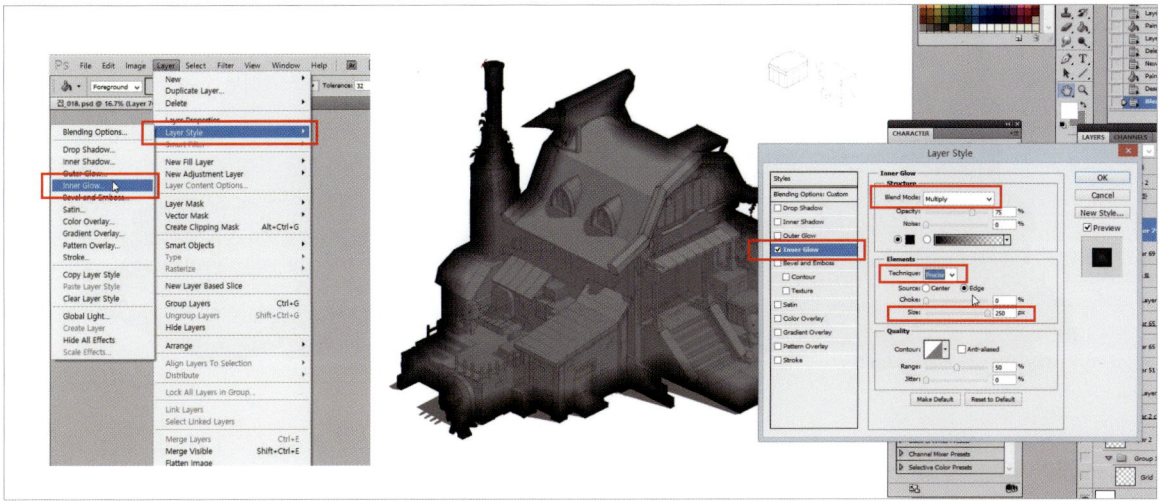

상단 레이어 메뉴의 [레이어 스타일] ⇨ [이너글로우] 탭으로 이동합니다. 이너글로우는 내부를 밝혀주는 기능이지만 오른쪽의 파라미터 창처럼 [블렌드모드]를 [멀티플라이]로 바꾸면 안쪽이 어두워지게 사용할 수 있습니다. 멀티플라이로 바꾼후 색상을 검은색으로 지정해주고, 아래쪽의 테크닉 부분을 [Softer]에서 [Precise]로 바꾸어줍니다. [Precise]로 바꾸면 이너글로우가 꺾이는 부분까지 정교하게 들어오는 것을 확인할 수 있습니다. 마지막으로 크기를 조절하여 이너글로우를 만듭니다.

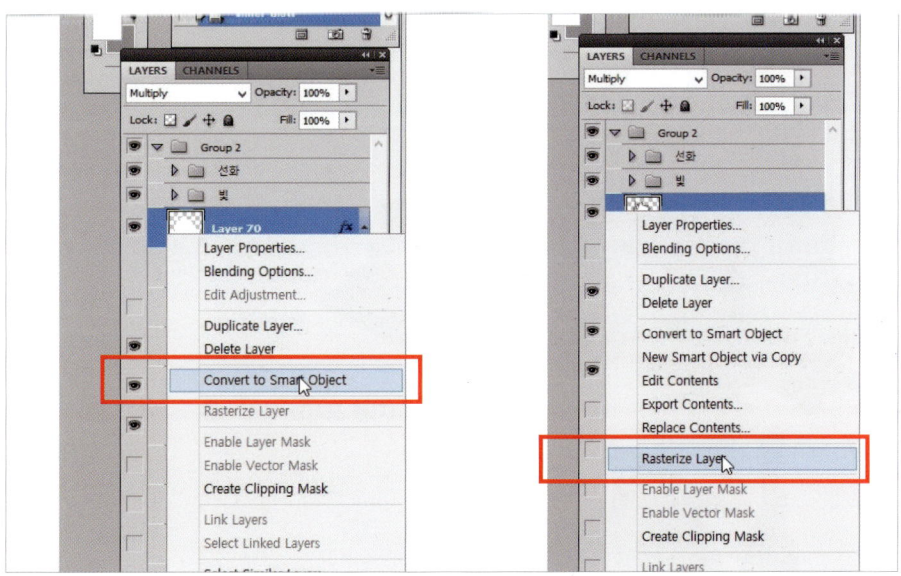

이렇게 생성된 레이어는 레이어 스타일을 일반 레이어로 만들어주어야 수정이 용이합니다. 만들어진 폴 오프 레이어에 마우스 오른쪽 클릭 후 [스마트 오브젝트로의 변환] ⇨ [레이터라이즈 레이어]을 순서대로 넣어주면 일반 레이어로 변환됩니다. 이제부터 이 레이어에 만들어진 폴 오프는 일반 레이어처럼 브러쉬나 지우개를 통해 조절 할 수 있습니다.

폴 오프 레이어의 투명도를 조절하여 알맞은 덩어리감을 만들어줍니다. 태양광이 주광이니 10%정도로 적은 수준의 폴 오프를 설정하였습니다.

1, 2, 3면과 투영그림자, 폴 오프까지 들어갔다면 1차 톤은 마무리 되었습니다. 이제 위 그림같은 반사광을 넣어 2차 톤의 묘사를 시작합니다.

반사광의 위치를 표시한 그림 ❶

스크린 레이어를 추가해 반사광을 묘사합니다. 위 그림은 반사광이 들어간 모습입니다.

그림 ❶은 반사광이 들어간 위치를 붉은색으로 표시한 그림이고 그림 ❷는 실제로 반사광이 들어간 모습입니다. 반사광은 바닥을 치고 올라오는 확산광이다. 따라서 사물의 법선은 바닥의 확산광과 수직을 이룰수록 밝고, 평행을 이룰수록 영향력을 받지 못하게 됩니다.

실제 반사광이 들어간 그림 ❷

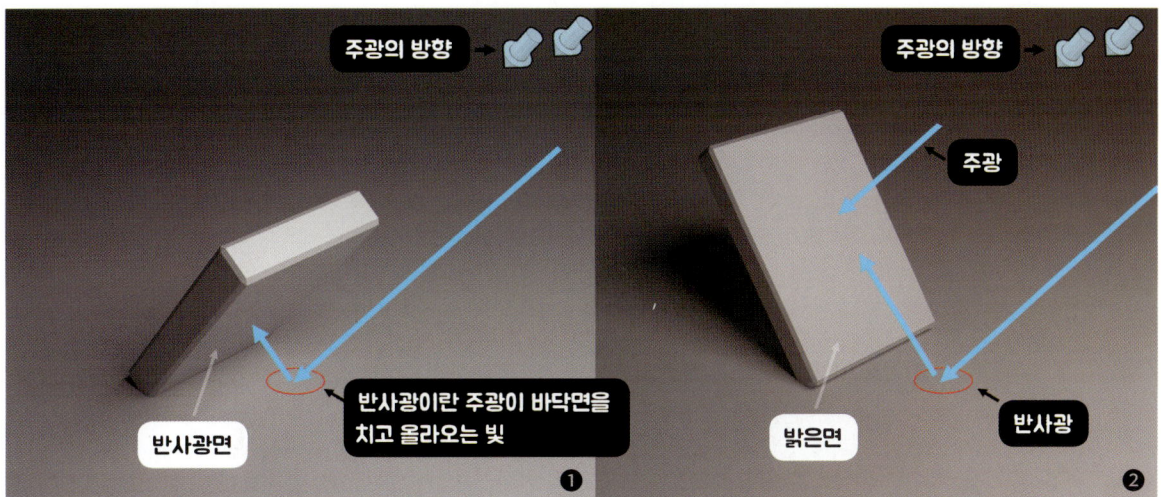

위의 말을 쉽게 풀이하면 그림 ❶, ❷로 설명할 수 있습니다. 그림 ❶에서 박스의 앞면은 주광의 방향과 평행하기 때문에 어두운 면이 됩니다. 하지만 어두운 면임에도 불구하고 같이 빛에 평행한 옆면보다 밝은 이유는 바닥에서 오는 반사광 때문입니다. 하지만 이 반사광이 아무리 밝아도 주광의 확산광인 만큼 주광을 결코 넘어서는 밝기를 가질 수는 없습니다. 이것은 달이 태양보다 밝을 수 없는 것 과 같습니다.

그림 ❷는 사물이 뒤로 누워 앞면이 밝은 면이 된 상태입니다. 반사광은 바닥면에서 오는 빛이므로 이 각도에서는 반사광을 받을 수 없습니다. 설사 반사광을 조금 받는다 하더라도 이미 주광을 잘 받을 수 있는 조건 하에 있기 때문에 반사광이 앞면의 밝기에 큰 영향을 줄 수는 없습니다. 이것은 낮에 떠있는 달이 사물에 전혀 영향을 미치지 못하는 것과 같습니다.

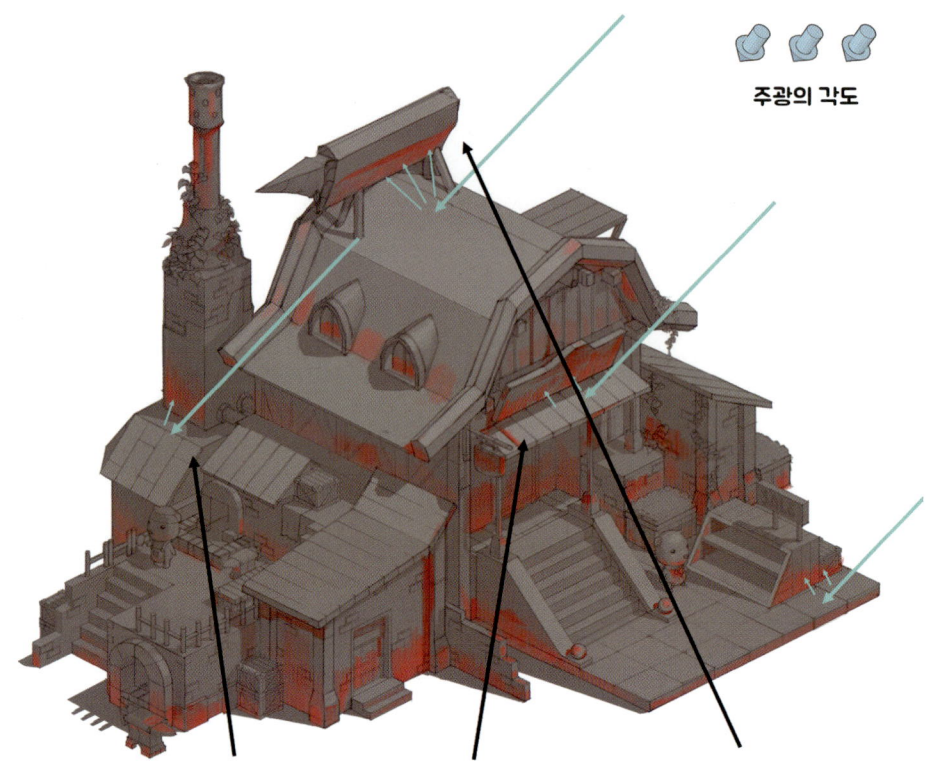

주광의 각도

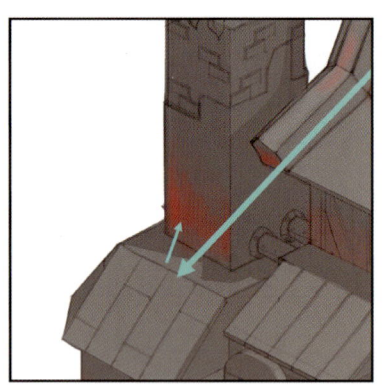  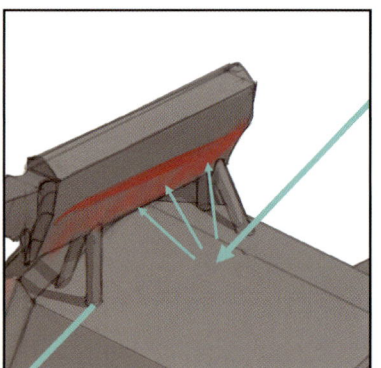

반사광은 바닥뿐만 아니라 피사체 안에서도 생성됩니다.

반사광의 영향력을 알아보기 위해 선화를 끈 후 반사광이 들어간 그림과 들어가지 않은 그림을 비교해보도록 하겠습니다.

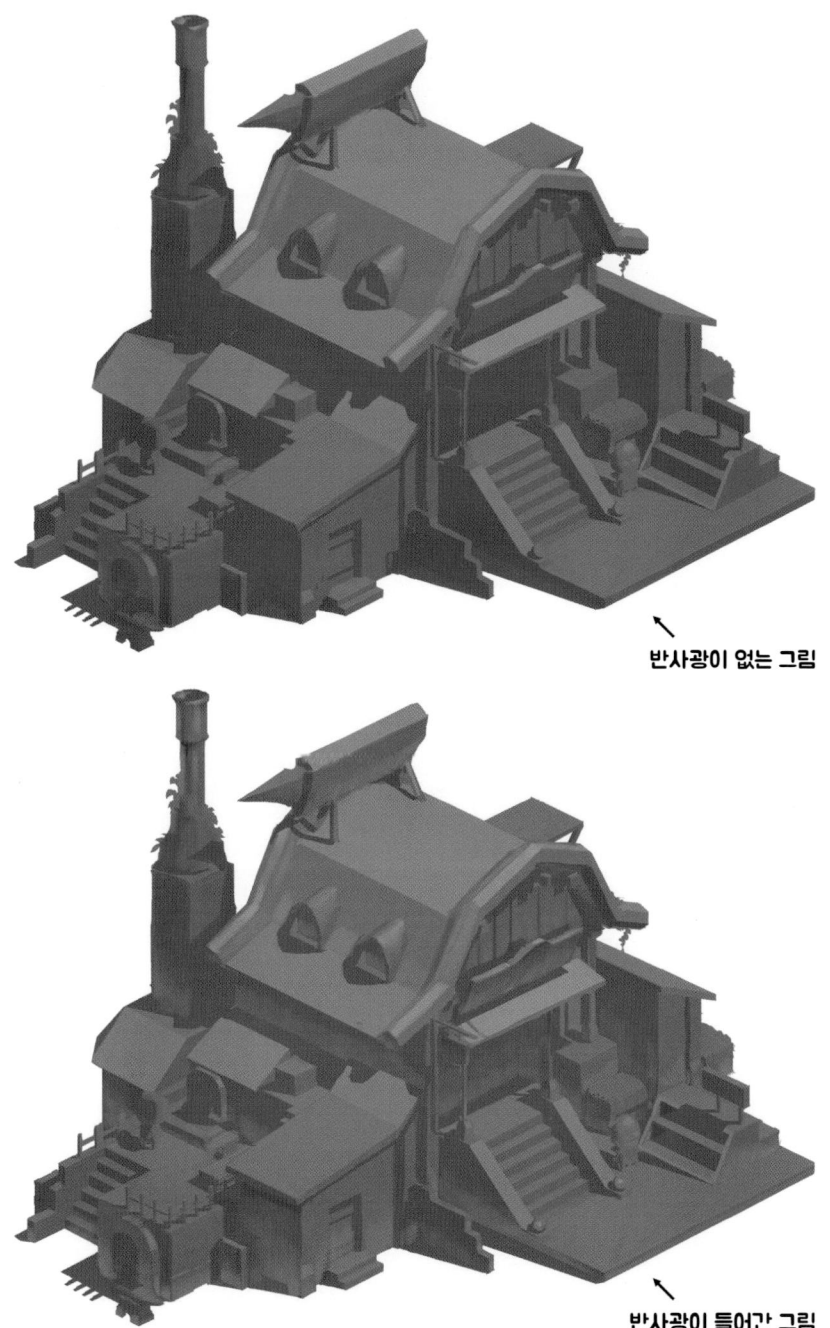

반사광이 없는 그림

반사광이 들어간 그림

위 그림은 반사광이 있는 그림과 없는 그림을 선화를 끈 상태에서 비교한 그림입니다. 반사광이 있는 그림이 더욱 입체적이고 다음 단계를 위한 포석이 깔려있는 상태라는 것을 알 수 있습니다.

반사광에 대한 묘사가 어느 정도 정리되었다면 2차 톤 중 오클루전과 프레넬, 하이라이트를 묘사할 차례입니다. 이 집의 재질상 프레넬은 찾을 수 없는 재질로 이루어져 있어 오클루전과 하이라이트를 최대한 많이 찾아 2차 톤의 디테일을 높여 볼 생각입니다. 먼저 오클루전부터 찾도록 하겠습니다. 오클루전은 안쪽 코너로 빛이 차폐되어 어두워지는 부분들입니다. 그림자의 영역인 만큼 멀티플라이 레이어를 사용하면 기존의 묘사를 해치지 않고 쉽게 표현할 수 있습니다.

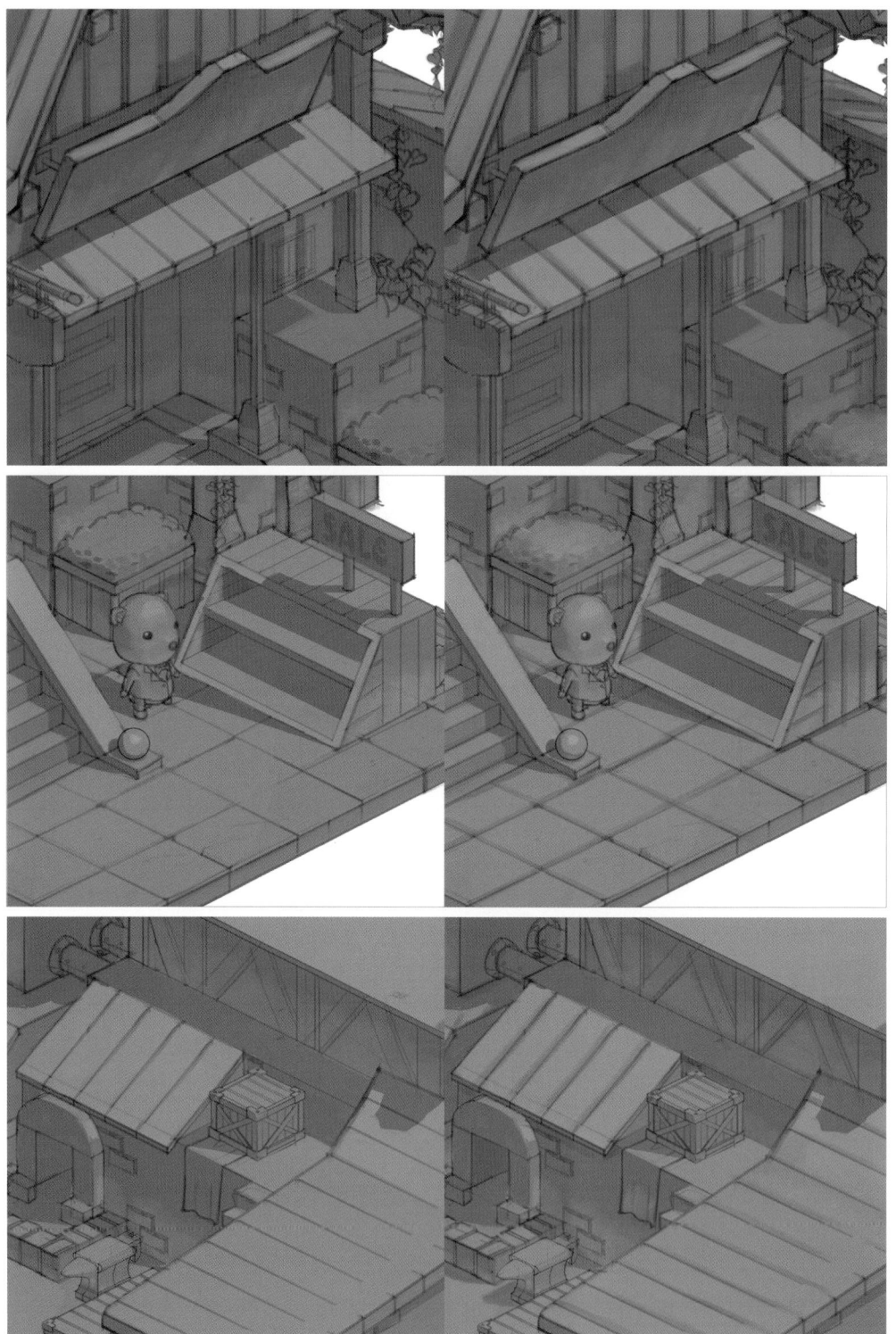

위 그림처럼 멀티플라이 레이어를 추가해 부분적으로 오클루전들을 찾아 묘사해줍니다. 오클루전을 묘사한 그림을 전체적으로 보면 오른쪽 그림과 같은 모습입니다.

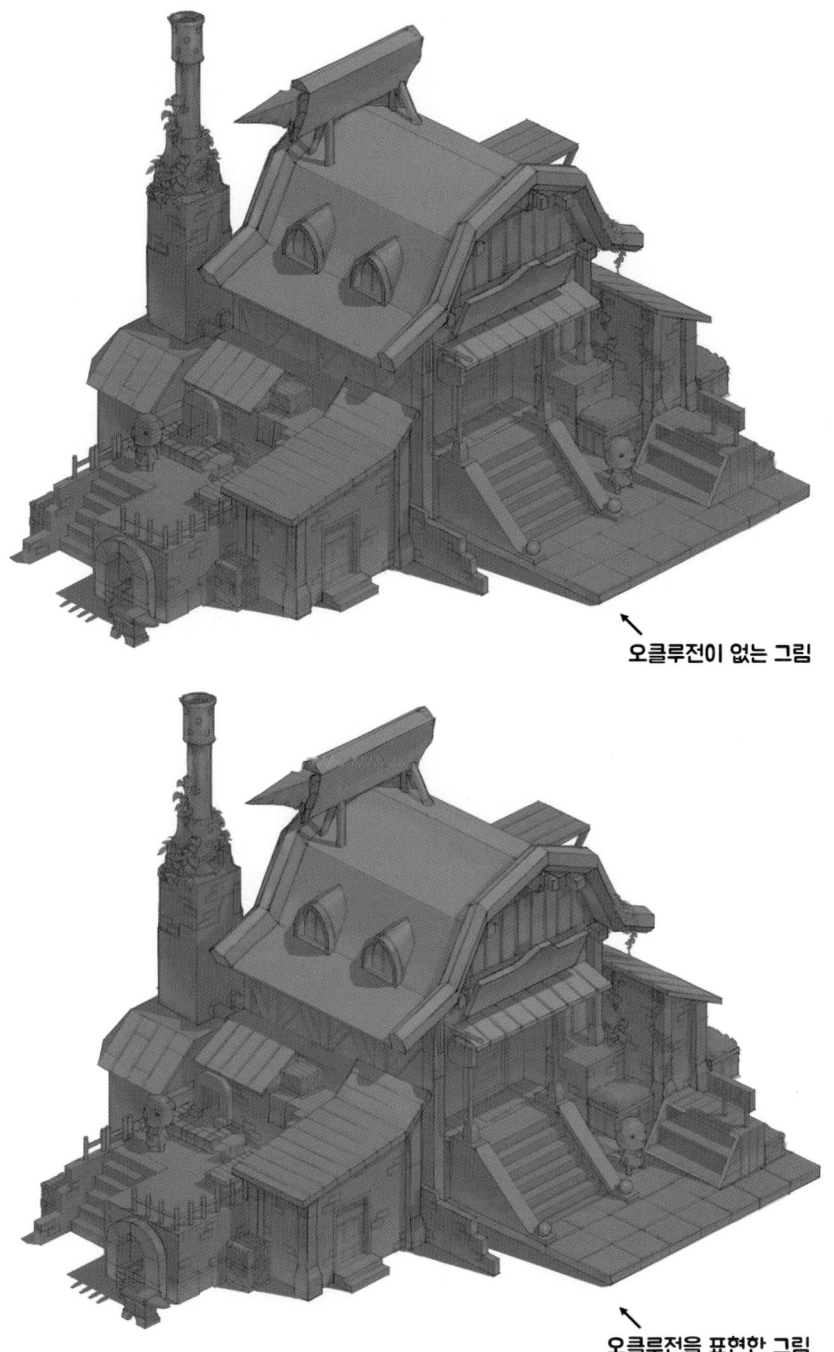

오클루전이 없는 그림

오클루전을 표현한 그림

찾아낸 오클루전들로 인해 디테일이 높아진 것을 볼 수 있습니다.

오클루전들을 충분히 찾아 표현해주었다면 이제 하이라이트를 찾아 주겠습니다. 앞의 예제들에서는 반사광에 따른 하이라이트를 먼저 작업하였지만, 대부분 나무로 이루어져 하이라이트가 잘 뜨지 않는 재질이라 이번 예제는 하이라이트보다 오클루전을 먼저 작업하였습니다. 재질에 따라 2차 톤 안에서도 묘사의 중요도의 순서를 설정하면 보다 쉽게 디테일을 잡아나갈 수 있습니다.

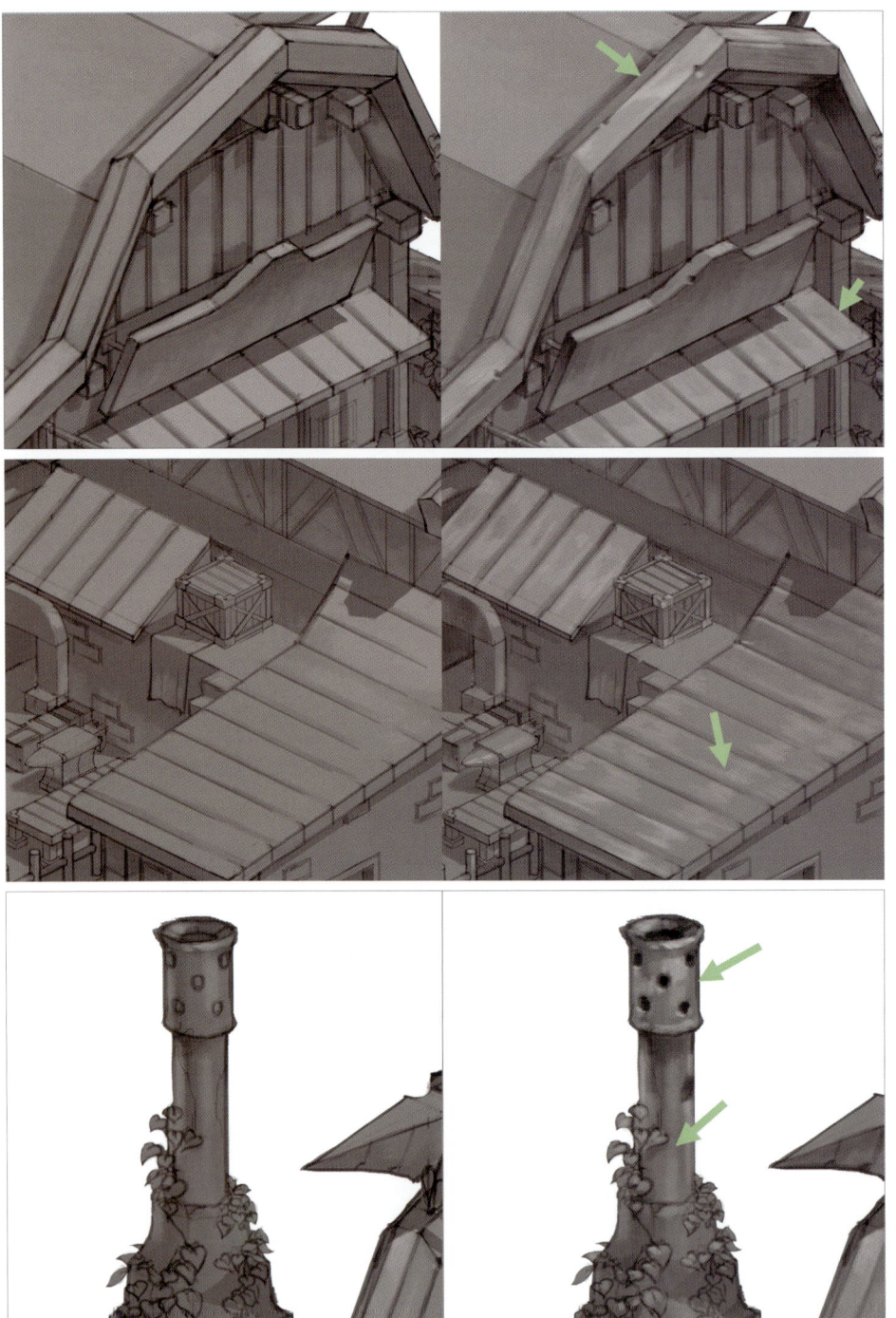

위 그림처럼 스크린 레이어를 추가하여 부분부분 하이라이트를 찾아 주었습니다. 하이라이트의 경우 밝은 면만 찾기 때문에 추가 레이어는 스크린 레이어나 리니어닷지 레이어를 사용하는 것이 좋습니다.

이 그림의 피사체의 경우 하이라이트가 발생하는 밝은 면의 대부분이 목재이고, 외목이라 수지작업을 하였다 하더라도 중세시대 건물이기에 수지코팅이 좋지는 않을 것이라 판단하여 하이라이트를 작고 튀지 않게 묘사하였습니다. 하이라이트의 모양은 비등방성 하이라이트를 표현하여 나무재질을 더욱 느낄 수 있도록 합니다. 비등방성 하이라이트가 표현됨에 따라 재질의 표현도가 상승하는 것을 볼 수 있습니다.

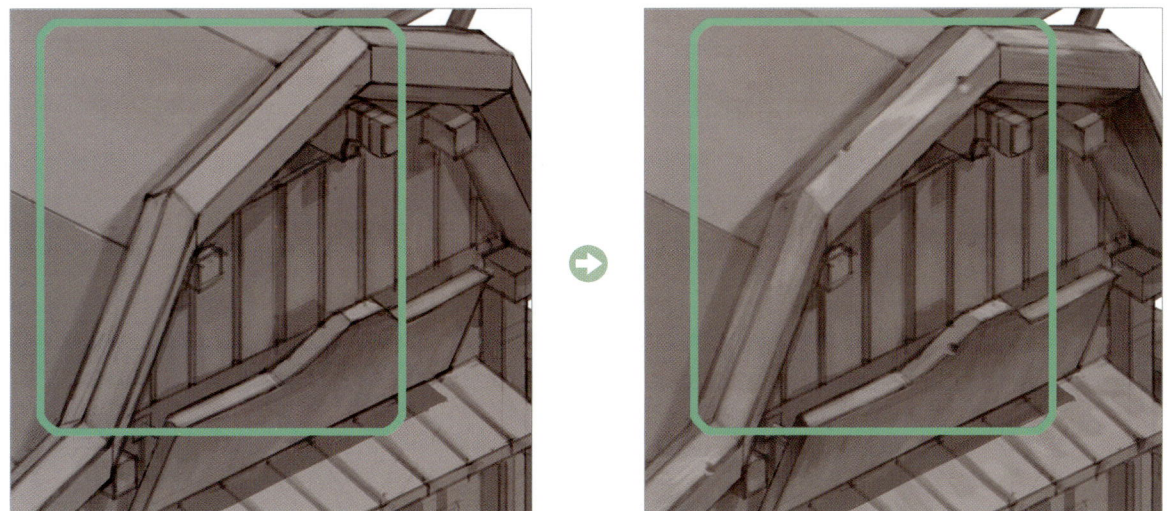

★ 묘사가 진행될수록 묘사의 수준에 맞게 라인웨이트의 균형을 잡아주는 것이 중요합니다.

위 그림과 같이 재질의 묘사도와 라인웨이트의 균형에 항상 신경을 써야합니다. 지금의 상황은 묘사도를 올리면서 라인웨이트를 내리고 있는 상황입니다. 더불어 재질의 묘사도에 의해 라인웨이트를 결정하기 위해선 항상 선화 레이어를 분리시켜 유지해 놓는 것이 좋습니다.

이제 전체적으로 하이라이트를 묘사한 상태와 그렇지 않은 상태를 비교하여 체크해보도록 하겠습니다.

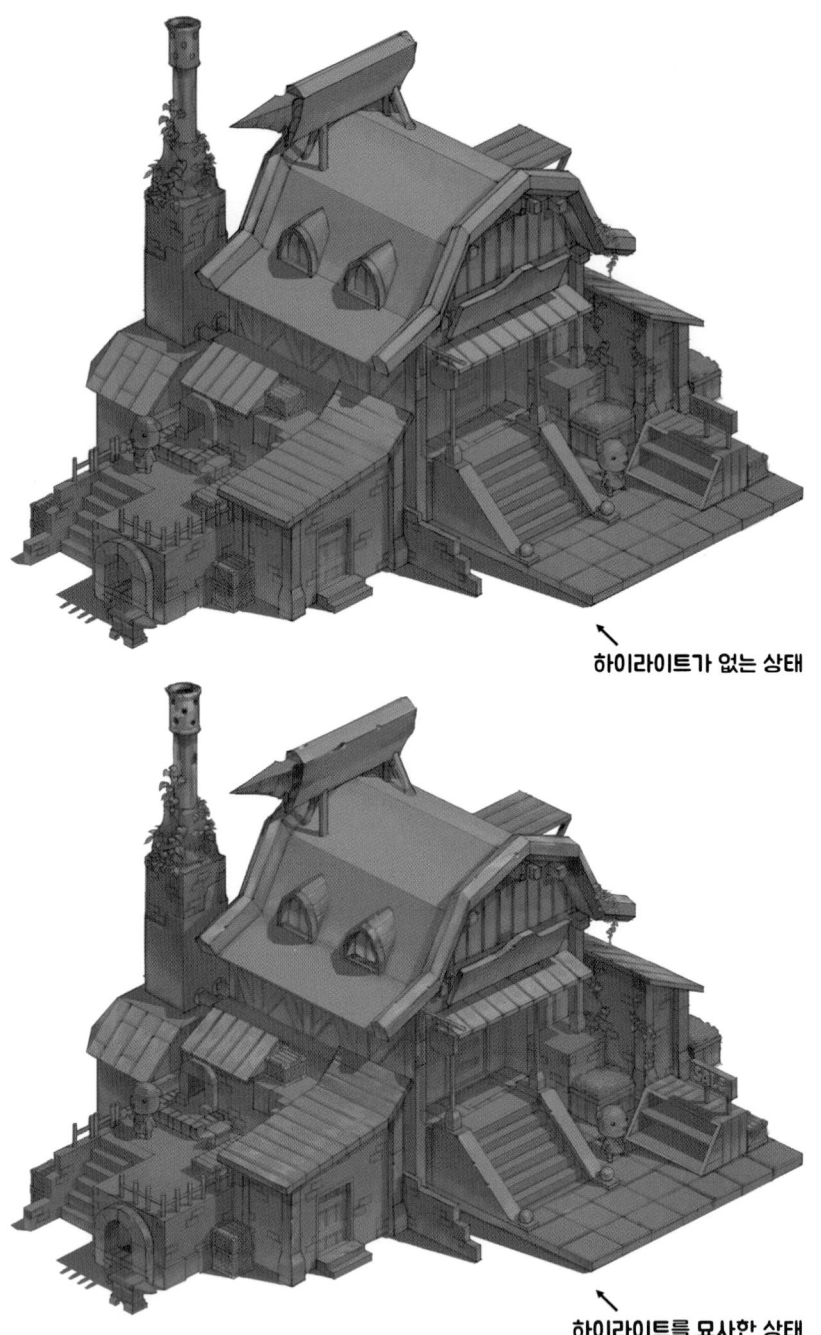

하이라이트가 없는 상태

하이라이트를 묘사한 상태

하이라이트의 묘사가 끝났다면 부분적인 디테일과 웨더링들을 작업해 줄 차례입니다.

2차 톤까지의 톤이 안정적으로 쌓인다면 이제부터는 톤 변화가 너무 크지 않은 범위 내에서는 어떤 묘사를 해도 묘사가 그림 안에 잘 녹아 들어가는 특징이 있습니다. 지금부터 하는 작업은 그림에서 가장 시간이 많이 걸리는 부분입니다. 시간이 많이 걸리는 만큼 그림의 디테일을 높여줄 수 있는 파트이기도 합니다.

눈에 잘 띄는 부분들부터 작업해보도록 하겠습니다. 우선 지붕입니다. 지붕을 만들기 위해선 기초적인 기와의 패턴부터 만들어서 엮어야합니다. 이것은 마치 텍스처를 만드는 과정과 유사합니다.

지붕패턴 제작

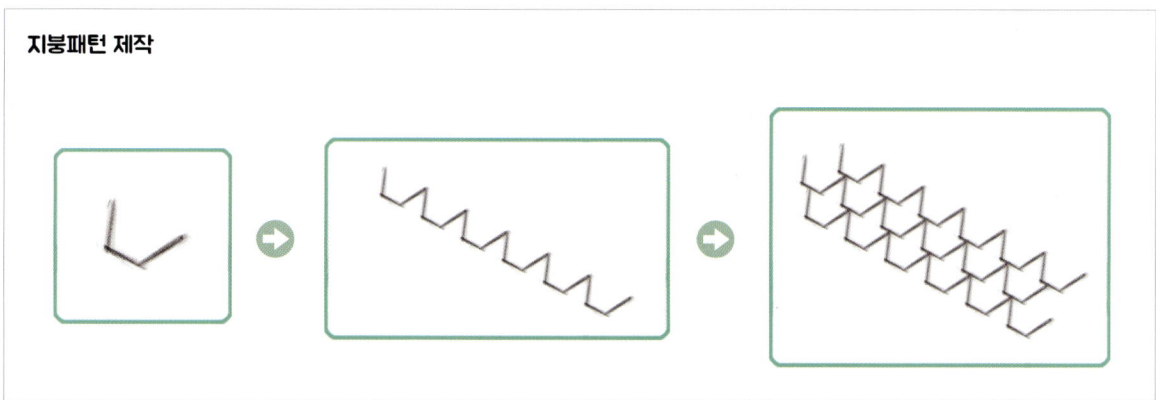

위 그림처럼 일반 레이어를 생성 후 기본이 되는 단위를 제작하여 이것을 레이어 복사(단축키 Ctrl+J)하여 패턴을 엮어
나갑니다. 적당한 크기의 패턴이 만들어지면 준비해놓은 그림을 불러옵니다.

패턴 레이어의 속성을 멀티플라이로 바꾸어준 후 필요한 크기로 배치합니다. 보통 타일의 크기가 크면 캐쥬얼 해보이고
작으면 리얼 해보입니다. 자신의 그림이 어떤 스타일을 지향하고 있는지를 분명히 해두면 크기 조절을 쉽게 할 수 있습
니다. 겹쳐지는 부분들을 지워 지붕에 맞게 넣습니다. 이것은 굉장히 단순하고 쉬운 작업이지만 이것으로 그림의 퀄리티
는 상당히 올라가게 됩니다.

흥미롭게도 위 그림과 같이 중세시대 건축양식의 지붕에서는 여러 개의 색상의 기와가 사용되었습니다. 이것은 그 당시 똑같은 색의 기와를 연속적으로 만들어내지 못하는 기술적인 요인도 있었고, 다른 색의 기와를 썼던 스타일도 있으며, 기와마다의 굽기로 인해 각기 다른 풍화작용을 받은 탓도 있습니다. 이유를 아는 사람이건 모르는 사람이건 중세시대의 지붕 패턴은 색채와 명도가 다르다라는 공통된 인식을 가지고 있으며 이것을 공통감각이라고 부릅니다.

컨셉이란 공통감각 속에서 탄생합니다.

간단한 사고실험을 통해 컨셉에 대해 잠깐 이야기를 하도록 하겠습니다. 제가 토끼를 한 마리 그린다고 가정해봅시다. 그리고 저는 여러분께 이렇게 말합니다.

"내가 그린 건 엘프야"

여러분은 아마 이 말을 받아들일 수 없을 것입니다. 엘프라고 하면 사람보다 더 잘생긴 외모에 뾰족한 귀를 떠올릴 것입니다. 그리고 저에게 "그건 엘프가 아니예요. 엘프는 뾰족한 귀에 사람처럼 생겼다구요." 라고 말할 겁니다.

그럼 저는 이렇게 물어봅니다. "엘프를 본 적이 있나요?" 다수의 분들은 책에서 보았다. 영화에서 보았다. 라는 이야기를 합니다. 그럼 다시 한 번 묻겠습니다. "엘프를 실제로 본적이 있나요?" 아니요. 엘프를 실제로 본 사람은 아무도 없습니다. 하지만 우리는 엘프가 어떻게 생겼는지 알고 있습니다. 공통감각이란 간단히 말해 다수가 그렇게 생각하고 믿고 있는 것입니다. 이것이 공통감각입니다. 그리고 그것이 사실인지 아닌지는 전혀 중요하지 않습니다.

만약 여러분이 이 공통감각을 허물고 싶다면 타인을 납득시킬 완벽한 스토리텔링이 필요합니다. 하지만 우리는 지금 그림 한 장을 그리고 있고 이것은 스토리텔링보단 비쥬얼텔링에 가깝습니다.

비쥬얼텔링은 말 그대로 보이는 것만으로 사고를 전달하는 방식입니다. 인상이 험악한 사람을 그려놓고 "사실 이 아이는 겉은 나쁘지만 마음씨는 착해." 라는 것이 스토리텔링입니다. 비쥬얼텔링의 경우 험악한 인상을 지닌 사람은 마음씨도 나쁘게 묘사됩니다.

게임 아트웍은 항상 보이는 것이 첫 번째이며 비쥬얼텔링에 가깝습니다. 중세시대의 집이 있다면 중세시대 풍으로 지은 집이 아닌, 중세시대의 집이 되는 것이 옳습니다. 이러한 공통감각은 3차 톤인 디테일의 요소를 찾을 때에 매우 중요한 요소입니다. 디테일에 신경 쓰지 않는다면 우리가 우스갯소리로 말하는 사극의 갑옷에 볼트와 너트가 있는 장면이 연출될 수 도 있습니다.

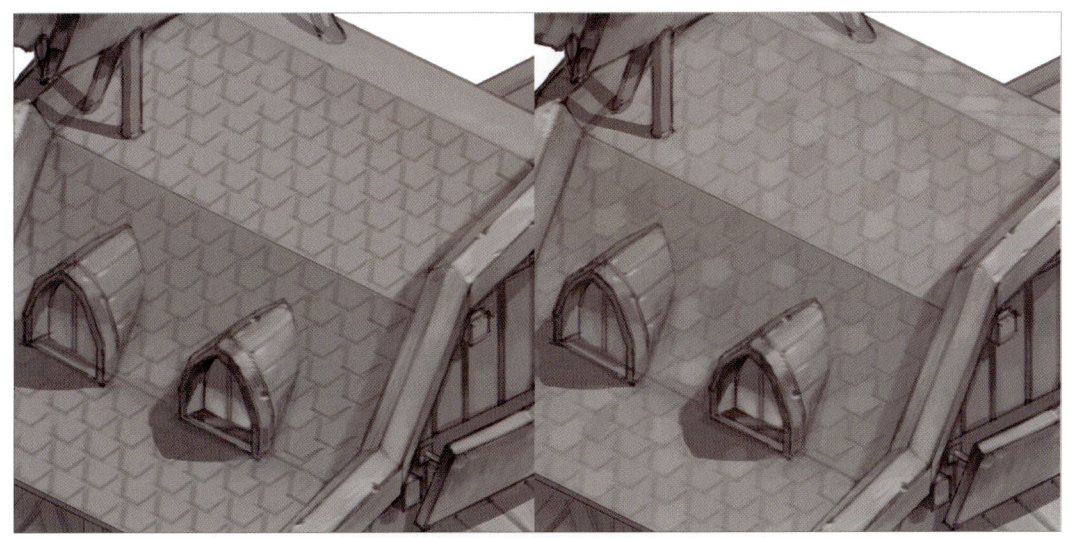

★ 공통감각에 의한 디테일은 사실성을 높여줍니다.

스크린 레이어를 추가하여 밝은 기와를 묘사합니다. 어두운 기와는 멀티플라이 레이어를 추가하여 묘사하면 편리합니다.

일반 레이어를 추가한 후 [레이어 스타일] ⇨ [베벨앤 엠보스] ⇨ [필로우 엠보스] 기능을 사용하여 앞의 나무상자 예제와 같이 웨더링을 묘사합니다. 웨더링들은 건물에 역사성을 부여해 건물을 더욱 사실적으로 보이게 만들어 줍니다.

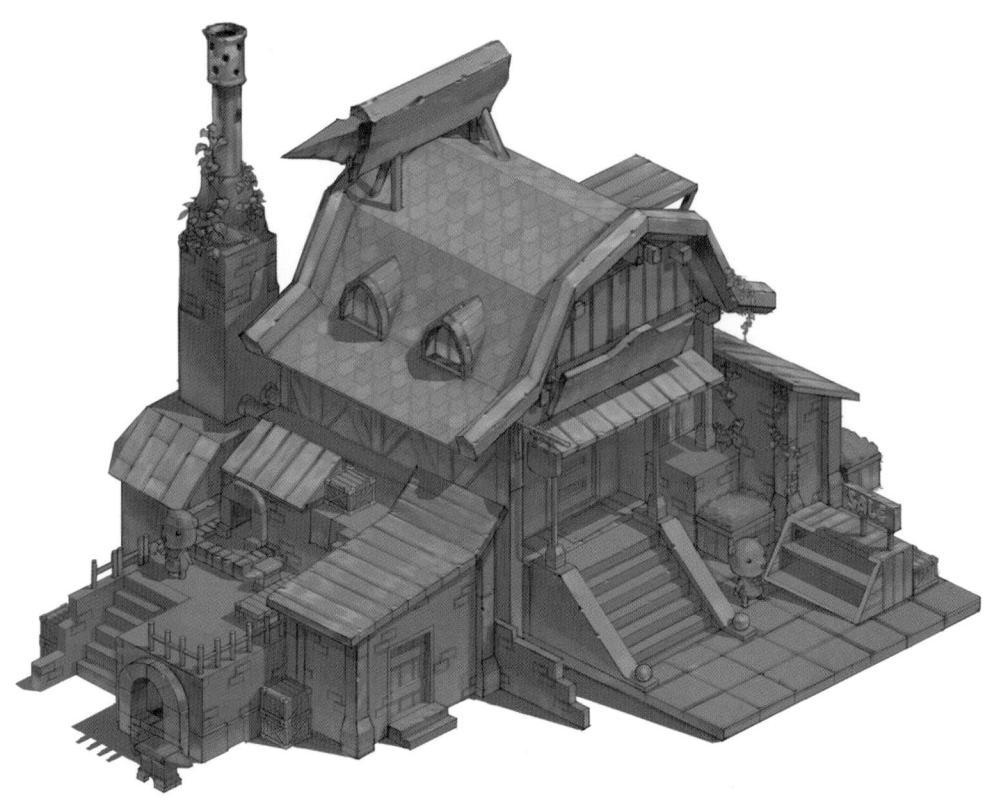

지붕패턴과 웨더링의 묘사 후 디테일이 많이 올라간 것을 확인할 수 있습니다.

이제 더욱 디테일한 부분들을 찾아 작업해 보도록 하겠습니다. 이번엔 밑의 그림과 같이 곰돌이가 팔고 있는 가판대에 포션을 채워 넣을 계획입니다.

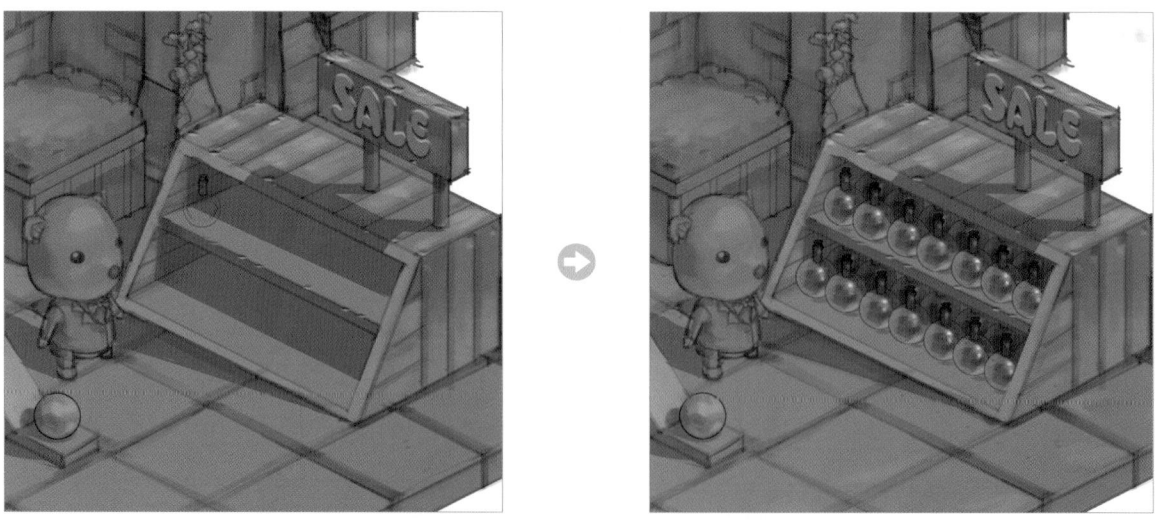

포션 하나를 그리는 방법부터 그것을 붙여 넣는 방법까지 순서대로 함께 알아보도록 하겠습니다.

일반 레이어를 추가해 포션의 스케치를 해줍니다. 파는 곰돌이도 캐쥬얼하니 캐쥬얼한 형태가 어울릴 것 같아 간단한 병 모양으로 스케치하였습니다. 다시 일반 레이어를 추가해 선 레이어 아래로 위치시킨 후 50%의 회색을 채워줍니다.

❶ 색이 채워진 실루엣 레이어 위에 일반 레이어를 추가한 후 레이어 클리핑을 하여 터치를 해도 바깥으로 튀어나가지 않도록 미리 방지를 합니다.

❷ 스크린 레이어를 추가해 유리병의 프레넬을 우선 묘사합니다. 시선의 입사각이 얕은 부분을 밝게 칠해줍니다.

❸ 멀티플라이 레이어를 추가하여 병속의 내용물을 묘사합니다.

❹ 일반 레이어를 추가한 후 하이라이트를 묘사합니다.

❶ 반사 하이라이트와 반사광을 묘사합니다.

❷ 동그라미 선택영역 툴을 이용해 투영그림자가 생길 부분의 영역을 선택합니다.

❸ 일반 레이어를 추가하고 레이어를 포션의 실루엣 레이어 아래로 위치시켜 투영그림자의 색상을 채워 넣습니다. 투영그림자의 명도는 상자 안의 투영그림자의 명도와 같습니다.

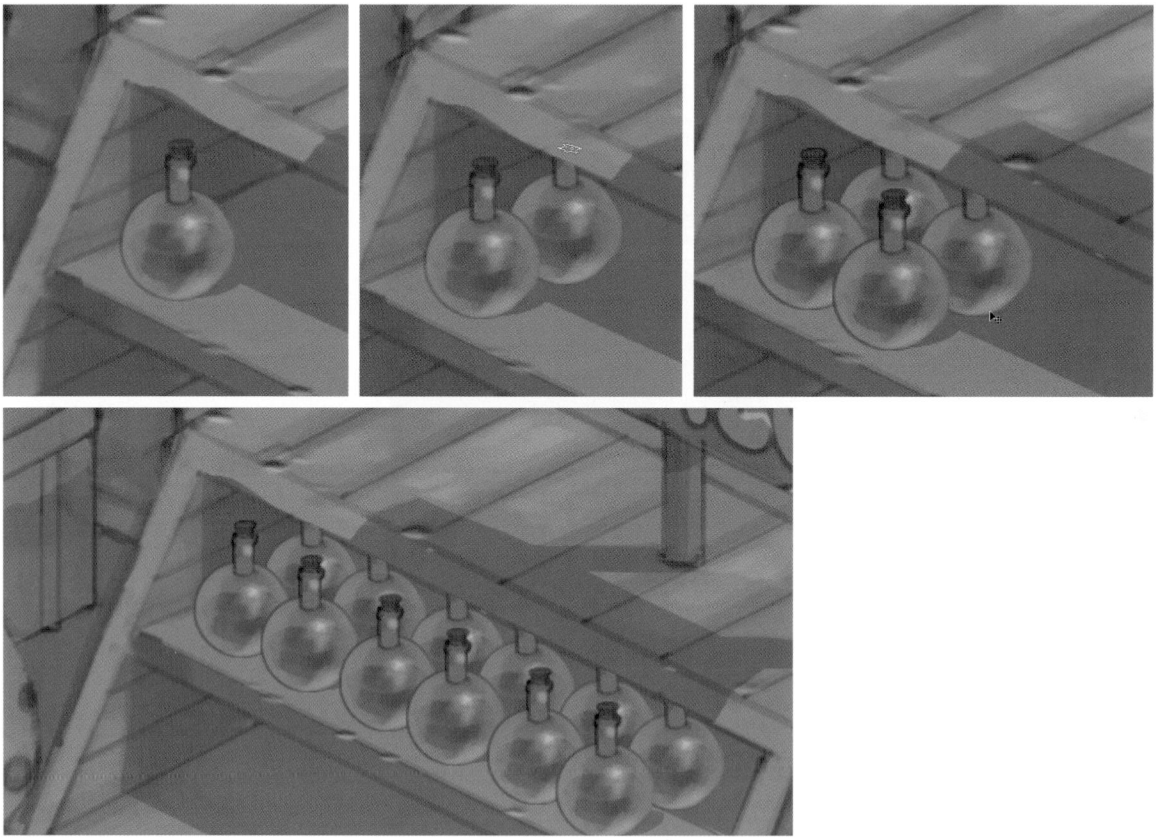

레이어를 병합하고 레이어 복제 기능을 이용해 가판대의 포션을 채워 넣습니다. 평행투사를 사용한 그림이기에 어떻게 배치해도 투시가 맞아 들어갑니다. 이 기능을 잘 활용하면 포션뿐만 아니라 하나의 소스를 여러 군데에 돌려써 디테일을 높일 수 있습니다.

멀티플라이 레이어를 추가해 병 위에도 투영그림자를 만들어줍니다.

레이어 복제 기능을 활용하여 아래가판까지 포션을 가득 채워줍니다.

그 다음 진행할 디테일은 간판 부분입니다. 간판은 일반 가정집에는 없는 가게의 상징과도 같은 부분이어서 넣어주면 상점처럼 보이게 되는 중요한 디테일 요소입니다.

위 그림과 같이 간판의 SMITHY를 음각으로 새겨 넣어 보도록 하겠습니다.

먼저 지금 상점의 분위기에 어울리는 글씨체를 선택하여 타입 툴(단축키 T)를 이용하여 글씨를 입력합니다. 타입 레이어를 가공하기 위해서는 일반 레이어로의 전환이 필요합니다. 레이어 창에서 입력한 타입 레이어를 오른쪽 클릭한 후 [Rasterize Type]을 눌러 일반 레이어로 변경해줍니다.

일반 레이어로 변경시키면 일반 레이어처럼 더 이상 글자가 아닌 그림으로 인식됩니다.

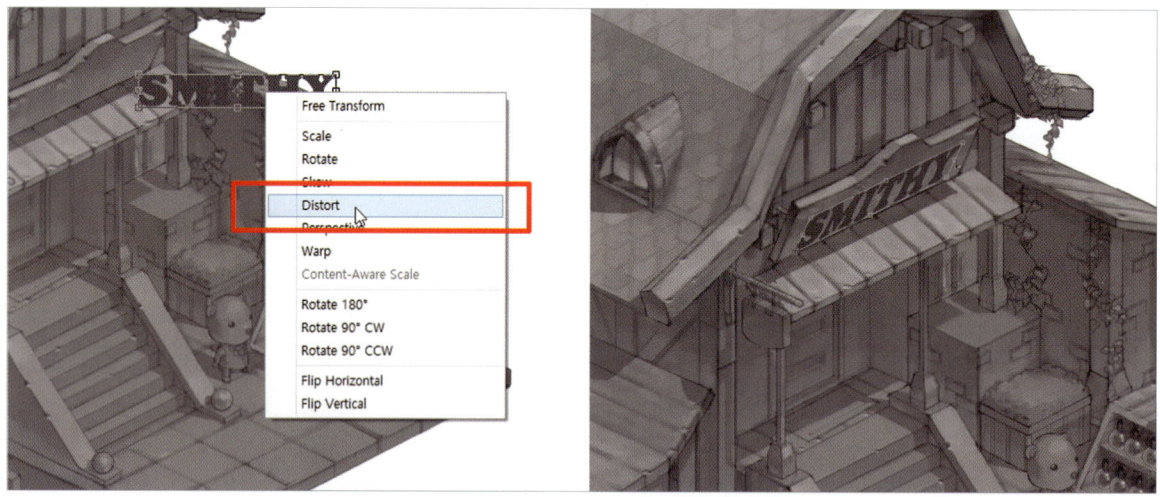

트랜스 폼(단축키 Ctrl+T)을 활성화 시킨 후 마우스 오른쪽 클릭을 하면 [Distort] 메뉴를 볼 수 있습니다. [Distort]를 이용해 간판의 모양에 맞게 글자를 배치합니다.

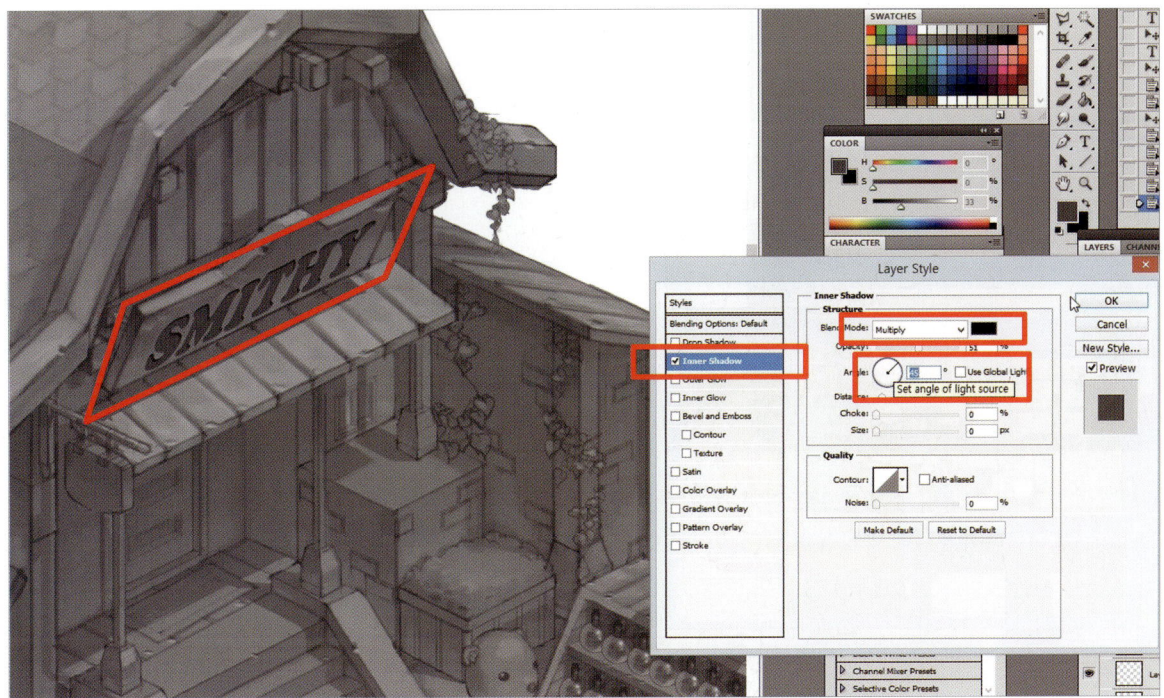

이번에는 레이어 스타일 기능 중 [이너쉐도우]를 사용합니다. 이너쉐도우는 안쪽으로 그림자를 만들어주는 역할을 하는 레이어 스타일 기능입니다. 파라미터에서 각도부분을 조절하여 그림자의 위치를 맞춥니다. 간판이 앞으로 기울어져 있으므로 그림자의 각도를 더 눕혀 주었습니다.

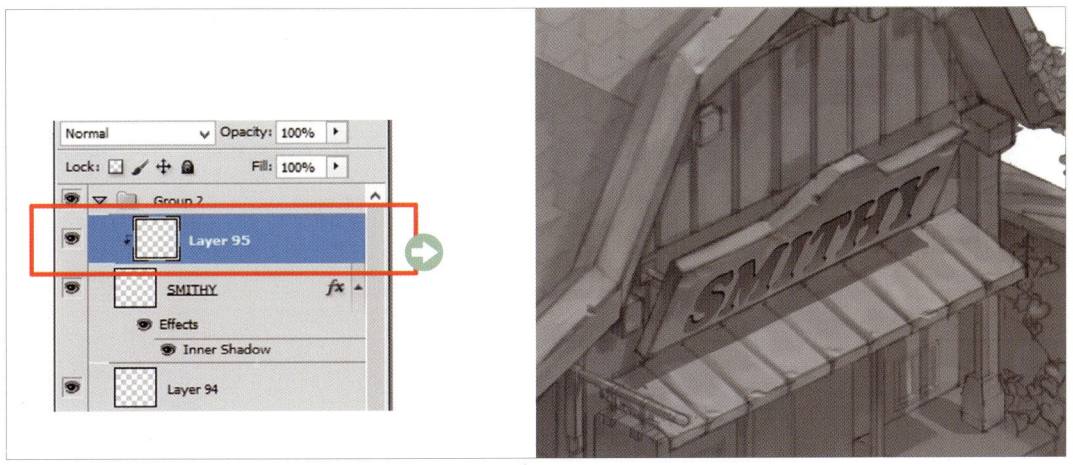

SMITHY 레이어 위에 레이어를 추가하여 클리핑한 후 반사광을 표현하여 마무리합니다.

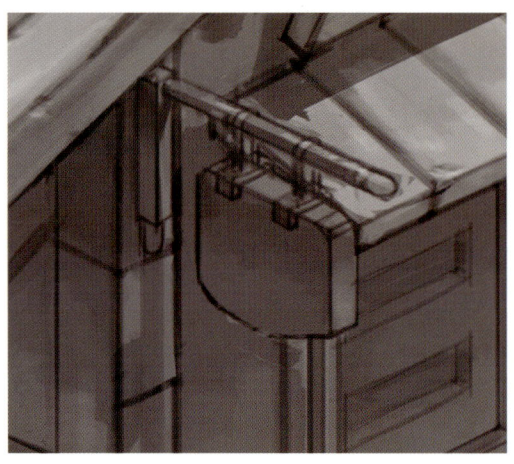 

위의 SMITHY 간판과 같은 방법으로 옆의 작은 간판에도 로고를 새겨 주었습니다. 로고 역시 정면에서 따로 그려 [Distort]를 이용하여 투시에 맞게 붙여 넣는 것이 훨씬 쉽고 로고의 디자인도 생각해내기 편리합니다.

지붕 위에 위치한 Blacksmith's House 역시 같은 방식으로 작업하였습니다. 글자는 그림보다 가시성이 뛰어납니다. 자막이 있는 영화를 볼 때 영화보다 자막에 먼저 눈이 가는 것은 글의 가시성 때문입니다. 그러므로 글자들은 최대한 깨끗하고 투시에 맞게 작업해야 그림이 어색해지지 않습니다.

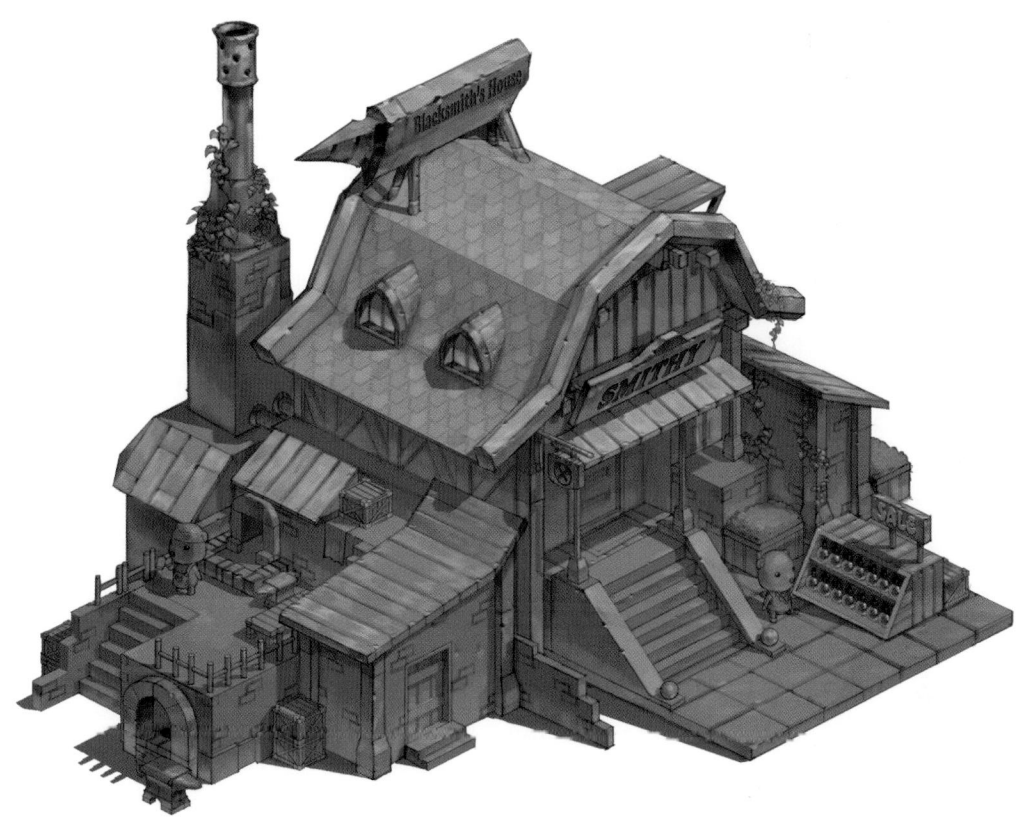

간판들과 포션의 디테일을 잡아준 모습입니다. 중요하고 눈에 띄는 곳을 작업하면 시간대비 디테일을 효율적으로 작업할 수 있습니다.

이제 그림도 거의 막바지에 도착했습니다. 더 진행하고 싶은 곳을 선택하고 어떻게 더 진행 할지를 결정하여 디테일을 조금씩 더 진행합니다. 지금 그림의 완성도가 어디쯤 있는지에 따라 항상 다른 계획을 세우고 접근해야합니다. 무작정 붓질을 하는 것 보다 중요한 것은 접근방식과 계획을 정확하게 세우는 것입니다.

필자는 질감을 조금씩 더 묘사하여 마무리 하겠다는 계획을 세웠습니다. 그리고 접근방식으로는 큰 틀을 최대한 건드리지 않는 정도의 터치라고 설정하였습니다. 이 정도의 간단한 계획들도 여러분의 그림의 방향에 직접적인 도움을 줄 수 있습니다. 계획이 없는 것은 목적지 없이 운전 하는 것과 같습니다.

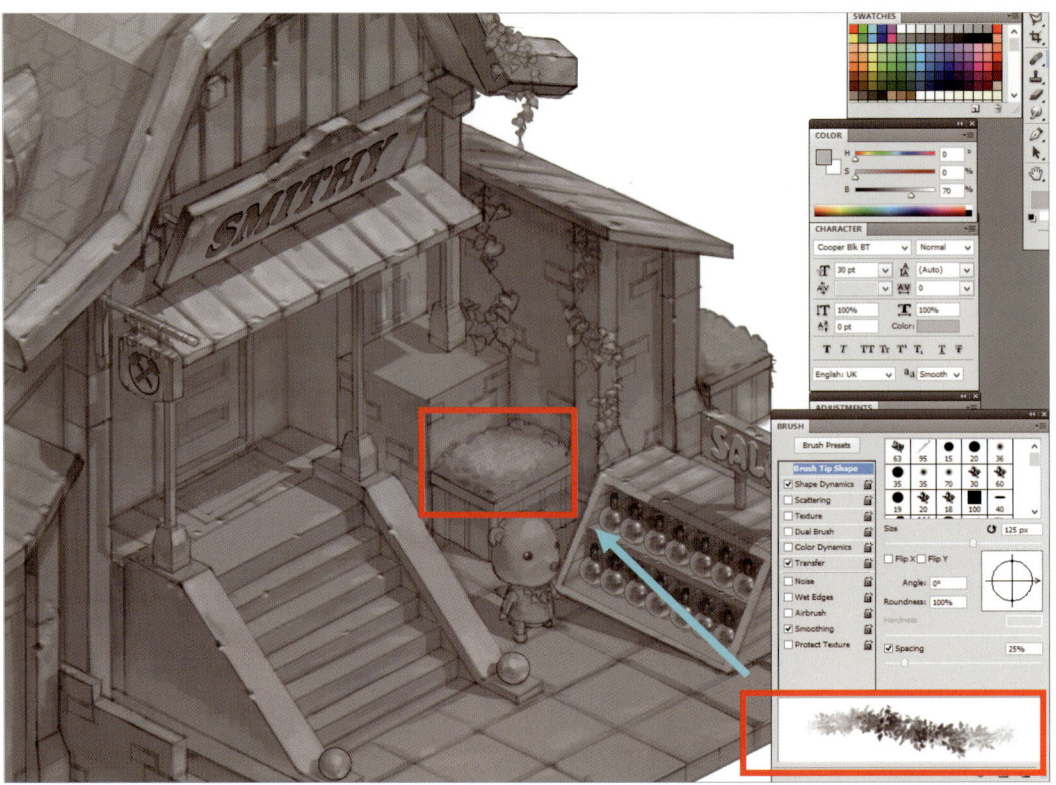

위 그림과 같이 패턴 브러쉬를 이용해 화단의 재질감과 디테일을 높여주었습니다. 패턴 브러쉬는 디지털페인팅에서 디테일 묘사를 매우 쉽게 만들어 줍니다. 패턴 브러쉬의 자세한 설명은 <Tip2. 패턴 브러쉬의 제작과 활용>에서 자세하게 다루고 있습니다.

용광로 디테일 표현

추가하려는 질감들을 조금씩 추가하여 그림을 마무리합니다.

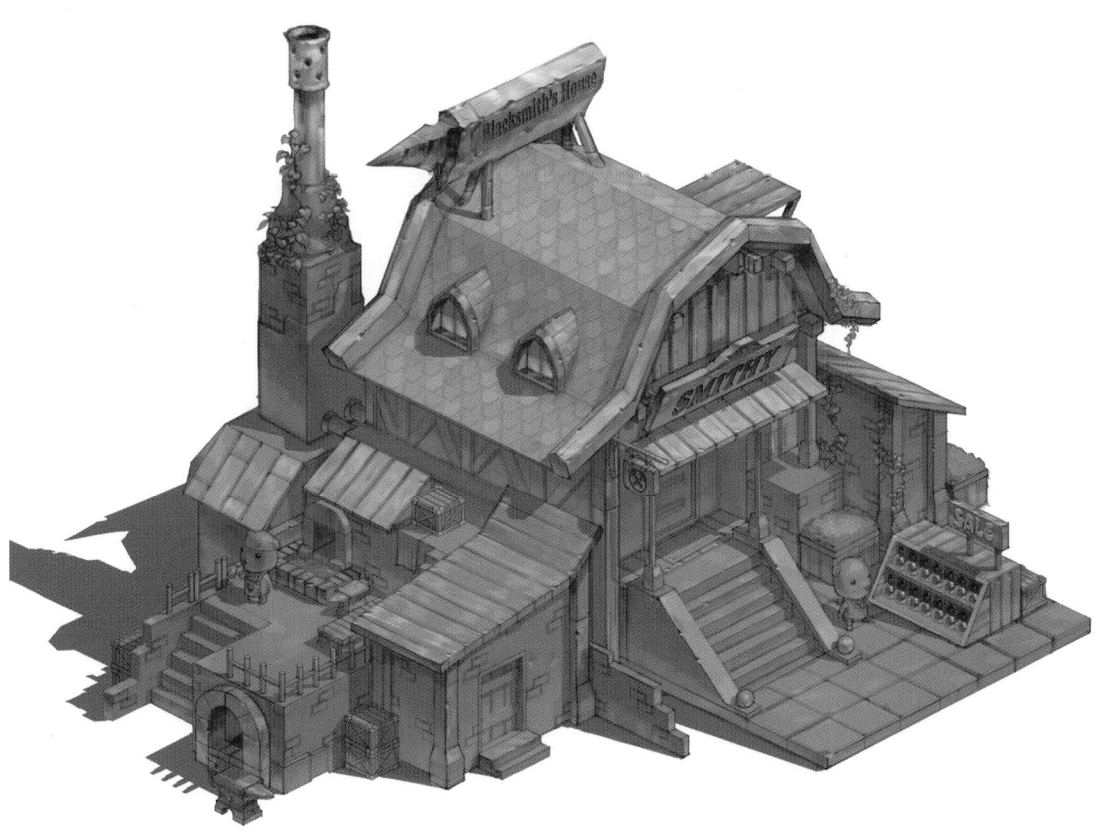

Tip6 복잡한 형태의 폴 오프를 레이어 스타일을 활용하여 쉽게 만들기

폴 오프는 양감을 표현하는 데에 있어서 가장 중요한 수단 중 하나입니다. 우리는 폴 오프를 손으로 그릴 수 도 있지만 레이어 스타일의 기능을 활용해서 쉽게 잡아낼 수 도 있습니다. 폴 오프를 손으로 그리기 어려운 복 잡한 형태일수록 이 기능을 사용하면 편리합니다. 실루엣이 쉬운 구와 같은 그림보단 실루엣이 조금 복잡한 그림을 예시로 들어 설명을 하도록 하겠습니다.

먼저 형태가 조금 복잡한 그림을 준비합니다.

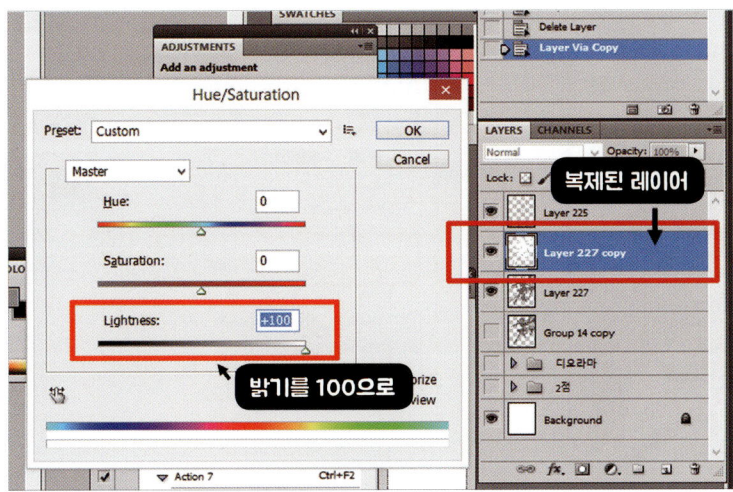

실루엣 레이어를 복제한 후 (단축키 Ctrl+J) 색조/채도 항목을 불러(단축키 CTRL+U) 가장 아래에 있는 밝기 항목을 100
으로 올려 하얗게 만들어준 후 레이어 속성을 멀티플라이로 변경하여줍니다.

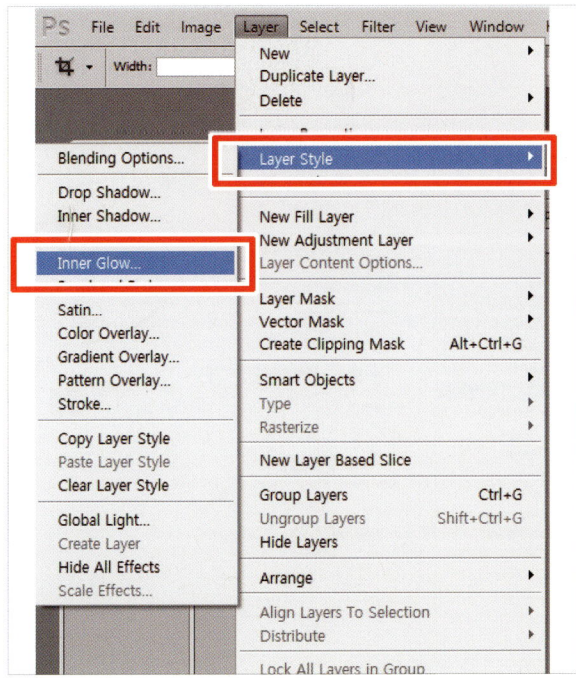

레이어 스타일의 [이너글로우] 항목으로 이동합니다. 레이어 창에서 레이어 스타일을 적용하고 싶은 레이어를 더블클릭
하여도 레이어 스타일 창을 불러올 수 있습니다.

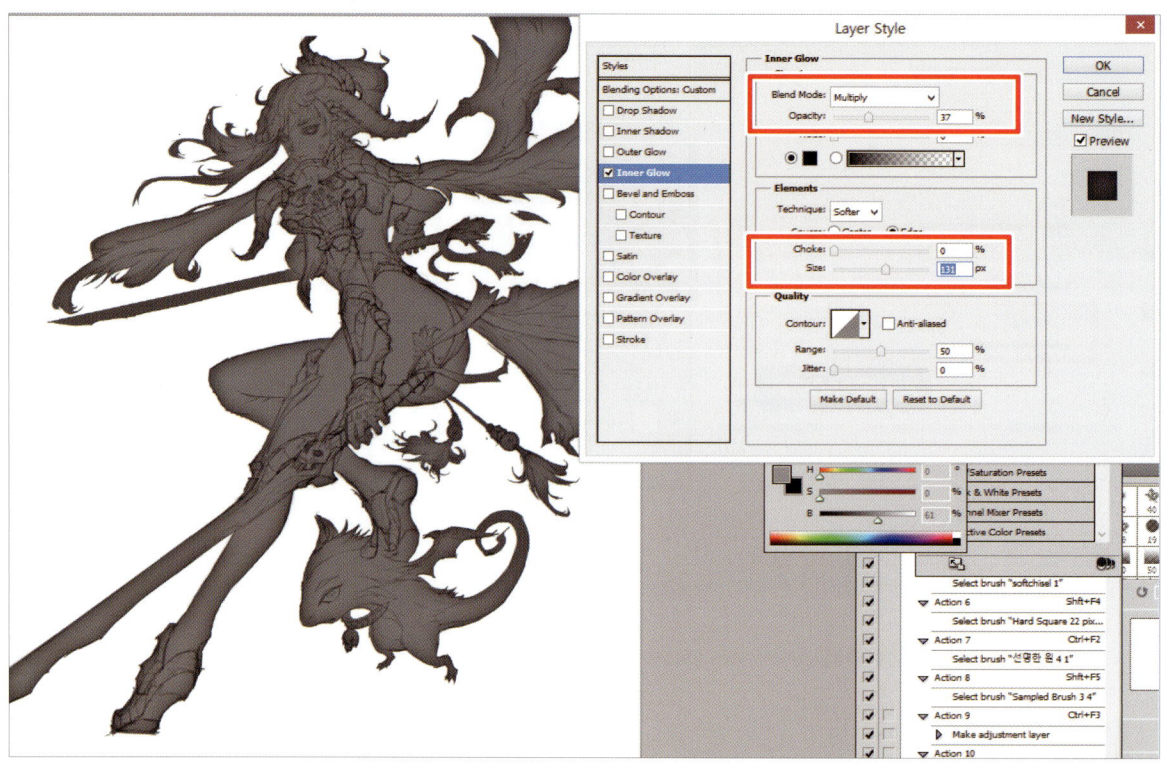

설정 창과 같이 [블렌드모드]를 [멀티플라이]로 바꾸고 투명도와 사이즈를 조절하여 적절한 폴 오프 값을 찾습니다.

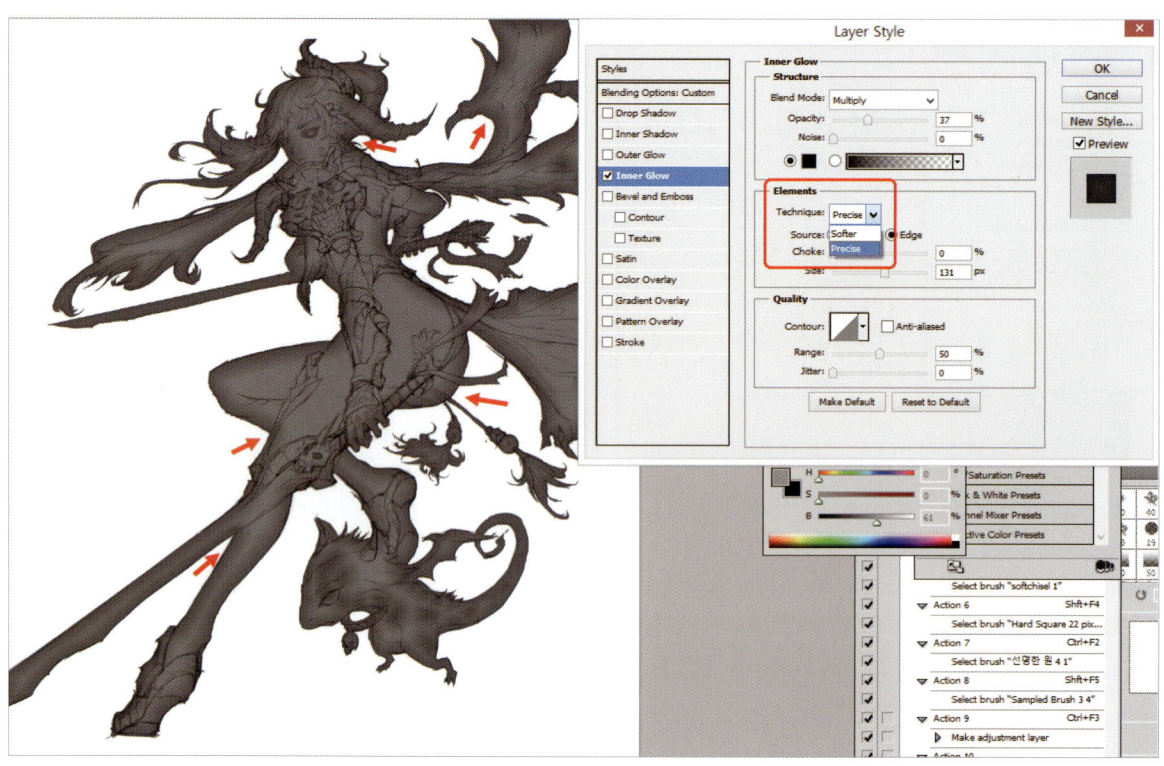

[Elements]탭의 테크닉항목을 [Softer]에서 [Precise]로 바꾸면 안쪽으로 꺾이는 면에서 보다 더 섬세한 표현을 기대할 수 있습니다.

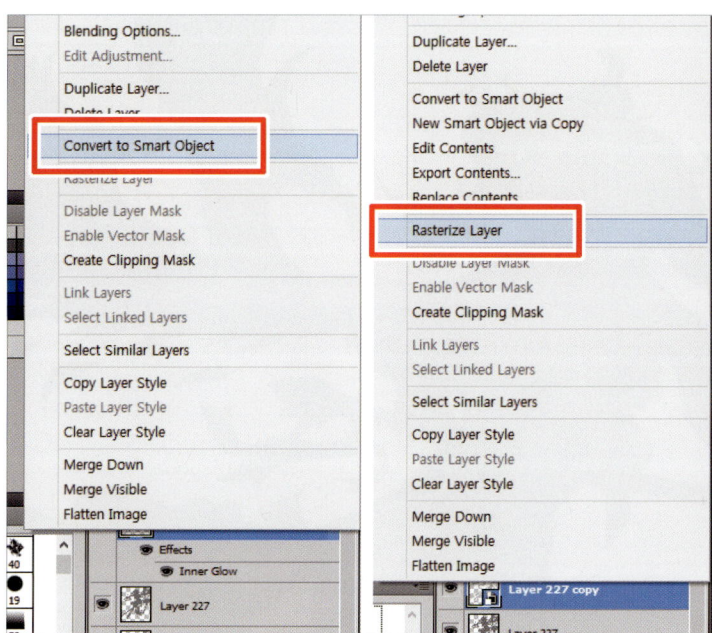

레이어 스타일을 적용한 레이어는 일반 레이어로 변환해주어야 브러쉬나 지우개로 자연스럽게 다듬을 수 있게 됩니다.
레이어 스타일이 적용된 레이어를 선택한 후 오른쪽 버튼 클릭 후 [convert to smart object] ⇨ [rasterize layer]를
순서내로 눌러 일반 레이어로 변환하어 줍니다.

지우개와 브러쉬로 다듬어 폴 오프를 완성시킵니다. 이 과정은 1차 톤 처음에 시작하여도 되고 1차 톤의 마무리 시점에 잡아주어도 됩니다. 중요한 것은 1차 톤이 끝나는 시점에는 반드시 덩어리가 묶여 있어야한다는 것입니다. 2차 톤의 반사광이나 프레넬 효과의 과도한 묘사로 양감이 훼손되었다면 그 후에 조금씩 더 처리해주어도 괜찮습니다. 사실적인 반사광이나 프레넬 효과의 묘사도 중요하지만 그림에 있어 양감은 미술에서 허락된 회화적 표현입니다. 그림에 있어 양감의 전달은 2차 톤의 프레넬 효과나 반사광보다 더욱 중요합니다.

타락한 천사와 그녀의 종 제작 하기

이번 예제는 캐릭터를 이용해 그림의 명암이 어떻게 구성되는지, 그리고 그리는 순서가 어떻게 되는지 차근차근 알아보는 순서입니다. 캐릭터는 사물이나 배경에 비해 그리기 조금 더 까다로운 피사체입니다. 그 이유는 움직임이 들어가고 그 움직임을 제대로 잡아내기가 몹시 까다롭기 때문입니다.

이 책을 보는 여러분들 중 혹시 캐릭터 디자이너를 지망하고 있다면 무작정 사람을 그리는 것보다 먼저 기초 도형들과 움직임이 없는 사물들을 어려움 없이 그릴 수 있게 되었다고 스스로 판단되었을 때 캐릭터를 연습하는 것이 보다 효과적일 것입니다. 더불어 이 책의 예제들은 소소한 팁들도 다루지만 그림을 그리는 순서, 즉 프로세스에 초점이 맞추어져 있습니다. 그림을 그리는 순서들이 어떻게 되어있는지 파악하려고 노력하신다면 이 책에서 조금 더 많은 것들을 얻을 수 있을 것입니다.

먼저 완성작을 보고 어떻게 그려내었는지를 설명하도록 하겠습니다.

위 그림은 흑백으로 완성된 그림입니다. 그림의 설정은 하늘에서 내려오는 타락한 천사라는 설정이며 색화 진행 시 배경에 달과 구름, 시가지 등의 환경을 조금 더 그려 넣을 예정입니다.

먼저 스케치를 준비합니다. 스케치에서 알맞은 투시는 그림의 기본입니다. 스케치에서 투시가 맞지 않는다면 명암을 아무리 잘 설정하여도 형태의 어색함을 감출 수는 없습니다. 명암의 밝은 면, 중간 면, 어두운 면은 결국 x-y-z 라는 스케치의 축 위에 건설되기 때문입니다.

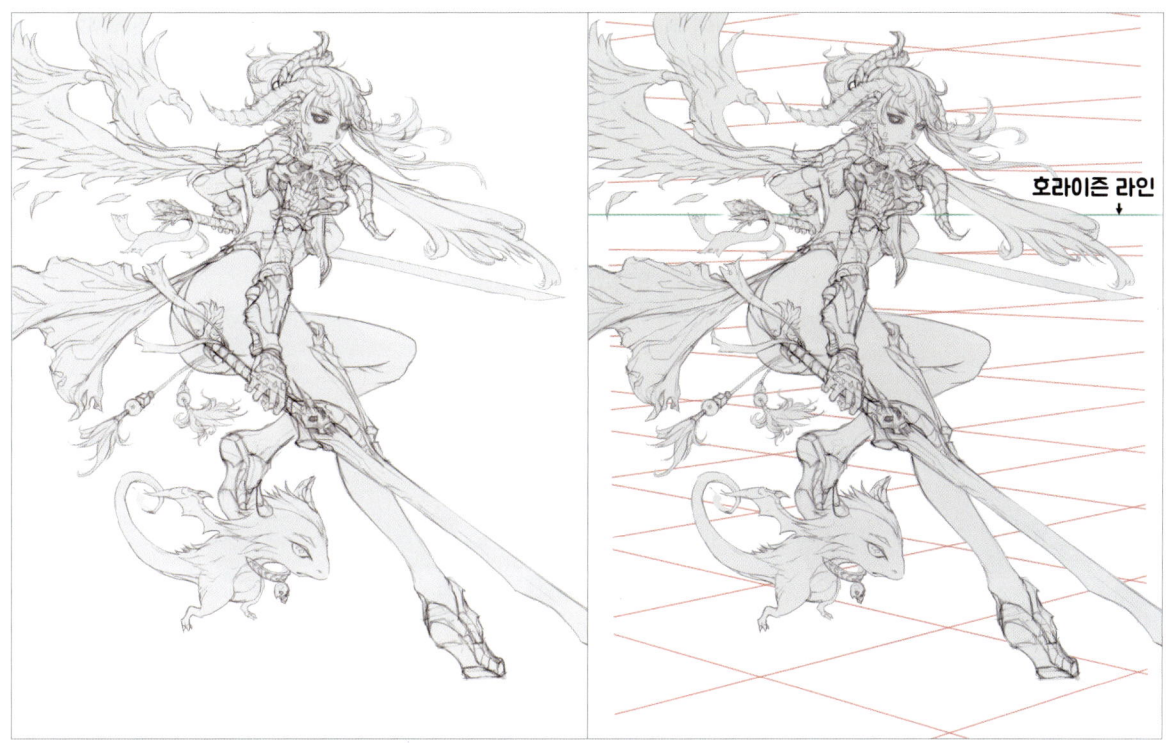

호라이즌 라인

★ 위의 그림은 정확한 2섬 투시에서 그려졌습니다.

위의 그림에 적용된 투시법은 2점 투시법입니다. 투시가 잘 맞춰진 그림은 명암도 그에 맞게 잘 맞춰질 확률이 매우 높습니다. 학생 분들을 가르치다보면 명암의 표현이 잘못되거나, 명암의 표현을 어려워하는 경우를 많이 보게 됩니다. 그런 경우 대부분 스케치의 입체가 어떻게 소실에 맞게 이루어져있는지 스스로 파악하지 못하는 경우들이 매우 많았습니다. 명암을 형태에 맞게 칠하는 가장 빠른 방법은 스케치가 소실에 맞게 들어가 있고 본인 스스로가 그 형태를 잘 파악할 수 있을 때입니다.

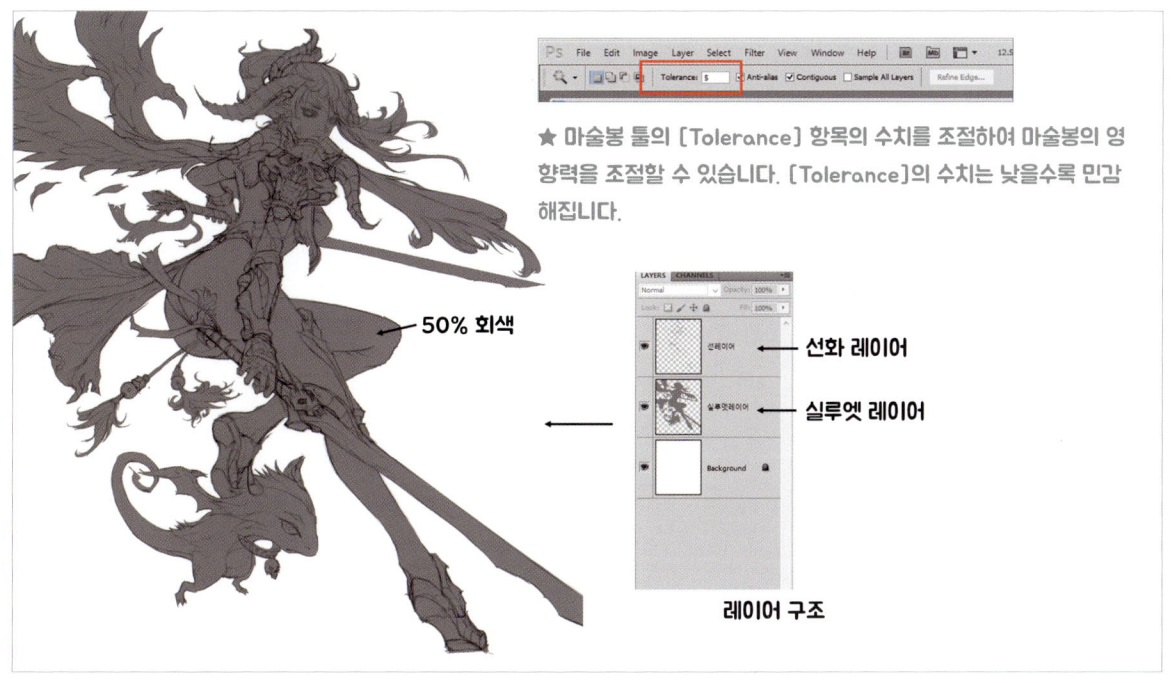

★ 마술봉 툴의 [Tolerance] 항목의 수치를 조절하여 마술봉의 영향력을 조절할 수 있습니다. [Tolerance]의 수치는 낮을수록 민감해집니다.

50% 회색

선화 레이어

실루엣 레이어

레이어 구조

앞의 예제들처럼 일반 레이어를 선 레이어 아래에 추가해 50%의 회색으로 채워줍니다. 이때에는 캐릭터 스케치의 바깥 부분을 마술봉 툴(단축키 W)로 선택하면 쉽게 영역을 선택 할 수 있습니다. 형태가 너무 복잡하거나 선화가 지저분할 경우 마술봉 툴로 선택영역이 잘 지정되지 않을 수 있는데, 이럴 때에는 상단에 위치한 툴바의 [Tolerance]항목 수치를 조절하면 쉽게 선택할 수 있습니다.

주광의 위치를 정해 투영그림자를 건설하고 폴 오프를 잡아줍니다. 폴 오프 설정방법은 <Tip 6. 복잡한 형태의 실루엣의 폴 오프를 레이어 스타일을 활용하여 쉽게 만드는 방법>에서 이 캐릭터를 가지고 자세하게 다루고 있습니다. 폴 오프를 설정하는 것만으로도 어느 정도의 양감이 만들어지는 것을 볼 수 있습니다.

캐릭터는 곡선의 부분이 많아 실린더처럼 돌아가는 면이 많고 자연광보다는 스튜디오 조명과 같은 인공광 상태일 때 더욱 양감이 풍부하게 보입니다. 스튜디오에서 찍은 인물사진이 태양광 아래에서 찍은 인물 사진보다 양감이 풍부해 보이는 것은 생각해보면 당연한 결과입니다. 그런 이유로 필자는 캐릭터 원화의 경우 폴 오프를 묘사하기 전 먼저 생성하는 프로세스를 사용하고 있습니다.

기준선

위 그림과 같이 먼저 피사체의 머리끝 부분과 투영그림자의 머리끝 부분을 잇는 기준선을 만듭니다. 그리고 기준선을 사용하여 주광의 각도를 유추하면 편리합니다. 이제 주광의 방향대로 ❶ 밝은 면, ❷ 중간 면, ❸ 어두운 면과 ❹ 투영그림자를 잡아줍니다.

1차 톤의 면들이 안정적으로 잡혔다면 그림 ❺, ❻과 같이 선화를 꺼도 형태가 유지되는 것을 확인할 수 있습니다. 선화를 껐을 때 형태가 유지되지 않는다면 2차 톤으로 넘기지 말고 1차 톤의 작업을 더 정확하게 수행하여야 합니다.

1차 톤 정리상태

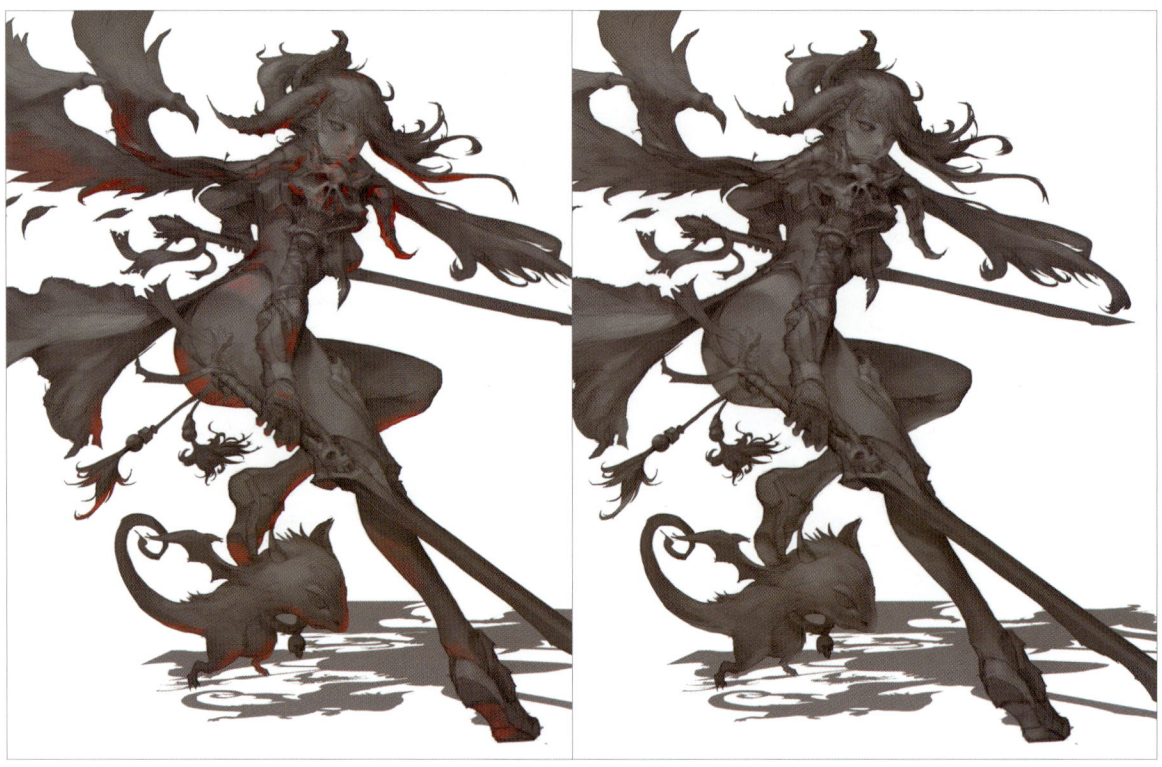

1차 톤이 마무리 되었다면 2차 톤의 기본인 반사광을 묘사합니다. 위 그림에서 왼쪽 그림은 붉은색으로 반사광의 위치를 표시한 그림이고 오른쪽 그림은 반사광을 적용한 그림입니다.

기본적인 반사광이 올라가면 2차 톤 묘사가 시작됩니다.

캐릭터에서 2차 톤 묘사의 시작은 인상이 있는 부분을 기준으로 삼는 것이 좋습니다. 이 그림의 인상은 얼굴과 어깨갑옷에 집중되어있습니다. 가장 먼저 이쪽 부분을 정리해주는 것이 그림을 그리는 기준을 만드는데 효과적으로 보입니다.

가장 먼저 얼굴을 진행함으로써 2차 톤 묘사의 기준을 만듭니다. 캐릭터의 경우 [얼굴 ⇨ 인상이 있는 중요부위 ⇨ 몸 전체]의 순서로 묘사를 진행하면 묘사의 수준을 쉽게 맞출 수 있습니다. 이런 묘사방식은 캐릭터의 얼굴에서도 쉽게 적용할 수 있는데 [눈 ⇨ 코 ⇨ 입 ⇨ 얼굴전체]로 순서를 진행한다면 어느 한 곳의 묘사가 튀지 않고 톤을 안정적으로 맞추어 나갈 수 있습니다. 위 그림 ❶은 1차 톤에서 반사광만 추가한 상황입니다. 그림 ❷는 반사광에 맞게 밝은 면을 작업해 주었습니다. 그림 ❸은 두 종류의 하이라이트가 묘사된 상황입니다. 눈 안을 보면 패시브 하이라이트와 반사 하이라이트 두 개가 모두 존재하는 것을 볼 수 있습니다. 코 끝의 하이라이트 역시 반사 하이라이트입니다. 오른쪽 아래처럼 얼굴의 터치를 조금 다듬어 2차 톤 묘사의 전체적인 로드맵의 기준을 만듭니다.

위 그림에서 붉은색 화살표는 패시브 하이라이트, 푸른색 화살표는 반사 하이라이트의 위치입니다. 붉은색 화살표의 위치는 주광과 수직에 가깝지만 푸른색 화살표의 위치는 그렇지 않습니다.

묘사의 순서는 얼굴 다음으로는 인상 있는 몸의 부위가 좋습니다. 가장 인상이 많은 어깨갑옷 부위의 묘사를 진행하도록 하겠습니다.

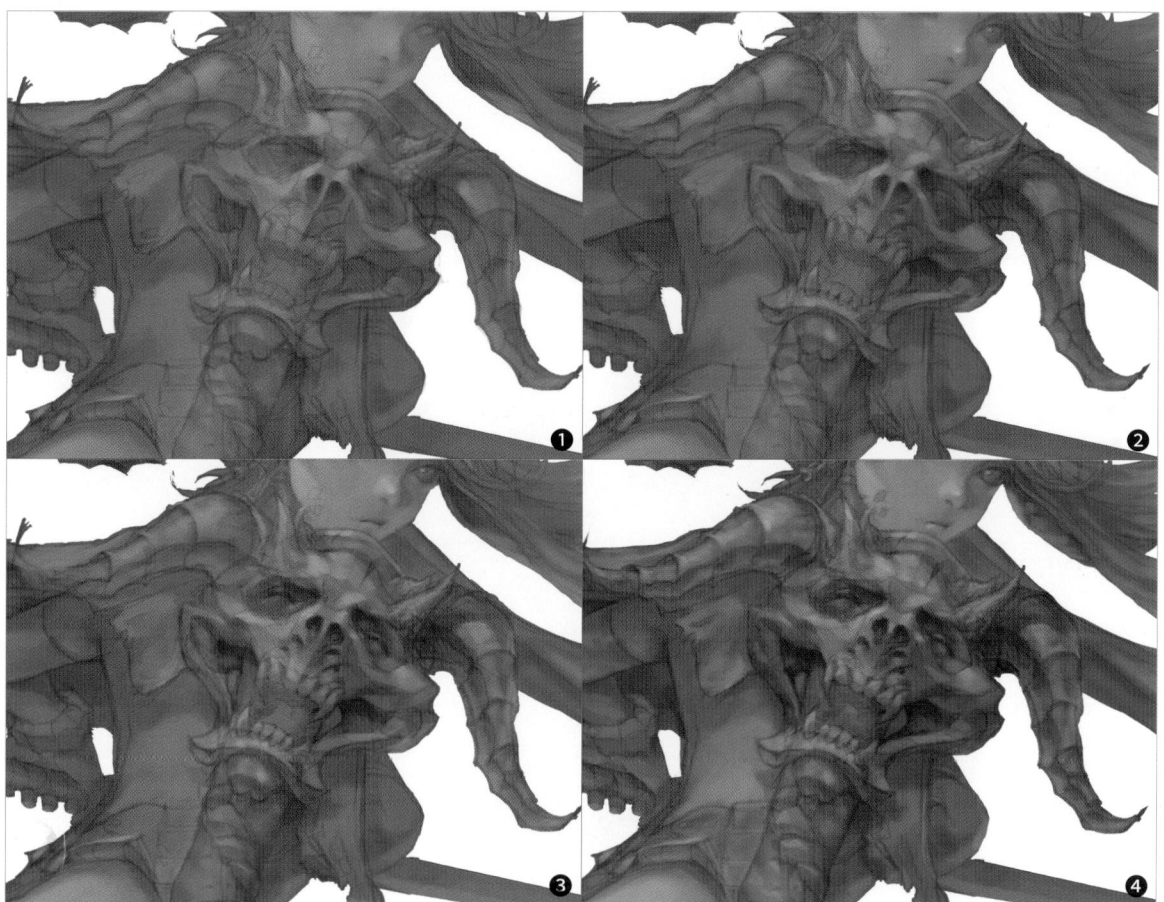

❶ 1차 톤 상태에서 반사광만 들어간 2차 톤의 기본상태입니다.

❷ 반사광의 정도에 맞추어 하이라이트와 중간 톤을 수정해줍니다. 어깨의 갑옷이 반사광이 많지 않은 오래된 뼈 재질의 질감이기 때문에 그에 맞추어 밝은 면은 더 밝히지 않고 중간 톤을 눌러 밀도를 쌓아주었습니다.

❸ 약간의 패시브 하이라이트 및 오클루전과 오클루전 쉐도우가 묘사된 그림입니다. 투영그림자 안에서 반사광과 오클루전만 더 어두워질 수 있습니다. 해골의 눈 뼈 안에 보이는 눈의 모양은 오클루전으로 표현된 결과물입니다. 투영그림자의 내부를 묘사할 땐 밝은 면보다 반사광면과 오클루전에 집중하면 쉽게 묘사 할 수 있습니다.

❹ 오른쪽 아래처럼 2차 톤을 정리합니다.

위 그림의 어깨갑옷에서 하늘색 화살표는 반사광을 붉은색 화살표는 오클루전을 표시한 것입니다. 투영그림자 안의 묘사는 이 두 가지 요소만으로도 대부분 표현할 수 있습니다.

위 그림은 [얼굴 ⇨ 어깨(인상의 부분) ⇨ 몸 전체]로 묘사를 돌려 2차 톤을 쌓는 과정을 전체 샷으로 보여준 모습입니다.

2차 톤 정리상태

학생분들이 이 싸이클을 한 번만 돌려서 위 그림처럼 2차 톤을 끝까지 묘사한다는 것은 결코 쉬운 일이 아닙니다. 이런 경우에는 묘사를 조금씩 올려서 2차 톤이 다 쌓일 때까지 이 싸이클을 몇 번 정도 돌리면 안정적으로 톤을 쌓을 수 있습니다. 미술에서 석고 데생을 할 때에는 이런 말이 있습니다. '할 것이 없다고 생각되면 다시 눈으로 돌아가라' 기준점의 묘사를 올리면 다른 곳의 묘사는 따라서 올라갑니다. 여기서 중요한 점은 기준점의 묘사만 다른 부분에 비해 지나치게 올라가버리지 않게 주의하는 것입니다.

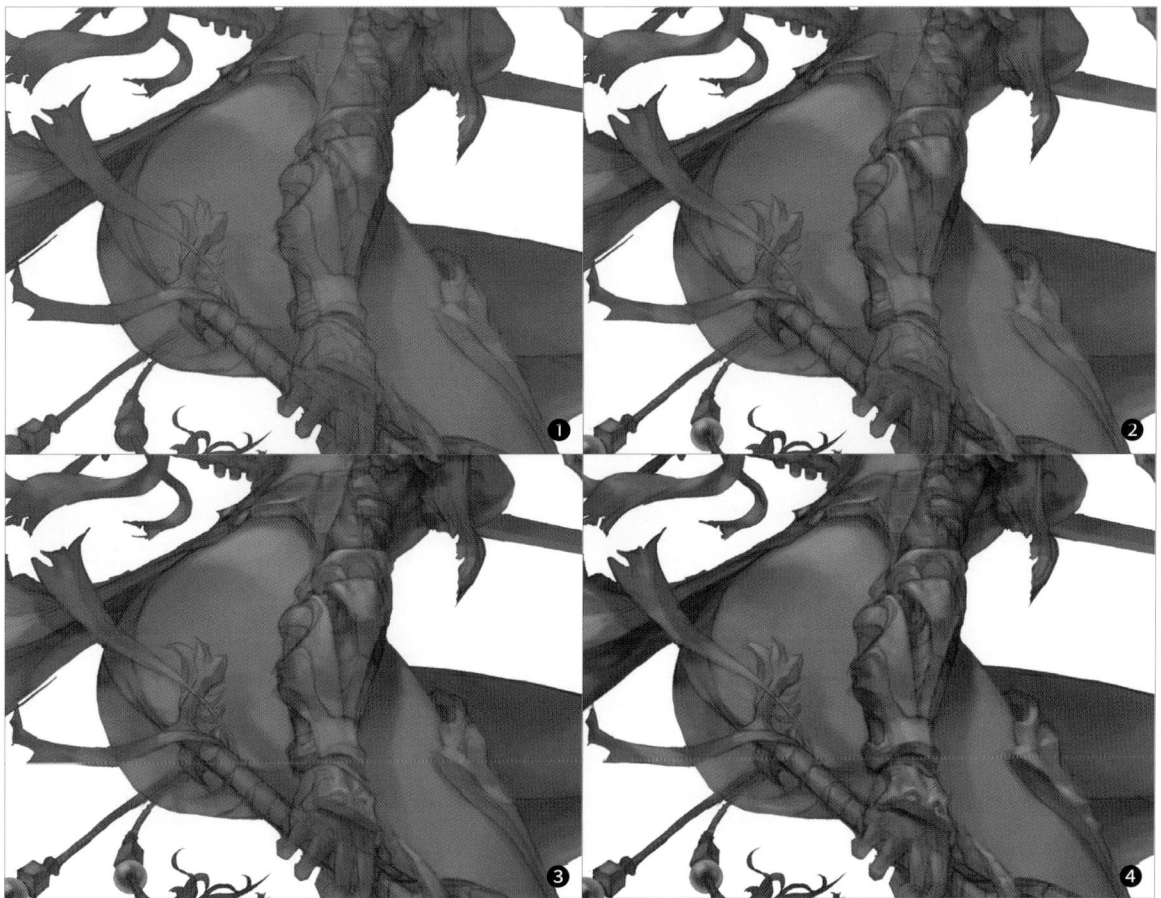

팔 부분의 2차 톤 묘사 진행과정

❶ 1차 톤에서 반사광만이 올라간 상태입니다.

❷ 반사광 톤에 맞게 하이라이트를 더 밝게 작업해주었습니다.

❸❹ 오클루전을 포함한 형태의 세부묘사를 추가합니다.

천부분의 2차 톤 묘사과정

❶ 1차 톤에서 반사광만이 추가된 상태입니다. 천 재질의 특성상 반사광은 약하고 넓습니다.

❷ 방사광의 정도에 따른 하이라이트를 추가합니다. 재질의 특성상 하이라이트 역시 약하고 넓습니다.

❸❹ 오클루전을 포함한 주름의 세부묘사를 정리합니다.

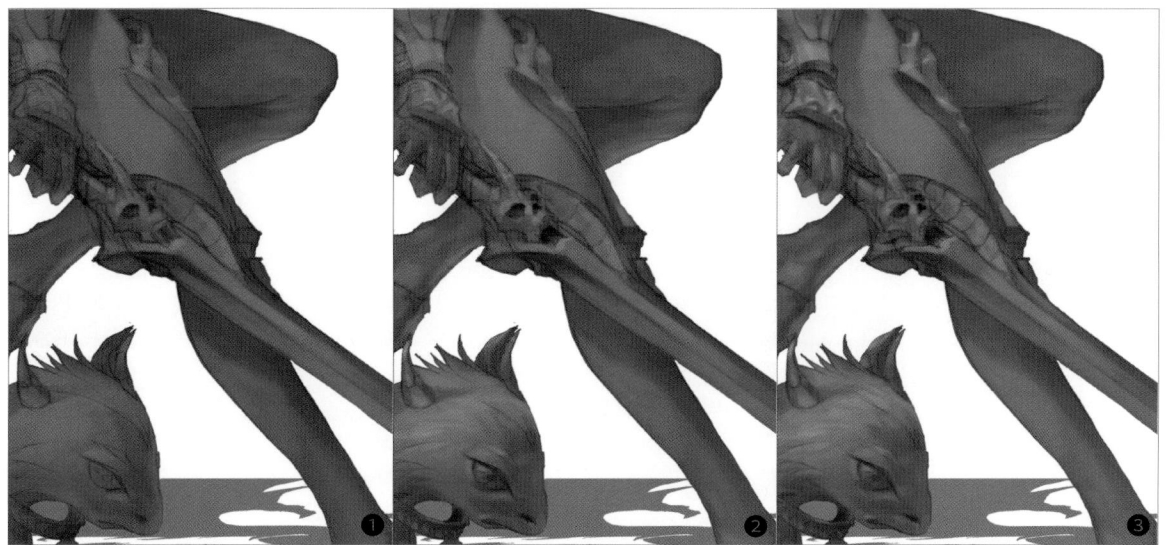

검의 2차 톤 묘사과정

❶ 1차 톤에서 반사광만이 추가된 상태입니다. 칼 부분의 경우 반사광이 넓습니다.

❷ 반사광에 따라 하이라이트를 처리해줍니다. 칼은 검은 철로 표현될 예정이므로 하이라이트는 약하게 잡아주었습니다.

❸ 프레넬 효과와 오클루전을 묘사하여 2차 톤을 정리합니다.

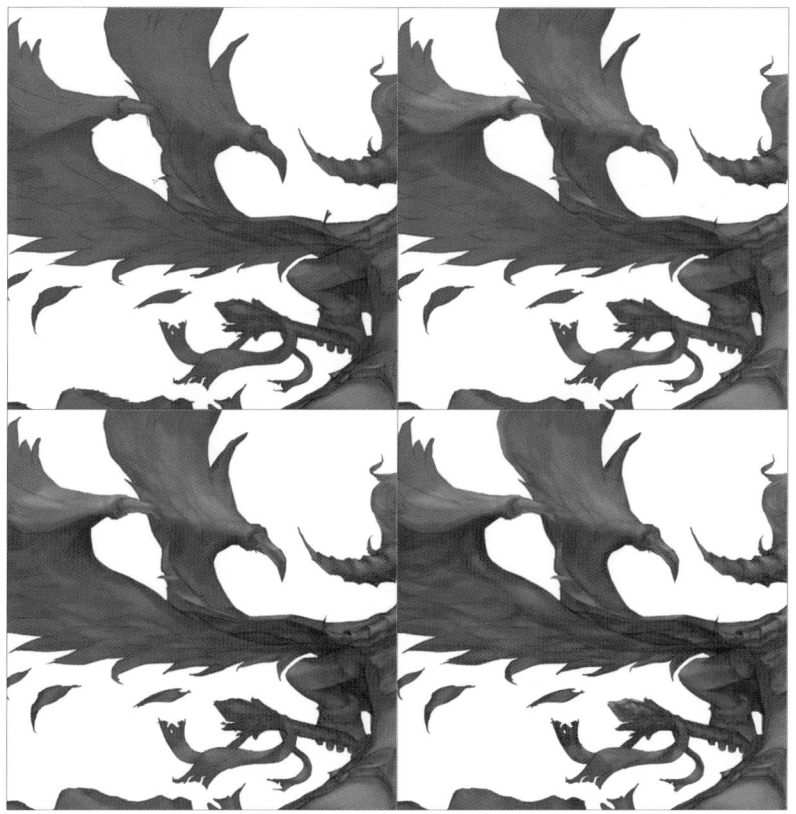

날개의 2차 톤 묘사과정

펫의 2차 톤 묘사과정

2차 톤 묘사에서 가장 중요한 점을 꼽으라면 '너무 많이 묘사하지 않는 것' 이라고 말할 수 있습니다. 톤이 많지 않은 상태에서 너무 디테일한 묘사를 진행하면 광원이나 그림자가 틀어질 위험이 많이 있습니다. 1차 톤이 큰 덩어리를 만드는 과정이었다면 2차 톤은 큰 덩어리를 보다 작은 덩어리로 쪼개어 나가는 과정입니다.

지금 자신이 톤을 잘 쌓아나가고 있는지, 잘 쪼개어 나가고 있는지를 확인할 수 있는 간단한 방법은 포토샵의 레벨기능을 활용하는 것입니다.

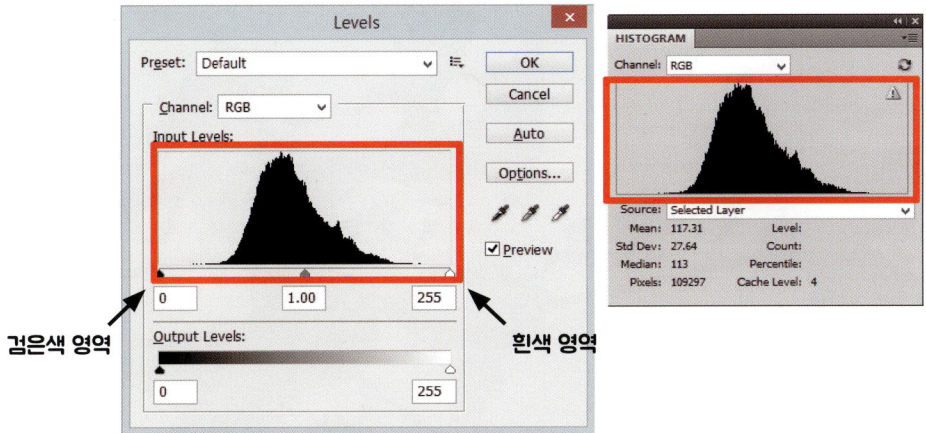

검은색 영역 　　　　　　　　　　　　　　　　흰색 영역

위 그림의 레벨 창을 열었을 때 나오는 그래프입니다. 위 그래프는 우측으로 갈수록 흰색, 좌측으로 갈수록 검은색의 면적을 나타내는 그래프입니다. 이것은 윈도우 팔레트의 [Histogram]항목을 켜도 똑같은 창을 볼 수 있습니다. 이 그래프가 조금씩 넓게 나누어지고 부드럽게 나누어질수록 완성 톤에 가까워집니다. 그리고 밝은 면이나 어두운 면보다 항상 중간톤 면이 많아야 하기 때문에 중간톤 면이 부족한지 않도록 조절해주는 것이 핵심입니다.

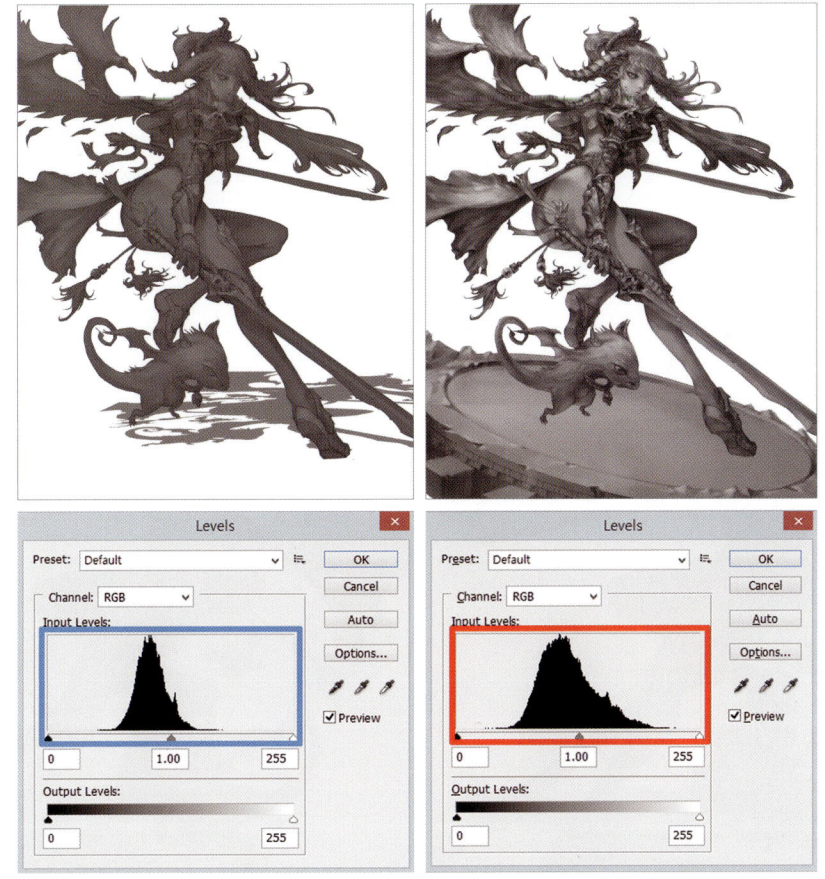

위 그림의 그래프 두 개는 같은 그림의 중간과정에서 레벨을 체크한 그래프입니다. 왼쪽의 그래프는 1차 톤 정리상태의 그래프이고 오른쪽의 그래프는 3차 톤이 완성되었을 때의 그래프입니다. 묘사도가 높아질수록 그래프의 폭이 안정적으로 넓어지는 것을 확인할 수 있습니다.

커브 사용 전 | 커브 사용 후

3차 톤 진행을 위해 위 그림처럼 커브를 활용해 그림의 대비를 조절해줍니다. 대비를 조절하는 기능은 커브 외에도 레벨, 콘트라스트가 있습니다. 어떤 기능을 써도 무방하지만 필자는 보다 세심한 컨트롤이 가능한 커브(Ctrl+M)를 즐겨 사용합니다.

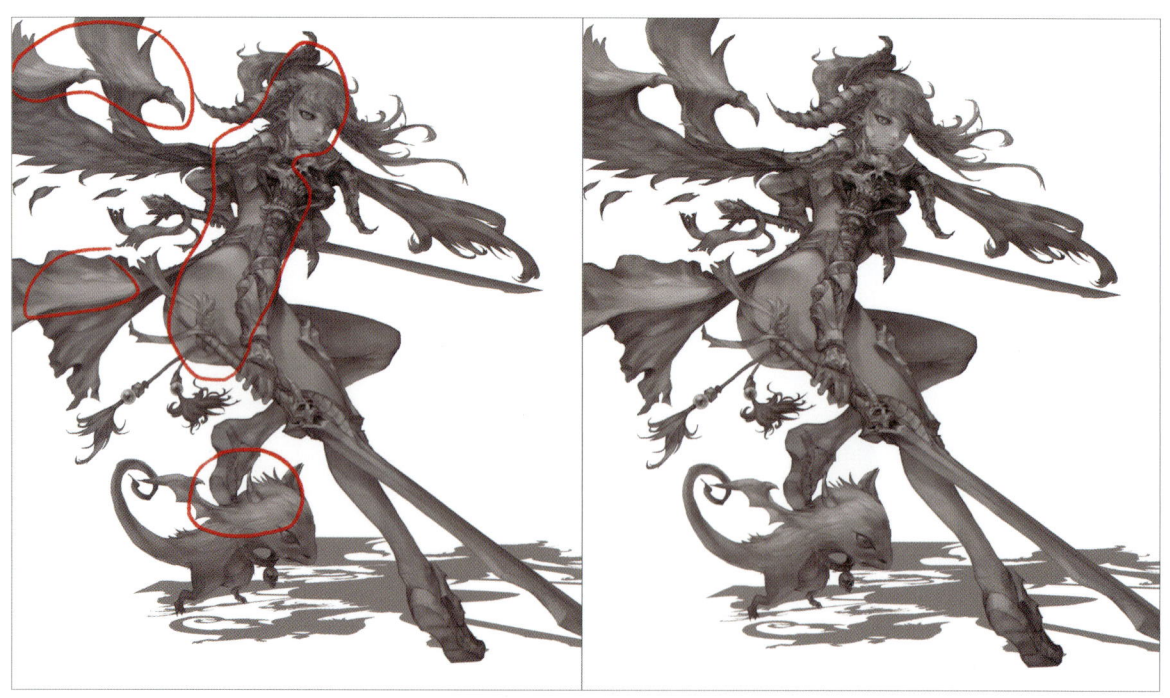

★ 붉은 곳에 Softlight 속성을 이용해 75% 회색을 선택 후 밝혀줍니다.

구체적인 묘사를 하기위해 주광의 방향이 틀어진 곳이 없는지, 어둠이 빠진 곳은 없는지를 체크하고, 소프트라이트 레이어를 추가해 소프트라운드 브러쉬로 전체적인 빛의 방향을 정리해줍니다.

소프트라이트 속성은 흑백의 명도를 기준으로 50%보다 밝은색을 선택하여 칠하면 그 부위가 밝아지고 50%보다 어두운색을 선택하여 칠하면 그 부위는 어두워집니다. 2차 톤을 묘사하면서 전체적인 톤을 덜 밝힌 곳과 덜 어두워진 곳을 체크하여 그 부분들만 잡아주면 됩니다.

디테일한 3차 톤의 묘사들은 빛이 틀어진 경우 묘사 했을 때 묘사가 떠보이게 되므로 반드시 이 부분에서 빛의 방향과 강도를 잡고 넘어가야합니다. 필자의 경우 왼쪽 페이지 아래 그림과 같이 붉은색으로 선택된 영역을 소프트라운드 브러쉬로 부드럽게 밝게 처리해주었습니다.

3차 톤 묘사의 준비상태

이제 3차 톤을 진행할 차례입니다. 3차 톤은 자잘한 묘사 톤이 대부분입니다. 큰 덩어리는 더 이상 건드리지 않고 웨더링, 작은 하이라이트, 재질 등 질감의 요소들을 정확히 표현합니다. 가장 시간이 오래 걸리는 구간이니 끈기를 갖고 표현하는 것이 중요합니다.

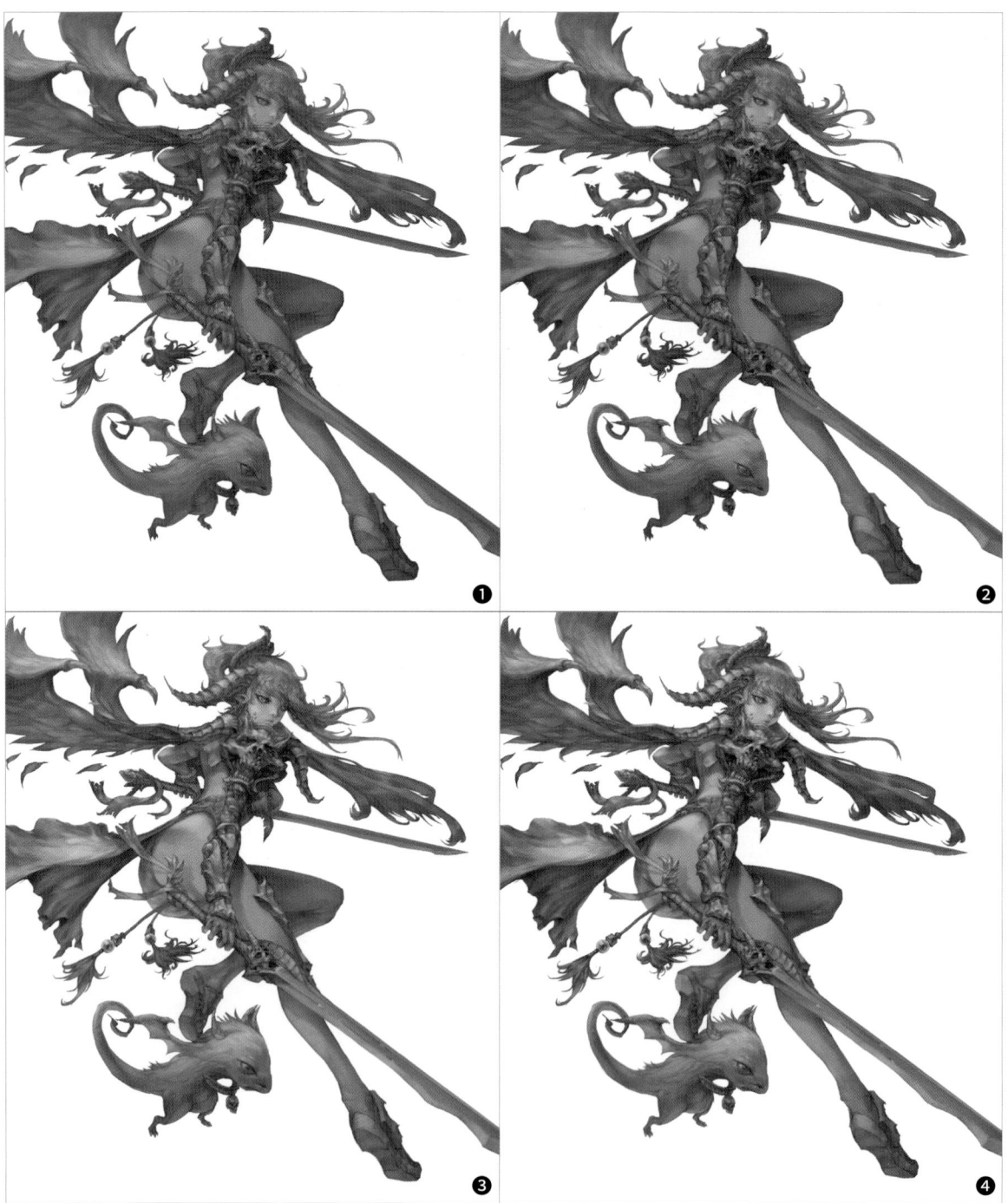

위 그림은 3차 톤의 묘사과정을 풀 샷으로 나열한 모습입니다. 이제 부분 부분 어떻게 변하였는지를 확인해보도록 하겠습니다.

위 그림처럼 완성 톤에 가까울수록 레벨을 조정합니다. 필자는 처음부터 레벨을 높게 벌려서 작업하지 않고 완성 톤에 가까워질수록 레벨의 수치를 조절해 밝은 톤과 어두운 톤의 격차를 벌립니다.

이것은 초반에 밝은 톤과 어두운 톤의 격차를 벌려놓으면 큰면에 치중하기보다 자칫 중간 톤의 묘사에 신경을 쓰는 실수를 할 가능성이 높기 때문입니다. 밝은 톤과 어두운 톤의 격차가 벌어지면 중간 톤의 영역이 늘어나 디테일 묘사를 수월하게 만듭니다. 하지만 이 격차가 좁으면 묘사가 힘들기 때문에 큰면들에 더 신경을 써줄 수밖에 없게 됩니다.

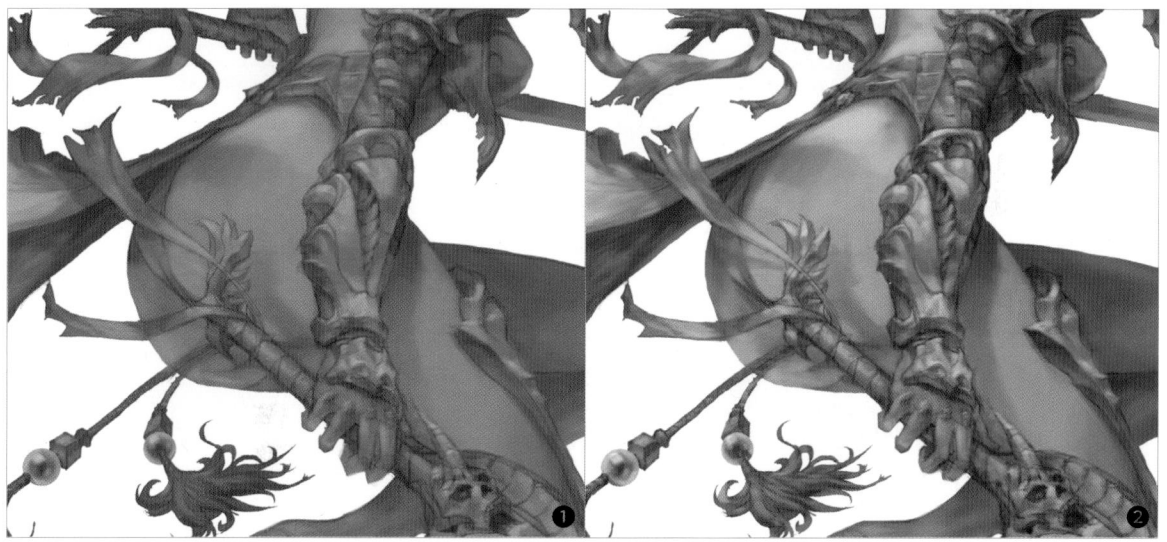

3차 톤은 결국 디테일 묘사입니다. 작은 웨더링들과 디테일들을 구체적으로 묘사해줍니다. 3차 톤을 얼마나 묘사해주느냐는 라인웨이트의 결정에 큰 영향을 미칩니다. 자신의 묘사할 기준이 어느 정도인지를 스스로 파악하는 것이 무엇보다 중요합니다.

인상에서 떨어져있는 부분은 묘사를 인상보다 덜 하는 것이 좋습니다. 우리는 그림의 퀄리티를 비교할 때 그림 안에서 비교하게 됩니다. 일반적인 사람이 여러 사람의 그림을 펴놓고 비교하는 일은 거의 없습니다. 내가 강조할 부분 자신 있는 부분을 더욱 보여주고 싶다면 중요하지 않은 부분의 묘사를 과감하게 줄이십시오. 이것은 고전주의 때부터 내려오는 미술의 표현방법입니다.

선화의 투명도를 조절하여 라인웨이트를 손보면서 디테일을 향상시킵니다. 자신이 원하는 라인웨이트에 도달하면 묘사를 멈춥니다. 그림의 완성은 누군가가 정해주는 것이 아니라 그림 안에서 라인웨이트와 묘사의 적절한 조율에서 발생합니다. 이 말은 우리가 그리는 그림은 다른 누군가에겐 항상 완성의 상태라고도 볼 수 있습니다. 자신의 목표치에 근접한 라인웨이트에 오면 비로소 최종완성이 되는 것입니다.

하늘에서 내려오는 타락한 천사라는 컨셉이기에 시공을 초월하는 느낌을 주는듯한 바닥의 디오라마를 추가로 그려 넣었습니다. 필자가 원하는 라인웨이트에 근접하였기 때문에 묘사를 멈추고 잘못 묘사된 부분이 없는지 체크하며 3차 톤의 묘사를 마무리 짓습니다.

색 COLOR

Chapter **6**

색은 어떻게 하여 생겨나고, 각각의 빛의 색들은 어떻게 정해지는지 알아보는 챕터입니다. 그리고 그 색을 어떻게 배색해야 하는지 또 어떻게 사용해야하는지 구체적으로 알아보고 흑백으로 그려진 그림들을 컬러로 바꾸는 방법들도 소개하도록 하겠습니다.

색이란?

색이라는 것은 사물이 보이는 원리와 같이 광원, 사물, 관찰자 세 가지 요소에 의해 결정됩니다. 사물은 가시광선의 영역 중 자신이 좋아하는 색만 흡수하여 열에너지로 치환하고, 싫어하는 색은 내보내서 우리에게 보여줍니다. 밑의 그림의 사물이 빨간색인 것은 사물이 빨간색을 싫어하기 때문입니다.

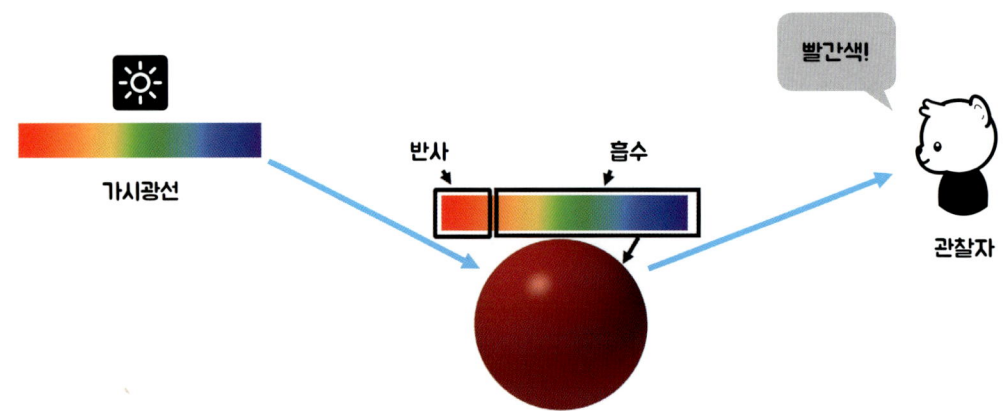

하지만 사물만이 사물의 색을 결정짓는 것은 아닙니다. 만약 관찰자가 색맹이라고 가정한다면 지금 빨간색이라고 보이는 사물의 색은 당연히 변하게 됩니다. 만약 지금 빨간 공이 파란조명을 받고 있다면 빨간공의 색 역시 변하게 됩니다. 사물의 색을 결정하는 데에는 사물 본연의 색이 절대적이지만, 빛과 관찰자라는 요소가 더 있다는 것을 우리는 항상 기억해야합니다.

01 주광과 환경광의 색상

사물의 색상은 변할 수 없습니다. 이것은 사물에 입혀진 도료의 전자기적 특성이기 때문에 사물이 실내에 있건 바깥에 있건 사물 본연의 색상은 변하지 않습니다. 광원과 사물, 관찰자 중 가장 쉽게 변할 수 있는 것을 꼽으라면 바로 광원입니다. 우리가 항상 상기해야 할 것은 빛이 항상 흰색이 아니라는 것입니다. 빛은 언제나 색상을 가지고 있습니다. 하지만 우리의 뇌는 임의로 흰색의 기준을 정해 색상을 맞추려는 노력을 항상 하고 있습니다. 이것을 화이트밸런스라고 부릅니다.

간단한 실험을 통해 이 화이트밸런스를 이해할 수 있습니다. 요즘 모니터는 대부분 색 온도를 조절하는 기능이 내재되어있습니다. 흰색 화면을 띄운 후 모니터의 색 온도를 높이거나 낮춰보십시오. 처음에 흰색이라고 생각했던 화면이 푸르게 보이거나 붉게 보일 것입니다. 그렇게 모니터를 한 시간 정도 써보십시오. 아마 한 시간도 지나지 않아 푸르거나 붉게 보였던 화면은 다시 흰색으로 보이게 될 것입니다. 우리가 모니터의 색상을 조절하였나요? 아닙니다. 우리의 뇌가 흰색의 기준을 옮긴 것입니다. 이 현상으로 인해 우리는 항상 빛을 흰색이라고 생각하기 쉽습니다.

빛의 삼원색인 R, G, B를 같은 비율로 섞으면 흰색이 됩니다. 태양광의 가시광선 역시 R, G, B가 모두 있으니 흰색이 될 수 있습니다. 하지만 하늘에서는 단파산란으로 푸른색이 산란되어 우리에게 내려옵니다. 즉 RGB중 B가 조금 모자란 상태로 떨어진다는 것입니다. 하늘이 파란 이유는 이 때문입니다.

대기층의 레일리 산란으로 인해 파장이 짧은
푸른색의 가시광선은 하늘에서 일정부분 산란됩니다.

환경광

주광

위의 그림을 보게 되면 조금 더 이해가 쉽습니다. 단파산란으로 푸른색을 빼앗긴 주광의 색은 사실 조금 노랗습니다. 이 것은 지구의 자전으로 대기층이 두꺼워지는 아침이나 저녁시간대에 보면 더욱 확실히 볼 수 있습니다.

위 사진처럼 대기층이 두꺼워지는 해질녘의 주광은 확실히 노랗습니다.

★ 하늘이 푸른 이유는 단파산란 때문입니다. 그리고 이 푸른빛은 언제나 우리 주변에 있습니다.

자연의 환경광의 색은 단파산란으로 인해 파랗습니다. 우리는 이 푸른빛을 천공광, 하늘빛, 환경광 등 다양한 용어로 부르며 이 책에서는 환경광으로 정의하였습니다. 이 환경광은 산란되어 대기를 가득 채우고 있는 빛입니다. 주광이 약해질 때에는 어김없이 이 환경광이 그 자리를 파고듭니다. 위 사진을 관찰하면 주광의 영향력을 받지 못하는 부분은 푸른색의 환경광을 받는 것을 쉽게 확인할 수 있습니다.

그림에서 그림자를 푸른색으로 처리하는 것 역시 환경광을 묘사하는 대표적인 예입니다. 위 사진은 그림자의 색상에 환경광이 섞여있는 좋은 예시 사진입니다.

02 반사광면의 색

미술의 회화에서는 반사광의 색상을 푸른색으로 처리하는 것을 종종 볼 수 있습니다. 중학교시절 미술시간에 그렸던 수채화의 반사광의 면을 푸른색으로 칠했던 경험은 많은 분들이 가지고 계실 것 입니다. 반사광은 주광이 사물에 부딪힌 후의 확산광입니다. 반사광은 사물에 부딪힌 다음 사물이 튕겨내는 색을 띕니다. 하지만 그림 내에 이 사물이 표현되지 않은 경우 푸른색으로 처리하는 것도 좋은 선택지입니다.

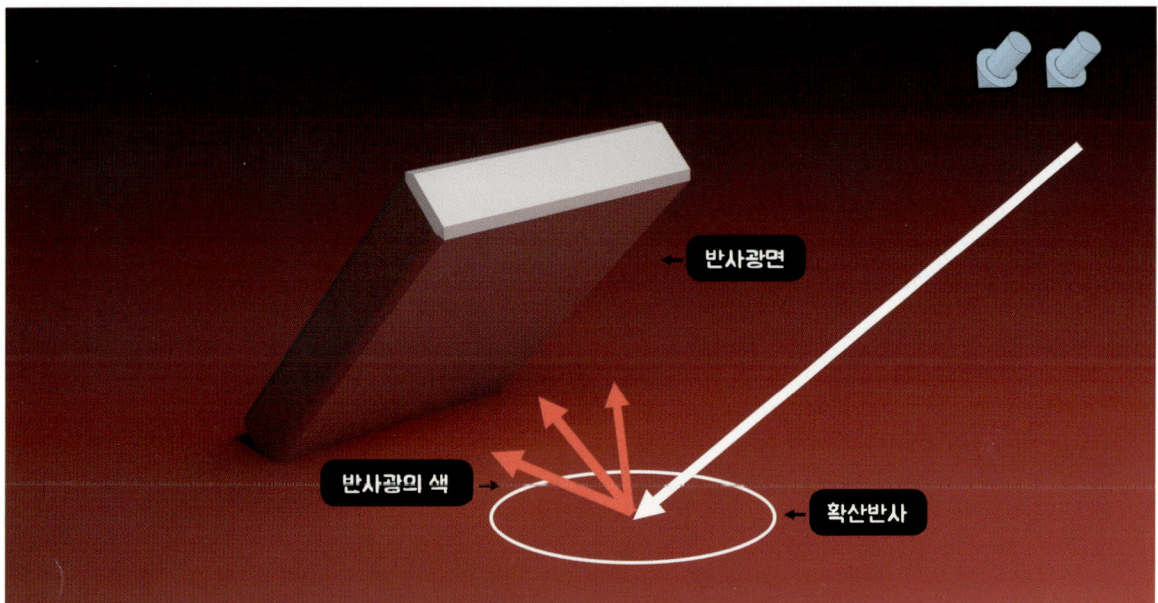

위 그림과 같이 반사되는 바닥의 면이 확실히 보인다면 반사광의 색은 반사되는 면의 색을 따릅니다.

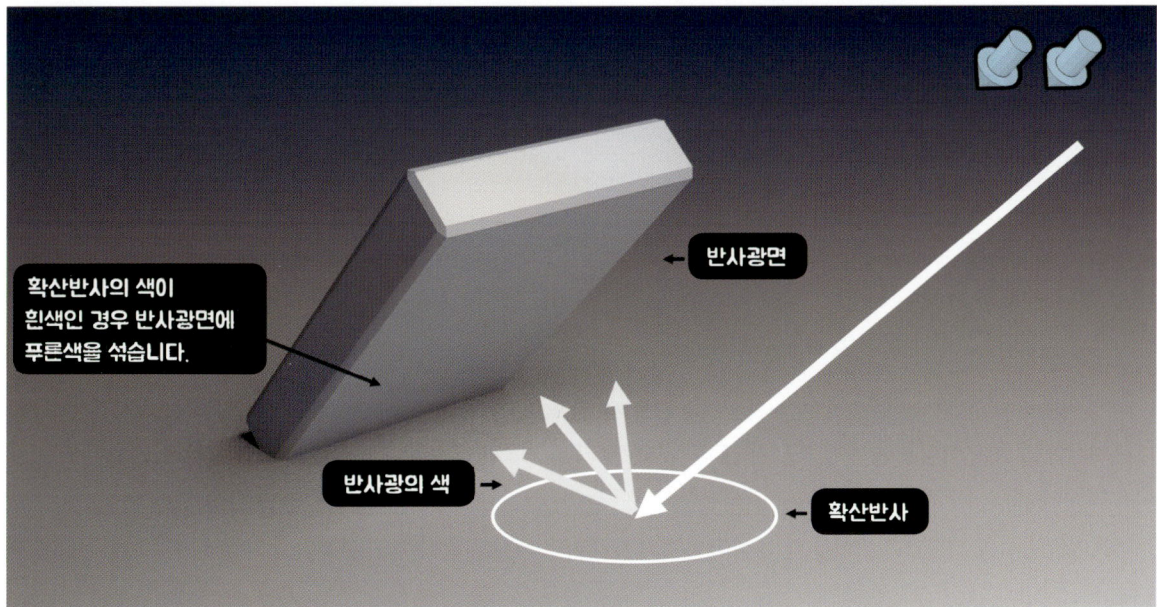

위 그림과 같이 반사되는 면의 색이 흰색일 경우 반사광의 색에 푸른색을 섞어주는 것은 회화적으로 좋은 선택이 될 수 있습니다. 또 그림 안에서 반사되는 면이 잘 보이지 않는 경우에도 푸른색으로 처리하는 것은 좋은 선택입니다.

03 골든아워(Golden hour)

골든아워는 동틀녘이나 해질녘의 한 시간 정도를 말하는 회화나 사진에서 사용되는 용어입니다. 이 시간대에는 공기층이 충분히 넓어져 주광의 색은 더 노랗고 환경광의 색은 매우 푸르게 변합니다. 이로 인해 한난 대비가 광역적으로 일어나는데 이 시간대에는 어떤 사진을 찍거나 어떤 그림을 그려도 색상의 대비로 인해 다이나믹하게 보입니다.

유명영화들 중 마지막 전투나 극적인 장면들은 항상 이 시간대에 촬영 하는 것을 종종 볼 수 있습니다. 유명 영화감독 마이클 베이의 작품 트랜스포머에서 중요한 전투씬들은 반드시 이 시간대에만 촬영했다는 에피소드는 유명한 일화로 남아 있습니다. 또한 3D게임 내에서 주광을 더 노랗게 환경광을 더 파랗게 설정하여 한난대비를 더 강하게 일이키는 예는 온라인게임 블레이드 앤 소울을 비롯한 다양한 게임에서 쉽게 관찰할 수 있습니다.

위 사진과 같이 골든아워의 한난대비는 정적인 사진들도 동적으로 보이게 만듭니다.

04 밝기에 따른 색조의 변화(휴 시프팅, Hue Shifting)

우리가 지정한 원색이 밝아질 때 흰색과 검은색을 섞어 색의 밝기를 조절하는 것을 우리는 등백색과 등흑색이라고 부릅니다. 배색적인 부분이라면 크게 신경 쓰지 않지만, 명암적인 구간에서 이 현상이 나타나면 우리는 흔히 '탁하다'라는 표현을 씁니다.

등백색이란 원색을 기준으로 밝아질 때 흰색이 추가되는 형식의 색상을 말합니다. 흰색이 추가됨에 따라 자연스럽게 채도는 떨어지게 됩니다.

원색에 따른 등백색   원색

등흑색이란 원색을 기준으로 어두워질 때 검은색이 추가되는 형식을 말합니다.

원색   원색에 따른 등흑색

배색론적으로 등백색과 등흑색은 조화를 이루지만 명암에서 적용되는 사항은 아닙니다.

색을 가진 사물이 밝아지고 어두워질 때에는 밝은 면과 어두운 면에 흰색과 검은색이 추가 되는 것이 아니라 밝기와 색조, 채도가 모두 변화합니다. 그중에서 특히 색조가 변화하는 것을 휴 쉬프팅(Hue Shifting)이라는 용어로 부릅니다. 즉 밝은 면과 어두운 면은 색조가 다르다는 것입니다.

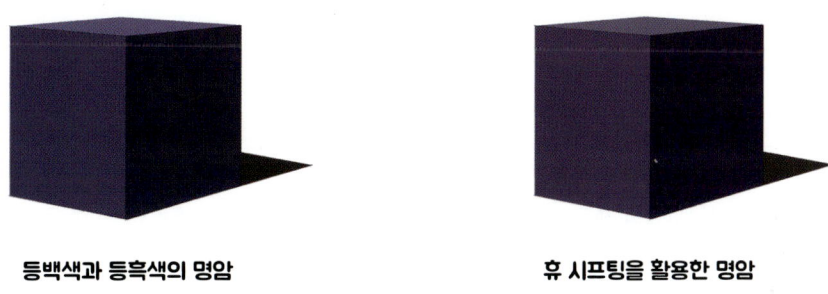

등백색과 등흑색의 명암   휴 시프팅을 활용한 명암

위 그림은 등흑색과 등백색으로 색상이 달라진 박스와 휴 쉬프팅을 통해 색상이 달라진 박스를 표현한 그림입니다. 휴 쉬프팅을 사용한 그림은 그렇지 않은 그림보다 더 자연스러운 색 변화를 볼 수 있습니다. 이번에는 면의 수가 더 많은 구를 이용해 휴 시프팅을 관찰해보도록 하겠습니다.

등백색과 등흑색의 명암   휴 시프팅을 활용한 명암

위 그림을 관찰해보도록 하겠습니다. 등흑색과 등백색의 명암에 비해 휴 시프팅을 사용한 구의 명암의 탁색 부분이 훨씬 적은 것을 볼 수 있습니다. 면 수가 많아질수록 휴 시프팅을 적용한 명암이 훨씬 자연스럽습니다. 그렇다면 명암의 밝기에 따른 색조의 이동은 왜 발생하는 것이며 어떻게 써야할까요? 앞서 색에도 밝기가 존재한다고 언급한 적이 있었습니다. 노란색은 주황색이나 붉은색보다 밝고 하늘색은 파란색보다 밝은 색상입니다. 이것은 명도의 차이가 아니라 색에서만 발생하는 차이입니다.

위 그림에 사용된 색들은 모두 포토샵 팔레트에서 명도100% 채도100%의 색들입니다. 하지만 노란색이 빨간색 보다 밝고 하늘색이 파란색보다 밝은 것을 우리는 볼 수 있습니다.

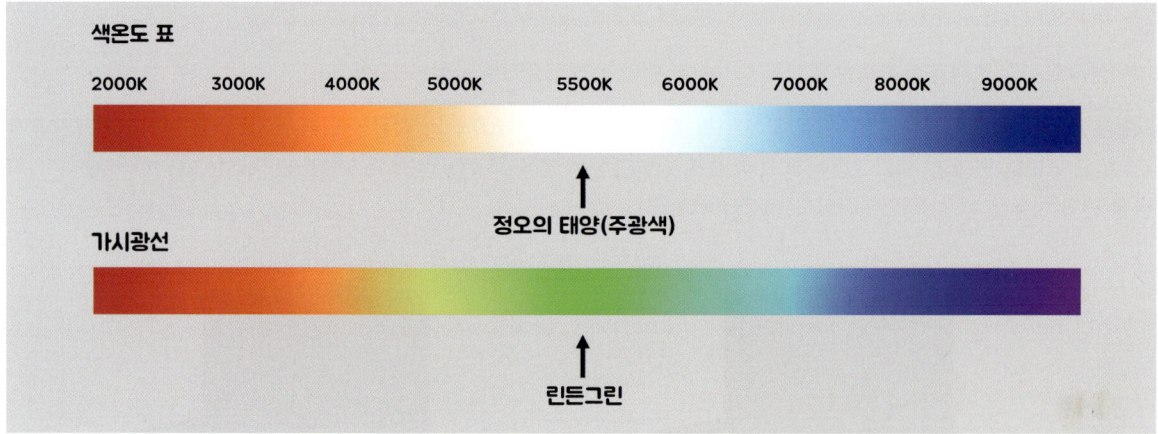

위 그림은 색 온도 표와 가시광선의 색조 팔레트를 비교한 것입니다. 색 온도 표에서 주광색으로 갈수록 RGB가 고루 섞인 흰색에 수렴되고 왼쪽은 난색의 장파가 오른쪽은 한색의 단파가 강한 구간으로 이루어집니다. 이 색 온도 표는 가시광선의 색조 팔레트에서 녹색과 보라색을 제외한 것과 구성이 같습니다. 즉 린든그린이 위치한 구간이 색조가 가장 밝은 구간입니다.

휴 쉬프팅의 사용법은 간단합니다. 색이 밝아질 때에는 색 상환에서 색조를 린든그린의 방향으로 이동시켜 주는 것입니다. 반대로 색이 어두워질 때에는 반대방향으로 이동시켜주면 됩니다.

이 현상은 흑백단계에서는 처리할 수 없으므로 색을 쓸 때에 반드시 염두 해 두어야하는 부분입니다.

05 배색론(패턴적 배색과 기술적 배색)

▍패턴적 배색

배색론에는 크게 패턴적 배색과 기술적 배색 두 가지가 존재합니다.

패턴적 배색이란 역사적 배경에 따라 A의 색과 B의 색이 어울리는 것을 말합니다. 예를 들어 인디언을 생각하면 어떤 색이 떠오릅니까? 고대 로마, 조선, 몽골이라고 하면 어떤 색상이 떠오르나요? 역사적으로 오래 사용하였으므로 이미 어울리는 색이라고 정의하는 것이 패턴적 배색의 정의입니다.

패턴적 배색은 기술적 배색에 맞지 않는 상황도 많고, 사람마다 보는 시각도 다르기 때문에 "완벽하게 예쁜 배색이다"라고 말하기는 어렵습니다. 하지만 역사성에 기틀을 둔 배색인 만큼 쉽게 무시할 수도 없는 배색들입니다. 패턴적 배색론은 이 책에서 언급하기에 너무 다양한 종류와 예시들이 존재합니다. 다양한 사진과 경험에서 이런 배색들을 찾아보고, 하나하나 알아가며 정리하는 것도 여러분의 그림을 위한 여정에서 즐거운 일이 될 것입니다.

★ 그림 ❶, ❷는 각각 한국과 몽골 전통의상의 패턴적 배색입니다. 배색만으로 각각의 문명과 문화를 느낄 수 있습니다.

▍기술적 배색

기술적 배색이란 이렇게 사용하면 배색이 어울린다 라고 정의할 수 있는 배색론입니다.

기술적 배색론은 마치 유행과도 같습니다. 몇 년 전 유행했던 배색의 옷들을 입고 지금 바깥에 나간다면 촌스럽다는 말을 들을지도 모릅니다. 십수 년 전만 하더라도 보색 배색은 포스터의 과장문구에서나 사용하는 잘 사용되지 않는배색이었습니다. 하지만 지금의 보색 배색은 운동화나 트레이닝복에서도 쉽게 볼 수 있는 즐겨 쓰는 배색이 되었습니다. 유행은 변화합니다. 지금 소개하는 이 배색법도 언젠가는 유행이 지날 것입니다. 이것이 우리가 끊임없이 공부해야 하는 이유입니다.

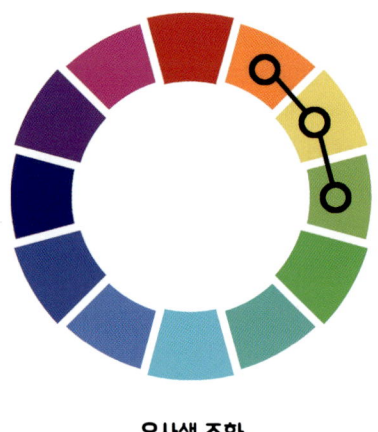

유사색 조화

보색 조화

유사색 조화란 색 상환 내에서 연속으로 이어지는 스펙트럼의 색을 사용하는 것을 말합니다. 자연친화적인 느낌이 들고 안정적인 느낌을 가져다줍니다.

보색 조화는 색 상환의 맞은편에 위치한 대립되는 색상을 사용하는 배색법입니다. 대립색을 쓰므로 유사색 조화와 반대되는 느낌으로 강렬하고 눈에 잘 띄며, 인공적인 느낌의 배색입니다.

인접 보색 조화

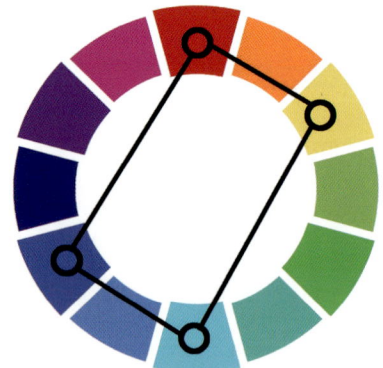

직사각 분열 보색 조화

최근의 배색법 중 가장 많이 쓰이는 배색법은 인접 보색 조화와 직사각 분열 보색 조화 배색법입니다. 보색 조화가 주는 강렬한 느낌은 유지한 채로 그것을 보기 편하게 순화시켜 사용할 수 있습니다. 3색 이상의 배색법에서는 한 가지 색을 강조색으로 사용하여 그림에 포인트를 주는 경우가 많습니다. 그로 인해 그림에 집중되는 부위를 발생시키기 알맞습니다.

직사각 분열 보색 조화는 직사각형의 특성상 어떻게 배색하여도 한난 대비가 함께 배색되게 됩니다. 골든아워(Golden hour)부분에서 언급했듯이 한난 대비는 정적인 그림도 동적으로 보이게 만드는 드라마틱한 효과가 있습니다.

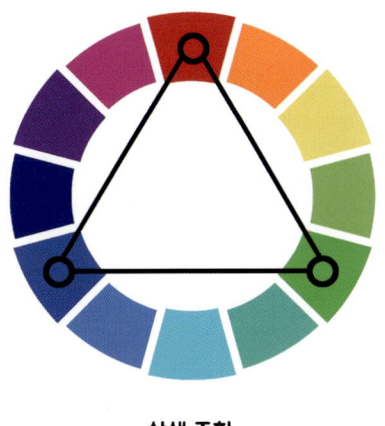

삼색 조화

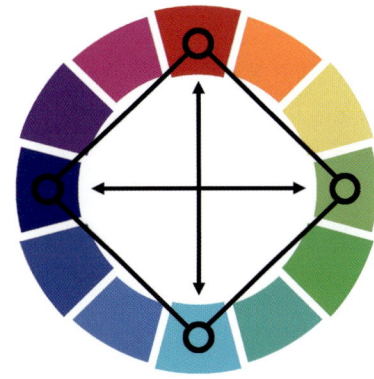

정사각 분열 보색 조화

삼색 조화와 정사각 분열 보색 조화는 색 상환을 돌면서 같은 거리에 있는 세 가지와 네 가지의 색상을 사용하는 배색법입니다. 색들이 모두 다른 색상의 배색법이기 때문에 애니메이션과 같은 색이 튀는 곳에 자주 쓰이는 배색방법입니다.

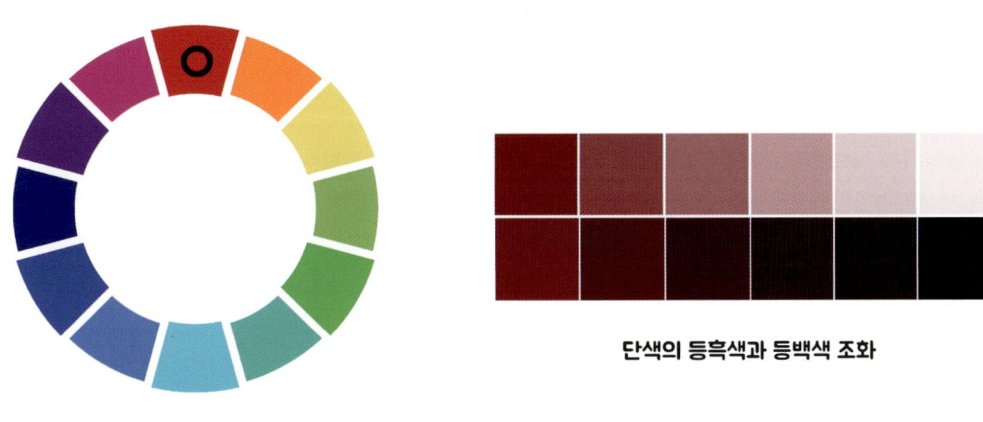

단색 조화

단색의 등흑색과 등백색 조화

단색 조화는 게임아트웍에서는 잘 사용하는 방식은 아닙니다. 하지만 게임 내 회상 씬 등의 스토리텔링적인 아트웍에서는 종종 발견할 수 있습니다. 한 가지의 색조로 채도와 명도만을 변환해 표현하는 배색법으로 안정감과 통일성을 느낄 수 있으나 자칫 단조롭고 밋밋해질수도 있습니다.

2 글레이징 채색법

글레이징 채색법이란 유화에서 비롯된 용어로 흑백으로 그린 그림 위에 컬러도료를 덮어 발색을 내는 형식의 채색법을 지칭합니다. 본래 이 단어는 유화의 기법에서 비롯된 것이지만 디지털 페인팅에서는 흑백으로 된 그림을 컬러로 변환하는 것 모두를 글레이징 채색법이라고 넓게 지칭하는 경우가 많습니다.

글레이징 채색법

 **전통방식의 유화**
유화의 기법 중 하나

 **디지털 페인팅**
흑백의 그림을 컬러로 변환하는 모든 방식의 채색법

★ 디지털 페인팅에서 글레이징이란 단어는 전통적인 유화보다 넓은 의미로 사용됩니다.

이 책에서는 글레이징 채색을 넓은 의미로 해석하여 우리가 디지털 페인팅에서 글레이징 채색이라고 부를 수 있는 몇 가지의 방법들을 소개하고자 합니다.

01 컬러 레이어와 오버레이 레이어를 활용한 방법

포토샵에서 글레이징 채색이라고 하면 가장 널리 알려져 있고 익숙하게 사용되는 방법은 레이어 속성인 오버레이와 컬러를 활용한 채색방법입니다. 어떻게 보면 전통적인 유화방식과 가장 유사하며 많은 분들이 즐겨 사용하는 방식입니다. 채색방식 역시 매우 간단합니다. 흑백으로 그려진 그림 위에 컬러, 혹은 오버레이 레이어를 올린 후 채색하는 것입니다. 이 기법을 편하게 사용하려면 두 레이어 속성의 특성을 이해해야 하는 것이 중요합니다.

〈컬러 레이어〉

글레이징 방식에서 가장 이상적인 초벌채색 레이어는 컬러입니다. 그 이유는 컬러 레이어는 기존의 흑백 그림의 명도에 전혀 관여하지 않기 때문입니다. 물론 색상은 색상마다 다른 밝기를 가지고 있기 때문에 간접적으로 명도에 관여할 수 있겠지만 그 정도의 영향력으로는 흑백에서 잡아놓은 큰 명암덩어리를 해치지 못합니다. 컬러 레이어는 색상이라고 부를 수 있는 색조와 채도만 아래의 흑백 레이어에 영향을 끼칩니다. 하지만 여기에서 약간의 문제점이 발생합니다. 바로 색상이 발색될 수 있는 필수조건이 명도이기 때문입니다. 약간은 어려운 이 이야기를 예제를 통하여 설명해보도록 하겠습니다.

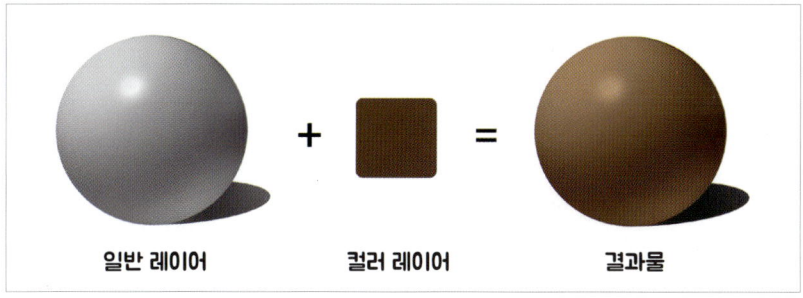

★ 이상적으로 꿈꾸는 위와 같은 예시는 포토샵에서 일어나지 않습니다.

왼쪽 그림은 글레이징을 접하는 대부분의 분들이 생각하는 컬러 레이어의 모습입니다. 하지만 이런 상황은 포토샵에서 조작된 결과물입니다.

★ 실제로는 위와 같은 현상이 발생합니다.

그러면 실제 결과물은 어떻게 될까요? 실제로 컬러 레이어를 사용하면 왼쪽 그림과 같은 결과물이 나오게 됩니다. 컬러 레이어에서 지정한 색과 결과물의 색이 전혀 다른 것을 볼 수 있습니다.

왜 이런 현상이 발생했을까요? 이 물음에 답할 수 있다면 여러분은 컬러 레이어의 대한 이해뿐만 아니라 색의 발색 조건에 대해서도 이해하고 있는 것입니다.

우리가 흔히 색상이라고 생각하는 것은 색조와 채도 값 이외에도 명도 값을 가집니다.

★ 색이라는 것은 색조, 채도, 명도로 이루어져 있습니다.

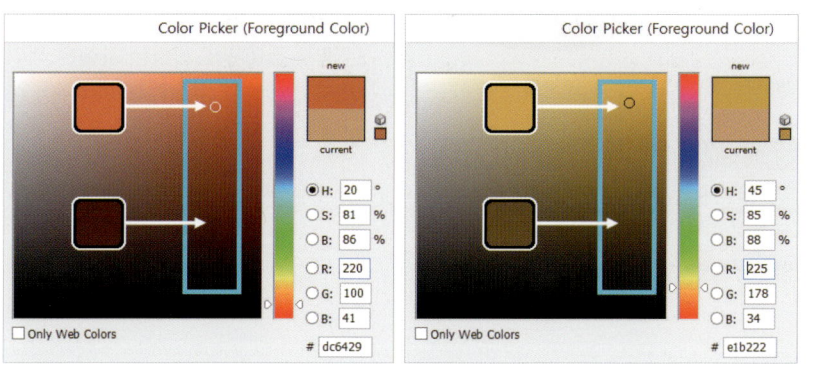

왼쪽 그림과 같이 주황색과 갈색, 노란색과 황토색은 같은 색조와 채도를 가지고 있지만 명도가 다른 색상입니다.

컬러 레이어 속성은 명도 값을 흑백으로 그려진 아래의 명암 레이어에 의존하고 색조와 채도를 컬러 레이어에 의존합니다. 그래서 결과적으로 앞부분의 그림과 같이 본래 합치려고 했던 갈색이 아닌 갈색보다 밝은 베이지색의 결과물이 나온 것입니다.

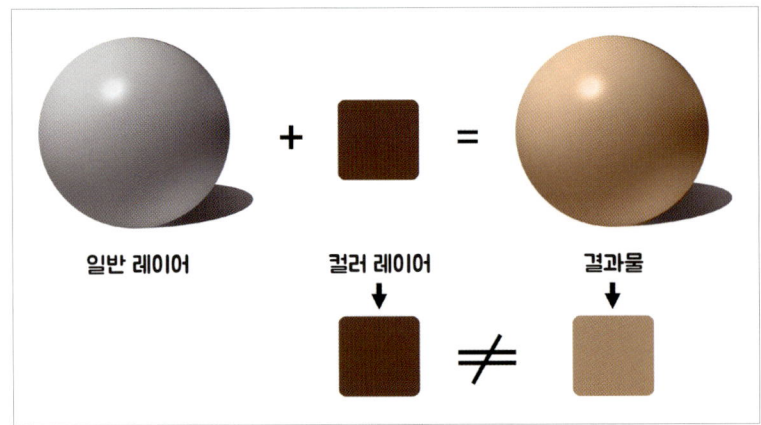

왼쪽 그림과 같이 명도의 도움 없이 컬러 레이어만으로는 원하는 발색을 낼 수 없습니다.

색의 채도 역시 명도에 의해 영향을 받는 부분입니다. 색이 제대로 된 발색을 내기위해선 반드시 일정수준의 명도가 필요합니다. 명도가 밝다면 색은 흰색에 가까워지고, 어둡다면 검은색에 가까워집니다.

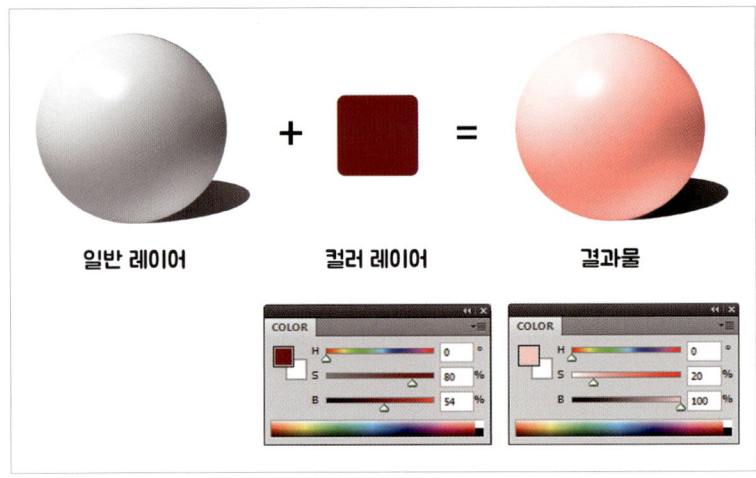

왼쪽 그림을 확인해보면 컬러 레이어의 색상은 채도가 80%나 되는 고채도의 색상이지만 명도 값이 높은 명암 레이어 상태에 컬러 레이어를 적용하면, 결과물에선 채도가 20%밖에 발생하지 않습니다.

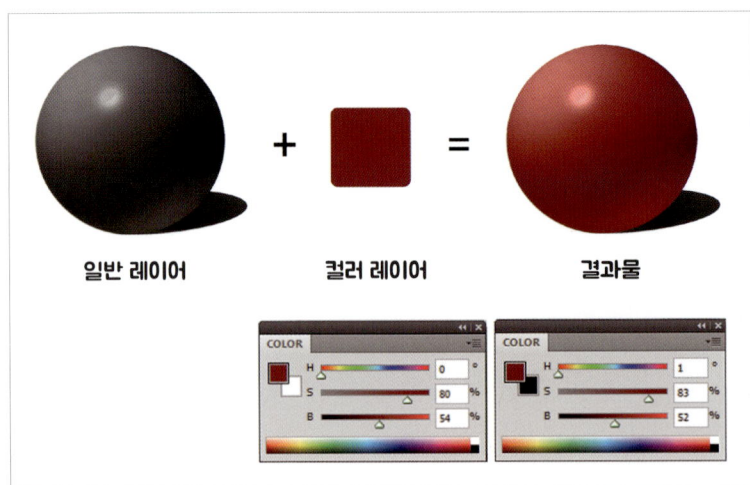

일반 레이어의 명도 값을 바꾸면 컬러 레이어에서 지정했던 색과 비슷한 채도가 결과물에서 보이는 것을 확인할 수 있습니다.

색이 제대로 발색되기 위해서는 일정한 명도 값이 필요하다는 사실은 색이 있는 물체들을 흑백으로 바꾸어보면 쉽게 확인 할 수 있습니다.

왼쪽 그림과 같이 밝아 보이는 노란색 역시 흑백으로 변환시켜 보면 생각보다 어두운 회색이 됩니다.

흰색을 제외한 모든 색들은 가시 광선 중 많은 부분을 흡수하고 일정부분의 스펙트럼만 내보내는 것입니다. 빨주노초파남보의 스펙트럼들 중 한 가지만 반사하는 것이 색이라면, 모든 것을 반사해내는 것이 흰색입니다. 색상을 가지게 되면 흰색에 비해 어두울 수밖에 없습니다.

왼쪽 그림의 색상 큐브는 색이 흑백으로 변화할 때 흰색에 비해 얼마나 다른 명도를 가지는지를 보여주는 좋은 예제입니다.

다시 돌아가서 앞에서 원하는 발색을 띄우지 못했던 앞의 그림 ❶ 발색을 제대로 띄워 보도록 하겠습니다. 컬러 레이어에서 발색을 제대로 띄우려면 아래의 명암 레이어의 명도가 중요합니다.

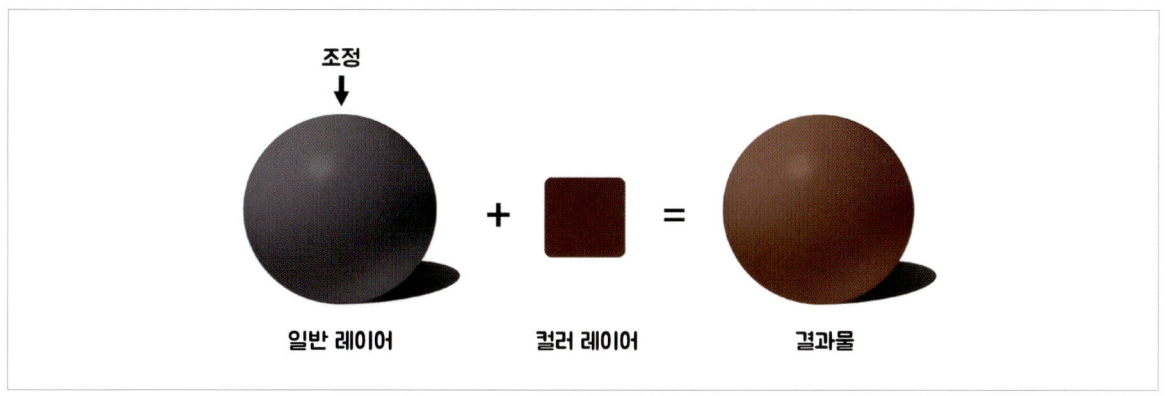

| 조정 |
| 일반 레이어 | 컬러 레이어 | 결과물 |

★ 선택된 색상을 발색하기 위해 명암 레이어를 조절하였습니다.

위 그림은 컬러 레이어를 제대로 사용한 예시입니다. 명암 레이어를 색에 맞는 명암으로 조절하여 원하던 발색을 띄웠습니다.

앞으로의 색화로 변경하는 예제들을 함께 살펴보면 알겠지만 필자는 명암단계에 앞서 항상 색채의 계획을 먼저 짜는 편입니다. 그래서 색채에 맞게 명도를 맞추는 경우를 많이 사용합니다. 하지만 이것은 어디까지나 처음부터 배색을 정하고 진행하는 스타일의 사람에게 해당되는 경우일 뿐, 명암의 구성을 중요시 하는 분들에게는 명암 레이어에 맞는 색채를 고르는 것도 좋은 선택입니다.

〈오버레이 속성 레이어〉

컬러 레이어를 설명할 때 컬러 레이어가 글레이징 시 가장 이상적인 초벌방식이라고 설명했었습니다. 그런데 오버레이 속성 레이어를 언급하는 이유는 이상은 이상일 뿐이기 때문입니다. 우리는 색의 명도를 항상 완벽하게 색채에 맞출 수 없습니다.

오버레이 레이어는 명암 레이어의 명암을 어느 정도 무시하고 발색을 띄워줍니다. 명암 레이어와 지정한 컬러 값의 명도가 맞지 않아도 발색이 가능하다는 이야기입니다. 이것은 작업시간에 있어 컬러 레이어에 비해 아주 큰 메리트입니다. 색채에 맞게 일일이 명도 값을 교정하지 않아도 된다는 것입니다. 하지만 편리한 만큼 큰 단점 역시 가지고 있습니다. 오버레이 속성을 제대로 활용하기 위해선 오버레이의 속성을 파악하고 이 단점을 이해할 필요가 있습니다.

오버레이 레이어는 오버레이 속성 아래에 위치한 명암 레이어의 명도가 50%일 때 우리가 선택한 색과 똑같은 발색을 냅니다.

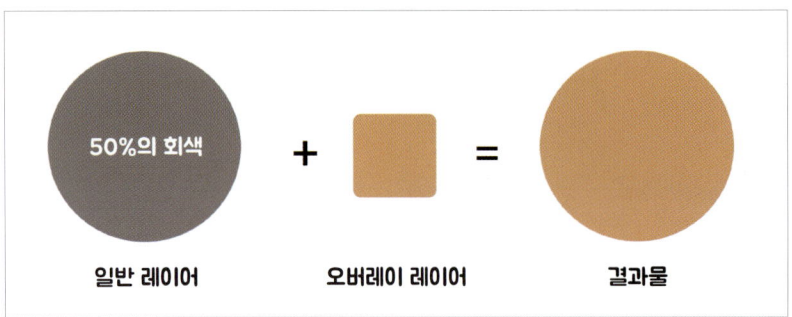

왼쪽 그림을 보면 명암 레이어가 50%의 회색일 경우 오버레이 레이어의 색상과 결과물의 색상이 완전히 같은 것을 볼 수 있습니다.

명암 레이어가 50%보다 밝거나 어두운 경우는 어떻게 될까요?

왼쪽 그림을 보면 30%의 회색과 70%의 회색의 경우 결과물의 밝기가 변화하며 채도가 컬러 레이어에 비해 급격하게 떨어진 것을 볼 수 있습니다.

이것을 쉽게 비교하기 위해 구를 회색의 구에 각각의 레이어 속성을 씌워 비교해 보도록 하겠습니다.

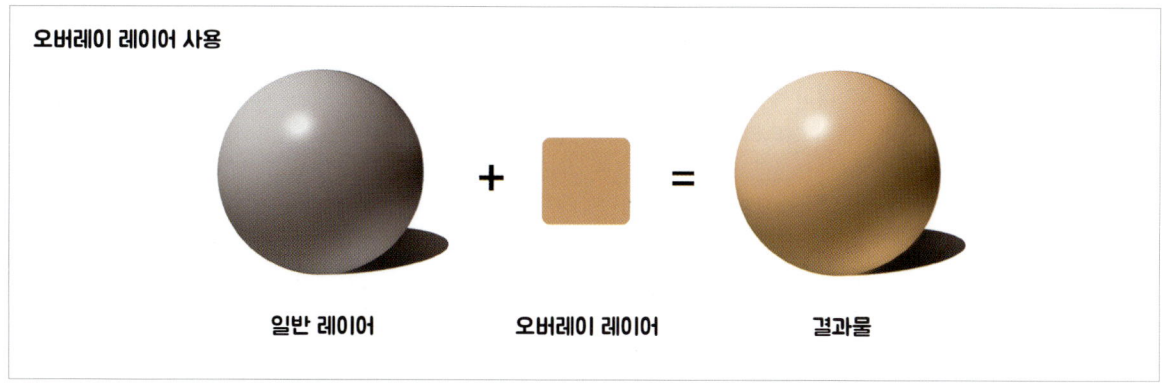

오버레이 레이어 사용

일반 레이어   오버레이 레이어   결과물

컬러 레이어 사용

일반 레이어   컬러 레이어   결과물

위 그림은 회색의 구 위에 각각 오버레이 레이어와 컬러 레이어를 이용해 발색시킨 구입니다.

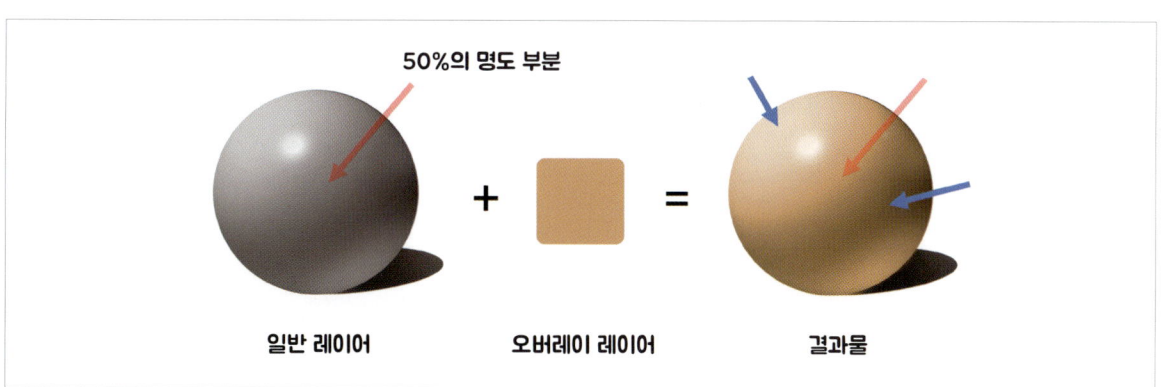

50%의 명도 부분

일반 레이어   오버레이 레이어   결과물

오버레이 레이어의 결과물에서는 50%의 명도구간을 제외한 파란색의 화살표 부분들은 채도가 급격하게 떨어져 우리가 흔히 색이 '탁하다'라고 말하는 현상이 발생합니다. 이것이 글레이징은 '탁하다'라는 인식을 심어준 원인입니다.

탁색이란 유화에서 보색의 물감을 섞어 만들어지는 회색에 가까운 색을 지칭합니다. 그리고 디지털 페인팅에선 색의 채도가 낮아 회색에 가까운 색을 흔히들 탁색이라고 부릅니다. 실제로 탁색의 존재와 탁색이 좋은가 나쁜가에 대해선 의견이 분분합니다만 이 책에서는 간단히 채도가 유지되어야 하는 상황에서 과도하게 채도가 떨어져 색의 생기가 사라져 보이게 되는 상태를 탁색이라고 칭하겠습니다.

오버레이 레이어로 지금 언급했던 부분을 잡으며 사용하면 충분히 좋은 초벌 방식입니다. 특히나 아래 레이어의 명도에 영향을 적게 받는다는 점은 속도면에서 굉장히 매력적으로 다가옵니다. 오버레이 레이어의 초벌에서의 탁색을 잡는 방법은 예제를 시연하면서 추가적으로 설명하도록 하겠습니다.

02 멀티플라이 레이어를 활용한 방법

이 방식은 누군가에겐 글레이징이라고 말하기엔 무리가 있는 방법이라 생각할 수 있으나 이 방식 역시 흑백을 컬러로 변환한다는 점에서 글레이징 채색법의 테두리 안에 넣도록 하겠습니다. 업계에서 자주 쓰이는 방식이며 속도 역시 빠르고 효율적입니다. 사용방법 역시 간단합니다. 흑백으로 만들어진 덩어리 위에 멀티플라이 레이어로 발색을 올리는 것입니다.

일반 레이어   멀티플라이 레이어   결과물

위 그림은 멀티플라이 레이어를 사용하여 발색을 올린 결과물입니다. 아마 여러분들도 느끼셨겠지만 위 그림의 결과물이 예쁘게 나오지는 않았습니다. 면들이 많이 어두워지고 어두운 부분의 탁색 또한 많이 발생했습니다. 멀티플라이 레이어는 기본적으로 면들을 더 어둡게 만들뿐 면을 밝게 만들지는 못합니다. 색상에도 명도 값이 존재하므로 밝은 면 역시 기존보다 어두워지게 됩니다. 그렇다면 멀티플라이 레이어를 활용한 채색법에는 두 가지의 문제점이 발생합니다.

첫째, 밝은 면이 어두워진다.
둘째, 어두운 면에 탁색이 발생한다.
이 두 문제를 해결하면 멀티플라이 레이어를 이용하여 글레이징 채색법을 활용할 수 있습니다.

우선 명도 레이어의 밝기를 조절하여 결과물의 명도를 끌어 올립니다.

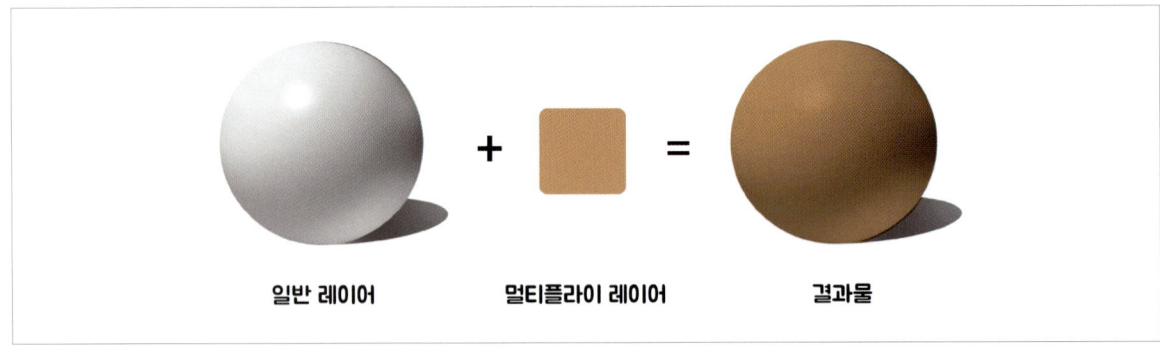

일반 레이어   멀티플라이 레이어   결과물

★ 일반 레이어의 밝기 조절

위 그림은 명도 레이어의 밝기를 조절해 전체적인 밝기를 끌어올린 모습입니다. 본래 발색하려고 했던 색상보다는 어둡지만 처음보다는 나아진 모습입니다.

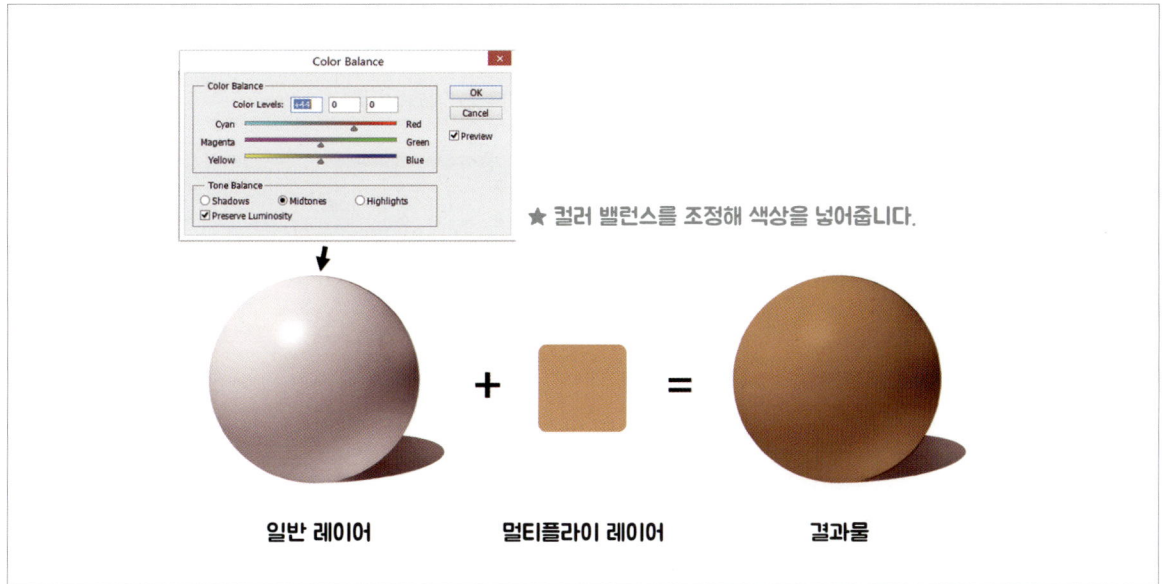

★ 컬러 밸런스를 조정해 색상을 넣어줍니다.

일반 레이어   멀티플라이 레이어   결과물

그 후에 컬러 밸런스 기능을 이용하여 일반 레이어라고 되어있는 명암 레이어에 색상을 넣어줍니다. 일반 레이어에 색상을 추가함으로써 등흑색이라는 어두운 부분의 탁색을 잡아 줄 수 있습니다. 위 그림은 명암 레이어에 컬러 밸런스(단축키 Ctrl+B)를 적용해 등흑색을 잡아내는 모습입니다. 이 과정은 앞에서 설명한 휴 시프팅과 같은 결과물을 보여줍니다.

이제 밝은 면을 다시 건설해야 하는데, 밝은 면이 어두워지는 것은 멀티플라이 채색에서는 피할 수 없는 부분입니다. 이 부분은 컬러닷지와 같은 밝아지는 속성의 레이어를 추가해 밝은 면을 새로 잡아줍니다. 컬러닷지나 리니어닷지, 스크린 등의 레이어는 명암 레이어의 묘사는 해치지 않기 때문에 밝은 쪽 면의 발색을 띄우기 좋은 레이어 속성입니다.

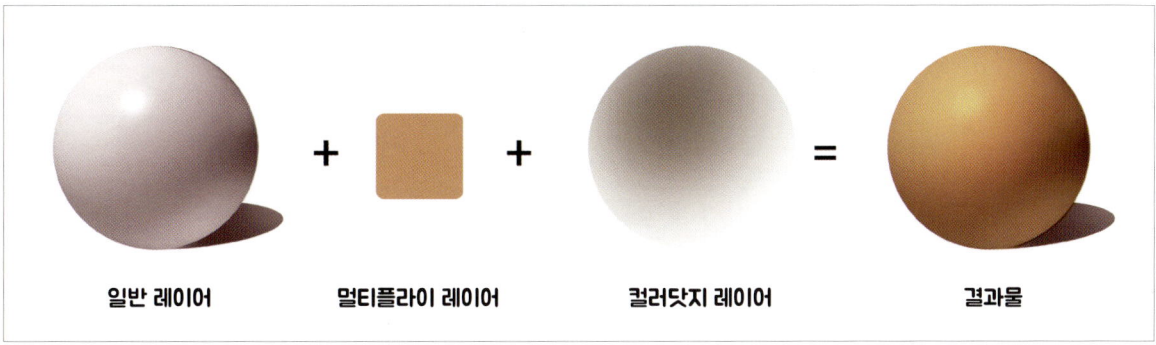

일반 레이어   멀티플라이 레이어   컬러닷지 레이어   결과물

위 그림은 밝은 면에 컬러닷지 레이어를 추가한 모습입니다.

이 기법으로 채색을 할 때에 중요한 점은 밝기 조절로 흑백묘사가 어느 정도 사라지는 것을 감안하여 묘사의 수준을 적당히 잡는 것입니다. 열심히 묘사하는 것은 좋지만 밝기 조절로 인해 보이지 않게 된다면 시간적으로 손해를 볼 수도 있습니다.

03 그라디언트 맵을 활용한 방법

포토샵의 그라디언트 맵 기능을 활용하여 흑백의 이미지를 컬러로 바꾸는 기법입니다.

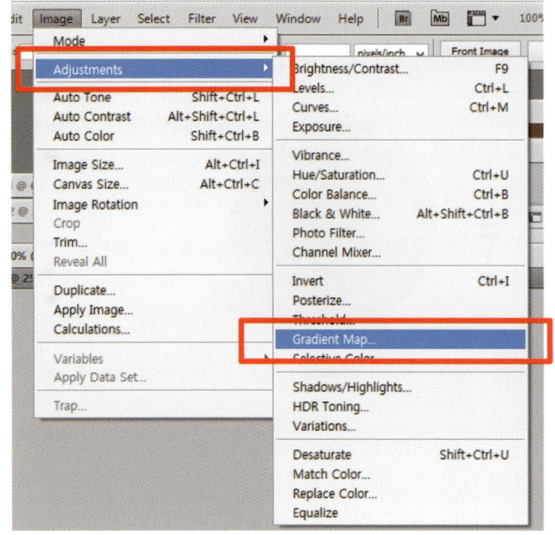

상단툴 바

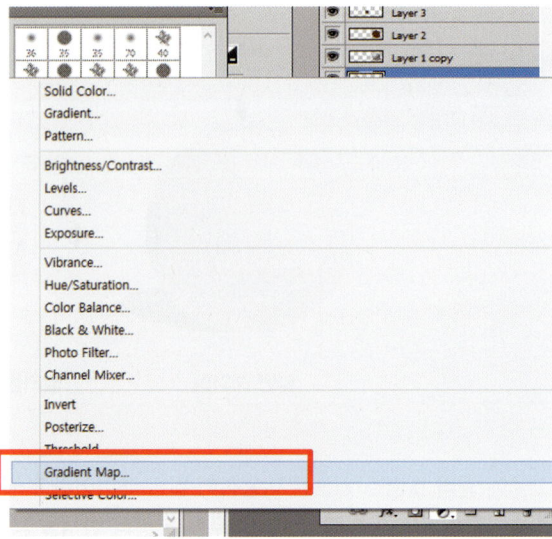

레이어 창 하단

위 그림과 같이 포토샵에는 생각보다 다양한 곳에 그라디언트 맵을 사용할 수 있게 준비되어 있습니다. 그라디언트 맵이 란 간단하게 지금 화면상에 있는 0에서 255까지의 흑백의 데이터를 각각의 값에 맞게 다른 색으로 변환할 수 있는 기능 입니다.

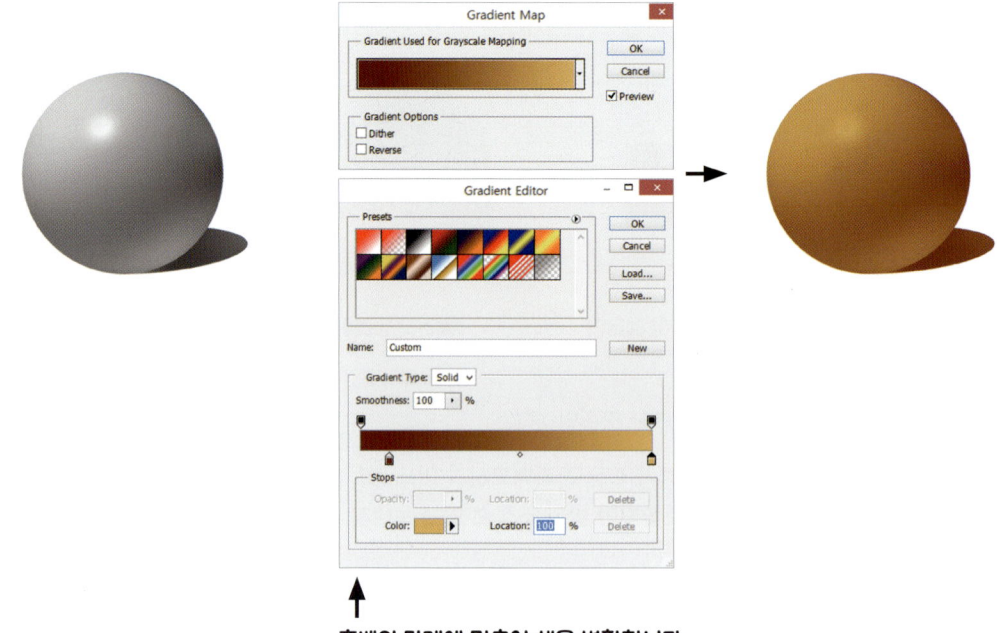

흑백의 단계에 맞추어 색을 변환합니다.

위 그림과 같이 명도에 따라 직접 색상의 값을 입력하여 색을 변환하는 것입니다. 이것은 셀식 채색과 같이 직접 색을 찍 어서 칠하는 채색방식과 유사합니다. 오로지 이 방식으로만 색을 칠한다면 색의 섞임이 없기 때문에 우리가 흔히 생각하 는 글레이징의 묵직한 그림과는 달리 깨끗한 결과물을 얻을 수 있습니다.

'대장간 배경원화'로 멀티플라이 레이어를 활용한 글레이징 채색하기

지금부터 앞서 소개한 3가지의 글레이징 채색법을 하나씩 예제를 들어가며 설명을 진행 하도록 하겠습니다.

이번 예제는 멀티플라이 속성을 활용한 글레이징 채색법입니다. 예제는 앞서 그렸던 모바일 게임용 대장간 예제를 활용하여 채색을 하도록 하겠습니다. 이번에도 가장 먼저 완성작을 살펴보고 어떤 방식으로 진행하였는지 프로세스를 체크하도록 하겠습니다. 사소한 팁이나 테크닉도 중요하지만 가장 뼈대가 되는 것은 언제나 프로세스입니다. 프로세스는 여러분의 여정의 나침반과도 같습니다. 항상 자신의 프로세스를 점검하고 발전시키십시오.

위 그림은 앞의 예시를 멀티플라이 레이어을 활용한 글레이징 채색방법을 이용하여 채색한 그림입니다.

제일 먼저 선화 위에 밑색을 설정합니다. 배색은 푸른색을 포인트 컬러로 둔 분열보색의 배색법을 선택하였습니다.

멀티플라이

배색된 레이어를 흑백묘사가 완성된 레이어 위에 클리핑한 후 멀티플라이 속성으로 바꾸어줍니다. 그러면 멀티플라이의 속성상 본래의 색과 달리 그림이 굉장히 어둡게 변화합니다.

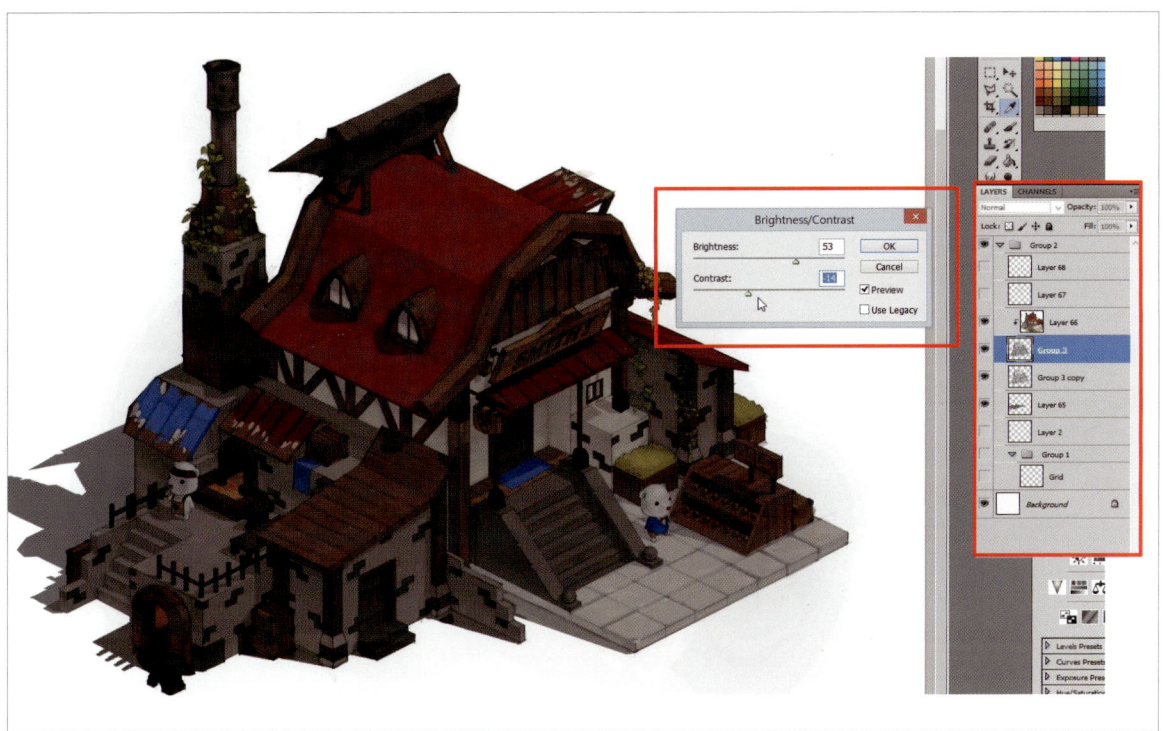

[명도/대비] 기능을 이용해 흑백 레이어의 밝기를 디테일이 날아가지 않을 정도까지 높여줍니다. [명도/대비] 기능에서
는 밝기만 올리면 대비가 강해지는 경향이 있으므로 대비는 낮추어 전체적인 톤의 밸런스를 유지합니다.

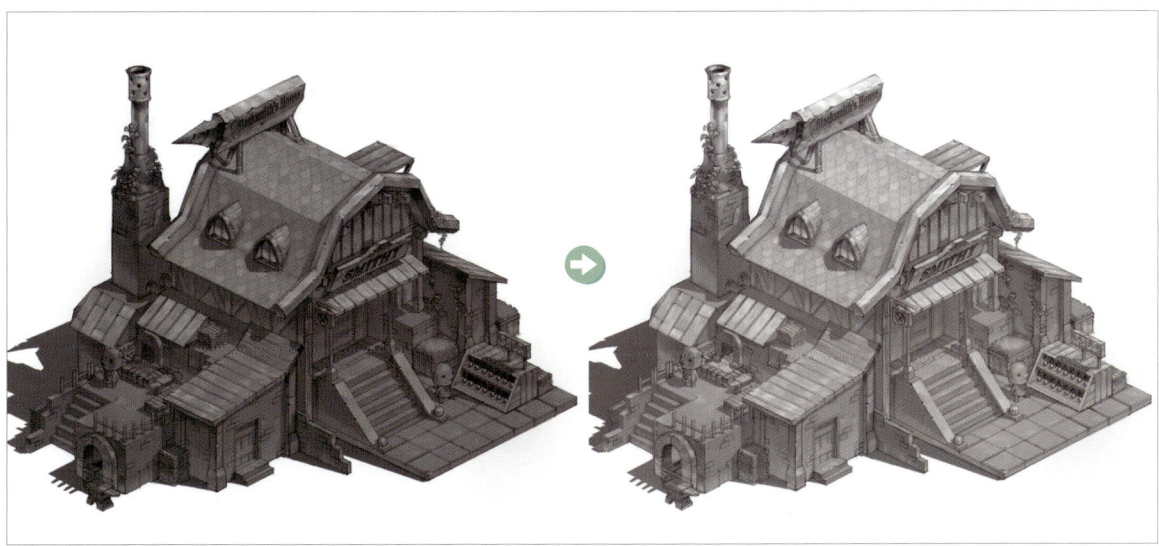

색이 있는 멀티플라이 레이어를 꺼보면 위 그림과 같이 하단의 흑백 묘사레이어의 밝기가 변한 것을 확인할 수 있습니
다. 그림의 밝기가 좀 어두운 것 같으나, 그것은 밑의 그림과 같이 이후 커브나 컬러닷지 등 다양한 레벨 기능을 통해 언
제든지 원하는 톤을 잡아낼 수 있습니다. 지금 단계에서 흑백을 밝게 만들 때 중요한 점은 애써 그려놓은 디테일이 하양
게 변하지 않도록 하는 것입니다.

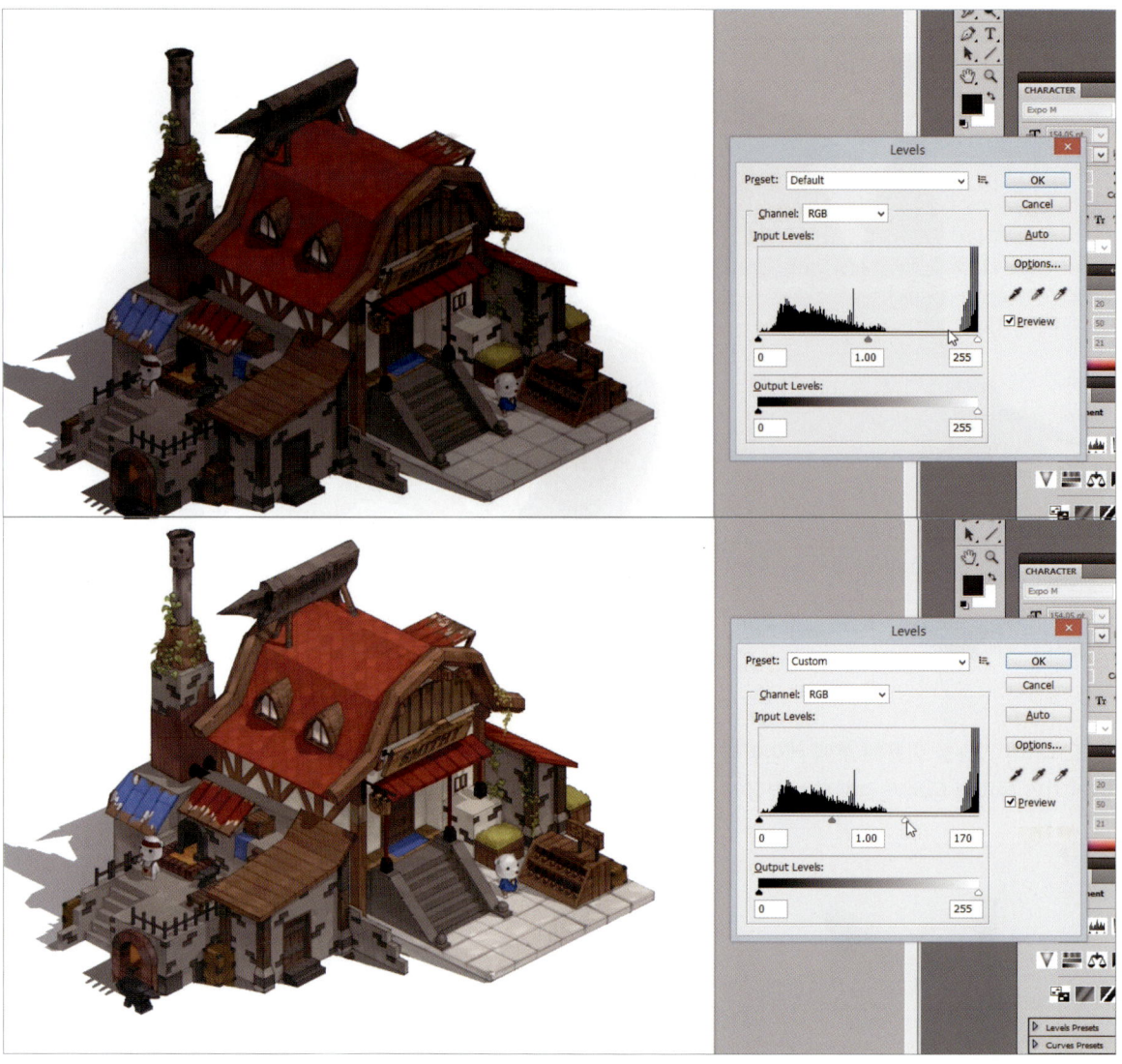

위 그림과 같이 그림을 밝게 만드는 것은 기능 하나만으로 해결되는 매우 쉬운 일입니다. 하지만 프로세스를 무시하고 진행한다면 지금 해주어야 할 부분을 놓치지 쉽습니다.

지금 해주어야 하는 일은 멀티플라이로 인해 어두워진 등흑색을 잡는 일입니다. 등흑색이란 색조가 어두워질 때 단순히 명도만 떨어지는 것을 말합니다.

 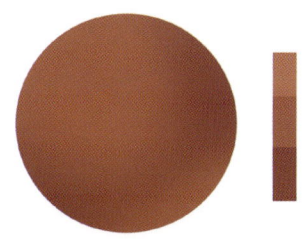

★ 어두워질 때 명도만 떨어짐　　　　★ 어두워질 때 명도와 색조가 함께 이동

위 그림의 왼쪽과 같이 어두워질 때 단순히 명도만 떨어지는 것을 우리는 등흑색이라고 부릅니다.

등흑색은 엄밀히 말하면 탁색으로 분류할 수 있습니다. 탁색을 좋아하는 사람도 있고 그렇지 않은 사람들도 있습니다. 탁색의 정의는 유화에서 보색을 섞어 회색에 가까운 색이 나오는 것을 탁색이라고 지칭합니다. 디지털에서는 간단히 회색조의 색을 탁색이라고 지칭하겠습니다.

본래 수 작업에서는 디지털 페인팅처럼 모든 색의 원료를 구할 수가 없습니다. 일반적인 잉크젯 프린터만 보아도 시안블루, 마젠타, 옐로우라는 3가지의 색상을 통해 다양한 색들을 만들어 냅니다. 우리는 한정된 도료들을 섞어 다양한 색을 만들어 내는데 물감을 섞어 색을 만드는 감산혼합의 특성상 물감을 섞어 만들어낸 색들은 채도가 떨어질 수밖에 없습니다. 하지만 디지털페인팅은 수작업과 달리 어떤 색이든 채도를 유지할 수 있습니다.

 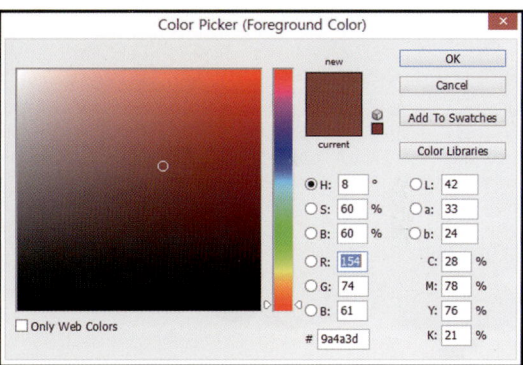

★ 실제 팔레트의 포토샵의 팔레트의 비교, 포토샵의 팔레트에선 모든 색의 채도를 조절할 수 있습니다.

위 그림은 실제 유화 팔레트와 포토샵의 팔레트를 비교한 그림입니다. 포토샵의 팔레트는 모든 색의 채도를 조절할 수 있습니다. 실제 수작업의 팔레트에서는 불가능한 일입니다.

이것은 디지털 페인팅과 수작업을 비교 시 색에서의 가장 큰 차이점입니다. 수작업에서는 반드시 탁해져야만 나올 수 있었던 색이 존재한다면 디지털 페인팅에서는 그런 색이 존재하지 않습니다. 그저 스스로 탁하게 쓰고 싶어서 쓸 수 있게 변화된 것입니다. 이것은 색의 사용에서의 엄청난 변화입니다.

실제로 탁색의 사용에 대해서는 아직도 갑론을박이 많습니다. 한쪽의 사람들은 '그저 채도가 낮은 색을 사용하는 것일 뿐 탁색을 사용하는 것은 나쁘지않다' 라고 생각하고, 또 한쪽의 사람들은 '탁색을 최대한 피해야한다' 고 판단합니다.

고전화가들 중에서 민중을 이끄는 자유로 유명한 낭만주의파 화가 들라크루아는 탁색은 일체감을 가져다주며 탁하게 보이는 것은 탁색탓이 아니라 명암구성의 실패라고 말했었습니다. 반면 비슷한 시기 활동했던 신고전주의파의 화가들은 중 일부는 탁색을 되도록 사용하지 말고 색을 지나치게 섞어서 사용하지 말라고도 권고했습니다. 탁색을 둘러싼 논의는 역사적으로도 호불호의 차이가 많이 존재했던 부분입니다. 디지털페인팅에서는 수작업과 달리 모든 색을 사용할 때 탁색을 사용할 수도 사용하지 않을 수도 있습니다. 여러분들도 탁색에 대해 여러분 나름대로의 철학을 가진다면 이 탁색이라는 부분에 대해 보다 신중하게 접근 할 수 있을 것입니다.

다시 본론으로 돌아와 필자 개인적으로는 탁색 자체가 나쁘지는 않다고 판단합니다. 어두워지는 부분을 등흑색으로 처리하는 것은 작가의 그림에 대한 접근의 차이일 뿐 그것이 나쁜 처리방법이라고는 생각하지는 않는다는 것입니다. 하지만 상업미술을 하는 작가인만큼 이것은 그림의 스타일에 따라 바꾸면서 처리를 합니다. 지금 작업하고 있는 스타일은 아기자기한 모바일용의 귀여운 캐쥬얼 스타일입니다. 자칫 무거워 보일 수 있는 회색조의 명암은 그다지 어울리지 않을 것 같다는 판단에 등흑색을 휴 쉬프팅을 이용해 잡아주도록 하겠습니다.

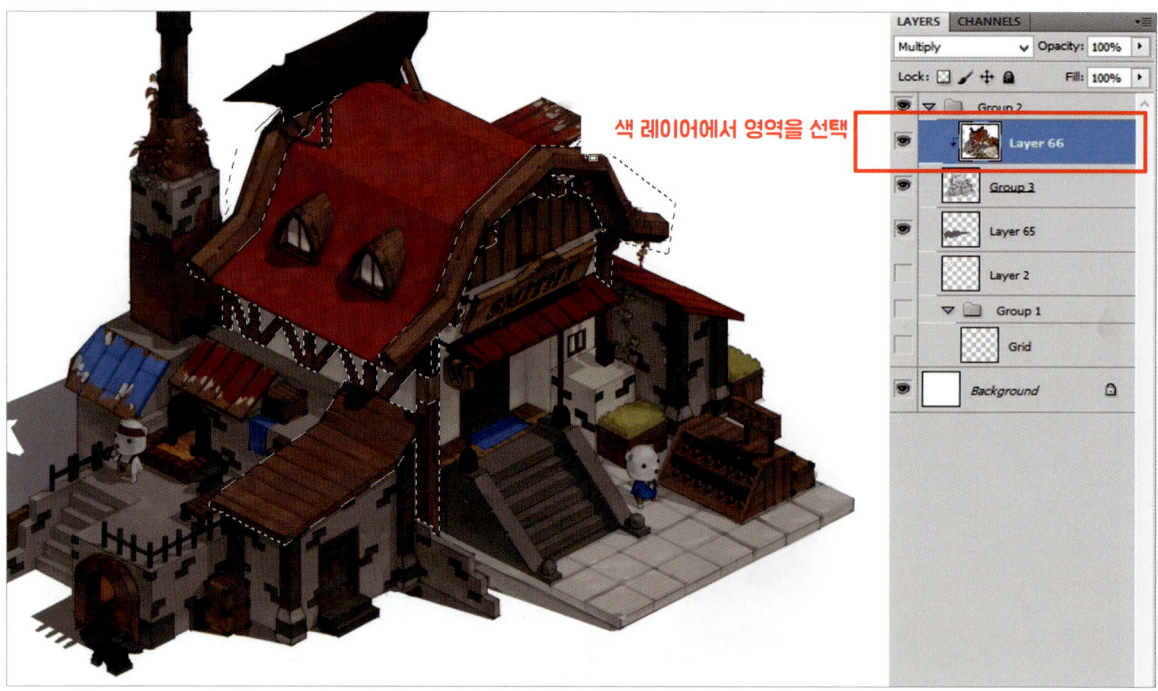

위 그림과 같이 색 레이어를 이용해 마술봉 툴로 영역을 선택합니다.

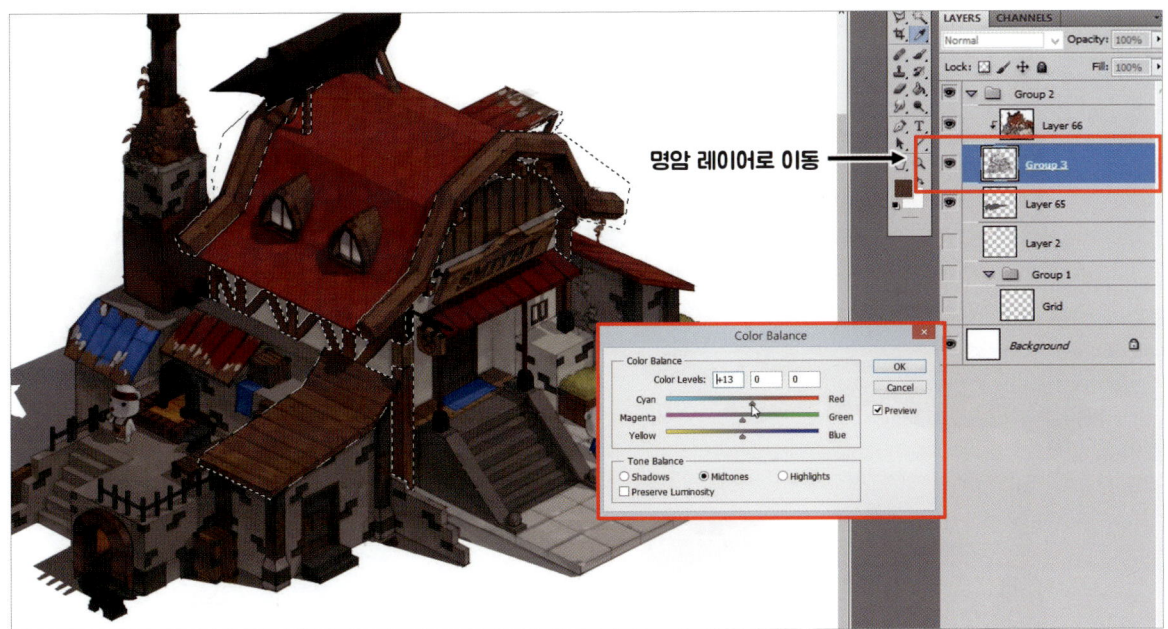

위 그림과 같이 명암 레이어로 이동 후 컬러밸런스(단축키 Ctrl+B)를 이용해 흑백의 색조를 조정합니다. 흑백의 색조를 조정하면 어두운 부분이 붉은색으로 이동되어 나무부분에 자연스럽게 휴 쉬프팅이 발생하는 것을 볼 수 있습니다.

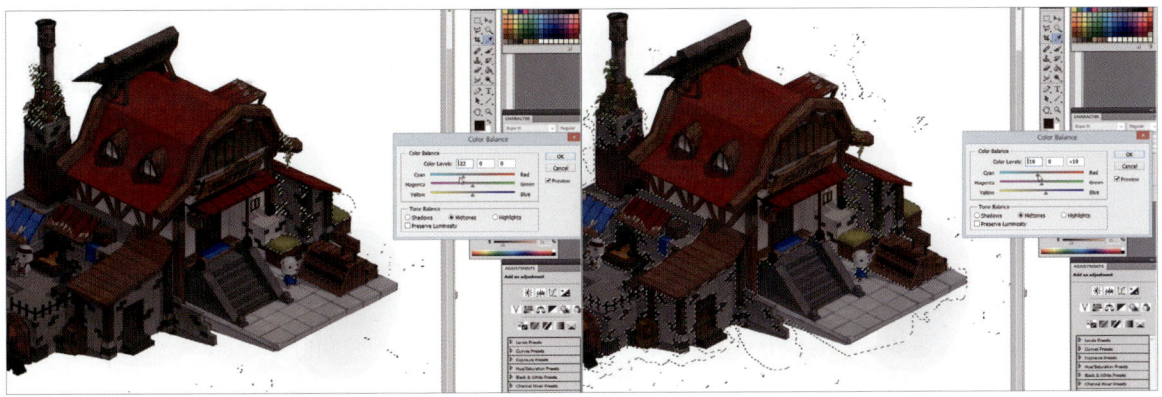

나머지 부분들도 반복적으로 셀렉션을 이용해 휴 쉬프팅을 마무리 짓습니다.

위 그림은 휴 쉬프팅 전과 후의 그림입니다. 어두운 면만 작업되었기 때문에 큰 변화가 없어 보일수도 있지만, 앞으로 밝은 면까지 처리하게 되면 더욱 큰 차이를 느끼게 될 것입니다.

이제 밝은 면을 처리할 차례입니다. 밝은 면은 일반 레이어로 그리기도 하지만, 흑백레이어의 묘사를 적극적으로 활용하는 편이 좋기 때문에 보통 컬러닷지나 리니어닷지 레이어로 작업합니다. 컬러닷지나 리니어닷지의 특성상 기존의 묘사는 건드리지 않으면서도 색조의 이동과 명도가 동시에 움직이기 때문입니다.

리니어닷지 레이어를 추가해 손으로 그려주어도 괜찮지만, 이미 흑백의 묘사를 해두었기 때문에 이 흑백을 활용하여 밝은 면을 제작해 보려고 합니다.

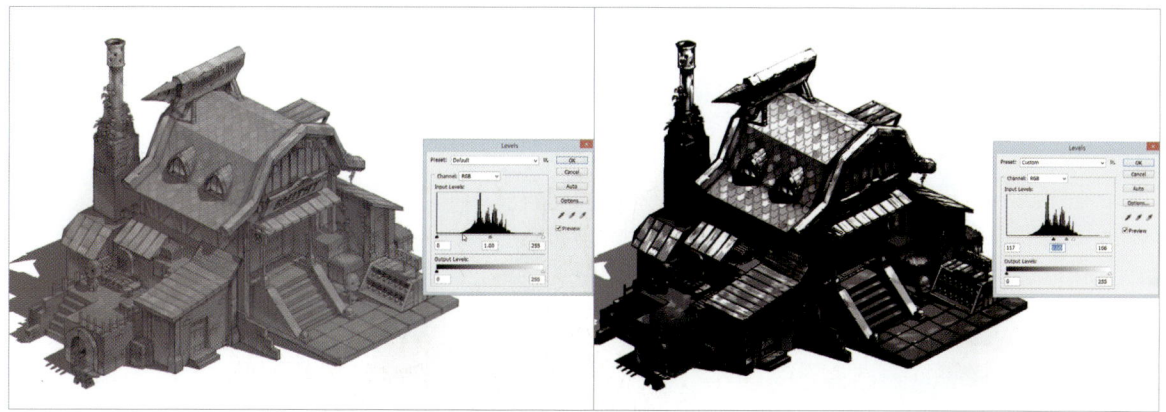

먼저 제작된 흑백 레이어를 다시 불러와 레이어 최상단에 놓습니다. 그리고 레벨 기능으로 밝기를 조정합니다.

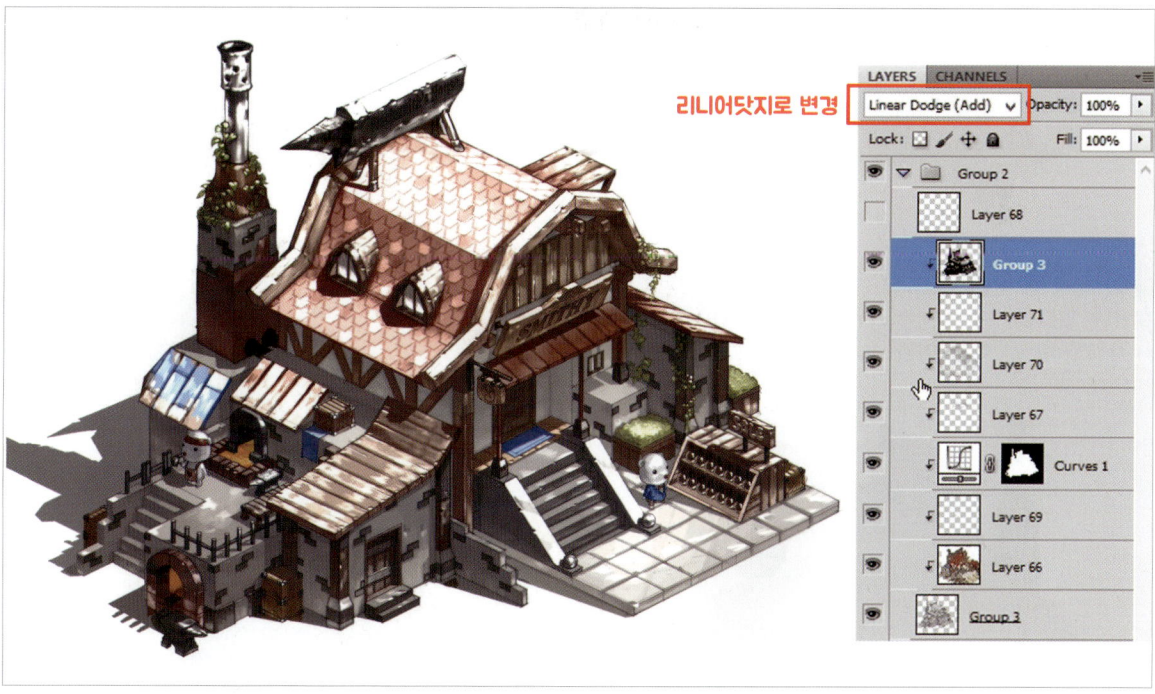

레이어 속성을 위와 같이 리니어닷지로 변경합니다. 리니어닷지나 컬러닷지, 라이튼, 스크린과 같은 밝아지는 속성의 경우 검은색은 그림에 영향을 미치지 않고 회색의 농도에 따라 밝아짐을 결정합니다.

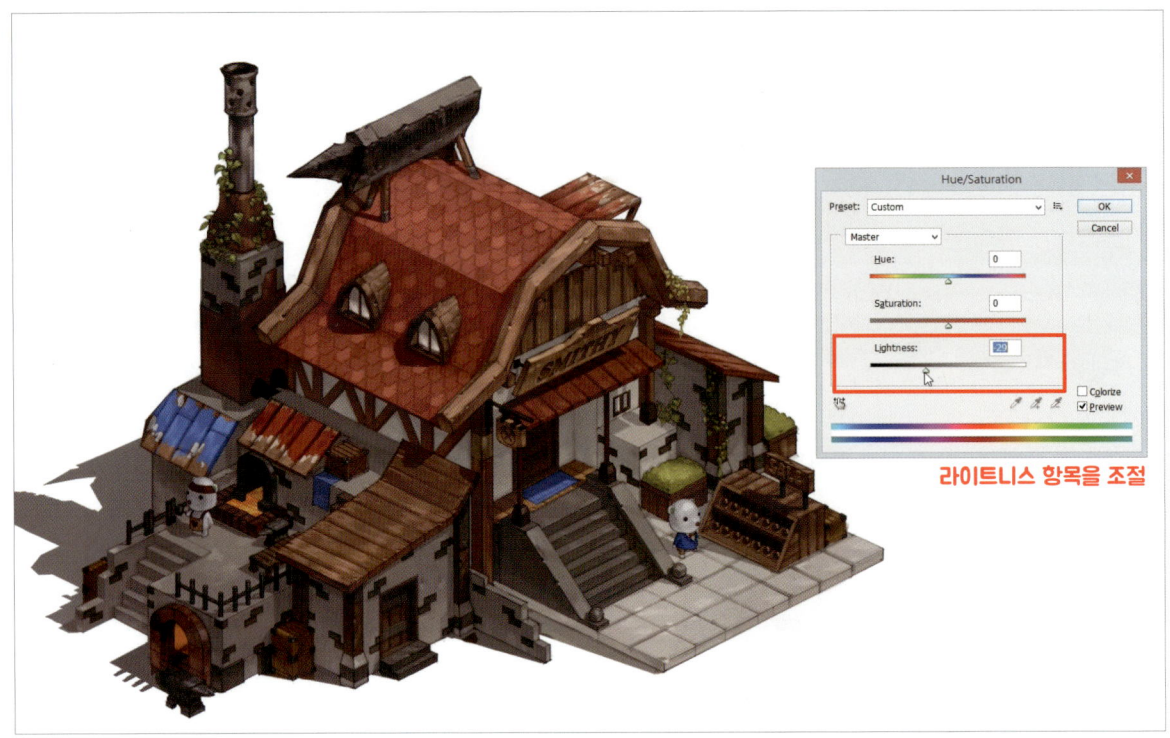

라이트니스 항목을 조절

라이트니스 항목을 낮추어 밝기를 잡아줍니다. 미리 작업해둔 흑백의 이미지를 활용해 밝은 면을 빠르게 잡아나갈 수 있습니다. 멀티플라이 글레이징은 일반적인 멀티플라이 채색법과 유사하지만 흑백의 이미지를 얼마나 활용하느냐가 가장 큰 차이점이라고 할 수 있습니다.

밝은 면을 선택적으로 골라 작업하면, 레벨이나 커브를 사용하는 것보다 톤을 훨씬 체계적으로 구분되게 만들 수 있습니다.

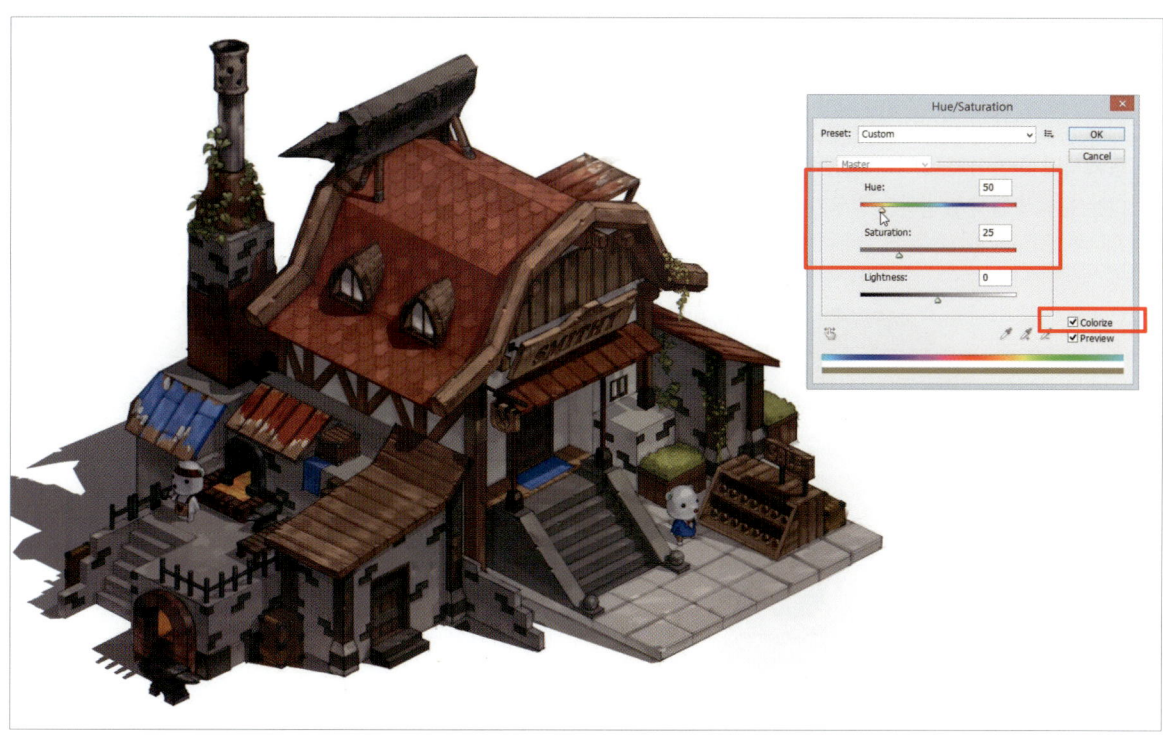

적용된 리니어닷지 속성의 레이어에 발색을 집어넣어 밝은 부분의 색조를 이동시킵니다. 채도가 없는 이미지이므로 반드시 컬러라이즈에 체크를 해주어야 합니다.

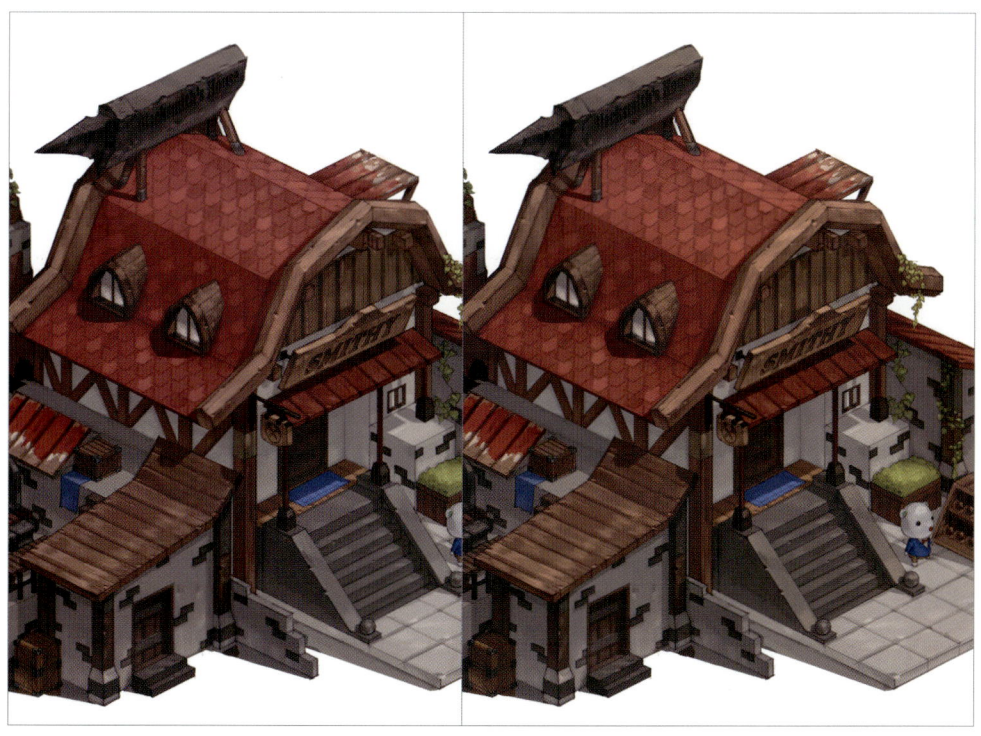

위 그림의 왼쪽은 리니어닷지에 색상이 적용되지 않은 상태이고 오른쪽은 색상이 들어간 상태입니다.

왼쪽처럼 흰색이 섞이며 명도가 밝아지고 채도가 떨어지는 상태를 우리는 등백색이라고 부릅니다. 등백색 또한 등흑색과 마찬가지로 탁색의 일종입니다. 글레이징 채색법이 탁하다 라고 인식하는 대부분의 요인은 등흑색보다는 등백색에서 발생하는 경우가 많습니다.

★ 밝아질 때 흰색이 섞임   ★ 밝아질 때 밝은쪽으로 색조가 이동

위 그림은 밝은 면의 색을 제외하고는 같은 발색의 구입니다. 왼쪽의 구는 오른쪽의 구에 비해 무언가 회색조처럼 보입니다. 우리가 탁하다라고 인지하는 부분이 등흑색에만 존재하는 것은 아닙니다. 오히려 등백색이 더 많은 영향력을 끼칩니다. 물론 왼쪽의 상태가 더욱 마음에 든다고 말하는 사람들도 있을 것입니다. 하지만 지금 그리고 있는 캐쥬얼 배경원화는 탁색을 띄우지 않는 것이 더 예쁘다고 판단하여 필자는 오른쪽의 상태로 진행하고 있습니다.

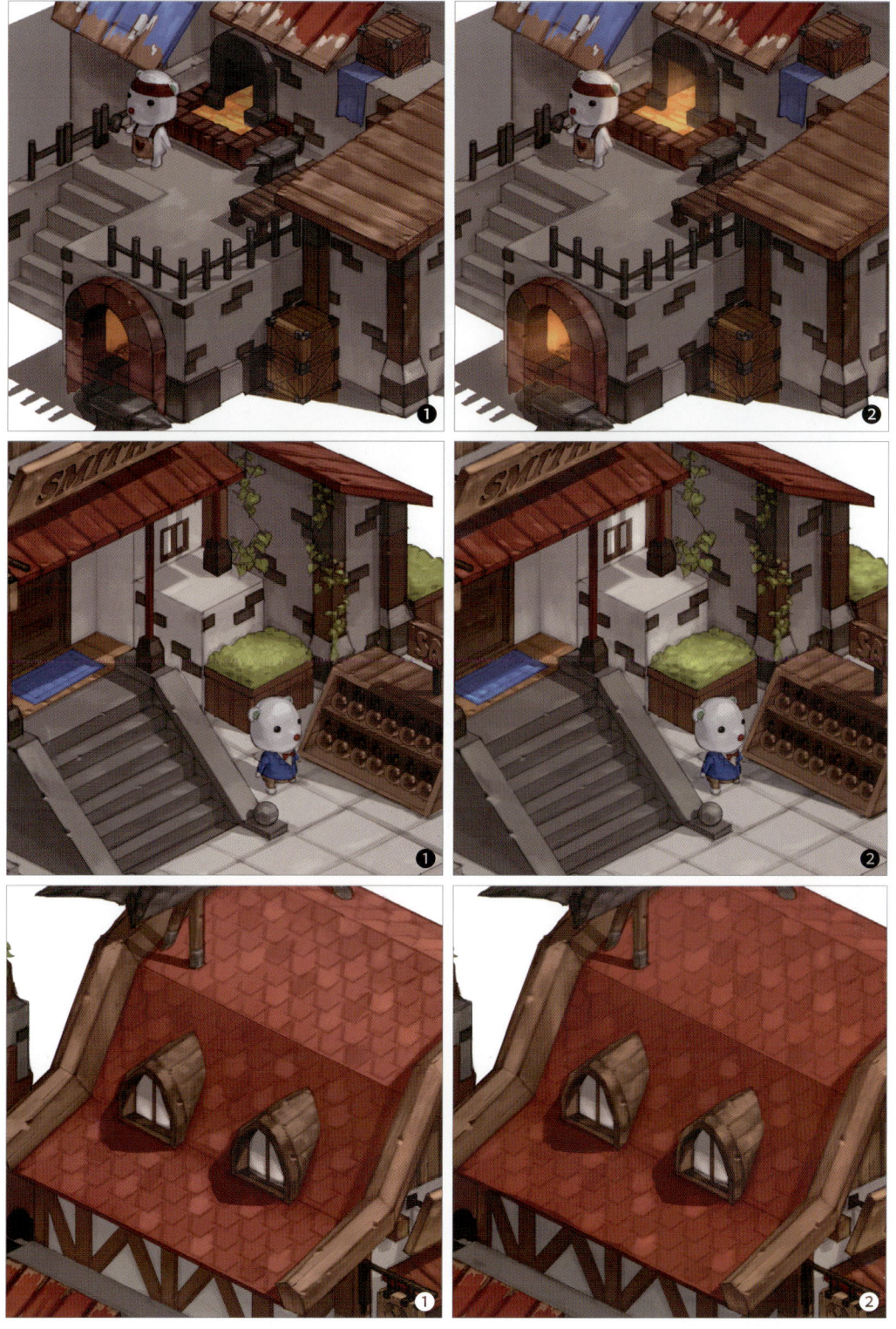

리니어닷지에 색이 들어가지 않은 상태　　　　　　**리니어닷지에 색이 들어간 상태**

리니어닷지 레이어를 추가하여 다 잡히지 않은 밝은 면들을 찾아 정리해 줍니다. 대부분의 밝은 면들은 레벨기능을 이용해 잡았지만 이 레벨기능 역시 한계가 있기 때문에 잘못된 부분이나 미처 잡히지 못한 부분들을 손으로 직접 잡아주어야합니다.

본래색을 선택 후
명도만 맞추어서 사용

리니어닷지 속성을 사용할 때에는 사용하고자 하는 색의 명도를 매우 낮추어서 사용해야 합니다. 위 그림의 녹색 풀을
작업한다면 녹색 풀의 색을 스포이드 기능을 이용하여 선택한 후 명도를 10~20% 정도로 낮추어 칠해주면 안정적인 휴
쉬프팅과 함께 예쁜 발색을 기대할 수 있습니다.

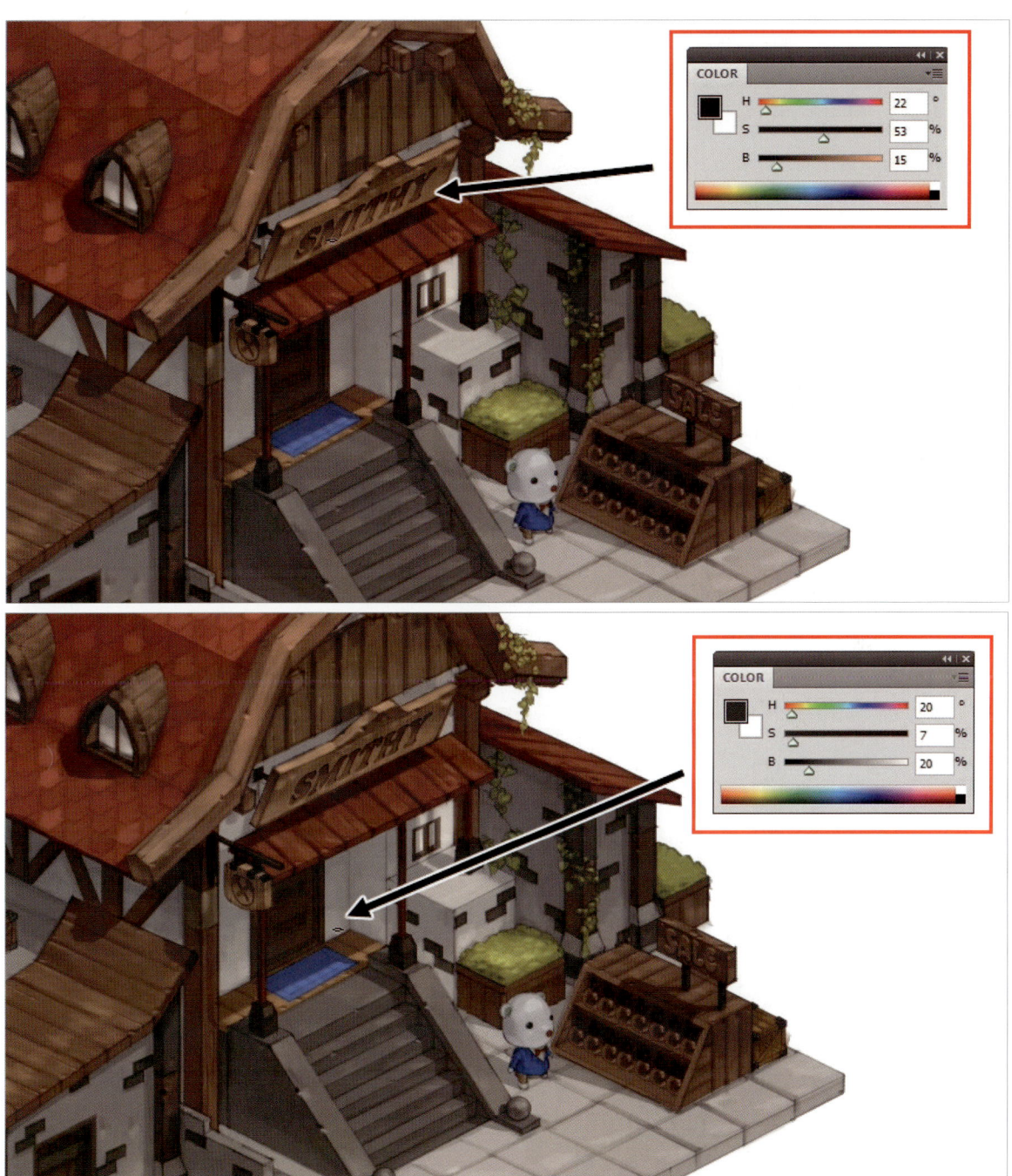

다른 부분들도 마찬가지입니다. 위 그림의 컬러 부분을 유심히 관찰해 보십시오. 간판을 작업할 때와 벽 부분을 작업할 때의 컬러를 유심히 살펴보십시오. 이것은 리니어닷지 기능을 적극적으로 활용할 수 있는 매우 좋은 팁입니다.

밝은 부분과 어두운 부분의 발색이 어느 정도 마무리 되었다면 환경광과 반사광의 색채를 섞어줄 차례입니다. 반사광과 환경광들은 직사광에 비해 약한 광인만큼 투영그림자와 어두운 면들에 영향력이 크므로 그 부분들을 잡아주는 것이 효과적입니다. 지금은 자연광 상황이니 푸른색의 환경광을 사용하도록 하겠습니다.

제일 먼저 유리창을 시작으로 환경광의 색채를 표현하도록 하겠습니다. 위 그림과 같이 유리창의 아랫부분은 지붕의 반사광의 영향으로 붉은색을 띄게 됩니다. 하지만 이 반사광의 힘이 떨어지는 위쪽으로 갈수록 환경광의 영향으로 푸른색으로 터치해줍니다.

컬러 레이어를 추가한 후 반사광의 영역엔 반사되는 물체의 색을, 반사광을 받지 못하는 곳에는 푸른색을 넣어줍니다.

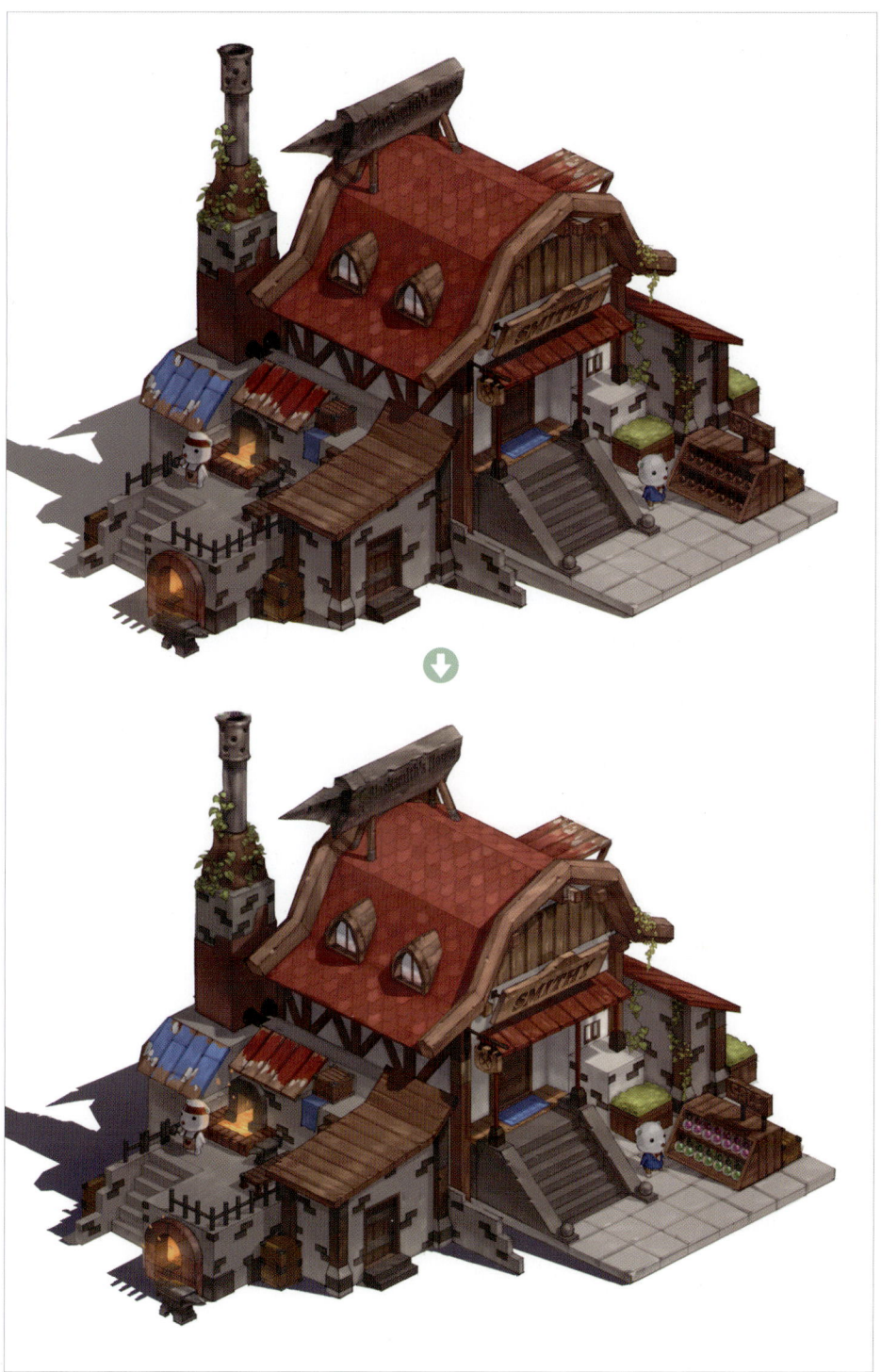

반사광과 환경광의 색채가 추가됨에 따라 색채가 매우 풍부해지는 것을 확인할 수 있습니다.

대략적인 색채가 잡혔다면 지금부터는 디테일의 구간입니다. 대장간의 불꽃, 나무의 웨더링, 페인트의 까짐, 작은 못 등을 묘사합니다.

이 묘사들 중 몇 가지를 부분적인 순서로 쉽게 묘사하는 방법을 설명하도록 하겠습니다.

▍유리병 묘사

유리병 묘사의 경우 내용물을 오버레이 레이어를 추가해 내부를 채워줍니다. 그리고 컬러 레이어를 추가해 프레넬 효과를 묘사하는데 바닥의 부분은 바닥의 색으로 반사율을 높이고 바닥이 아닌 쪽은 환경광의 색으로 반사율을 높이면 쉽게 묘사할 수 있습니다.

▍그림 전체의 밝기 조절

위 그림과 같이 그라디언트 툴을 동그랗게 사용하여 레이어 속성을 컬러닷지로 바꾸어줍니다. 그리고 [색조/채도](단축키 Ctrl+U) 기능을 이용해서 밝기를 낮추어주면 그림의 오른쪽과 같은 결과물을 얻을 수 있습니다. 그림이 전체적으로 밝아지는 것이 아니라 폴 오프를 어느 정도 유지하면서 밝아지므로 양감을 증대시키면서 그림을 밝힐 수 있습니다. 이 기능을 이용해 직접광을 받는 부분과, 재질이 빛에 예민한 부분, 그리고 빛을 발산하는 부분들을 밝혀줍니다.

빛을 발산하는 물체인 용광로를 묘사할 계획입니다.

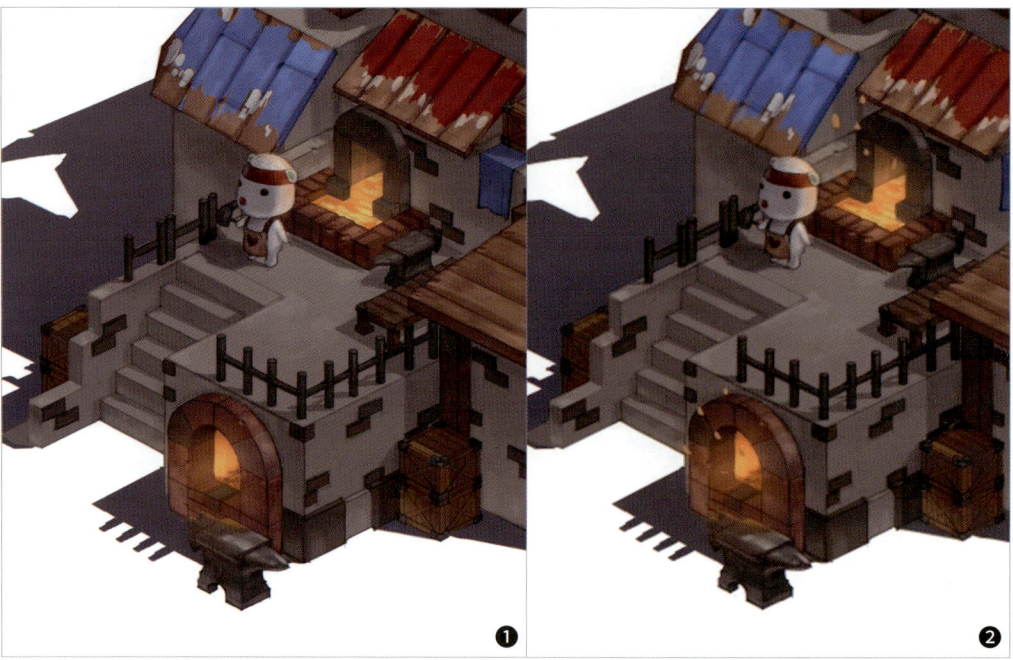

❶ 먼저 위에서 설명한 컬러닷지 레이어를 이용해 용광로의 주변을 밝혀줍니다.
❷ 일반 레이어를 추가한 다음 투명도 필압이 없는 브러쉬로 툭툭쳐서 큰 불꽃을 묘사합니다.

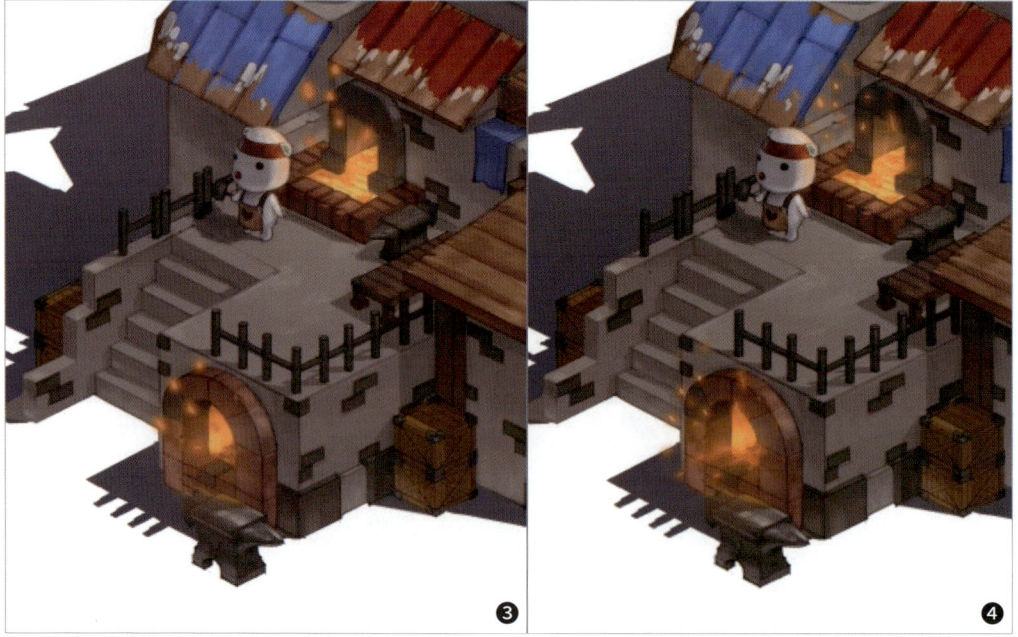

❸ 불꽃 레이어에 레이어 스타일 중 아우터 글로우를 붉은색으로 적용합니다.
❹ 불꽃을 조금 더 다듬습니다. 더 정밀한 불꽃을 표현하기 위해 텍스처를 사용할 계획입니다. 사용된 텍스처는 상업적
으로 무료 사용가능한 텍스처입니다.

▌텍스처 적용

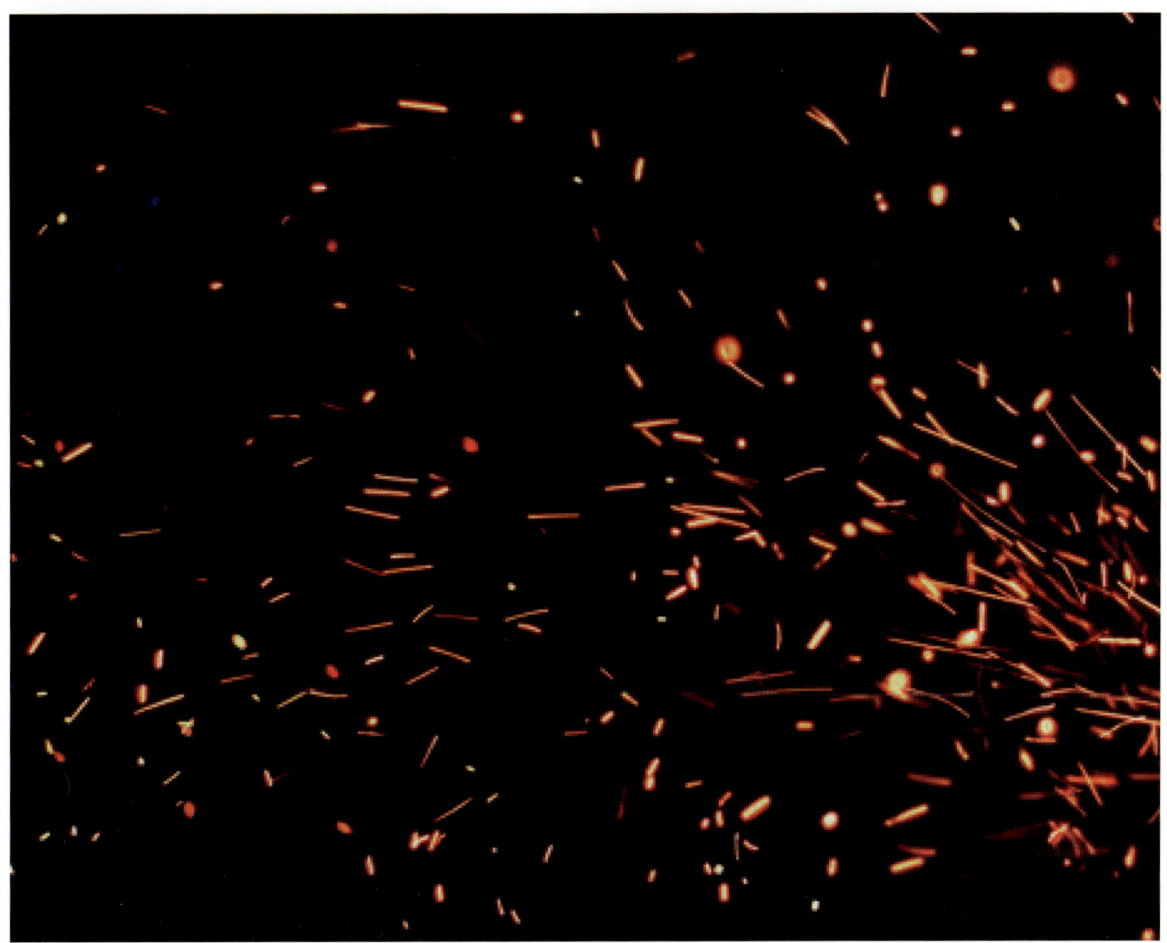

불꽃 텍스처를 준비합니다.

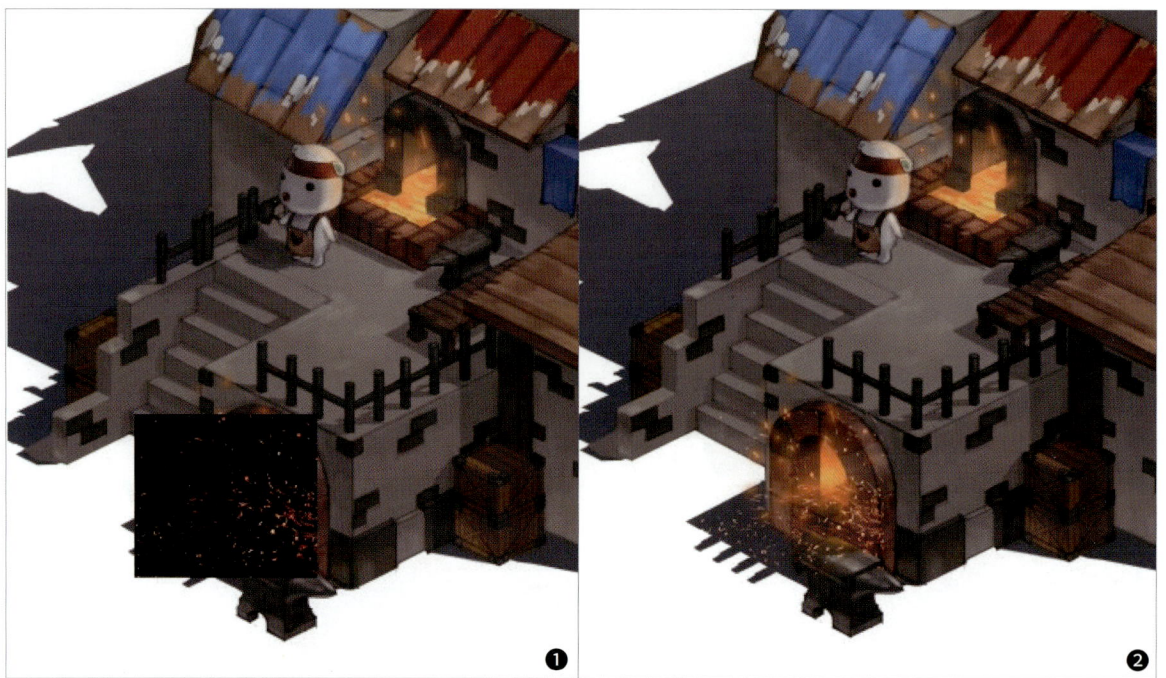

❶ 준비된 텍스처를 불꽃 위에 위치시킨 후

❷ 레이어 속성을 스크린으로 바꾸어줍니다. 스크린과 같은 밝아지게 하는 레이어 속성은 검은색으로 된 부분을 통과시킵니다.

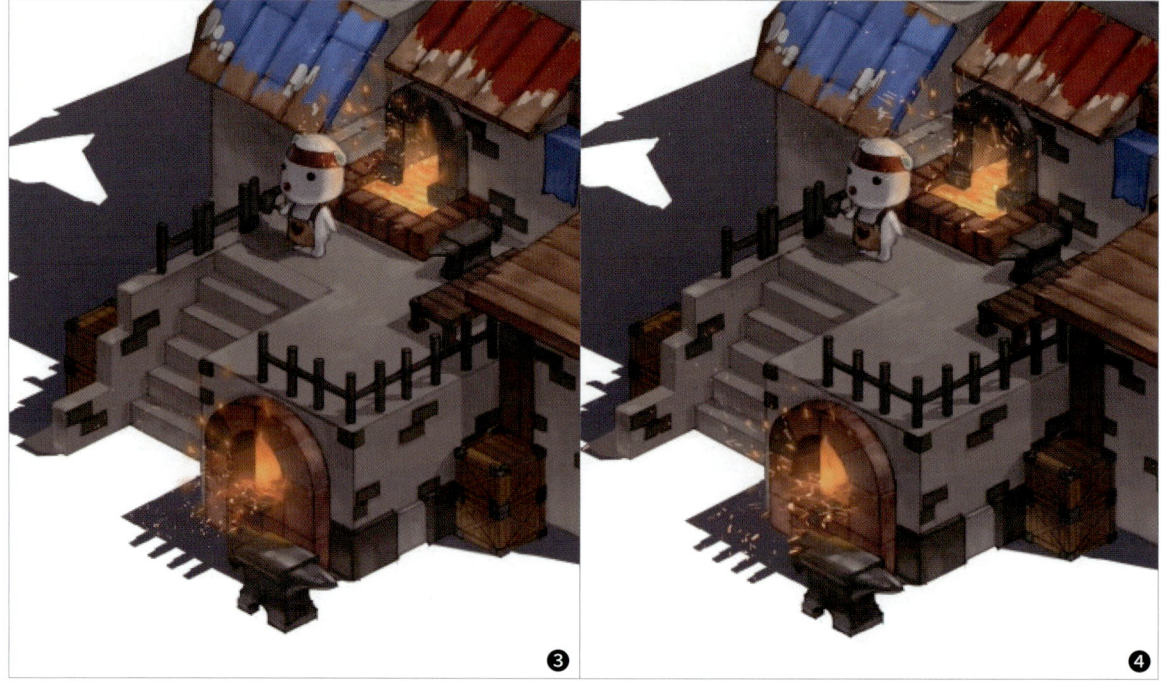

❸ 불꽃 텍스처를 지우개로 다듬어준 후 위쪽의 용광로에도 복사하여 붙여 넣습니다.

❹ 텍스처와 이질감이 없도록 기존의 불꽃을 다듬어 줍니다. 최근의 트렌드는 텍스처를 사용할 때에 소스라는 티가 덜 날수록 좋습니다. 특히나 캐쥬얼한 그림의 경우 리얼한 사진소스는 어울리지 않으므로 작업 시 유의해야합니다.

▌ 패턴 브러쉬로 연기 묘사하기

이번엔 위 그림과 같은 구름모양의 패턴 브러쉬를 준비합니다. 구름 패턴 브러쉬는 직접 구름모양을 그린 후 브러쉬 옵션들을 조절하여 만들어도 되고 혹은 만들어져있는 브러쉬를 불러와서 사용하여도 상관없습니다. 구름 브러쉬 같은 일반적으로 많이 사용하는 패턴의 브러쉬들은 구글이나 네이버 등의 검색엔진에 검색하면 쉽게 찾을 수 있습니다.

구름 브러쉬를 이용해 굴뚝의 연기를 그립니다. 흑백으로 그린 후 [색조/채도]기능을 이용해서 색을 바꾸어주면 쉽게 그려낼 수 있습니다. 구름은 실제 수작업에서는 매우 표현하기 까다로운 피사체이지만 일정한 패턴이 반복되는 형태는 디지털페인팅에서 단 몇 초면 그려낼 수 있습니다.

소프트 라이트 레이어를 추가하여 기와의 밝기를 다양하게 조절합니다.

소프트 라이트 레이어를 추가하여 나무 끝의 웨더링을 표현합니다.

용광로의 간접광의 영향을 받는 모루의 부분도 묘사합니다.

▌레이어 스타일 기능을 이용해 못 묘사하기

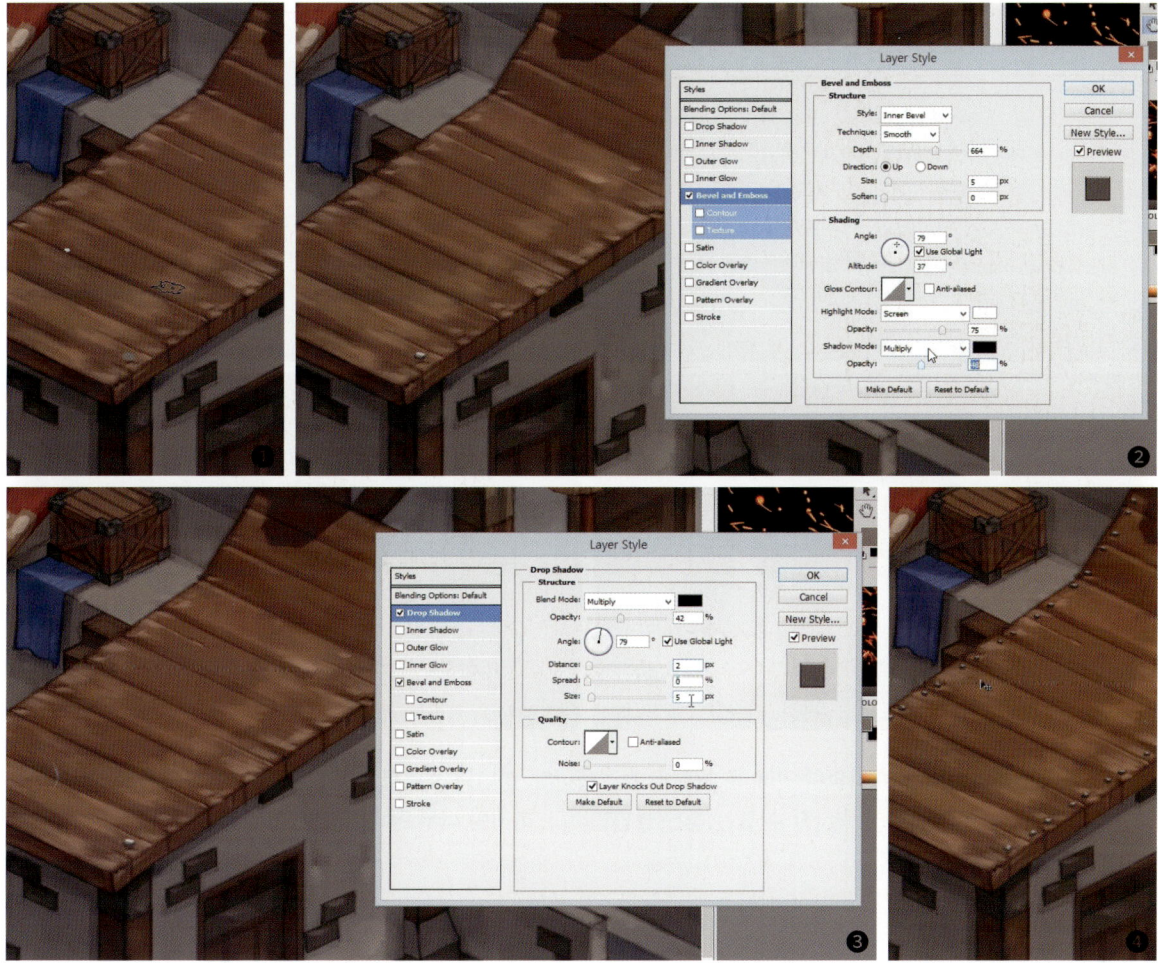

이번엔 나무의 못 부분을 묘사할 차례입니다. 나무의 못 부분은 레이어 스타일의 베벨앤 엠보스와 드랍쉐도우 기능을 이용해 쉽게 묘사할 수 있습니다.

❶ 우선 기본이 되는 못 하나를 그리고

❷ 레이어 스타일의 베벨엔 엠보스 기능을 넣습니다.

❸ 드랍쉐도우 옵션을 켜서 거리를 2px정도로 낮추어 못 바로아래에 오클루전 쉐도우가 생성되도록 합니다. 이렇게 하면 못 하나가 완성됩니다.

❹ 이제 못의 크기를 변형시키고 못들을 추가로 그려 넣어 나무판들의 못을 묘사합니다.

▌ 패턴 돌려쓰기

레이어 스타일 하나를 이용해 다양한 곳에 못 패턴을 돌려씁니다. 하나의 소스를 다양한 곳에 돌려쓰는 것은 시간이 중요한 상업미술에서는 시간을 단축시킬 수 있는 좋은 방법입니다. 하지만 너무 한 가지 패턴만을 남발하여 그림이 지루해지게 만들어서는 안 됩니다.

▌ 추가 오클루전 찾기

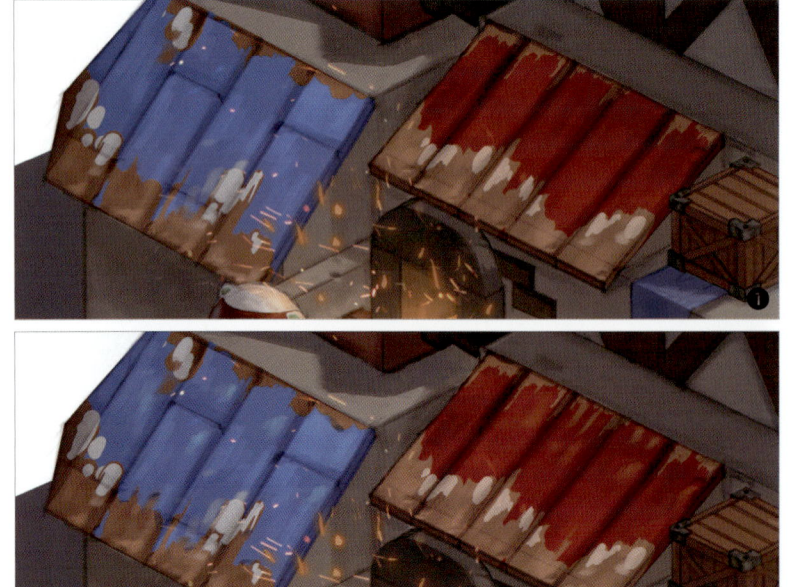

❶ 페인트의 까짐을 묘사하기 위해 페인트와 나무 사이에 오클루전 쉐도우를 그려 넣어 재질이 분리됨을 설명합니다.
❷ 페인트의 하이라이트를 조금 더 밝게 해서 페인트와 나무의 반사도 차이를 분명하게 만들어 줍니다.

그림을 그리면서 오클루전은 끊임없이 계속 찾아주어야 하는 부분입니다. 숙련된 아티스트와 그렇지 않은 아티스트의 차이는 오클루전을 찾을 수 있는 양이라고 해도 과언이 아닙니다.

▌ 커브 레이어 마스크 사용하기

그림이 거의 마무리 단계로 접어들었다면 커브를 이용해 레벨을 잡아줍니다.

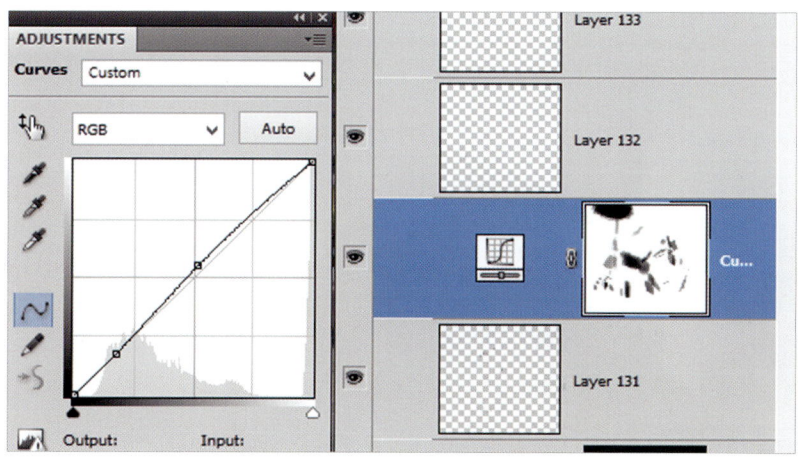

하지만 평소와는 다르게 미세한 조절을 위해 레이어 마스크 기능을 사용합니다. 커브 레이어 오른쪽에 있는 레이어 마스크에서 검은색 부분은 커브가 적용되지 않는 부분입니다. 마스크 부분을 클릭한 후 지우개로 지워주면 위의 레이어 창과 같이 검은색으로 변하면서 레이어의 조정기능의 영향을 받지 않게 됩니다.

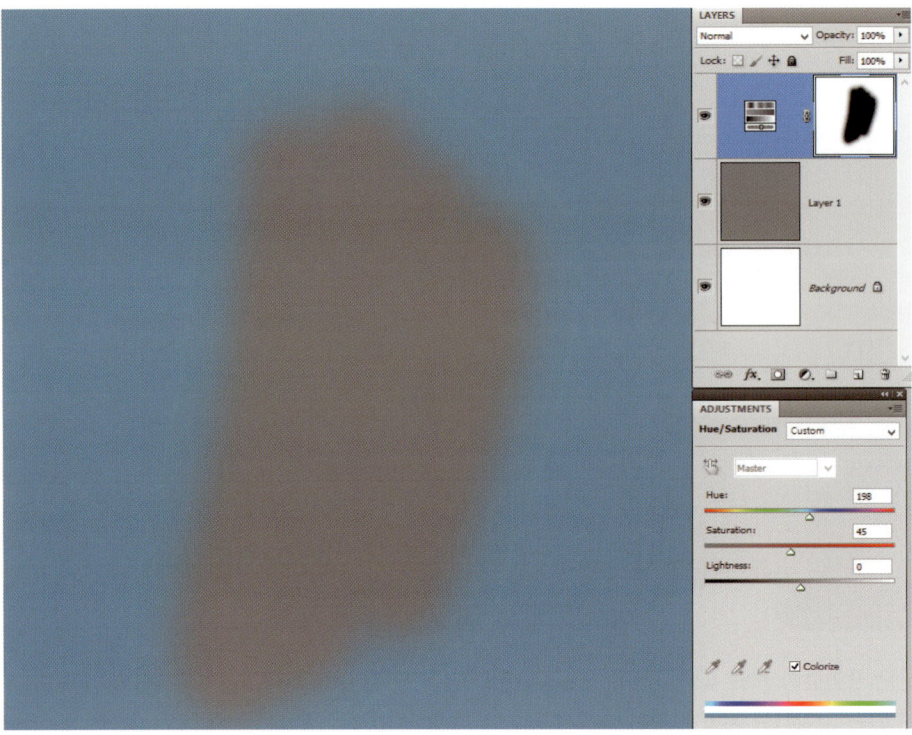

위 그림을 보면 레이어 마스크가 벗겨진 부분은 색조/채도의 영향을 받지 않는 것을 볼 수 있습니다. 다시 영향을 받게 하려면 검은색 부분을 흰색으로 칠해주면 됩니다. 레이어 마스크 기능은 굉장히 쓸모가 많은 기능이므로 반드시 숙지해 두고 자유롭게 쓸 수 있도록 하여야합니다.

레이어 마스크를 사용하여 밝아지지 않는 부분들은 지워서 커브의 영향을 받지 않도록 만듭니다.

레이어 마스크로 인해 일관성있던 커브 값에 명도의 분해가 일어나 색과 명도가 더욱 풍부해집니다.

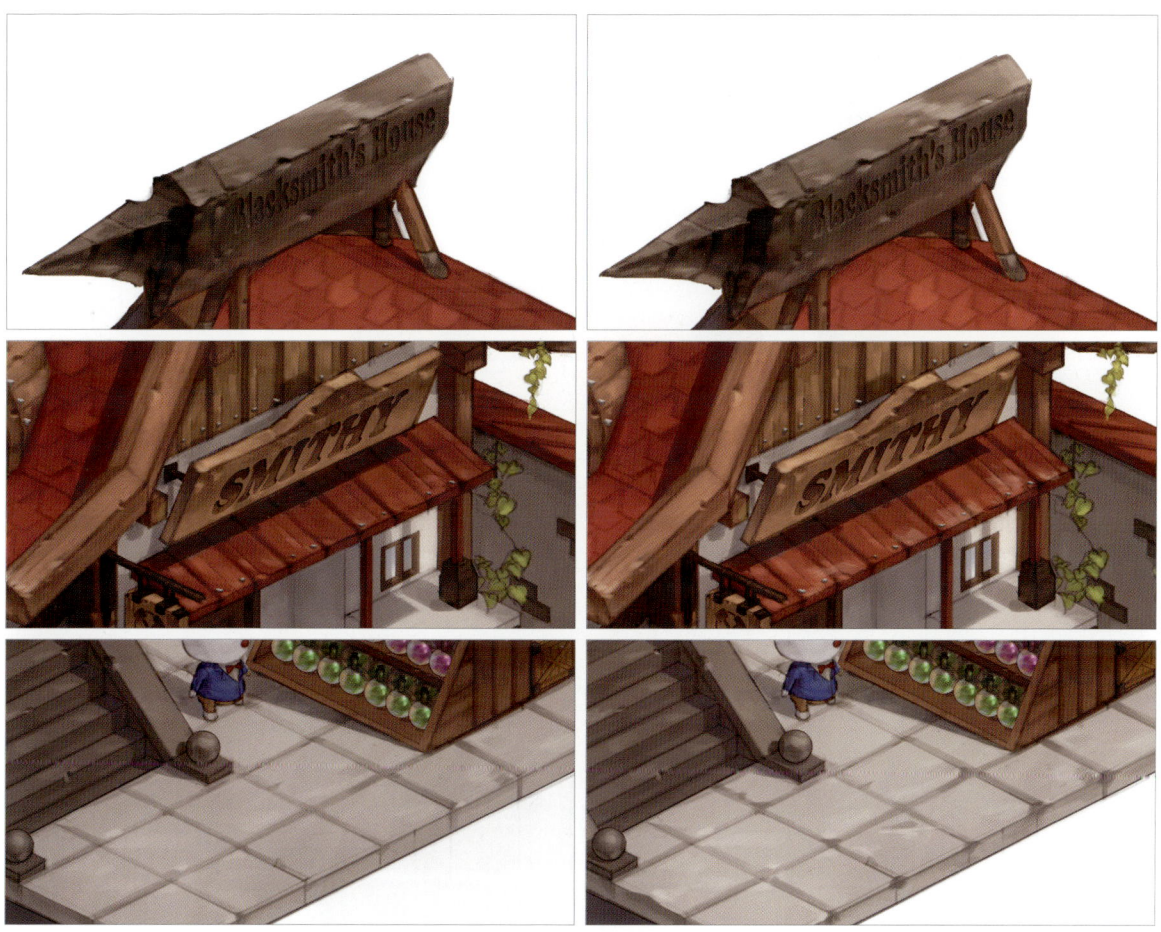

이제 남은 것은 자잘한 묘사와 정리입니다. 작은 브러쉬를 사용하여 자신이 부족하다고 생각하는 부분을 정리합니다. 묘사 톤에서는 큰 형태나 빛이 틀어지는 것에만 유의하면 쉽게 묘사를 진행할 수 있습니다. 묘사와 정리를 하며 그림을 마무리 짓습니다.

'타락한 천사'로 그라디언트 맵을 활용한 글레이징 채색하기

 이번 예제는 앞에서 그렸던 여성캐릭터인 '타락한 천사와 그녀의 종'의 흑백그림을 그라디언트 맵 기능을 이용해 채색하는 방법을 설명하도록 하겠습니다. 먼저 완성작을 보고 그라디언트 맵을 어떻게 활용하여 채색되었는지를 함께 알아보도록 하겠습니다.

위 그림은 완성한 결과물입니다. 그라디언트 맵을 활용한 채색은 색을 컬러피커를 통해 직접 지정하여 발색을 시키는 방법인만큼 다른 글레이징 채색법들보다 자유롭게 색상을 지정할 수 있습니다. 캐릭터의 스케치가 반 실사 미소녀 그림체로 그려졌기 때문에 회색조의 어둠과 같은 탁색은 피하는 방향으로 진행하도록 하겠습니다.

이번에는 캐릭터 뒤에 배경을 넣어서 진행할 예정이기 때문에 캐릭터 배색을 하기 전 먼저 스카이패널을 작업해주도록 합니다.

스카이패널이란 미술용어에서 캐릭터 뒤에 깔리는 원경을 지칭합니다. 배경이 포함된 그림들은 보통 근경, 중경 그리고 원경이 확실하게 구분되어 있습니다. 지금의 그림에서 근경, 중경, 원경을 구분해보고 그것들이 갖는 의미를 집어 보도록 하겠습니다.

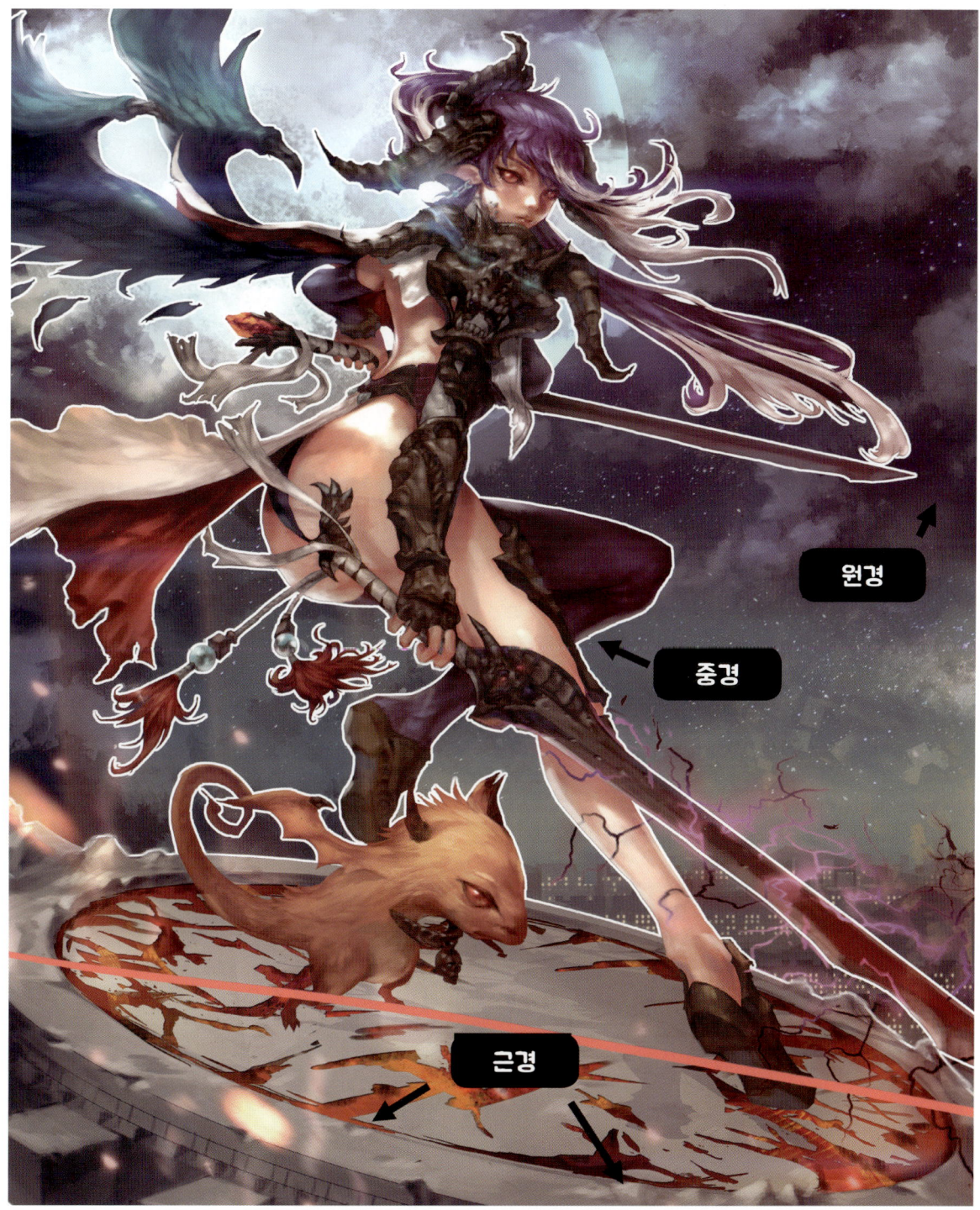

이 그림에서는 스카이패널과 멀리 보이는 시가지의 모습이 원경이 됩니다. 그리고 캐릭터의 모습이 중경입니다. 마지막으로 근경은 앞쪽에 보이는 이펙트의 부분과 관찰자와 가까운 디오라마의 앞부분이 될 것입니다.

근경, 중경, 원경 구분하기

먼저 원경은 지금 우리가 어디에 있는지를 설명해줍니다. 예를 들어 하늘과 구름이 있다면 그 장소는 지구이거나 혹은 지구와 같은 환경일 것 입니다. 뾰족한 산들이 보인다면 단층이 융기한 지역으로 보일 것이며 안개가 자욱하게 끼어있다거나 사막이 보인다면, 정글숲이거나 사막일 것입니다. 원경은 지금 이곳이 어디인지를 설명해주는 역할을 합니다.

중경은 그림의 메인디쉬와 같은 부분입니다. 지금 이 그림 안에서 어떤 일이 일어났는지, 혹은 어떤 일이 발생할 것인지에 대한 그림의 이야기를 전달해 주는 곳입니다. 원경과 중경은 밀접한 관계를 지니는데 원경에 대한 설정이 철저할수록 중경에 설득력이 생기게 됩니다.

마지막으로 근경은 관찰자와 가장 가까운 부분을 그려주는 것입니다. 근경은 근경과 다른 부분과의 크기 차이로 그림안의 원근을 잘 부각시킬 수 있습니다. 또한 근경은 디테일을 눈속임하는 역할을 합니다. 한 가지 예로 근경의 나무를 치밀하게 묘사하고 원경의 나무를 대충 묘사한다면 우리의 뇌는 '원경의 나무가 디테일이 없어' 라는 생각보다는 '원경의 나무도 사실 근경의 나무처럼 생겼을 거야' 라고 생각하게 됩니다.

배경이 있는 그림을 그릴 때에는 단순하게라도 이 세 가지 요소를 그려 넣어주는 것이 좋습니다.

스카이 패널을 정했다면 이제 배색을 시작합니다. 배색을 할 때는 실루엣 레이어에 일반 레이어를 추가해 클리핑 한 후 여러 가지 색채를 시험해보면 색채가 튀어나가지 않고 쉽게 여러 가지의 배색법을 적용해 볼 수 있습니다.

위 그림처럼 실루엣에 클리핑을 하면 색이 튀어나가지 않아 깔끔하게 정리하며 배색을 적용할 수 있습니다. 위 그림에 사용된 배색법은 직사각 분열보색입니다. 이것을 쉽게 알기위해 적용된 색을 컬러피커로 선택해 팔레트를 만들어 보도록 하겠습니다.

▌사용한 배색법(직사각 분열보색)

직사각 분열보색 조화

팔레트의 위쪽은 실제 사용된 색채를 스포이드 툴로 선택해 만든 것이고 아래쪽은 그 색들의 채도와 명도를 100%로 높여 색상을 왼쪽의 색 상환과 같이 만든 것입니다. 이렇게 보면 직사각 분열 배색이 사용된 것을 쉽게 확인할 수 있습니다. 실제로 사용하는 색의 채도나 명도는 낮아도 색이 가지는 뿌리는 같습니다. 우리는 항상 그 색의 스펙트럼의 위치가 어디인지를 확실히 인지하는 것이 중요합니다.

배색이 정해졌다면 이제 흑백으로 그려진 그림을 그라디언트 맵 기능을 이용하여 치환해줄 차례입니다. 가장 먼저 흑백으로 그려진 그림 전체를 주광색과 환경색의 색으로 치환해줍니다.

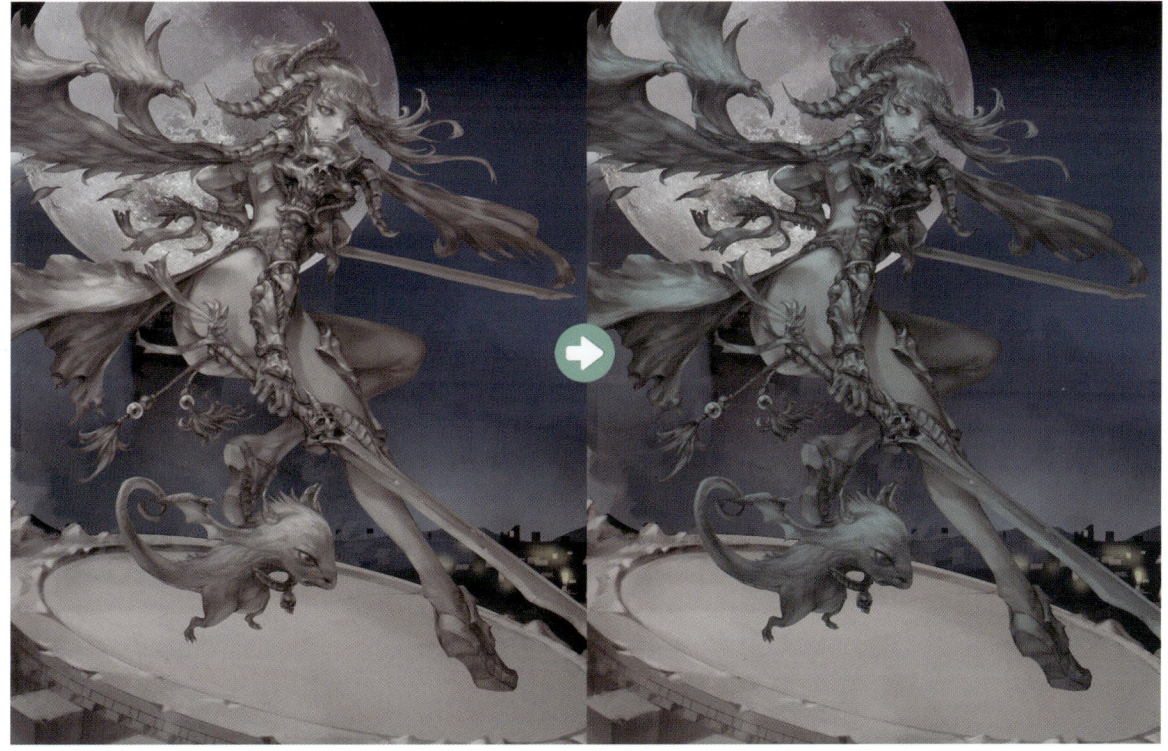

위 그림은 흑백의 그림을 밝은 부분은 주광의 색으로, 어두운 부분은 지금의 환경광의 색으로 치환해 준 그림입니다. 포토샵의 어떤 기능을 사용하여 어떻게 치환하였는지 단계별로 알아보도록 하겠습니다.

▮ 그라디언트 맵 기능 사용하기

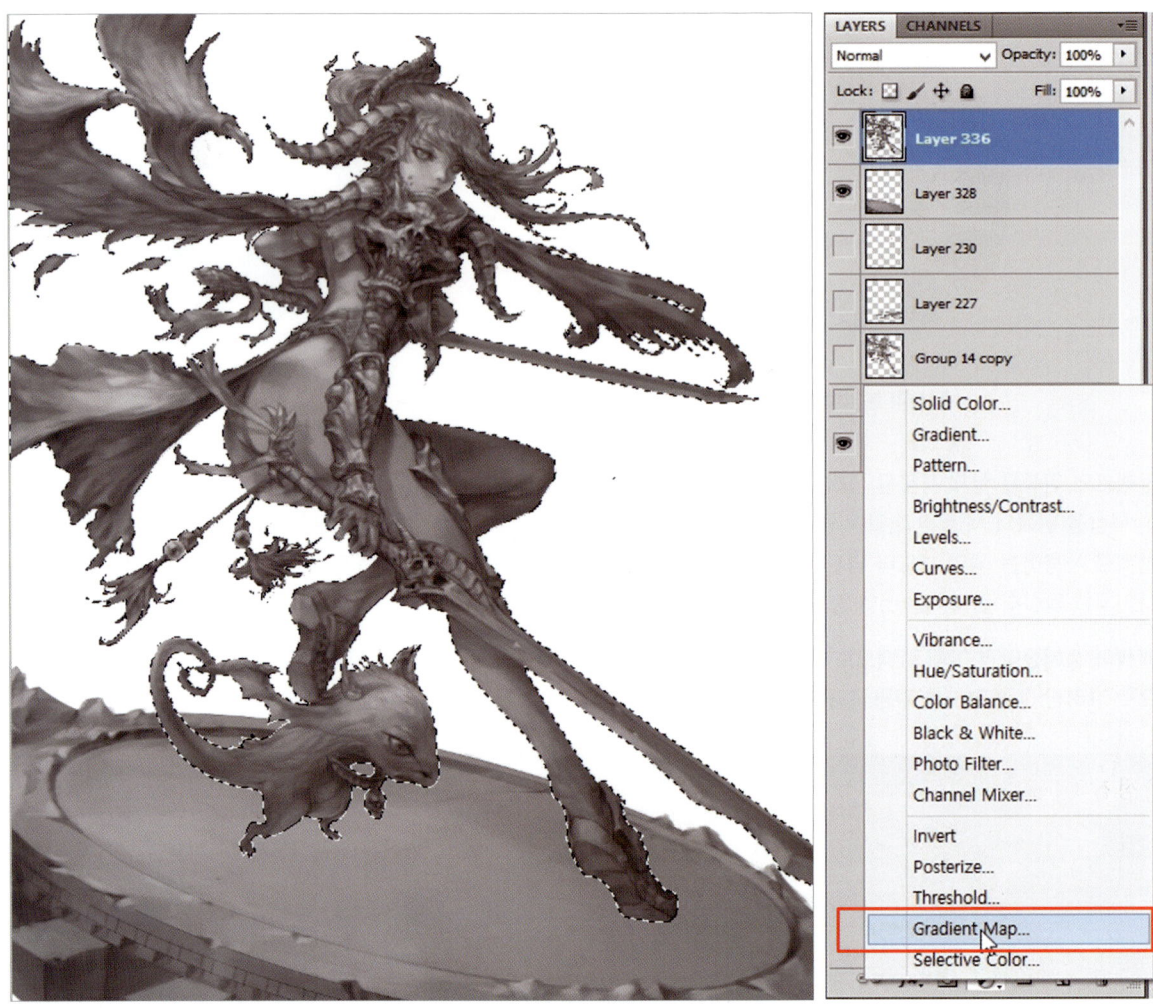

먼저 치환하고자 하는 영역을 지정합니다. 지금의 경우 캐릭터 전체를 치환해야 하므로 컨트롤+레이어 클릭을 하면 캐릭터 전체의 영역을 쉽게 선택할 수 있습니다. 그리고 레이어 오른쪽 하단의 조정 레이어 생성 아이콘을 클릭하여 그라디언트 맵을 눌러줍니다.

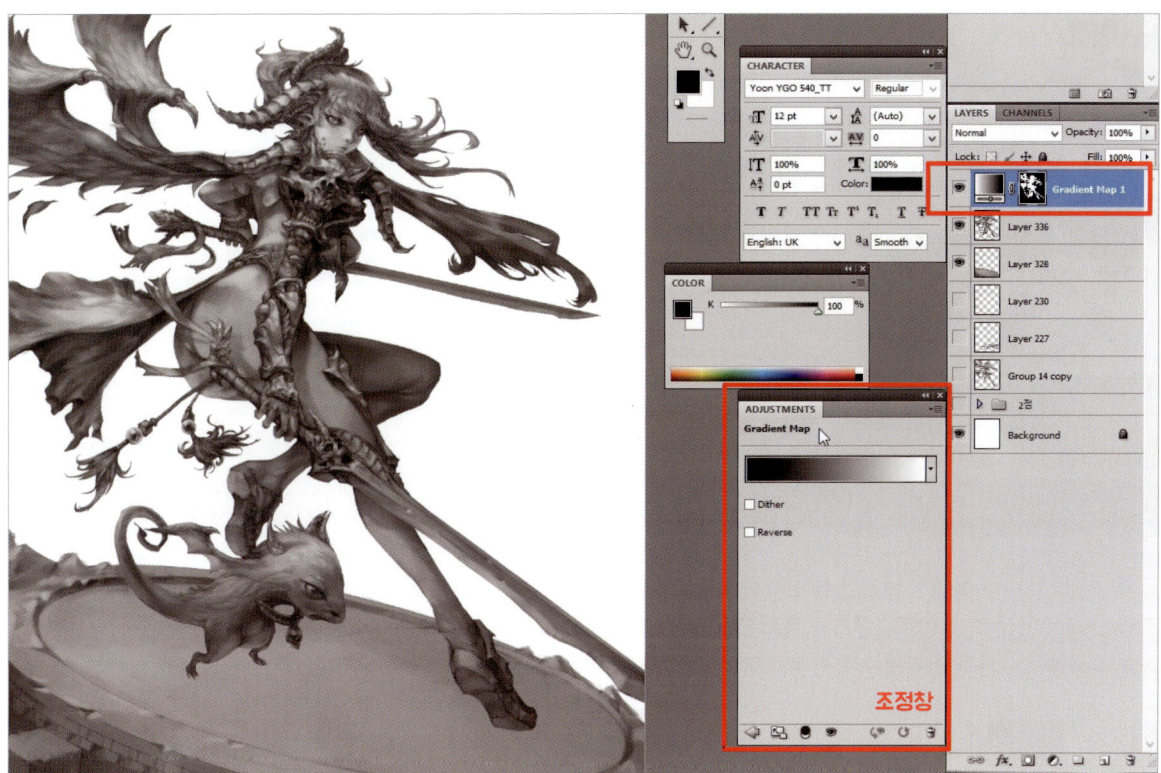

위 그림과 같이 레이어 창에 레이어 마스크가 생성되며 그라디언트 맵의 조정 창이 뜨는 것을 확인할 수 있습니다. 이제 조정 창의 그라디언트된 영역을 눌러 그라디언트 에디터 창을 불러옵니다.

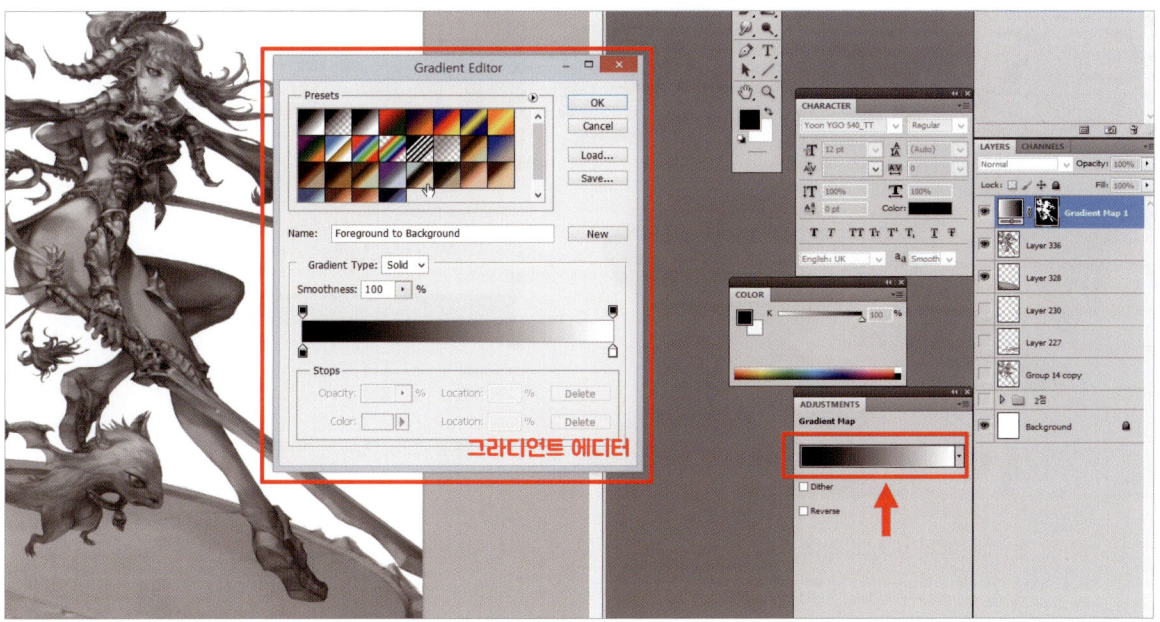

위 그림의 붉은색 화살표 부분을 누르면 그림의 왼쪽 네모박스의 그라디언트 에디터를 불러 올 수 있습니다.

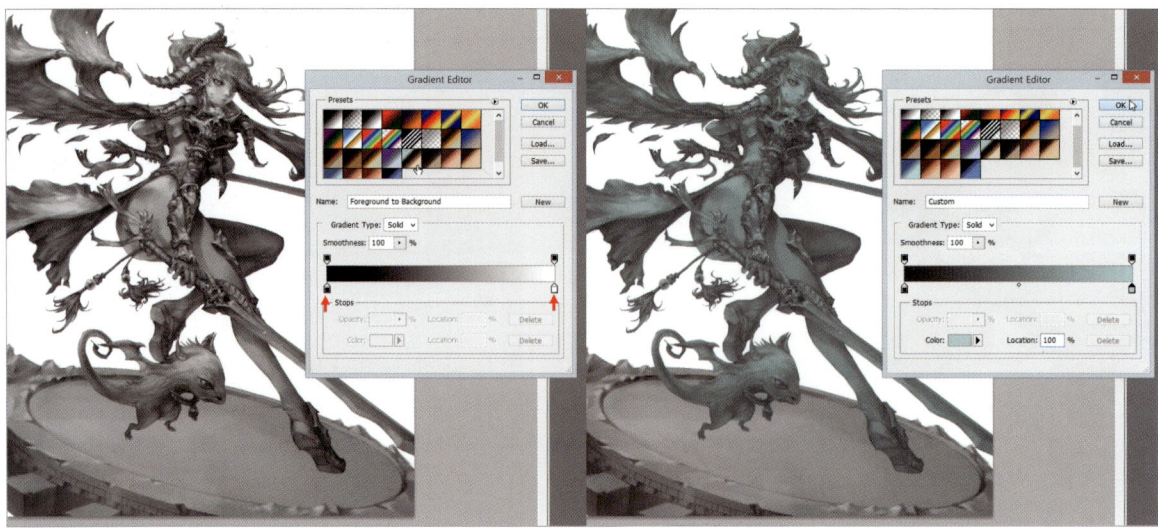

그라디언트 에디터 창에서 붉은색 화살표로 표시 되어있는 부분을 누르면 색을 바꿀 수 있습니다. 그라디언트 에디터는 그림 안에서 가진 0%~100% 단계의 흑백 명도값을 그 수치에 맞추어 각각의 색상으로 치환해 주는 기능입니다. 에디터 내부의 바에서 오른쪽으로 갈수록 흰색, 그리고 왼쪽으로 갈수록 검은색의 영역을 담당합니다.

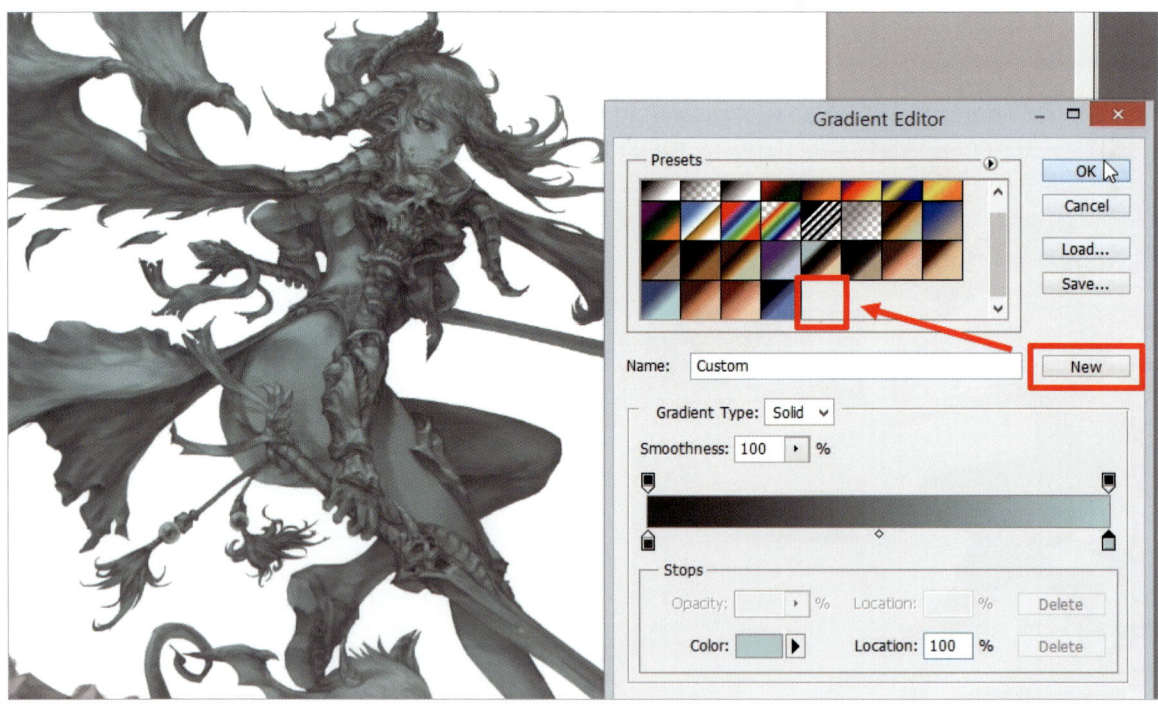

설정하고 난 후 에디터의 [NEW]탭을 누르면 지금 설정한 그라디언트 값을 저장할 수 있습니다. 이 설정은 다음에도 값을 불러와 적용 할 수 있습니다. 예를 들어 피부색의 세팅을 저장해놓았다면 그림 내의 다른 피부나 혹은 다른 그림에서 클릭한번으로 간단히 피부색을 입힐 수 있습니다. 그리고 위의 [Save]기능을 이용하면 포토샵의 브러쉬들처럼 팔레트를 저장하여 세팅 값을 공유할 수 있습니다.

먼저 피부의 색칠을 위해 올가미 툴을 이용해 피부의 영역을 선택합니다. 레이어 마스크를 생성하여 작업하므로 튀어나가는 부분이나 잘못 잡히는 부분은 마스크를 수정할 수 있으니 신경쓰지 않고 작업하도록 합니다.

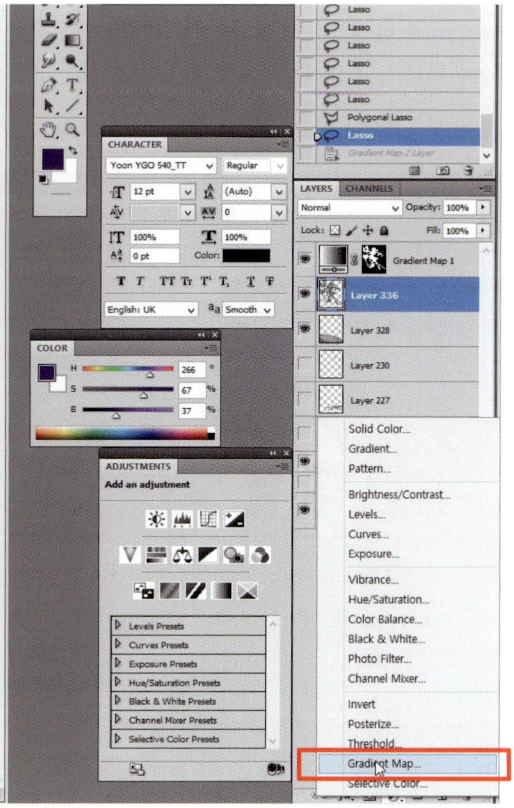

영역이 모두 선택되었다면 레이어 창의 [수정 레이어 추가 버튼]을 눌러 [그라디언트 맵]을 눌러줍니다. 앞에서 설명했던 액션기능을 이용하여 이 부분에 대한 단축키를 설정하면 번거롭지 않게 단축키로 편하게 사용할 수 있습니다. 필자 역시 이 부분의 단축키를 만들어 사용하고 있습니다.

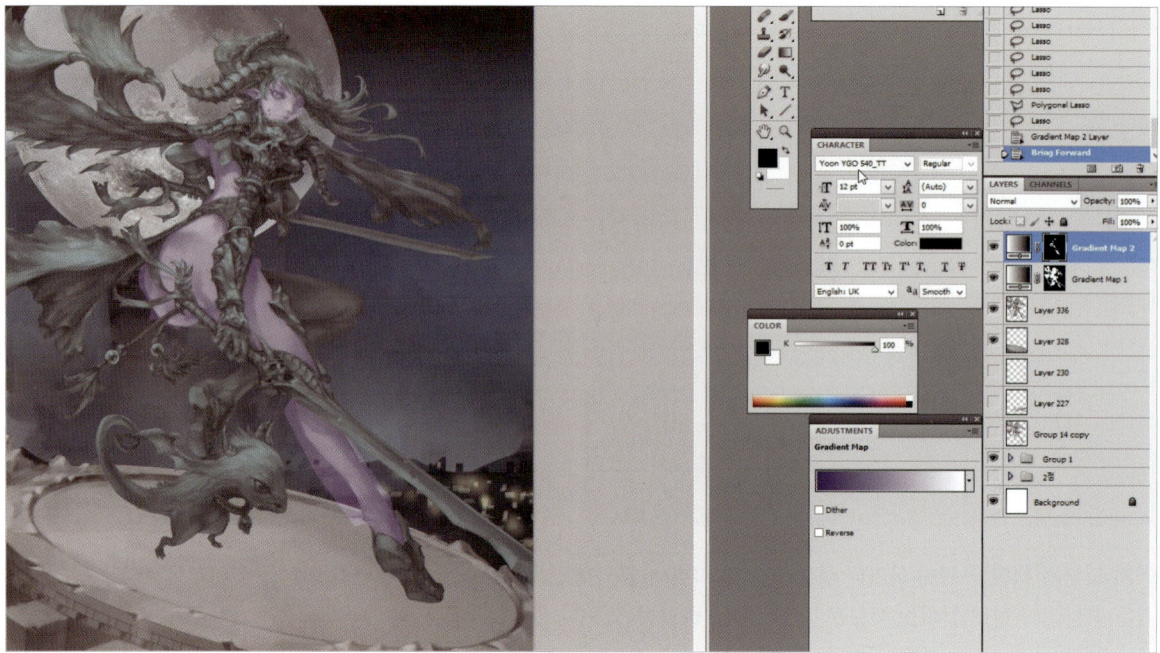

[그라디언트 맵]을 클릭하면 위 그림과 같은 모습이 됩니다. 바깥으로 삐져 나간 부분들이 보입니다. 바깥으로 나간부분은 클리핑을 해서 해결해도 되지만 앞으로 내부의 다른 영역들끼리 간섭할 때에도 해결할 수 있도록 레이어 마스크를 사용하는 방법을 설명하도록 하겠습니다.

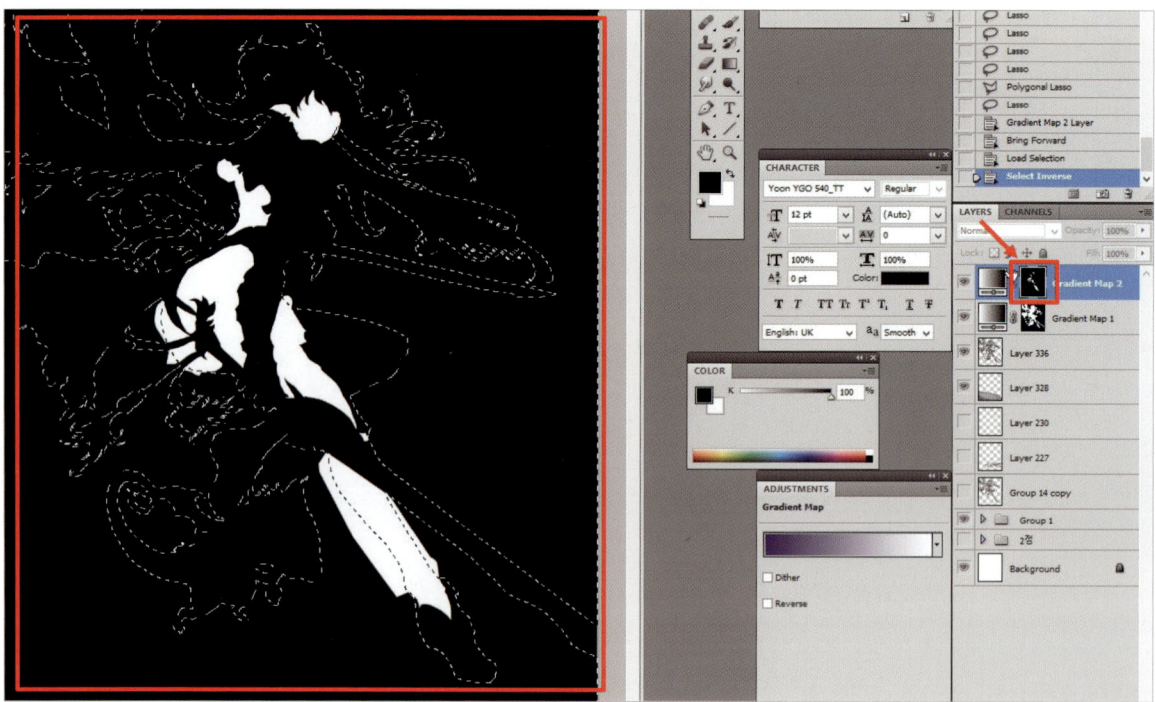

Alt키를 누르고 위의 그림의 레이어 창의 빨간 박스로 된 [레이어 마스크 부분]을 누르면 캔버스가 검은색과 흰색으로 변합니다. 위의 화면을 레이어 마스크 화면이라 부르며 흰색은 영향을 받는 부분, 검은색은 영향을 받지 않는 부분입니다.

[컨트롤+레이어 클릭] 기능을 이용해 캐릭터 전체의 실루엣을 영역으로 선택한 후 영역을 반전시킵니다(단축키 CTRL+SHIFT+I) 그리고 DEL키로 영역을 지워주면 밑의 그림과 같이 깨끗한 마스킹을 얻을 수 있습니다.

이 기능은 앞으로 다른 영역을 선택할 때에 자주 사용할 기능이니 익혀두면 빠른시간 안에 작업할 수 있습니다.

위 그림과 같이 [그라디언트 에디터]를 조정하여 피부색을 발색시킵니다. 그라디언트 안에서 주황색에서 조금 더 붉은색 조로 변화하는 휴 쉬프팅을 넣어 주었습니다. 이 에디터 역시 언제든지 다시 열어 조정할 수 있습니다.

이번엔 머리 부분의 영역을 선택해 [그라디언트 맵]을 적용시킵니다. 머리카락 밖으로 튀어나간 부분의 마스크를 정리해 주어야 하는데, 이번에는 피부와 달리 배경뿐만 아니라 얼굴부분까지 침범한 것을 볼 수 있습니다.

먼저 피부 때와 마찬가지로 [마스크 레이어]로 들어가서 튀어나간 부분을 지워줍니다.

이번엔 피부 레이어 마스크 부분을 [컨트롤+레이어 클릭] 기능을 통해 선택한 후 지워줍니다. 이 기능을 이용하면 앞으로 겹쳐지는 부분들이 많은 부분은 섬세하게 선택할 필요 없이 오히려 더 쉽게 영역을 선택할 수 있습니다.

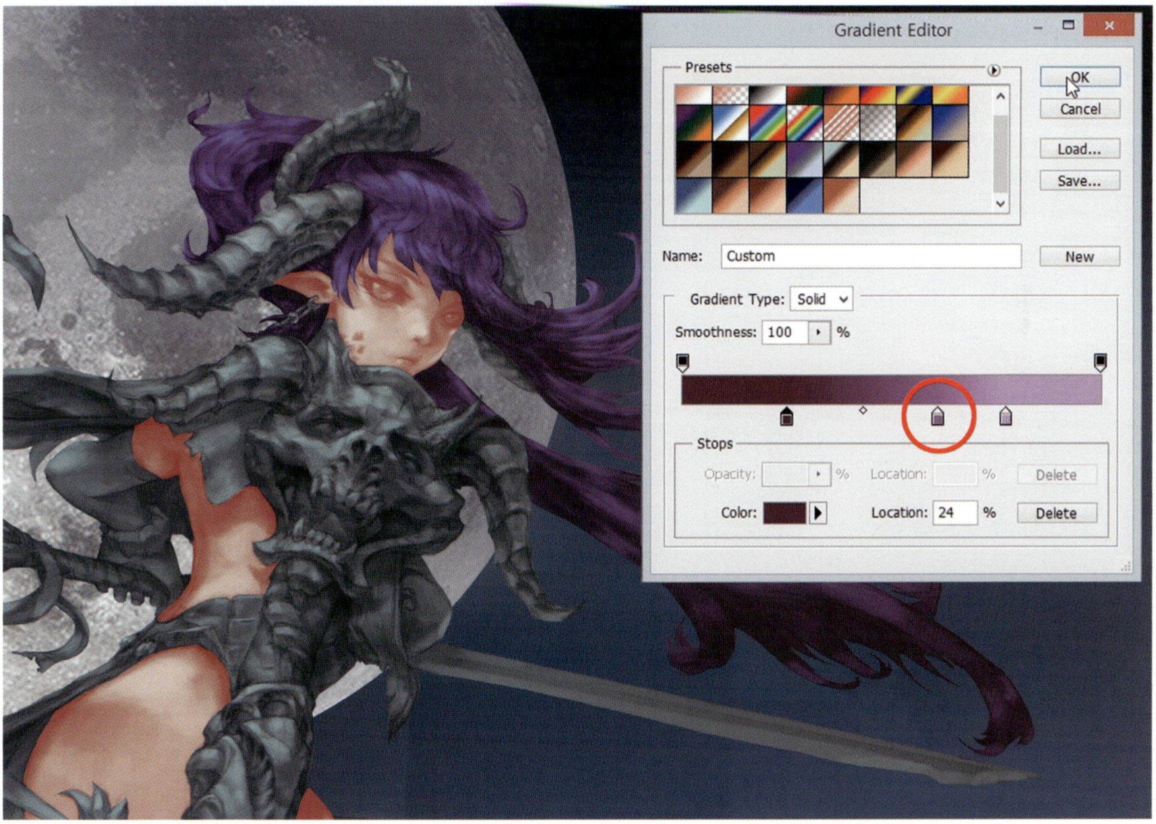

머리부분에 [그라디언트 에디터]를 클릭해 색을 넣습니다. 색을 넣을 때에는 위 그림의 빨간색 동그라미 부분인 중간톤 면의 색을 먼저 잡아주는 것이 밝은색과 어두운색의 휴 시프팅을 잡는데 유리합니다.

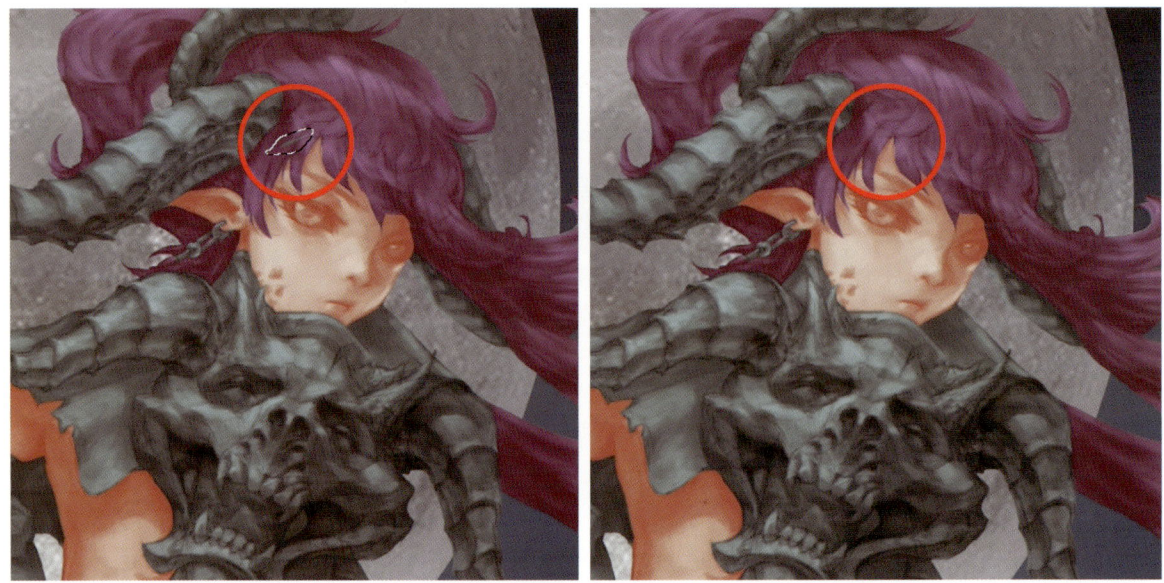

실수란 없을 수 없습니다. 머리를 다 선택했다고 생각했지만 위 그림의 왼쪽과 같이 덜 선택된 영역이 있습니다. 선택한 후 레이어 마스크에서 흰색을 채워주면 그라디언트 맵이 적용되는 것을 확인할 수 있습니다.

같은 색의 부위는 함께 선택해서 작업하면 편리합니다. 위 그림처럼 한 부분을 작업하고 레이어 마스크 영역을 늘려가는 것 또한 좋은 방법입니다. 여기에서 위의 그림과 아래의 그림의 머리카락색이 바뀐 것을 볼 수 있습니다. 그라디언트 맵 기능의 초벌채색에서는 색상을 자유롭게 바꿀 수 있는 장점이 있습니다.

이 방식을 반복하여 처음 설계했던 색상을 재현합니다. 크기가 너무 작은 악세사리 부분들은 그라디언트 맵보다는 그림
의 중반부에 [컬러 레이어]나 [오버레이 레이어]로 색을 넣어줄 예정입니다.

▌스카이 패널 정리하기

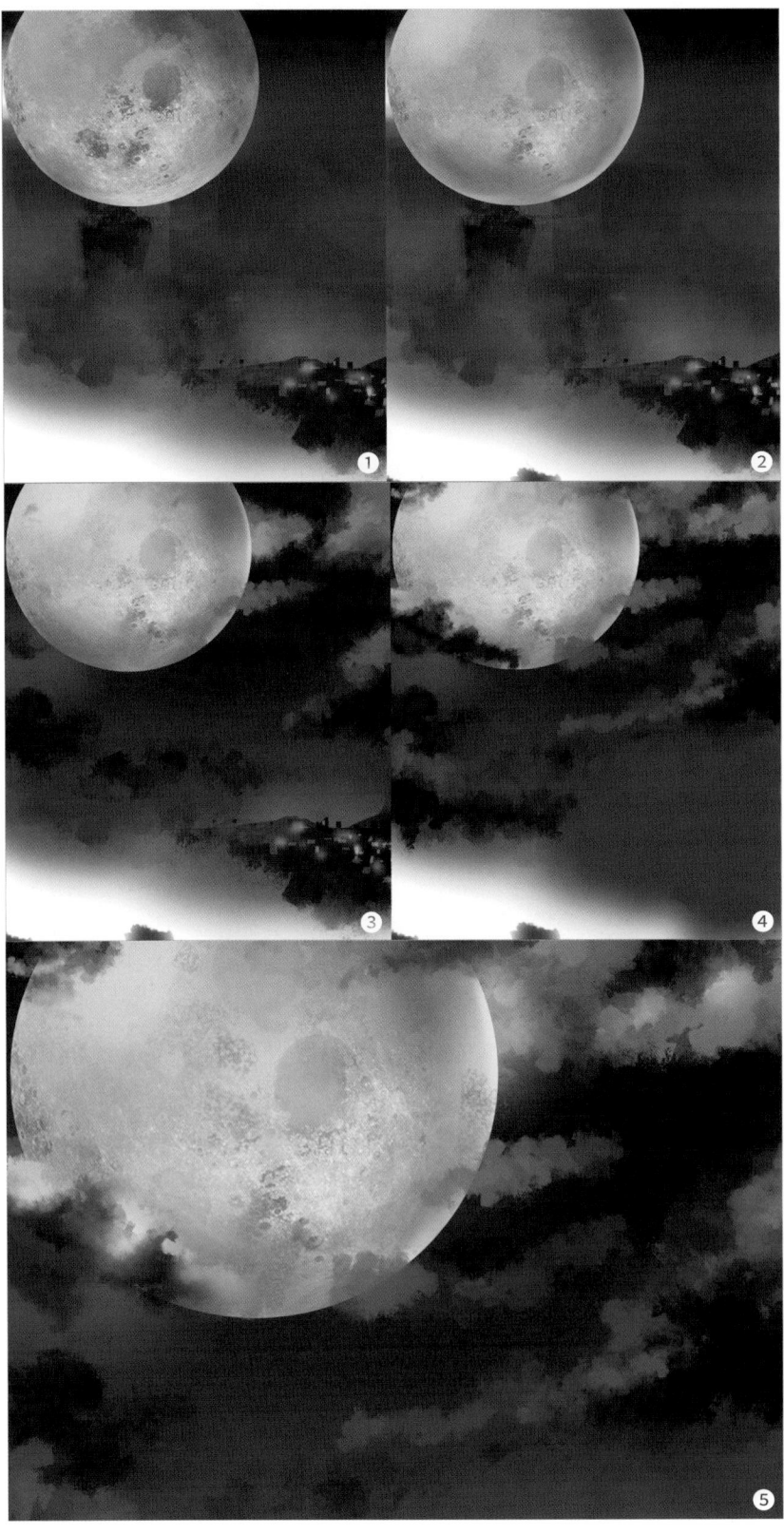

❶ 먼저 텍스처를 사용했던 달을 정리합니다.

❷ 사진소스의 티가 많이 나지 않게끔 형태를 문질러줍니다. 달은 멀리 있고 빛이 나는 물체입니다. 달에 포커스가 맞춰지지 않는 한 형태가 자세히 보이는 것이 더 이상할 것입니다. 적당히 문질러 주고 달의 끝부분을 밝게 터치해줍니다.

❸ 대장간 예제에서 사용한 구름 브러쉬를 이용해 구름을 그려 넣었습니다. 구름과 같이 일정한 패턴을 가지고 있는 복잡한 형태들은 패턴브러쉬를 이용하면 쉽게 그려낼 수 있습니다.

❹ 아래쪽에 위치한 도시의 원경들은 다시 그려줄 예정이기 때문에 일단 잠시 지워주었습니다.

❺ 리니어 닷지 레이어를 추가하여 달로 인해 밝아지는 구름의 부분을 터치해줍니다.

구름 묘사과정 살펴보기

구름은 많은 분들이 묘사하기 까다로워하는 물체 중 하나입니다. 그렇기에 구름부분만 따로 떼어서 진행과정을 한번 살펴보도록 하겠습니다.

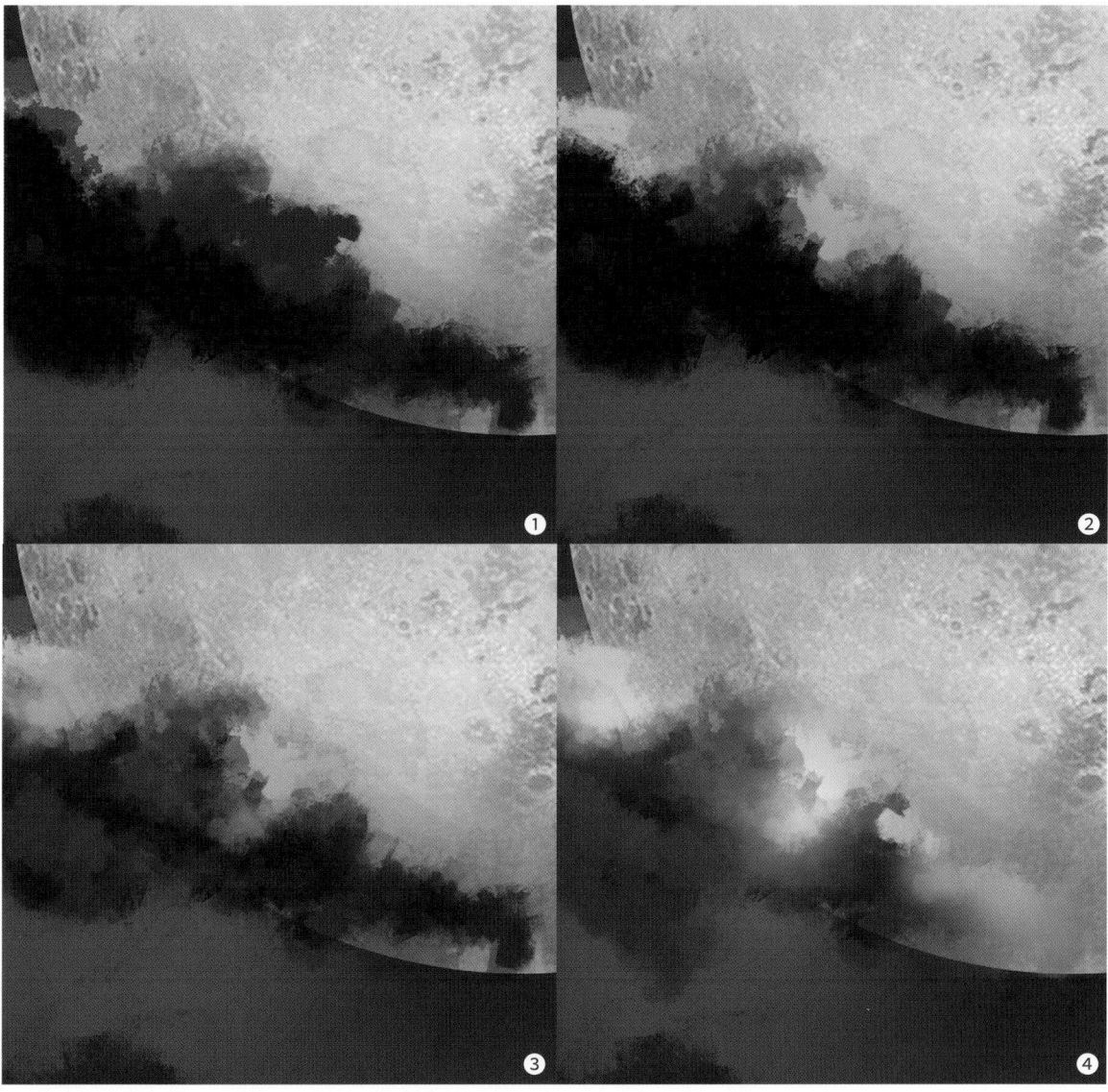

❶ 먼저 구름브러쉬를 이용해 큰 형태를 만듭니다.

❷ 그리고 레이어 락(단축키 /)을 걸어 밝은 부분을 찾아 터치해줍니다.

❸ 구름은 물건처럼 딱딱한 매질이 아닌 반투명의 물체이기 때문에 어두운 면이 너무 강하면 어색해지는 경향이 있습니다. 어두운 면을 더 이상 작업하지 않고 반사광을 넓게 올려줍니다.

❹ 구름은 반투명으로 서브서페이스 스케터링이 나는 물질입니다. 빛에 민감하며 구름 안에 빛이 갇혀 내부가 밝아지는 형태를 보입니다. 달빛은 조금 약하기 때문에 내부까지 밝혀주지는 못할 것 같아 밝은 면만 리니어닷지 레이어를 추가해 넓게 밝혀주어 정리하였습니다.

스카이 패널이 어느 정도 묘사되었으면 이제 캐릭터를 묘사할 차례입니다. 캐릭터는 항상 얼굴을 먼저 묘사하는 것이 묘사의 기준점을 만드는데 도움이 됩니다.

❶ 멀티플라이 레이어를 추가해 어두운 면을 눌러주고,
❷ 리니어닷지 레이어를 추가해 밝은 면을 밝혀줍니다. 글레이징 채색에는 레이어 속성을 많이 사용하는데 일반 레이어를 사용하게 되면 명암 레이어의 묘사들이 사라지기 때문입니다. 특히나 채색 초반에는 일반 레이어 사용을 줄이는 것이 명암 레이어의 이점을 살리기 쉽습니다.

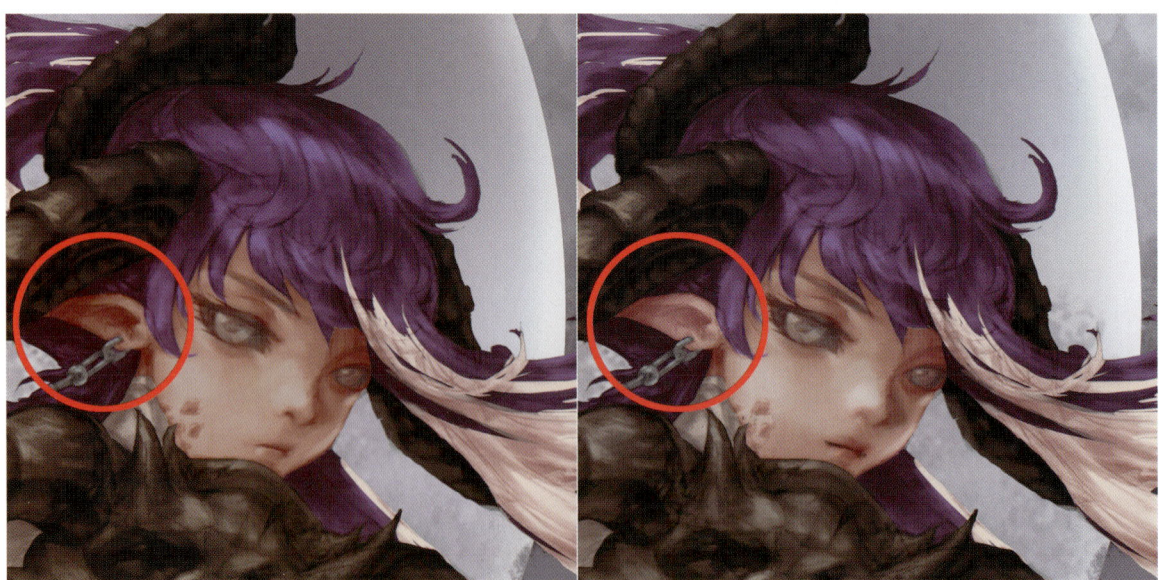

위 그림의 붉은 동그라미를 친 부분은 서브서페이스 스케터링이 강하게 발생되는 부분입니다. 그 외에도 코 주변, 눈두덩이, 눈 아래, 뺨 등 피부가 얇은 쪽은 리니어닷지를 이용해 서브서페이스 스케터링을 표현해줍니다. 이때 피부를 더 얇아보이게 하기 위해서는 오버레이 레이어를 추가해 핏기를 표현해주면 좋습니다.

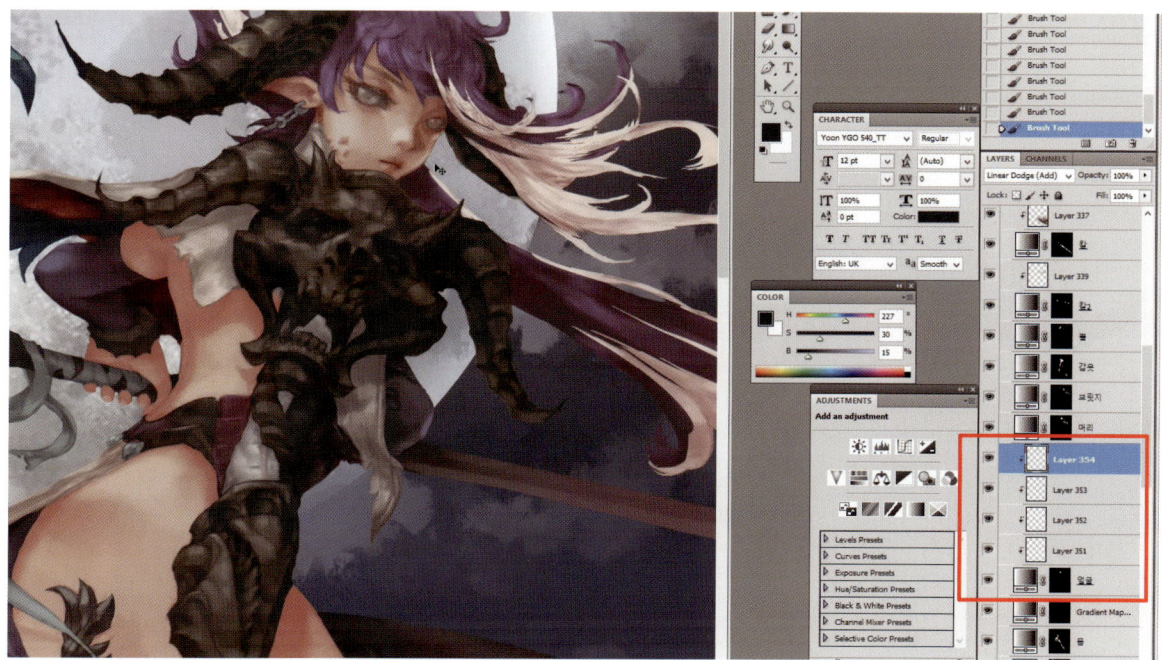

위 그림처럼 레이어는 항상 그리고 있는 부분에 클리핑하여 색채가 튀어나가지 않도록 주의합니다.

얼굴의 밝은 부분과 어두운 부분의 묘사가 어느 정도 잡혀졌다면, 이제 처음에 하늘색으로 작업했던 레이어를 활용합니다. 위 그림을 보면 머리카락과 얼굴 그리고 어깨갑옷의 밝은 면에 밝은 하늘색이 올라오는 것을 볼 수 있습니다. 우리는 이것을 손으로 그리지 않고 처음에 작업했던 하늘색의 레이어를 활용할 것입니다.

위 그림과 같이 채색된 레이어를 꺼보면 여전히 아래쪽에는 처음 작업했던 하늘색 레이어가 남아있는 것을 볼 수 있습니다.

아래에 있는 레이어를 발색시키는 이유는 주광색을 표현하기 위해서입니다. 사물의 밝은 면은 사물의 색채 이외에도 주광의 색이 섞이는 부분입니다. 해질녘에 사물을 본다면 사물의 밝은 면은 주광의 노란색으로 물듭니다.

위 사진 속 건물들의 주광을 받고 있는 밝은 면들을 자세히 관찰해 보십시오. 사물의 색과 주광의 색이 섞여 발색되고 있는 것을 볼 수 있습니다. 특히 하이라이트의 영역에서는 주광의 색이 눈에 띄게 발색 됩니다. 시간에 따라 주광의 색은 변합니다. 우리가 아래쪽에 작업해둔 레이어는 현재 이 그림 안의 주광과 환경광의 영향을 받아 만들어진 색상입니다.

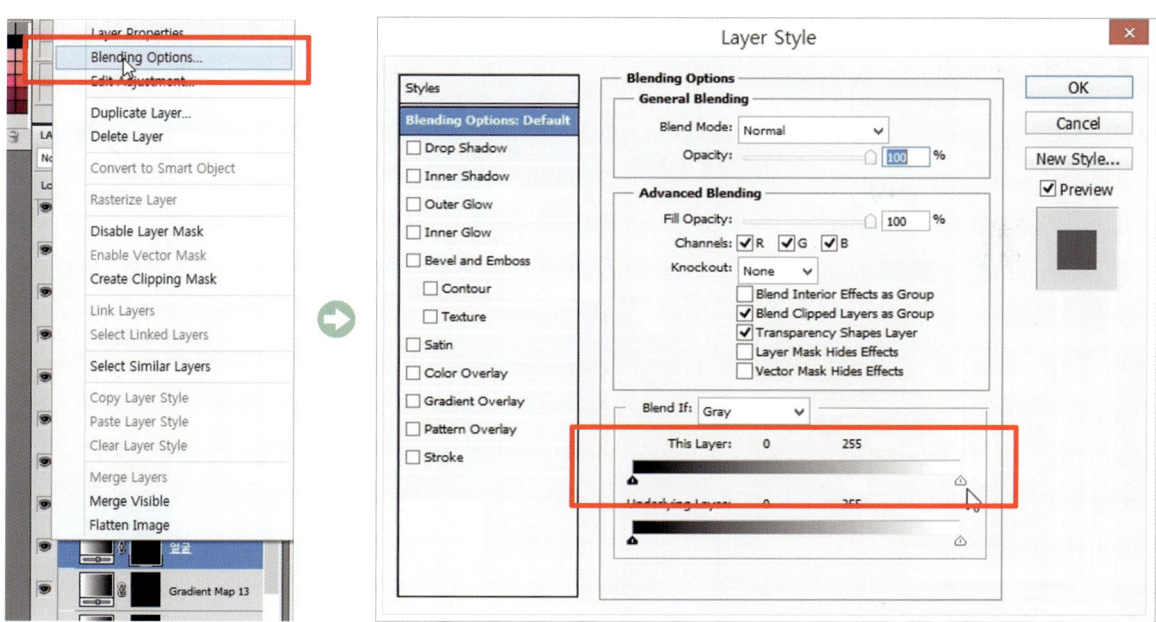

작업하려는 레이어로 이동한 후 오른쪽 버튼을 클릭 하여 블렌드 옵션 메뉴로 들어가면 오른쪽과 같은 레이어 스타일 창을 띄울 수 있습니다. 이 레이어 스타일 창에서 우리가 건드릴 부분은 아래쪽에 있는 [Blend If] 라는 부분입니다.

이 기능은 지금 그림을 흑백으로 가정했을 때 밝은 부분과 어두운 부분의 투명도를 낮추어 아래의 레이어가 비추어지게 만드는 기능입니다.

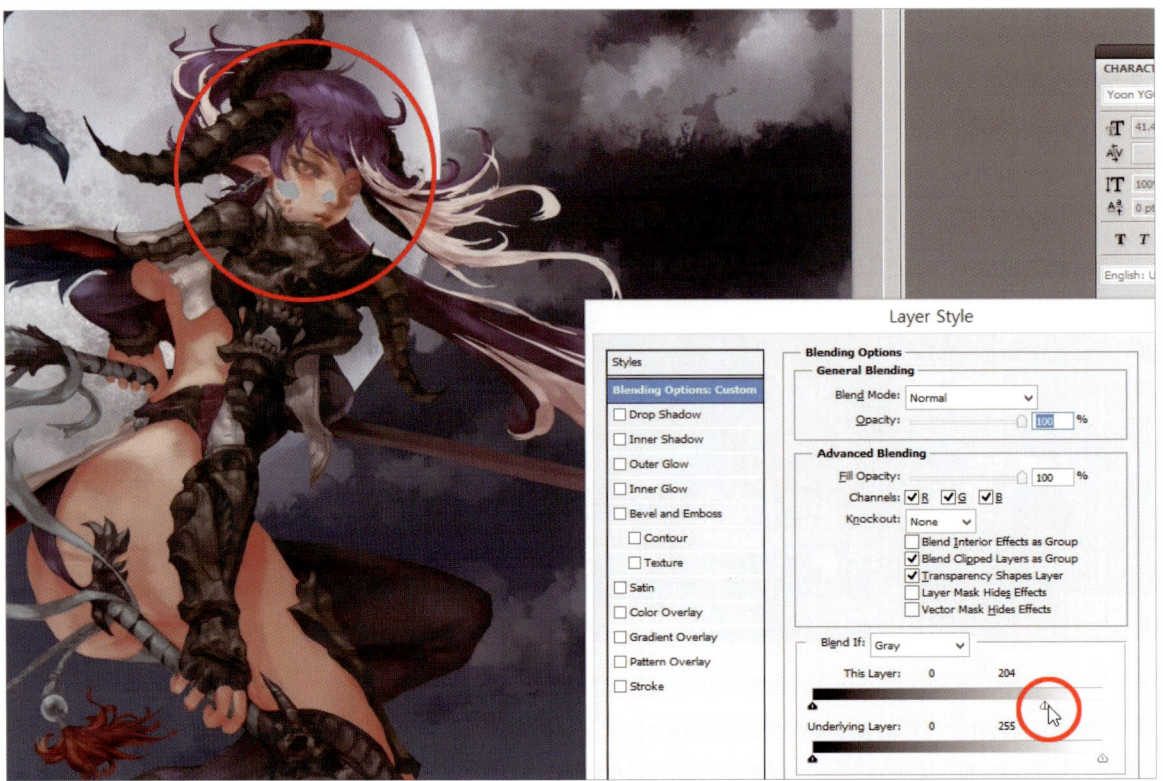

위 그림의 화살표를 보면 [Blend If] 부분의 밝은 부분을 왼쪽으로 옮기니 얼굴부분의 밝은 영역의 투명도가 없어지는 것을 확인할 수 있습니다.

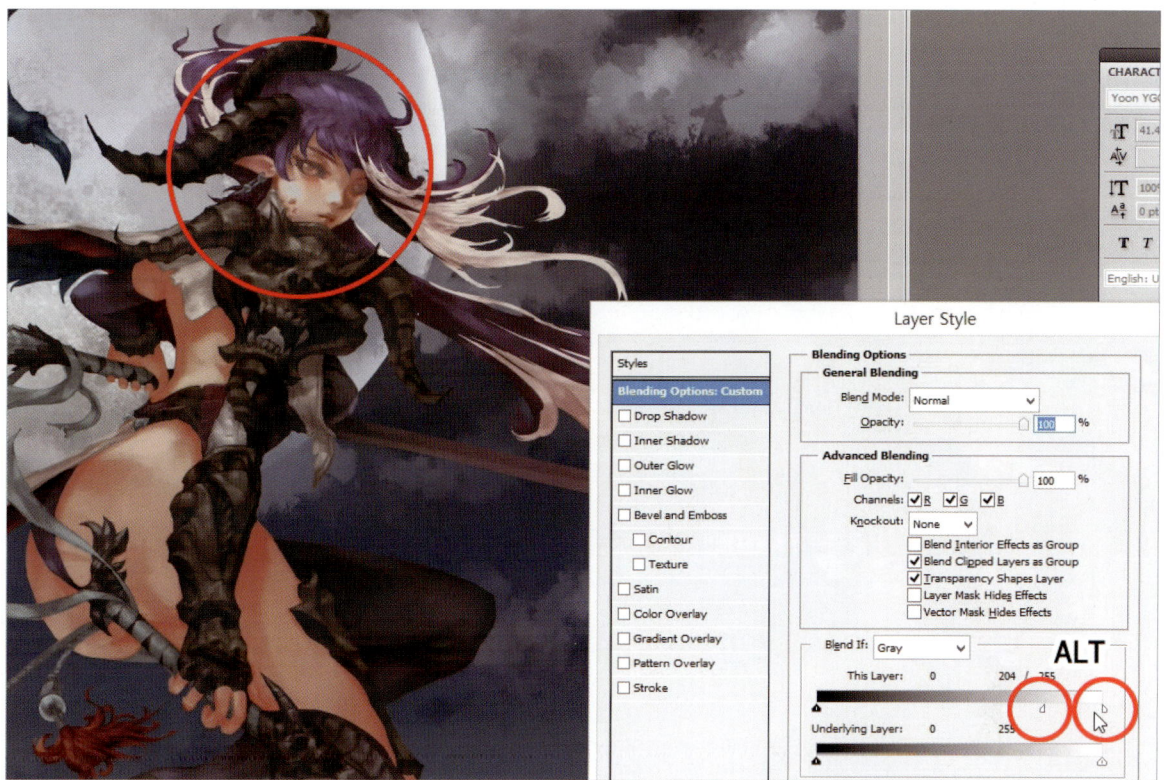

화살표의 부분에 Alt키를 누르면 화살표가 반으로 갈라집니다. 갈라진 화살표의 한쪽을 위 그림과 같이 끝 쪽으로 옮겨 주면 투명도가 부드럽게 그라데이션이 되는 것을 확인 할 수 있습니다.

리니어닷지 같은 레이어 속성을 사용해서 주광의 색을 섞어도 되는데 왜 이렇게 하는지 궁금해하실 수 있습니다. 이유는 속도 때문입니다. 밝은 면의 색을 모두 손으로 섞어주어도 상관은 없습니다. 하지만 글레이징 채색은 흑백초벌을 작업하고 컬러후벌을 작업하는 두 번의 작업공정을 가진 기법입니다. 결과물은 좋을 수 있지만 시간상으로 유리한 방법은 아닙니다.

머리카락 역시 같은 방법으로 색을 섞어주었습니다.

갑옷 역시 같은 방법으로 처리합니다.

멀티플라이 레이어를 추가해 눈의 모양을 그려주고 얼굴의 외곽선을 정리해 줍니다.

멀티플라이 레이어를 추가해 머리카락의 아래와 날개의 아래 부분, 즉 표면그림자 부분을 어둡게 처리합니다. 멀티플라이 레이어는 색을 더하는 기능이기 때문에 이때 선택하는 색은 눌러줄 부분의 밝은 영역의 색을 선택하는 것이 좋습니다.

리니어닷지 레이어를 추가해 뿔 부분의 밝은 면과 머리카락의 끝부분을 밝게 처리해줍니다. 머리카락은 정반사의 재질입니다. 반사 하이라이트가 뜨는 재질은 프레넬 효과로 인해 관찰자의 시선과 수평이 될 수록 밝아집니다. 밝아질 때는 반사율이 높아져 밝아지는 것이므로 환경이 있다면 주변의 색을 섞어주어야 합니다. 지금은 푸른색이 환경색이므로 푸른색을 섞어서 밝혀 줍니다.

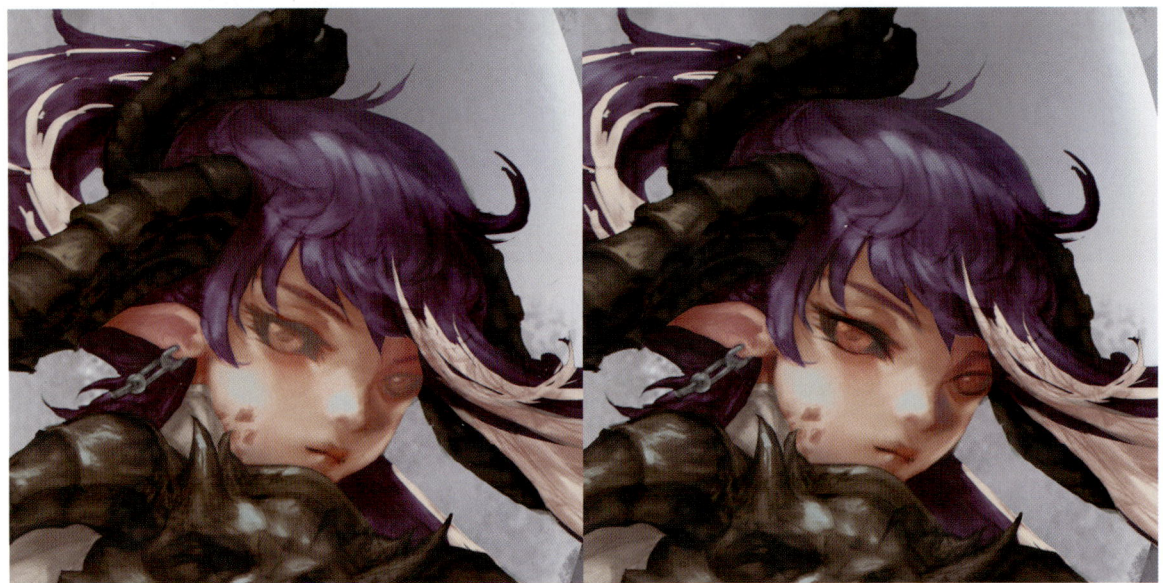

위 그림에서 머리카락 끝부분의 변화를 자세히 관찰해보면 환경광의 색으로 밝아진 것을 확인할 수 있습니다. 프로와 아마추어의 차이는 누가 더 조그마한 부분들까지 맞게 잡아낼 수 있느냐 하는 부분에서 가장 많은 차이가 발생합니다.

▌투영 그림자에 색 추가하기

멀티플라이 레이어를 추가 후 옅은 푸른색을 선택해 투영그림자 부분을 색으로 눌러줍니다. 푸른색은 가장 어두운 색채 중 하나입니다. 살짝만 눌러주어도 투영그림자가 분리되며 사물의 4면이 더욱 드러나는 것을 확인할 수 있습니다. 투영 그림자를 색으로 누르는 것은 매우 중요한 부분이므로 페이지를 크게 해서 비교해보도록 하겠습니다.

위 그림은 투영그림자를 푸른색으로 누르기 전 상태입니다.

위 그림은 어두운 부분을 푸른색으로 누르고 난 후의 그림입니다. 색으로 인해 그림의 입체감이 한층 더 올라가는 것을 확인할 수 있습니다. 지금 현재의 주광원은 달이 아닌 그림의 왼쪽 위에 위치해 있는 무언가 입니다. 그림 내에 표현되지 않아서 이 주광원이 정확히 어떤 것 인지 우리는 잘 파악하지 못합니다. 하지만 재미있는 사실은 주광원대로 그림이 명확하게 그려져 있다면 어떠한 보조광원이 들어와도 우리는 이것을 어색해하지 않는다는 것입니다. 이제 달을 보조광원으로 추가묘사를 시작하면서 디테일을 끌어 올려보도록 하겠습니다. 우선 달이 가지는 보조광원의 세기를 측정하기 위해 적당한 위치에 블룸효과라고 불리는 빛이 퍼지는 효과를 넣어 빛의 세기를 잡아봅니다.

❶ 위치는 어디여도 상관없습니다. 필자는 날개부분에 블룸을 넣어 빛의 세기를 잡았습니다.

대략 이정도의 세기의 보조광원이 들어온다고 생각하고 묘사를 정리하며 광원을 추가로 작업합니다. 이렇게 하는 것은 기준점을 세우기 위해서입니다. 얼굴부터 묘사했던 것도 기준점을 만들기 위한 조건이었습니다. 항상 기준점을 세우고 작업을 해야 그림 전체의 밸런스를 쉽게 유지할 수 있습니다.

❷ 우선 처음 보조 광원을 넣었던 날개부터 묘사를 시작합니다. 날개는 서브 서페이스 스케터링이 발생하는 재질입니다. 하이라이트가 잘 뜨고 코어쉐도우를 최대한 적게 넣으며, 빛을 머금은 듯한 느낌의 묘사를 진행해야합니다. 리니어닷지 레이어를 추가해 내부의 빛을 올려주고 밝은 부분을 묘사합니다. 림라이트와 같은 부분은 일반 레이어를 추가해 묘사하면 편리합니다.

머리의 뼈 장식과 뿔과 갑옷의 반사광을 추가하고 일반 레이어를 추가해 눈을 조금 더 선명하게 묘사합니다. 오버레이 레이어를 추가해 붉은색으로 코와 뺨 주변을 터치하여 피부에 생기를 불어넣어 주는데 이것은 피부의 서브서페이스 스케터링 묘사를 쉽게 하는 간단한 방법입니다.

얇은 여름 티셔츠는 잘 비칩니다. 또한 구김도 많이 가지요. 천에 구김이 많다는 것은 천이 그만큼 얇다는 증거입니다. 컬러 레이어를 추가해 천부분에 옅은 보라색을 터치하여 약간의 투과광을 표현하여 줍니다. 투과광은 서브서페이스 스케터링과 그 성질이 유사하나 서브서페이스 스케터링은 빛이 물체 내부에 갇혀 반사와 함께 다시 나오지만, 투과광은 물체를 그대로 투과해 버리는 성질이 있습니다. 한 여름 바깥에 널린 티셔츠나 얇은 깃발을 상상해 보십시오. 그것이 바로 투과광입니다.

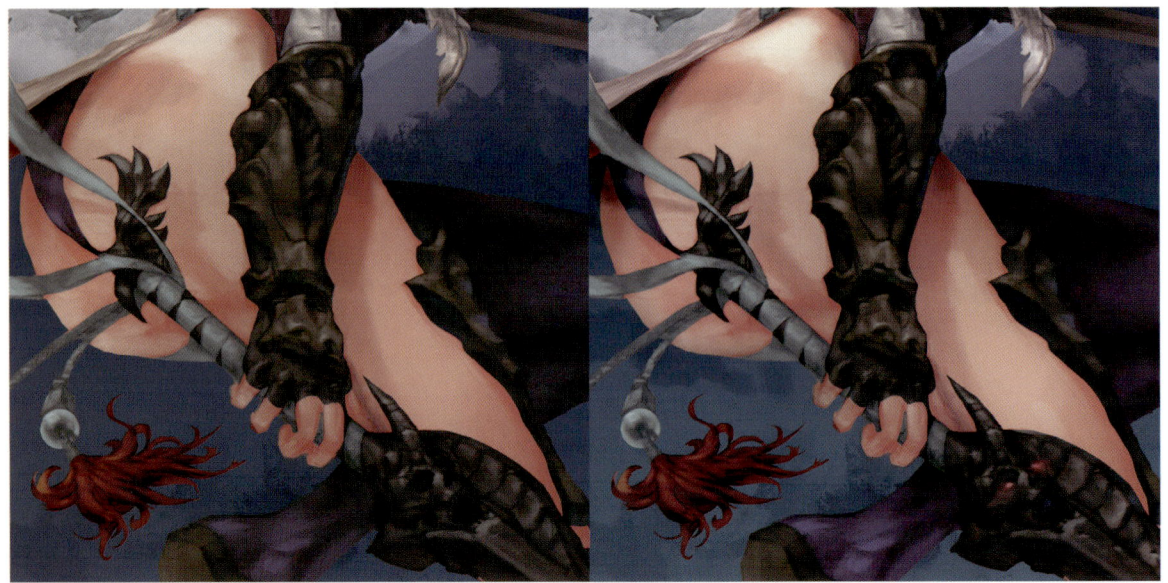

갑옷에 푸른색의 반사광을 추가하고 묘사를 추가합니다. 더불어 천과 피부 사이와 같은 질감이 바뀌는 부분에 오클루전 쉐도우를 넣어주었습니다.

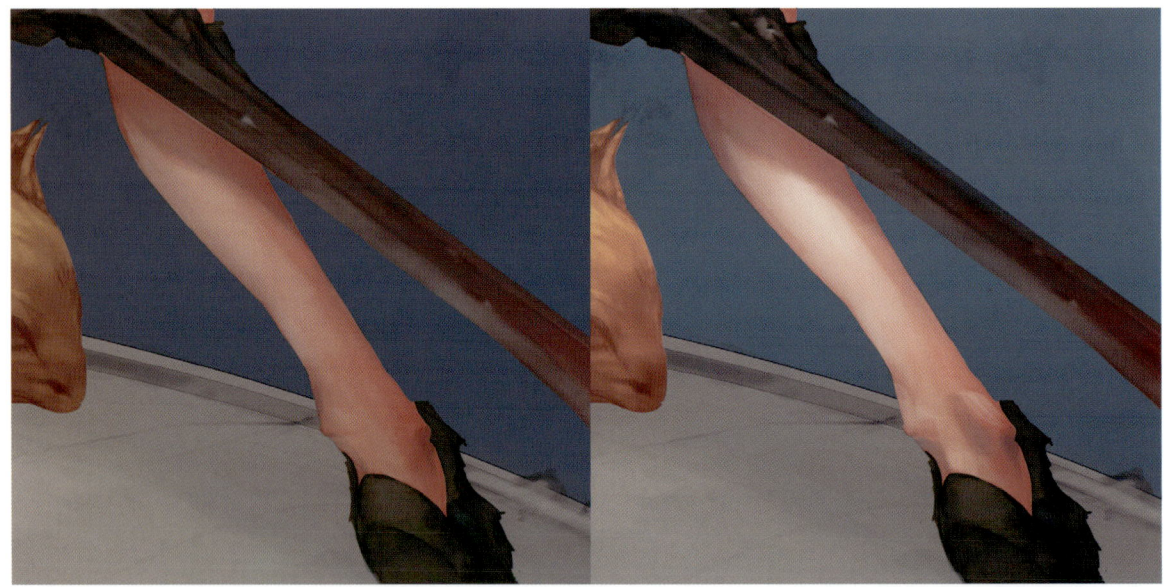

리니어닷지 레이어를 추가해 피부의 서브서페이스 스케터링을 묘사합니다. 여자의 피부는 남자의 피부보다 얇아 스케터링이 훨씬 잘 일어날 수 있는 조건을 가지고 있습니다. 푸른색의 반사광으로 복숭아뼈와 아킬레스건의 형태를 묘사합니다.

그녀의 종인 새끼용은 디오라마와 함께 묘사를 올릴 계획입니다. 하지만 묘사가 너무 뒤떨어지면 안 되니 일단은 큰 폼 오프 정도만 잡아 놓도록 하겠습니다.

현재까지의 진행된 전체적인 모습입니다. 글레이징 기법은 대부분의 묘사를 흑백부분에서 마무리하기 때문에 컬러에서 색채를 제외한 부분의 드라마틱한 변화는 없습니다. 하지만 이 조금의 변화들이 이 챕터에서 여러분들이 관찰하고 길러야할 부분들입니다. 그림의 시작은 자세한 관찰입니다.

일반 레이어를 추가해 에어브러쉬로 해골 눈 부분의 이펙트를 그려줍니다. 안광이 휘날리는 이펙트 부분은 에어브러쉬로 형태를 그려준 후 필터의 모션블러 기능을 이용해 처리하여줍니다.

달이 있으니 달무리를 표현합니다. 소프트라이트 레이어를 추가하여 달과 조금 떨어져있는 위치의 구름 쪽에 푸른색을 섞습니다.

▌무리란?

위 사진처럼 발광체 주변에 나타나는 밝은 테두리를 '무리'라고 부릅니다. 사진은 태양에서 관찰되는 햇무리입니다. 햇무리나 달무리와 같은 실제로 존재하는 표현들은 그림의 사실성을 높여줍니다.

달무리로 인해 광원이 추가되었습니다. 달무리의 위치에 속하고 빛에 민감한 재질인 머리카락에 빛의 묘사를 추가합니다.

▌하이라이트 만들기

이제 하이라이트 부분을 강하게 올려 그림의 포인트를 잡도록 하겠습니다.

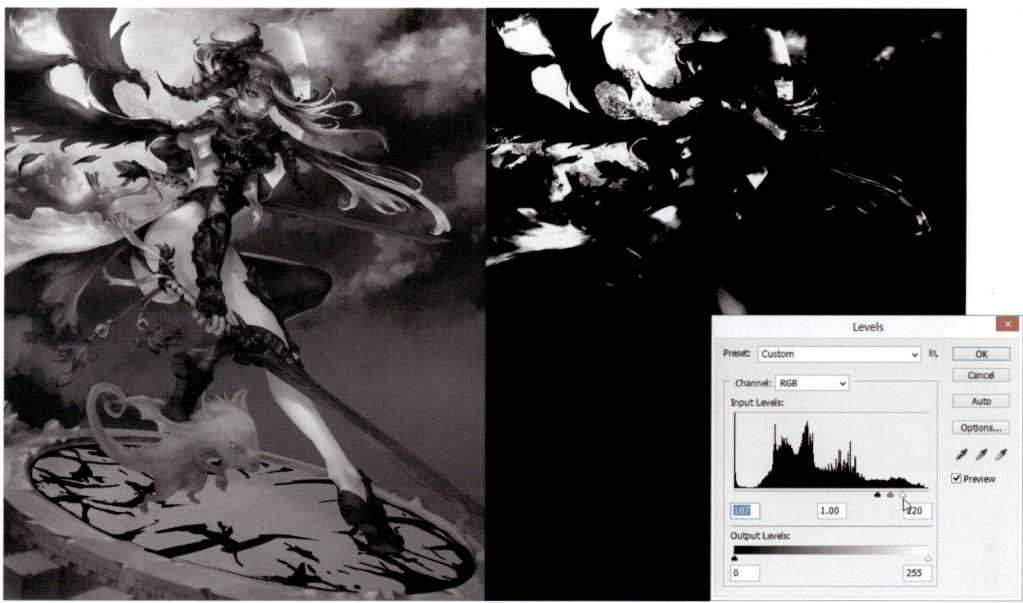

우선 그림전체가 합쳐진 레이어를 생성합니다. (단축키는 CTRL+ALT+SHIFT+E)입니다. 전체적으로 합쳐진 새 레이어가 레이어 창 제일 위쪽에 생성됩니다. 생성된 레이어를 흑백으로 변환한 후(단축키 Ctrl+Shift+U) 레벨 창을 불러 오른쪽과 같이 하이라이트 부분들만 남기고 모두 어둡게 조정합니다.

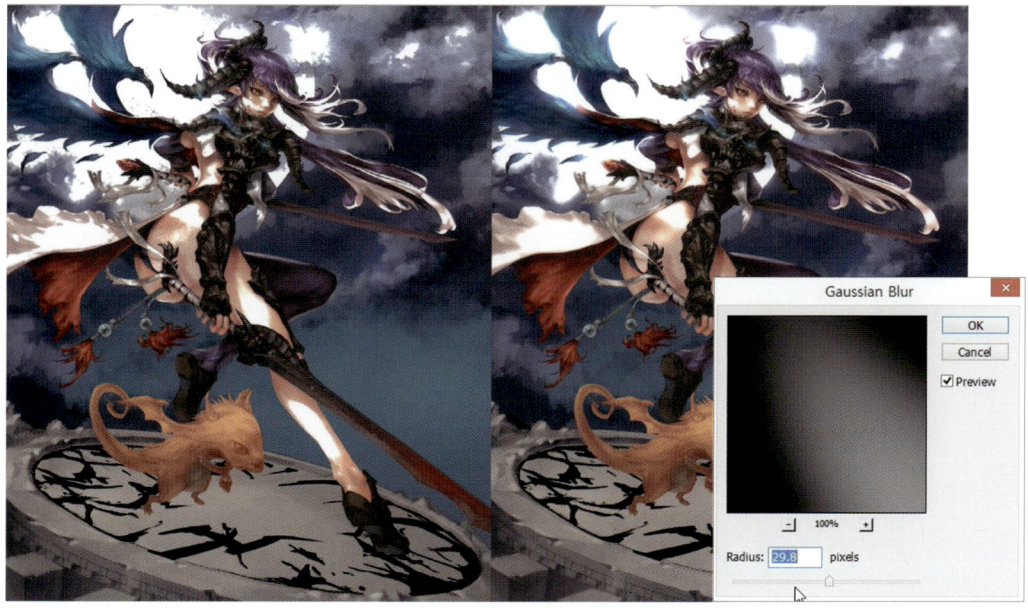

레벨 조정한 레이어의 속성을 컬러닷지로 바꿉니다. 그리고 가우시안 블러를 넣어 부드럽게 만들어줍니다.

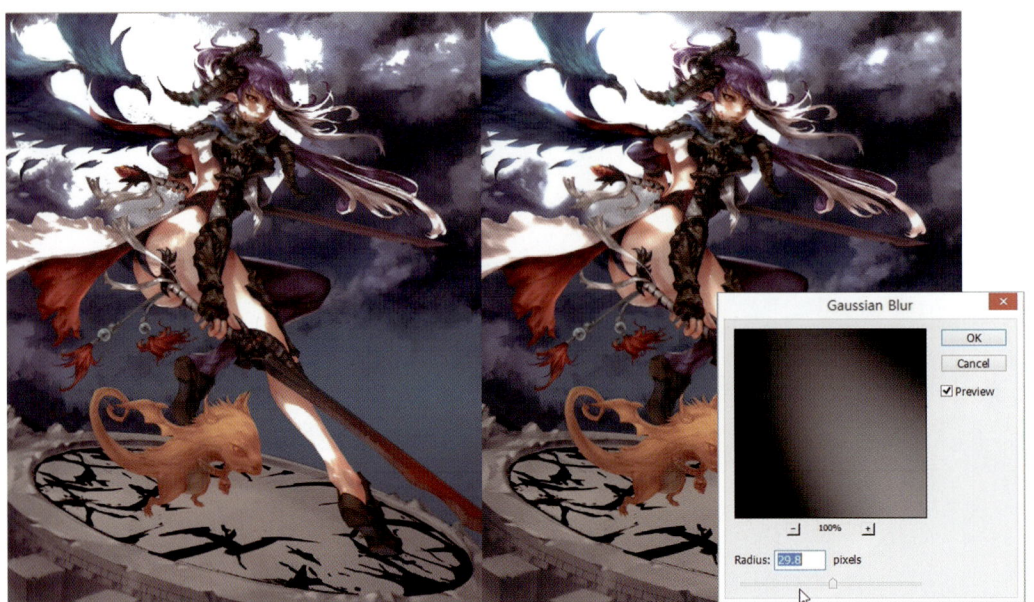

위 그림과 같이 [색조/채도](단축키 Ctrl+U) 항목에서 밝기 항목을 낮추어 적당한 밝기를 잡아 줍니다.

지우개 툴을 이용해 캐릭터에서 너무 밝은 부분들을 지워주고 뒤의 달 부분도 지우개로 터치하여 밝기를 맞춥니다. 캐릭터가 있는 그림에서 캐릭터의 하이라이트보다 밝은 곳은 캐릭터에 집중되는 밸런스를 흐트릴수도 있습니다.

컬러 레이어를 추가하여 달과 달 주변부로 연두색에 가까운 파란색을 섞어 넣어 색을 풍부하게 만들어줍니다. 이 과정은
캐릭터와 배경을 분리시킵니다. 이제 캐릭터 쪽의 묘사는 대부분 정리되었습니다. 이제 건드리지 않았던 부분들을 하나
씩 정리합니다.

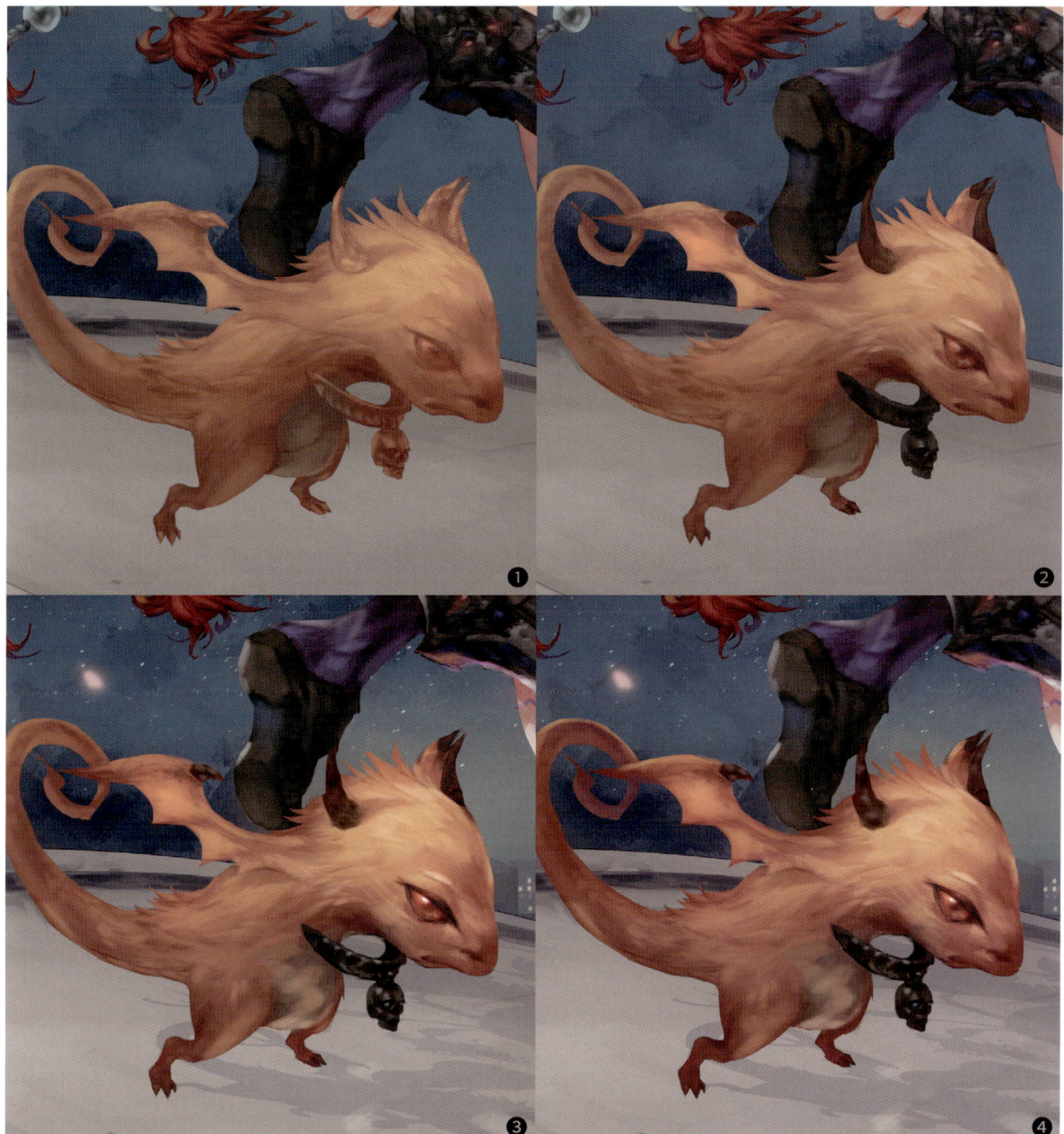

캐릭터의 종인 새끼용의 묘사 과정입니다.

❶ 처음상태

❷ 밝은 면은 리니어닷지 레이어를 활용하여 잡아주고 어두운 면은 멀티플라이 레이어를 활용합니다.

❸ 얼굴 인상의 부분을 잡아주면 캐릭터의 퀄리티를 쉽게 잡아줄 수 있습니다.

❹ 목걸이의 경우 어두운색이므로 간단히 멀티플라이 레이어를 이용합니다.

▌디오라마 작업하기

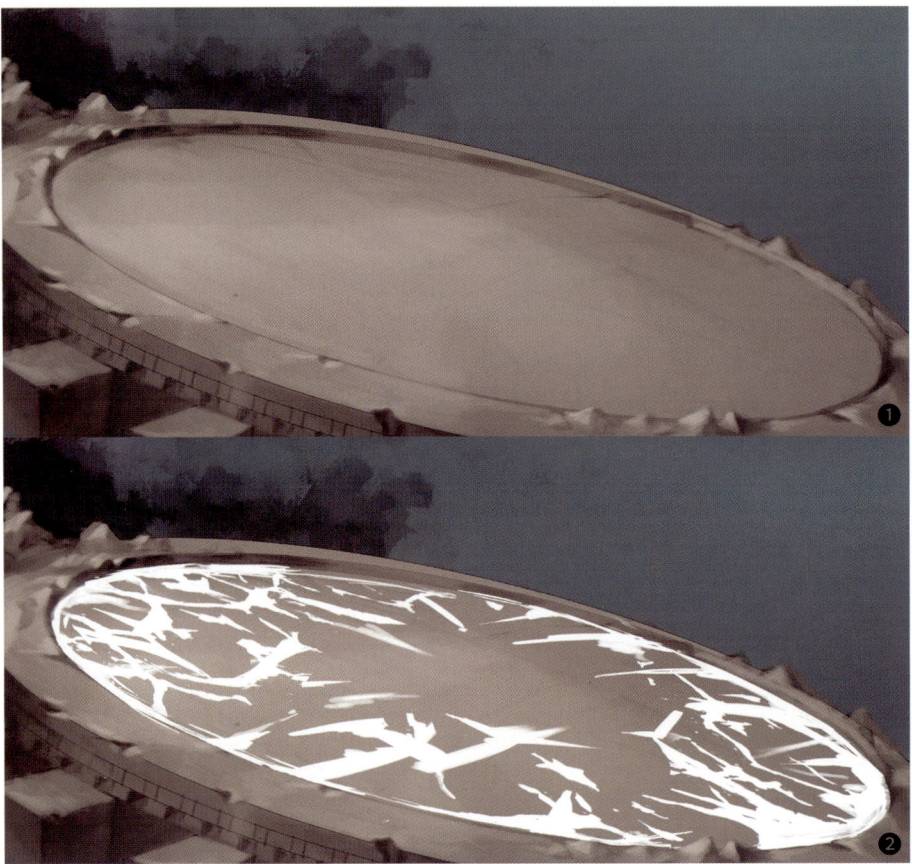

❶ 바닥의 디오라마를 작업합니다. 디오라마는 캐릭터의 바닥이나 가까운 배경을 지칭하는 미술 용어입니다. 캐릭터 컨셉에 맞는 디오라마를 그려 넣으면 캐릭터를 설명하는데 도움을 줄 수 있습니다. 필자는 이 디오라마의 바닥에서 불길이 올라오는 듯한 느낌을 연출하려고 합니다.

❷ 우선 일반 레이어를 추가해 흰색으로 형태를 그려줍니다. 모양은 화산의 갈라진 틈으로 마그마가 보이는 듯한 느낌을 연상할 수 있는 모양으로 작업하였습니다.

❸ 멀티플라이 레이어를 추가하여 흰색의 레이어에 클리핑한 뒤 텍스처 브러쉬를 이용해 검붉은색과 노란색을 섞어 마그마 같은 색상을 표현합니다.

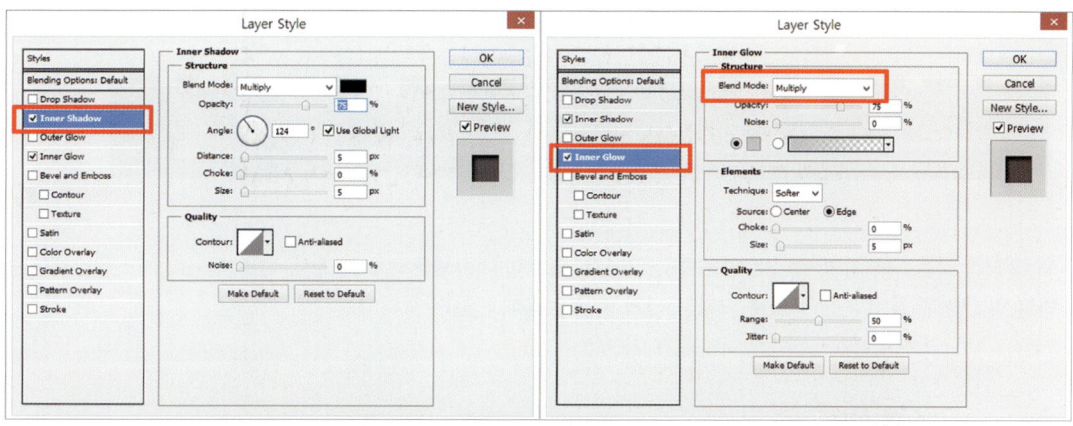

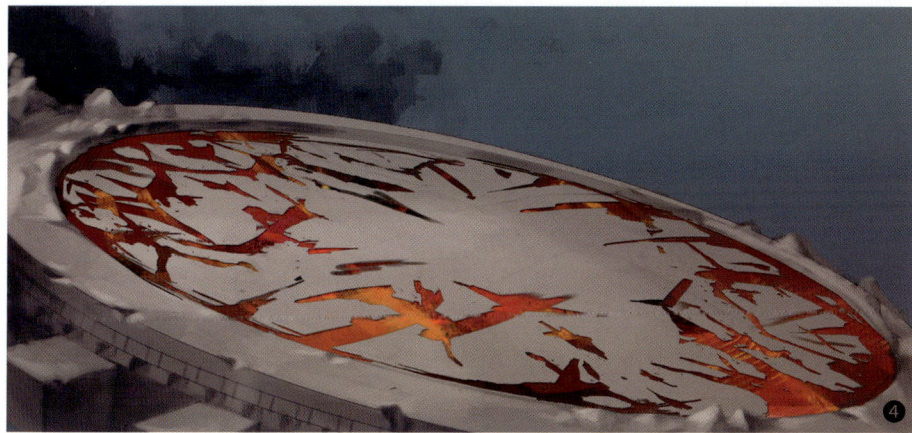

❹ 이너쉐도우와 이너글로우의 레이어 스타일을 추가하여 안으로 파져있는 느낌을 추가합니다. 이너글로우는 블렌드모드가 기본적으로 스크린으로 설정되어 되어있습니다. 사용할 때에는 블렌드모드를 멀티플라이로 바꾸어줍니다.

▮ 원경 작업하기

위 그림과 같이 디오라마 뒤쪽에 위치한 원경을 만들 차례입니다.

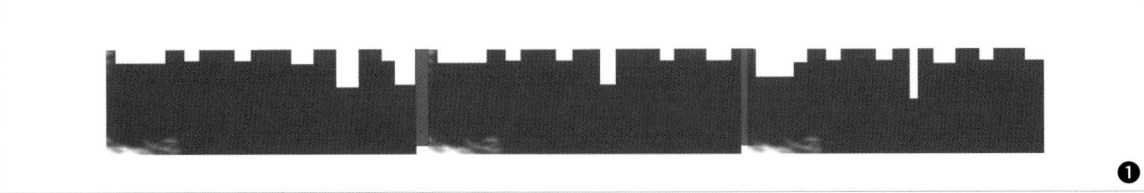

❶ 원경은 위 그림과 같은 구조가 반복되어 있는 형태입니다. 멀수록 대기원근으로 인해 대기의 색과 비슷하게 만들어져 있습니다. 먼저 위 그림과 같은 기본 구조를 직사각 선택 툴을 이용해 만들어 줍니다.

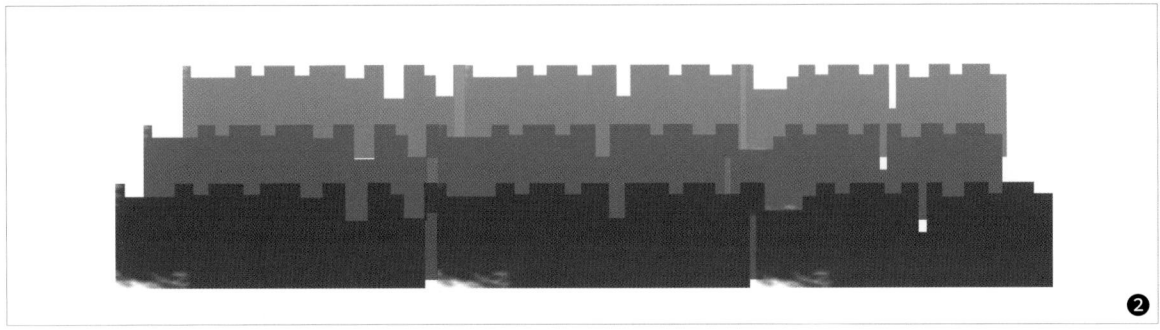

❷ 레이어 복제(단축키 Ctrl+J)를 이용하여 멀어질수록 작게 그리고 대기의 색을 적용하여 밝게 만들어줍니다.

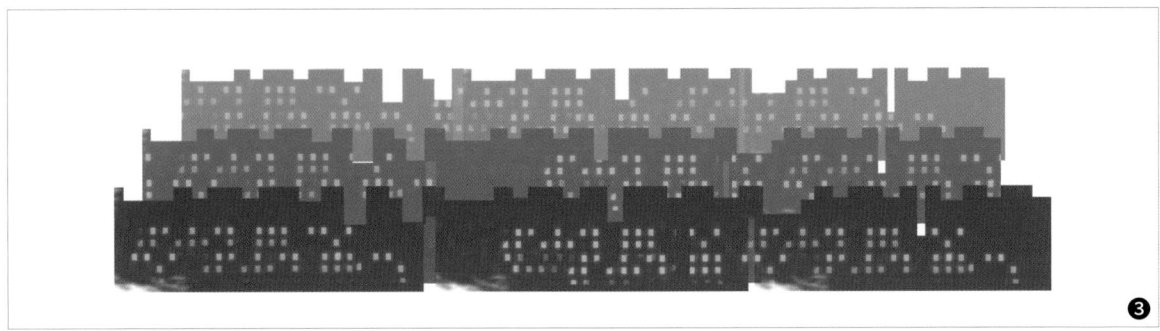

❸ 반복되는 노란색의 사각형을 만들어 복사 붙여넣기로 랜덤하게 배치합니다. 이 작은 노란색의 사각형들은 멀리서 빛 나는 유리창처럼 보이게 됩니다.

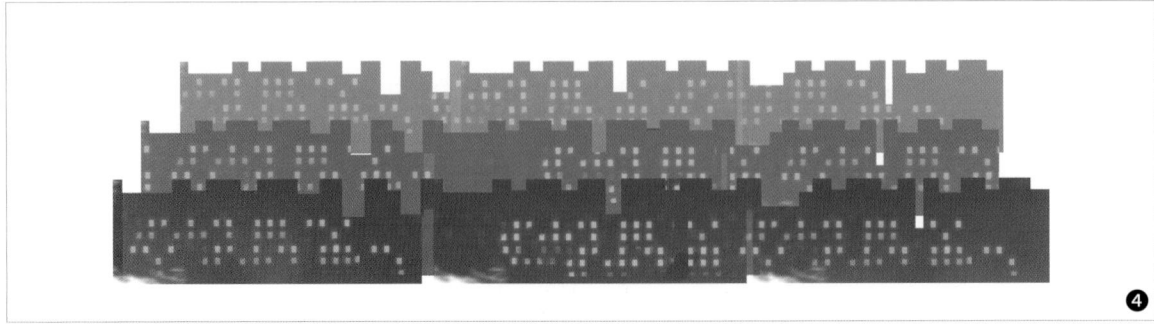

❹ 건물 레이어 사이사이에 일반 레이어를 추가하여 노란색 에어브러쉬로 퍼지는 빛을 표현합니다. 이것으로 건물과 건 물사이의 공기원근이 생기게 됩니다. 멀리서 보기엔 복잡한 형태 같아 보여도 차근차근 뜯어보면 기초적인 형태의 반복 인 형태가 많습니다. 복잡한 형태를 만들 때는 항상 패턴의 기본모양을 찾아본다면 쉽게 그려낼 수 있습니다.

후반 이펙트를 제외한 대부분의 작업이 완료되었습니다. 이제 그림을 살려줄 이펙트를 작업해보도록 하겠습니다.

먼저 밤하늘의 별을 텍스처로 작업하도록 하겠습니다. 먼저 밤하늘의 별 사진을 한 장 구합니다.

❶ 사진을 필요한 곳에 붙여 넣은 후

❷ 레이어 속성을 스크린으로 바꾸어줍니다.

❸ 그리고 구름의 부분들은 지우개로 지워 밤하늘의 별을 표현합니다.

❹ 별이 보일만한 다른 위치의 하늘도 같은 방법으로 표현합니다.

❶ 다음은 앞쪽의 날리는 불꽃 이펙트입니다.

❷ 일반 레이어를 생성한 후 밝은 분홍색으로 불꽃을 조그마하게 툭툭 찍어줍니다.

❸ 그리고 레이어 스타일에서 붉은색의 아웃글로우를 적용시킵니다.

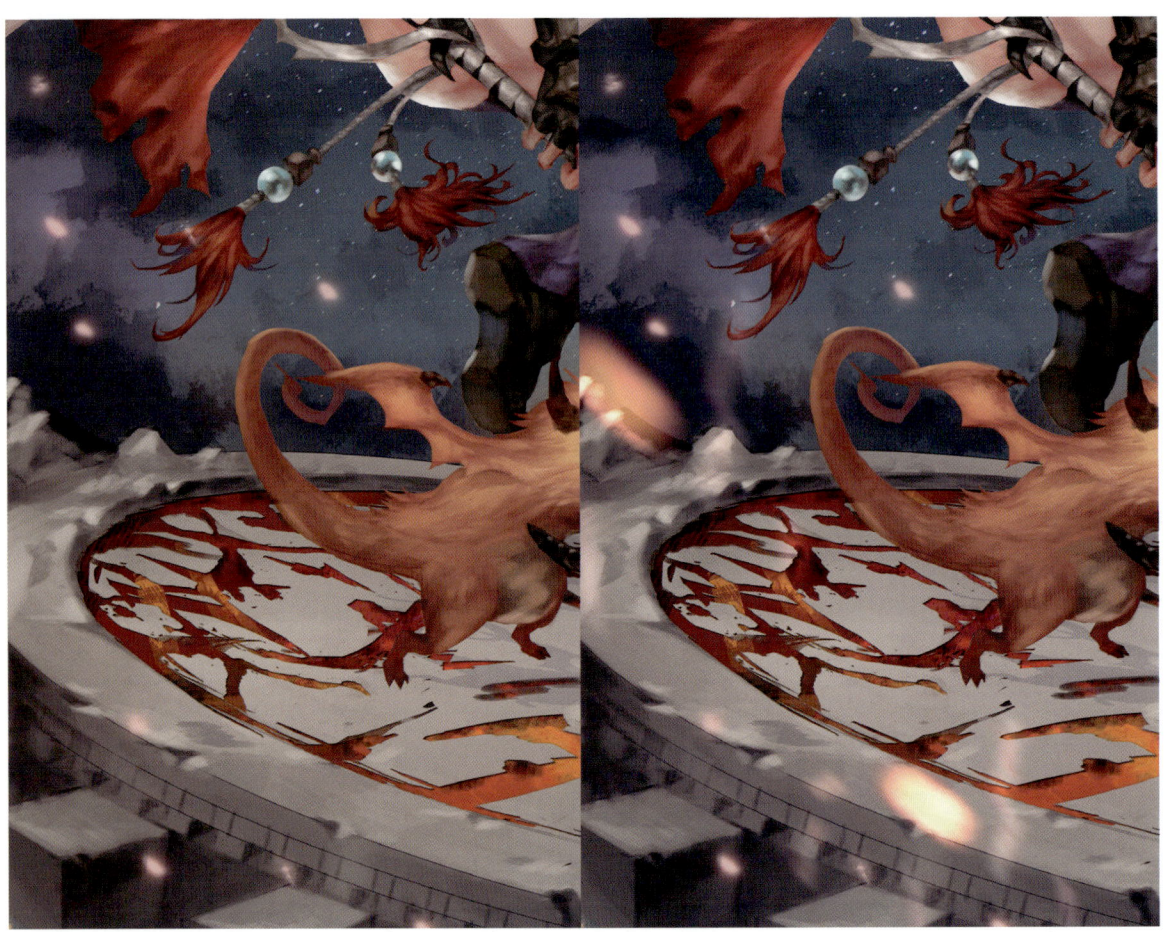

앞쪽의 큰 불꽃도 마찬가지의 방법으로 일반 레이어를 추가해 노란색으로 불꽃을 그린 후 붉은색의 아웃글로우를 표현합니다. 앞쪽의 불꽃엔 추가적으로 모션블러를 적용시켜 조금 더 속도감을 주었습니다.

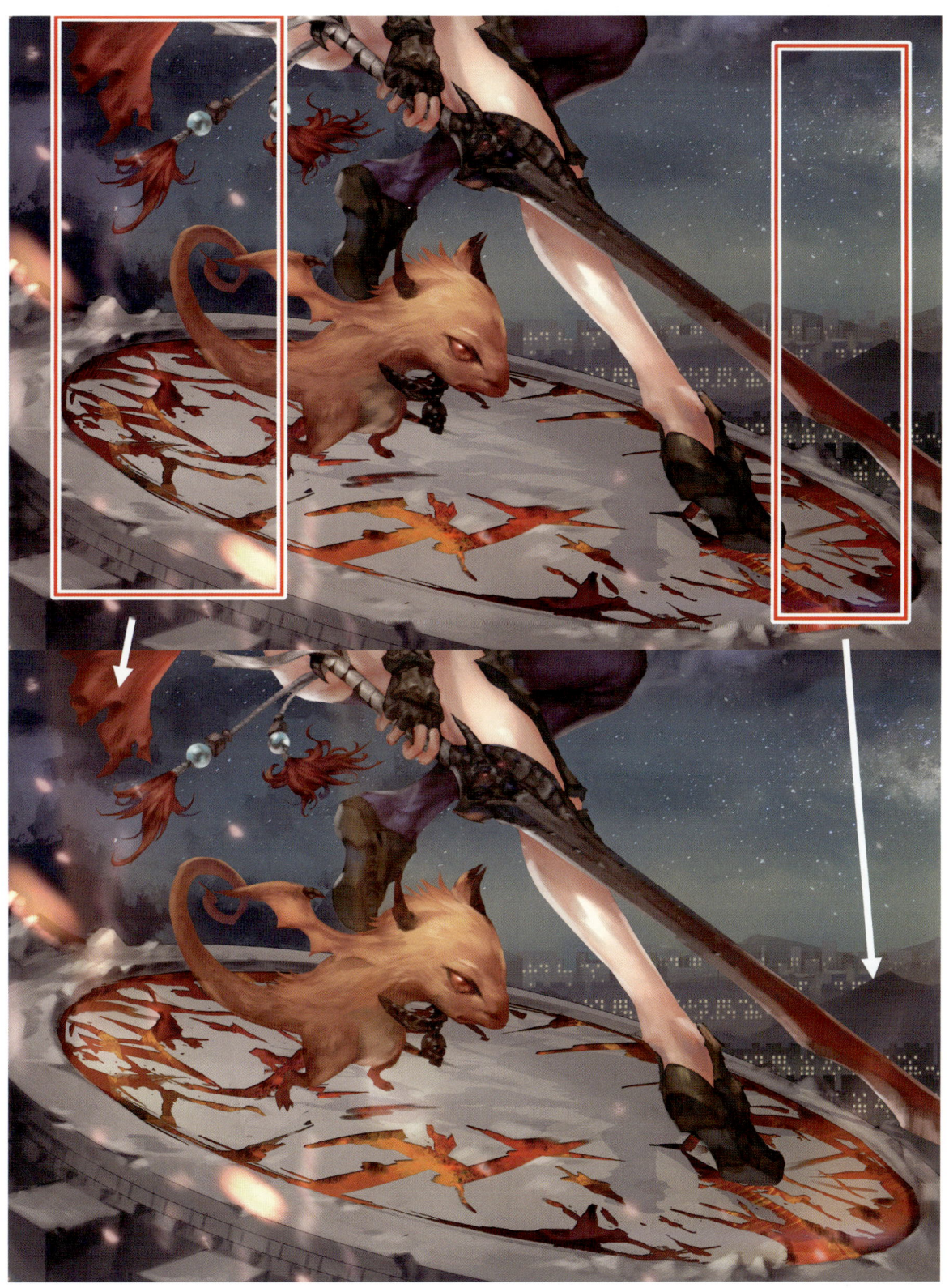

이번엔 디오라마에서 전체적으로 나오는 불빛을 표현합니다. 리니어닷지 속성의 레이어를 추가한 다음 어두운 황토색
⬛️ 을 선택하여 에어브러쉬로 살살 문지르면 쉽게 표현할 수 있습니다.

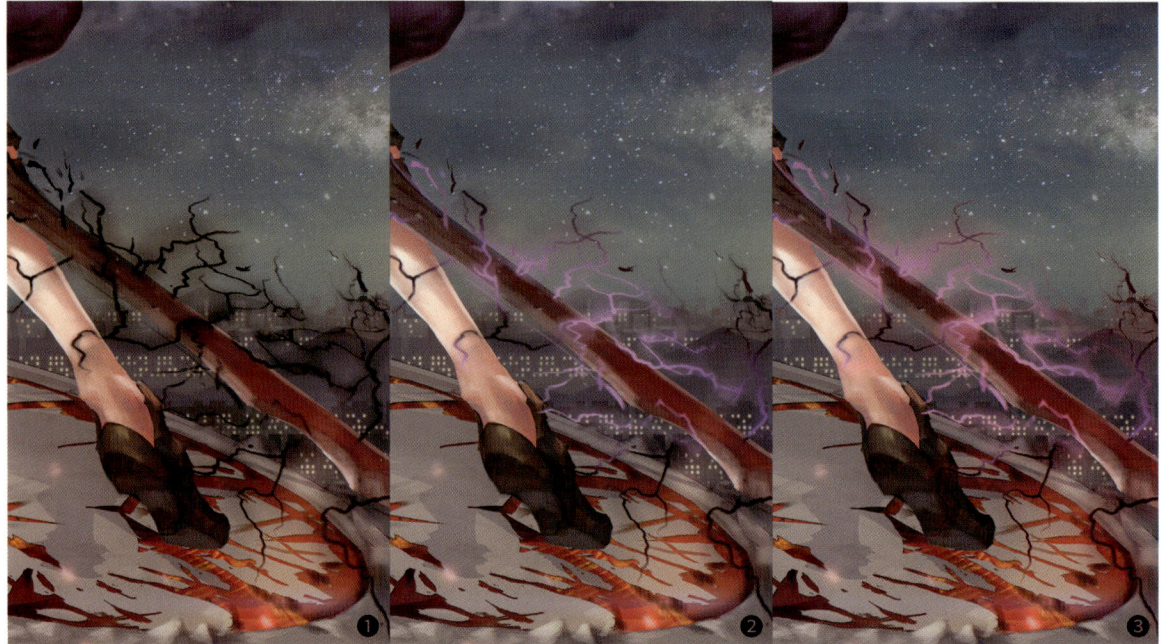

위 그림은 칼 부분 이펙트를 그린 순서대로 배치한 그림입니다.

❶ 먼저 일반 레이어를 추가해 필압이 없는 브러쉬로 번개의 모양을 그립니다. 이때에 번개의 모양 하나를 그리고 이것을 패턴브러쉬화 시키면 쉽게 표현할 수 있습니다.

❷ 레이어 락(단축키 /)을 이용해 레이어 락을 걸어 이펙트안의 색을 채워줍니다. 레이어 락 기능은 클리핑 기능과 마찬가지로 레이어의 영역 안에서만 색칠이 되는 기능입니다.

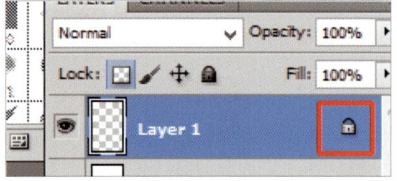

레이어 락 상태가 되면 레이어 오른쪽에 좌물쇠 모양이 추가 됩니다.

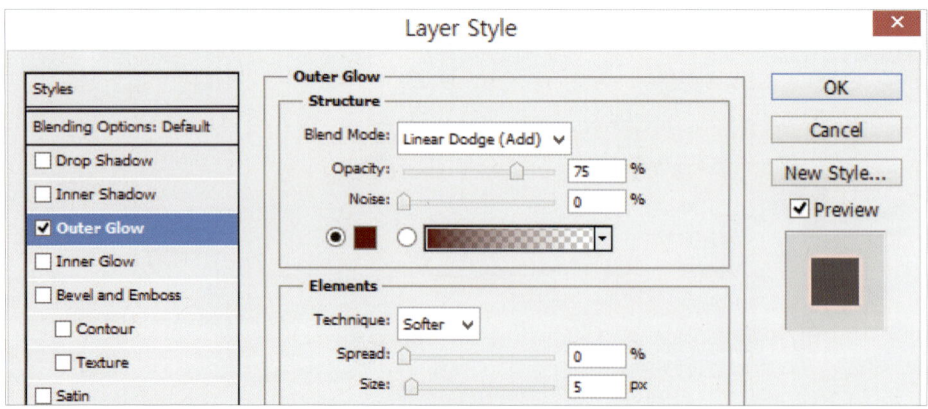

❸ 마지막으로 [리니어닷지 블렌드모드]의 [아웃글로우]를 걸어 이펙트를 완성시킵니다.

이제 이펙트의 마지막 부분인 렌즈 플레어를 추가하려고합니다.

먼저 새 창을 만들어 에어브러쉬를 이용해 위와 같은 모양을 만듭니다.

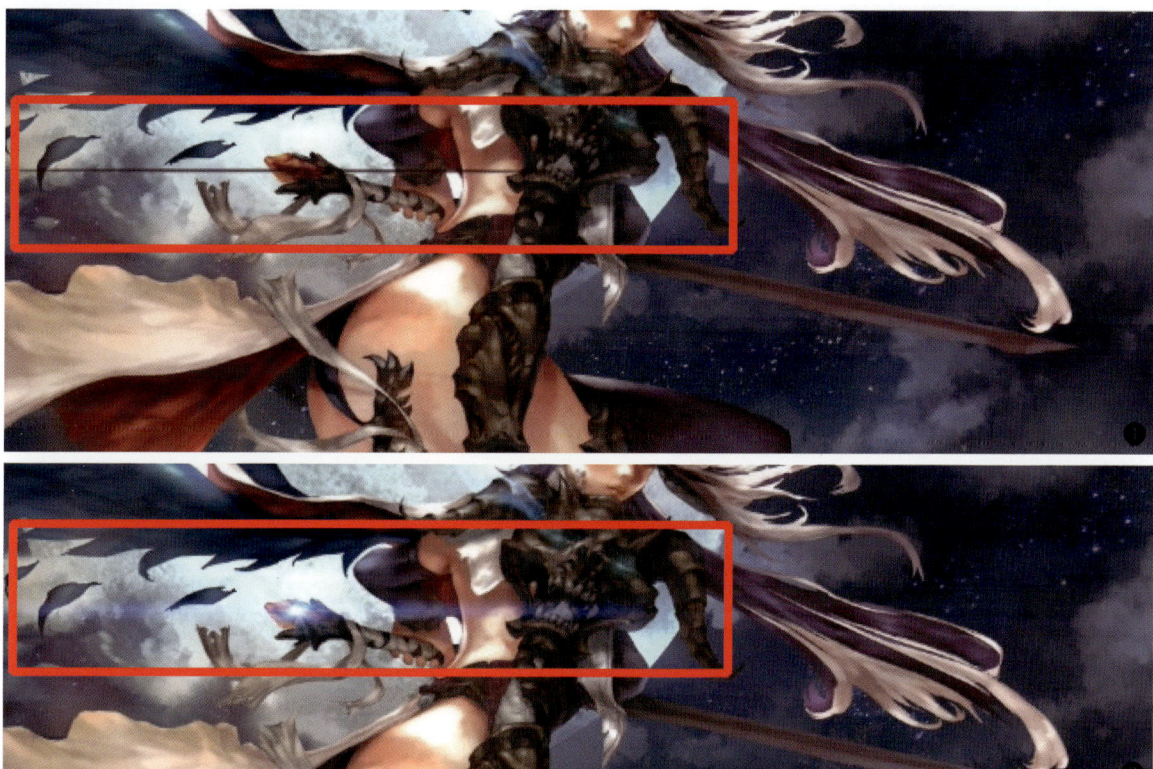

❶ 현재의 그림에 옮겨 붙인 뒤

❷ 레이어 모드를 스크린으로 바꾸고 [색조/채도] 기능을 이용해서 색상을 바꾸었습니다. 그리고 필터의 가우시안 블러를 이용해 만들어 둔 렌즈플레어 이펙트를 퍼트립니다. 만약 원하는 만큼의 강도가 나오지 않는다면 레이어 복제(단축키 Ctrl+J)를 이용하여 원하는 세기가 나올 때 까지 복제한 후 다시 합쳐주면 쉽게 강도를 조절 할 수 있습니다.

렌즈플레어 적용 전

렌즈플레어 적용 후

렌즈플레어 효과의 적용 전과 후의 모습입니다. 그림이 화려해진 것을 확인 할 수 있습니다. 이로써 이펙트까지 마무리 되었습니다. 완성된 결과물을 확인하고 이번 챕터를 마무리하도록 하겠습니다.

Tip7   이행면의 표현에 따른 스타일의 변화

우리가 흔히 그림체라고 말하는 개개인의 스타일은 다양한 요인으로 결정됩니다. 그 중에 가장 큰 비중을 차지하는 것은 스케치로 우리가 흔히 그림체라고 부르는 것이 바로 스케치입니다. 눈을 실제보다 더 크게 그린다던지 등신대를 낮춰 그린다던지 하는 부분은 이 스케치의 영역에 포함되어 있습니다. 스타일에 영향을 미치는 두 번째는 색감입니다. 누군가는 화사한 색감을 사용하고 누군가는 다소 어두운 색감을 좋아하기도 합니다. 뿐만 아니라 색감이 어두워질 때 밝아질 때 휴 쉬프팅이나 등백색, 등흑색을 어떻게 사용하느냐에 따라서 개인의 스타일의 느낌이 변하게 됩니다. 그리고 마지막으로 터치라고 부르는 표현이 있습니다.

스케치나 색감에 대해서는 쉽게 이해할 수 있지만 이 표현에 대해서는 이해하기 약간 까다로운 부분이 있습니다. 먼저 이행이란 곡선물체에서 면이 서서히 어두워지거나 밝아지는 것을 표현하는 것을 지칭하는 단어입니다. 이 이행을 어떻게 터치하느냐에 따라 개개인의 스타일중 표현의 부분이 달라지게 됩니다.

★ 곡선물체에서 점진적으로 어두워지거나 밝아지는 것을 이행이라고 부릅니다.

위 그림은 같은 형태와 같은 색감을 사용했지만 전달하는 느낌이 다릅니다. 이것이 이행면의 표현의 차이입니다. 이행면을 부드럽게 표현하느냐 거칠게 표현하느냐는 개개인의 스타일에 큰 영향을 끼칩니다. 지금은 인식이 조금씩 변하고 있지만 디지털페인팅에서는 예전부터 에어브러쉬를 쉽게 사용할 수 있는 환경이어서 디지털페인팅의 그림은 깨끗하고 부드럽다라는 인식이 강하게 남아있습니다. 하지만 이것은 이행면의 표현의 차이일 뿐 디지털페인팅과는 무관합니다.

★ 렘브란트의 자화상   ★ 루벤스의 자화상

같은 시기 활동했던 플랑드르파의 화가 렘브란트와 루벤스는 모두 로우키의 화풍을 선호하는 바로크양식의 화가입니다. 이 둘은 비슷한 화풍 내에서도 각기 다른 스타일을 보여주는데, 렘브란트는 거친 터치를 사용하는 반면 루벤스는 부드러운 터치로 그림을 마무리하는 경우가 많았습니다. 이 표현의 차이는 두 거장의 그림을 구분하는 매우 중요한 차이입니다. 자신이 추구하는 스타일이 어떤지 객관적으로 분석하고 그에 따라 맞는 화풍을 접근해 나간다면 여러분도 이들처럼 자신의 스타일을 찾아내고 발전시킬 수 있을 것입니다.

이번 그림은 오버레이 글레이징으로 채색될 이번 책의 마지막 예제입니다. 그런 의미에서 판타지 세상에서 두 남녀가 여행을 시작하는 모습을 모티브로 긴 여행의 시작 이라는 이름을 지은 일러스트를 작업해 보았습니다.

먼저 스케치를 준비합니다.

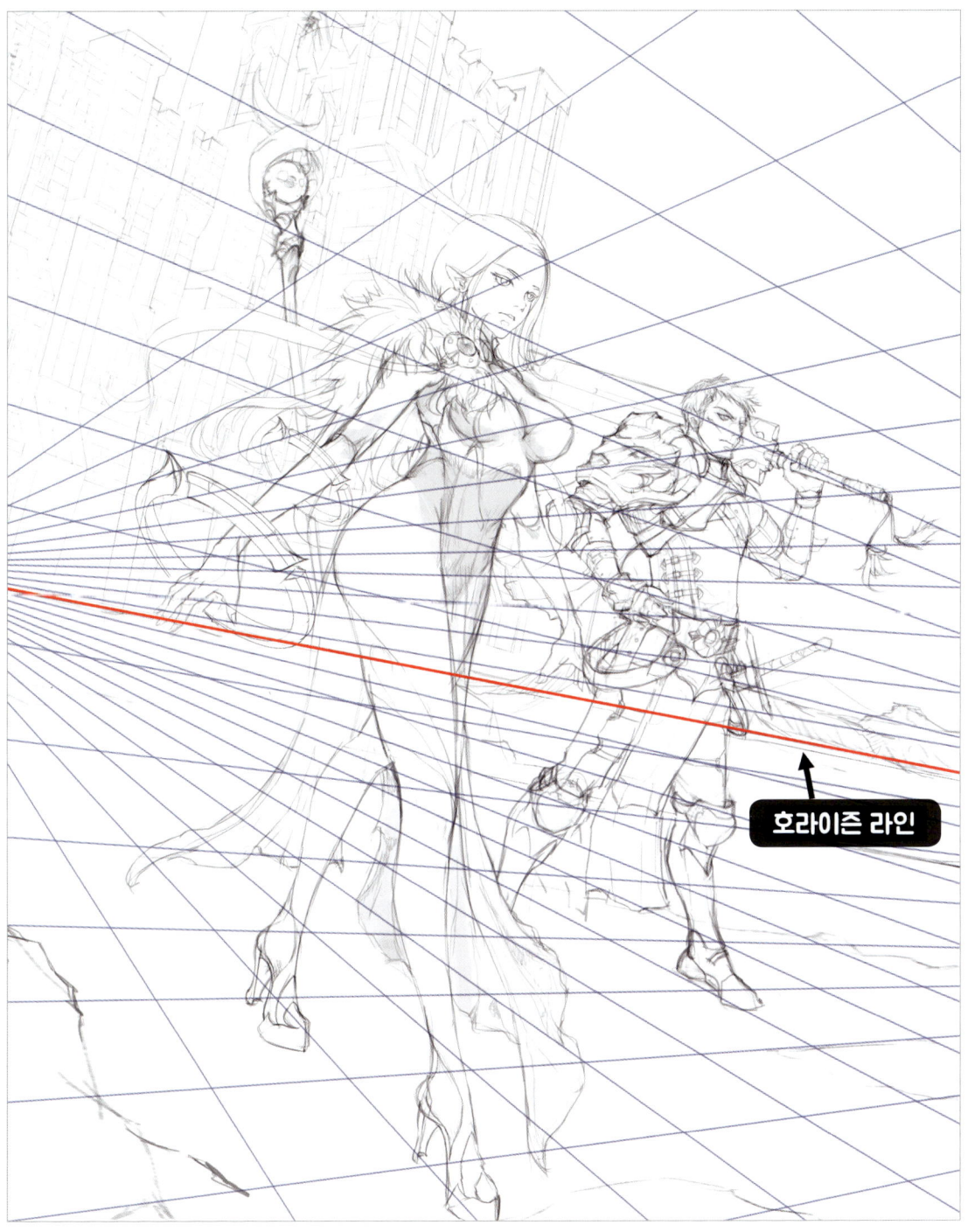

호라이즌 라인

이번 그림 역시 2점 소실로 그려져 있습니다. 2점 투시법은 일러스트에서 가장 흔하게 사용되는 투시입니다. 이 책에는 선 원근법에 대해서 기술되어 있지 않습니다. 하지만 선 원근법이 서투신 분들은 다른 서적이나 강의들을 통해서라도 반드시 필수적으로 익혀두도록 합시다. 2점 소실의 FOV(Field of View)를 사람의 눈보다 더 왜곡시켜 사용하여 캐릭터가 앞으로 나가려는 역동성을 추가하였습니다. 더불어 호라이즌 라인을 비틀어 역동성을 추가하였습니다. 캐릭터의 동작이 역동적이어서 그림이 역동적으로 보일 수도 있지만 카메라의 기법을 이용하여 그림에 역동성을 추가할 수도 있습니다.

선 레이어의 바깥부분을 마술봉 툴로 선택하여 영역을 반전시킵니다. 그리고 선 레이어 아래에 일반 레이어를 추가해 버킷 툴을 이용해 50%의 회색을 채워 넣습니다. 꼼꼼하게 작업되지 않을 수 있으므로 올가미 툴을 이용해 최대한 깨끗한 실루엣을 만들 수 있도록 노력합니다. 지금은 캐릭터가 2명이므로 각각 캐릭터별로 다른 실루엣 레이어를 가지고 있습니다.

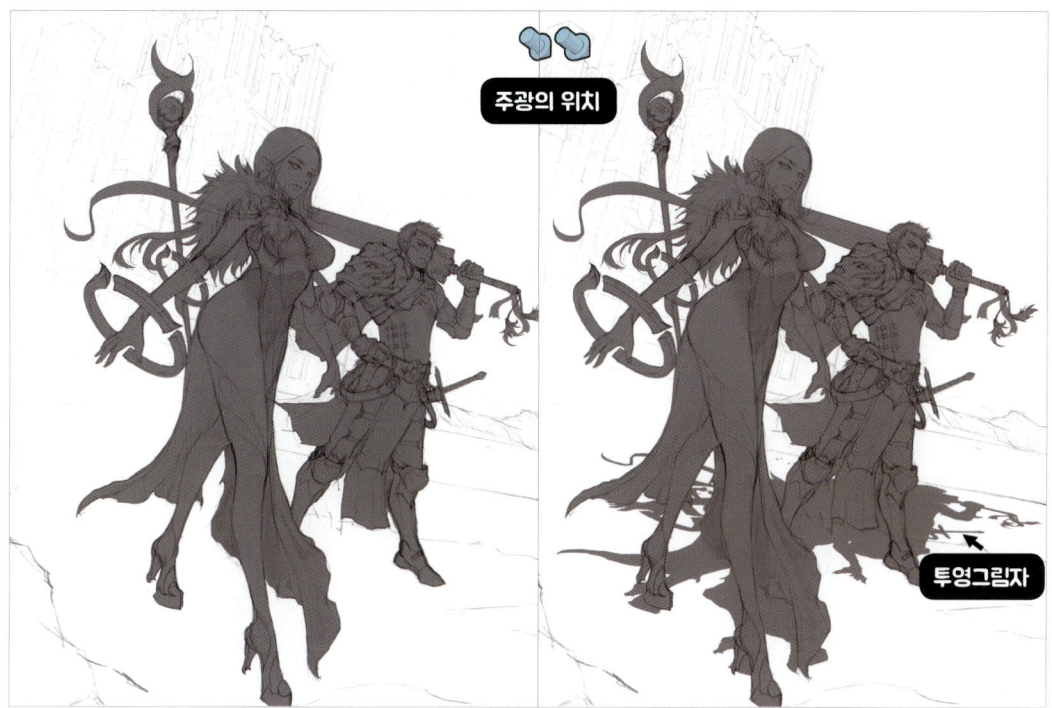

가장 중요한 것은 주광의 위치를 정하는 일입니다. 투영그림자를 건설해 주광의 위치와 높이, 그리고 각도를 정합니다. 여행은 보통 오전에 떠나는 느낌이 있으므로 해를 조금 눕혀 투영그림자를 한낮보다는 길게 빼주었습니다. 이제 이 주광에 따라 1차 톤을 묘사해야합니다. 캐릭터가 2개일 때에는 한 번에 하려 하지 말고 하나씩 진행하는 것이 쉽게 다가갈 수 있는 방법입니다.

먼저 주 피사체인 여성부터 진행하도록 하겠습니다. 나머지 레이어는 다 꺼두시고 여성의 작업에 집중합니다. 먼저 스케치 레이어의 투명도를 50%로 낮춥니다. 그리고 이너글로우 기능을 이용해 폴 오프를 잡아줍니다.

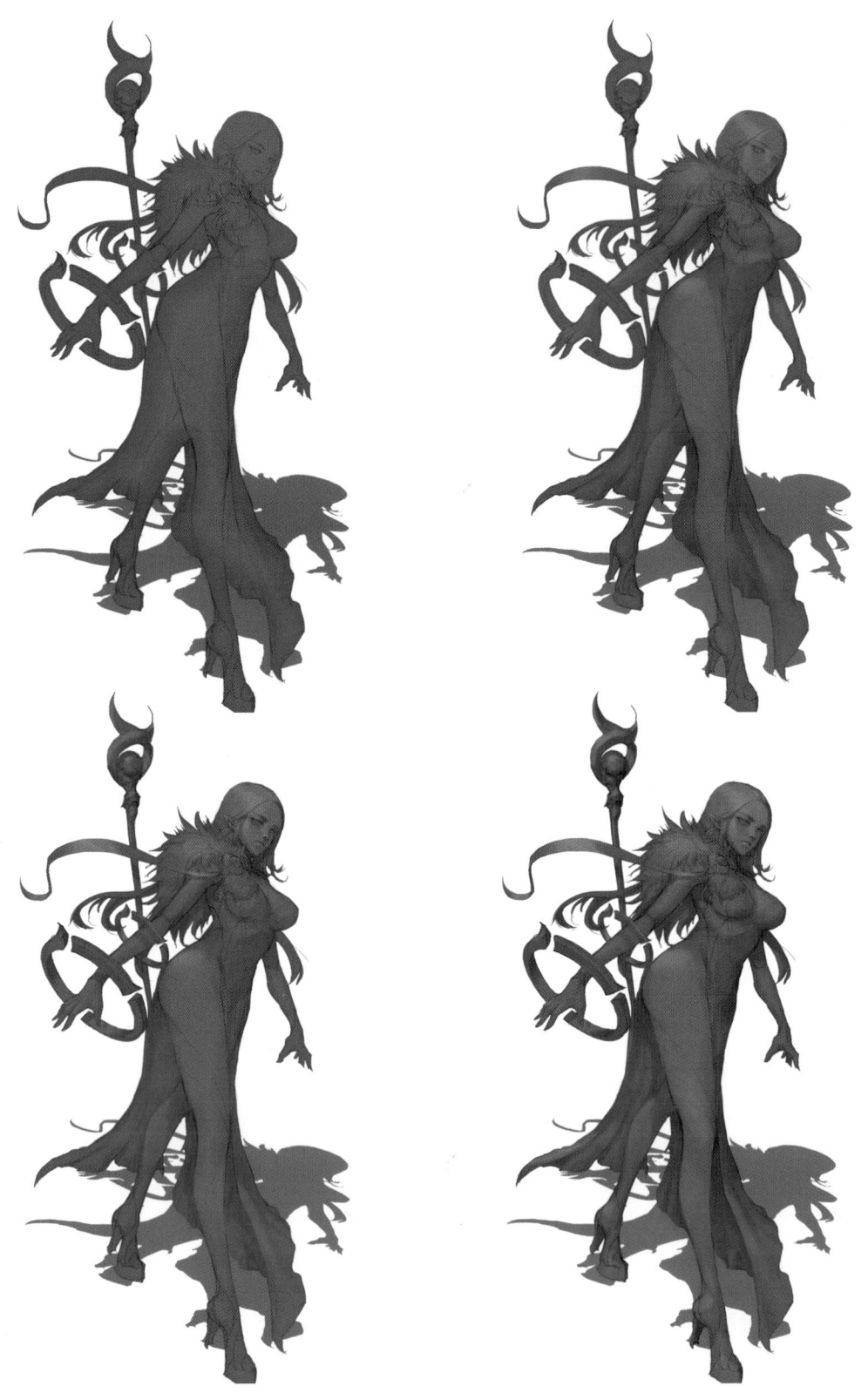

폴 오프를 안정적으로 잡았다면 이제 1차 톤 묘사입니다. 1차 톤은 반사광을 생각하지 않고 빛과 피사체의 각도만을 계산하여서 설계하면 됩니다. 위 그림은 1차 톤의 묘사과정으로 풀샷으로 나열한 모습입니다.

1차 톤이 제대로 묘사되었는지 확인하는 가장 간단한 방법은 선화 레이어를 꺼보는 것입니다. 형태의 선에 대한 의존도 인 라인웨이트를 줄이면 덩어리만으로 형태가 표현됩니다.

단색 채색이 아닌 이상 캐쥬얼식 채색에도 명암은 반드시 두톤 이상으로 쪼개어집니다. 두톤 만으로도 명암은 설계됩니 다. 여러분의 그림 스타일이 반실사인가 캐쥬얼인가 하는 것은 큰 상관이 없습니다. 선 레이어를 껐을 때 형태가 유지되 지 않는다면 그것은 잘못된 명암입니다. 본래는 1차 톤을 마무리하면 반사광의 2차 톤을 진행했었습니다. 하지만 오버레 이 레이어와 컬러 레이어를 활용한 채색은 앞서 언급했듯 색이 명암 레이어에 영향을 받습니다.

위 그림의 왼쪽 그림은 스케치 위에 색상을 설계한 그림이고, 오른쪽 그림은 색상의 채도를 완전히 뺀 그림입니다. 필자는 그림의 프로세스상 스케치가 끝나면 색상을 항상 먼저 설계하는 편입니다. 앞의 예제 두개에서는 명암작업이 끝나고 난 후 채색의 초반에 색상 설계 그림이 나왔지만 순서상 그 그림은 스케치 후 바로 그려진 그림입니다.

오버레이와 컬러 레이어를 활용한 글레이징 채색법은 아래의 명암 레이어에 밀접한 관계를 갖습니다. 색상이 발색되기 위해선 그 색상에 맞는 명도 값이 필요한데, 간단히 말해 피부색을 발색 시키기 위해선 오른쪽 그림 정도로 피부의 부분을 밝혀줄 필요가 있다는 것입니다.

각각의 영역의 밝기를 왼쪽의 색상그림과 같이 밝고 어둡게 만듭니다. 오버레이 레이어의 특징은 아래의 명도 50%를 기준으로 어두운 곳은 더 어둡게, 밝은 곳은 더 밝게 만드는 특성이 있습니다. 즉 색을 칠하면 명도가 벌어지게 됩니다.

그림에서 다리의 스타킹부분을 예로 들어 설명해 보도록 하겠습니다. 만약 왼쪽의 그림처럼 스타킹부분의 명도를 잡는다면 색상을 넣었을 때 저 명도보다 더 어둡게 변하게 됩니다. 또한 밝은 부분은 더 밝게 변하게 됩니다. 그러면 결과적으로 명도차이가 너무 벌어져 글레이징 시 흔히 '그림이 탄다'라고 불리는 현상이 발생합니다. 색을 넣었을 때 알맞은 명도값을 유지하기 위해선 본래 원하는 색상의 명도 값 보다 조금 더 중간 톤의 명도쪽으로 잡아주는 것이 좋습니다. 조금 뿌연 것은 레벨이나 커브 등의 기능을 이용해서 쉽게 잡아줄 수 있지만 한번 타버린 것은 명암이 밝은 면이나 어두운 면에 뭉쳐버리기 때문에 다시 잡아주기 힘이 듭니다.

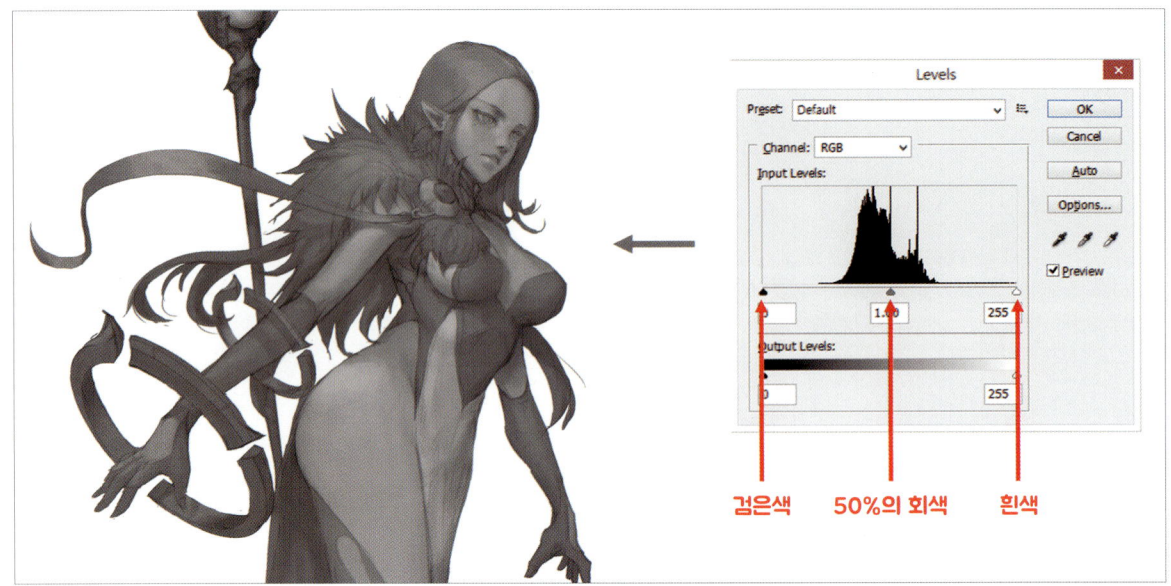

현재상태의 레벨을 보면 50%회색의 주변으로 명도가 퍼져있는 것을 볼 수 있습니다. 항상 50%의 명도로 그림을 시작했던 이유는 오버레이의 속성이 50%를 기준으로 다른 속성을 가지기 때문입니다.

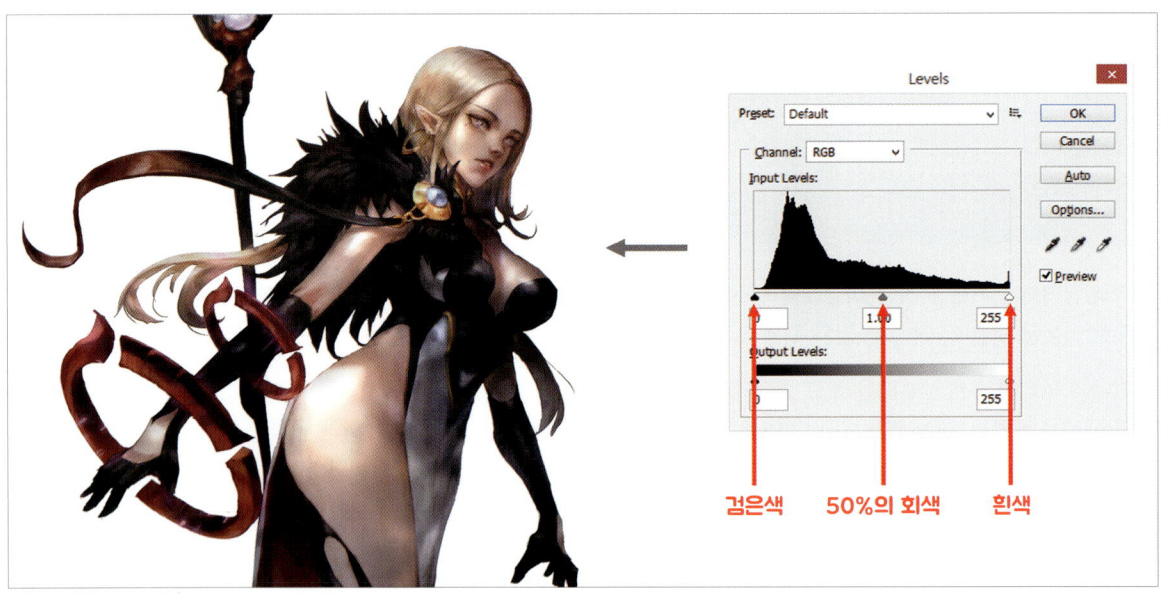

색상이 추가되고 그림이 완성되어 가면 레벨 창은 초반의 모습과 많이 달라지게 됩니다.

색상에 맞게 명도를 조절했다면 이제 반사광과 하이라이트 등의 2차 톤을 작업할 차례입니다. 명도를 2차 톤의 시작 전에 먼저 작업한 이유는 명도에 따라 하이라이트와 반사광의 세기가 다르기 보이기 때문입니다. 어두운 명도에선 반사광과 하이라이트가 밝은색 보다 잘 보이기 마련입니다. 이것은 어두운 물체가 흰색물체보다 재질적인 표현이 쉬운 이유이기도 합니다. 만약 색이 다른 당구공들이 있다면 같은 강도의 하이라이트가 발생한다고 가정할 때 흰색의 당구공보다 검은색의 당구공의 하이라이트가 훨씬 강해 보일 것입니다.

위 사진을 자세히 보십시오. 검은색의 당구공은 다른 색의 당구공에 비해 같은 강도의 하이라이트가 더 강하게 보입니다. 만약 지금 명도를 나누지 않고 하이라이트를 작업 후 레벨이나 밝기 기능을 통해 명도를 나누게 된다면 조금 어색한 하이라이트를 마주하게 될지도 모릅니다. 그 전의 예제에서의 방식들은 그라디언트 맵처럼 색을 직접 치환하거나 멀티플라이 글레이징처럼 밝은 부분을 재작업해주는 방식이었습니다. 하지만 오버레이 글레이징에선 밝은 부분을 활용하는 것이 좋습니다.

가장 먼저 반사광을 작업한 후 반사광의 정도에 따른 밝은 면과 하이라이트를 작업합니다. 그 후 오클루전, 프레넬 효과를 찾아주며 2차 톤을 작업합니다. 이번 디자인은 복잡한 부분이 없어 오클루전이 적고 프레넬 효과가 발생할 만한 정반사 부분이 거의 없어 2차 톤에서 작업량이 많지가 않았습니다.

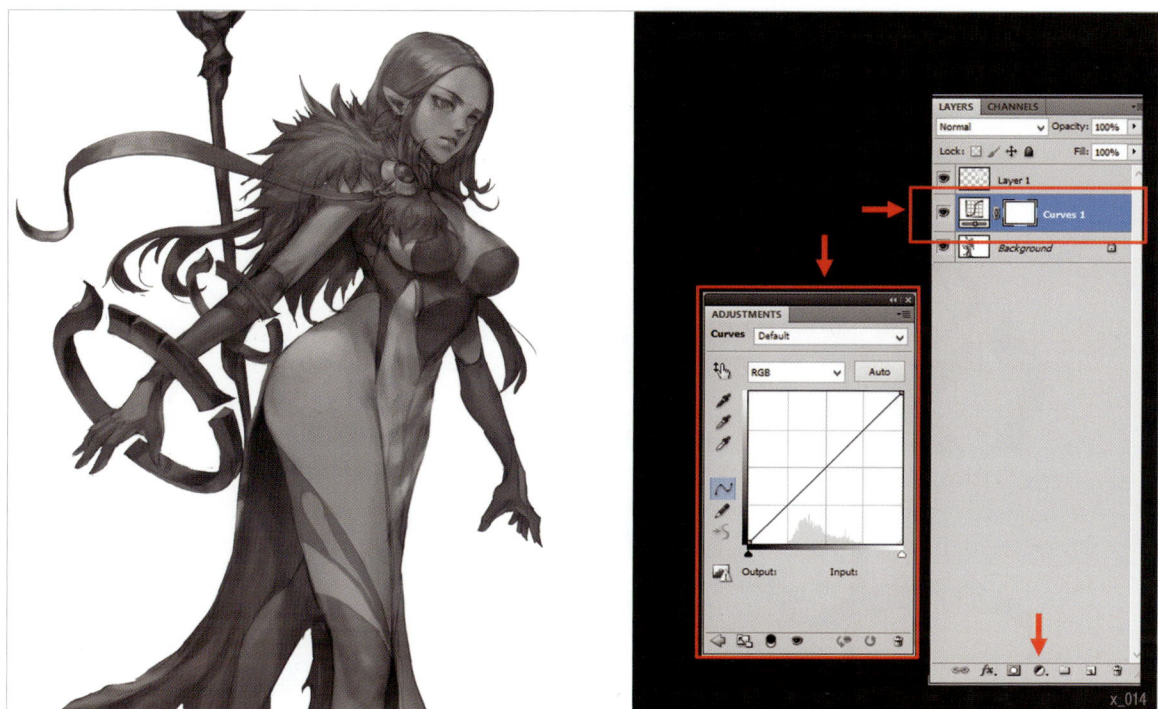

2차 톤을 완료했다면 레이어조정 기능의 레벨이나, 커브, 명노/내비 중 하나를 휠용해 명도의 차이를 벌려줍니다. 개인적으로 필자는 커브를 약간 더 선호하는 편입니다만 기능의 차이는 크게 없으니 자신에게 익숙한 것을 쓰는 것이 좋습니다.

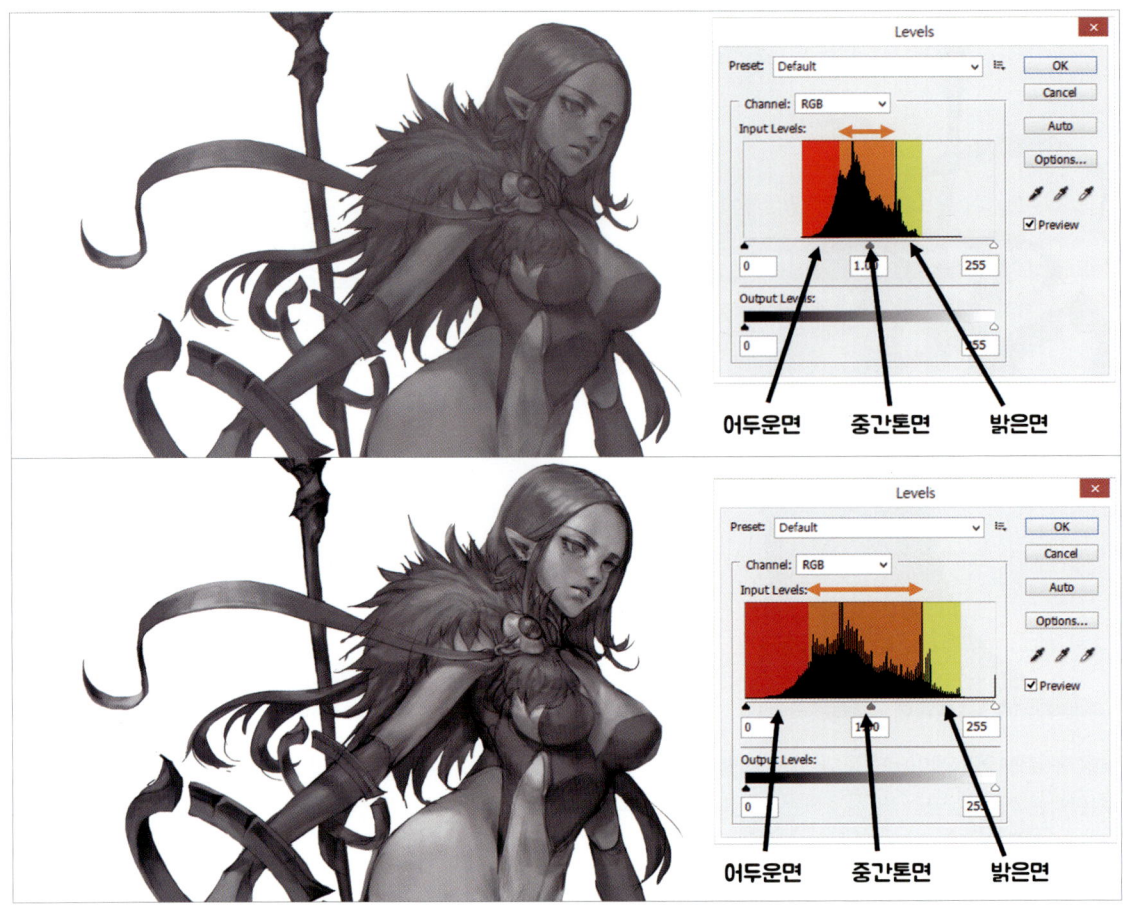

레벨 기능을 이용해서 명도의 대비를 높이게 되면 위 그림과 같이 중간톤 면의 면적이 넓어지는 것을 확인할 수 있습니다. 중간톤 면이 넓어진다는 것은 묘사할 수 있는 범위가 넓어진다는 의미와 같습니다. 3차 톤은 묘사의 영역이 대부분이므로 3차 톤에 들어가기 전 명도의 대비를 높여 묘사할 수 있는 영역을 충분히 확보해 둡니다.

재질과 웨더링을 비롯한 눈동자와 같은 작은 부위들을 찾아 묘사도를 높입니다.

여성 캐릭터가 정리되었다면 남성 캐릭터를 진행할 차례입니다. 이번에는 1차 톤을 묘사하고 색상에 따른 명도를 맞추지 않고 먼저 명도를 설정하고 1차 톤을 진행해 보도록 하겠습니다. 1차 톤 안에서 어떤 순서가 옳다라고 정해진 것은 없습니다. 그래서 다양한 프로세스를 소개하고자 앞의 여성과는 다르게 1차 톤의 프로세스의 순서를 바꾸어 보았습니다. 다만 3차 톤을 진행하면서 2차 톤에서 할 일을 한다던지, 2차 톤을 진행하면서 1차 톤에서 해야 하는 일을 한다면 당연히 건드리기 힘들고 퀄리티는 낮아지게 됩니다. 커다란 프로세스의 틀은 항상 유지해야 하는 것입니다.

캐릭터에선 폴 오프를 가장 먼저 처리합니다.

얼굴 부분을 가장 먼저 묘사해 1차 톤의 기준을 설정합니다.

설정해둔 얼굴을 기준으로 1차 톤을 몸 전체로 퍼트립니다. 인상을 퍼트릴 때에는 얼굴다음으로 인상이 되는 부분을 작업하는 것이 좋습니다. 이 캐릭터에서는 어깨와 가슴부의 디자인이 밀집되어 있으므로 그 부분을 우선 작업하는 것이 효율적입니다.

1차 톤에서 1, 2, 3면 외에 반드시 작업해주어야 하는 것이 있다면 투영그림자입니다. 캐릭터 안에서의 투영그림자는 앞에서도 몇 번 언급하였기 때문에 이 챕터에서는 특별히 언급하고 있지는 않았습니다. 이 챕터에서는 조금 특이한 투영그림자가 존재합니다. 바로 피사체가 다른 피사체에게 간섭하는 투영그림자입니다.

이번 그림은 캐릭터가 다른 캐릭터에게 투영그림자의 영향을 미치고 있습니다. 이제 이를 간단히 표현하여 캐릭터간의 사실성을 높여보도록 하겠습니다.

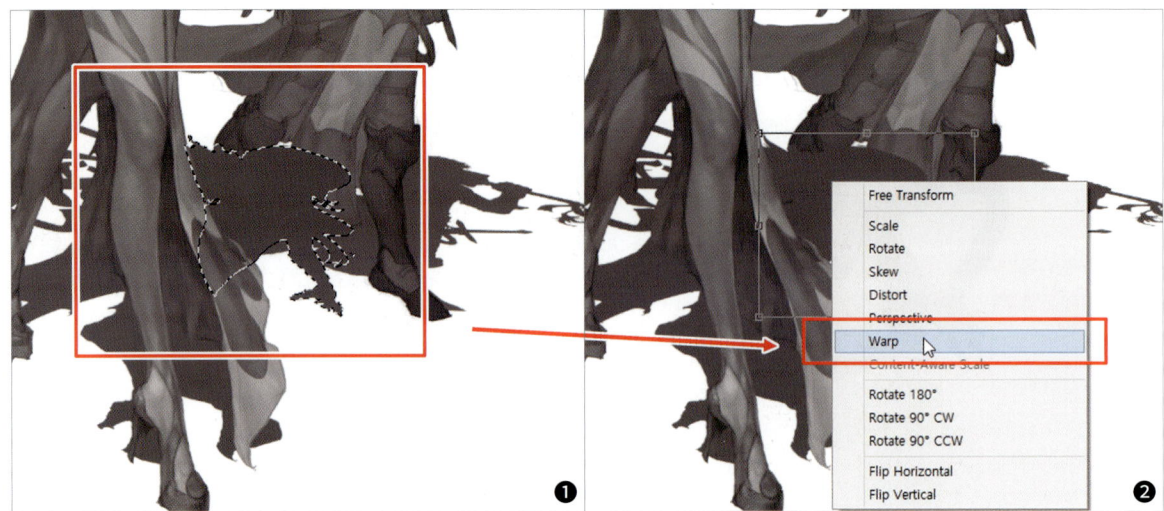

먼저 여자캐릭터의 투영그림자 중 남자캐릭터에 영향을 줄수 있는 부분의 영역의 그림자를 선택합니다. 그 영역이 선택된 상태에서 트랜스 폼(Ctrl+T)을 하여 오른쪽 클릭을 하면 그림❷와 같은 창을 볼 수 있습니다. 이 중에 워프 기능을 선택합니다. 워프는 선택된 구간을 원하는 모양으로 비틀 수 있는 기능입니다.

워프 기능을 활용하여 위 그림과 같이 투영그림자를 비틀어 줍니다.

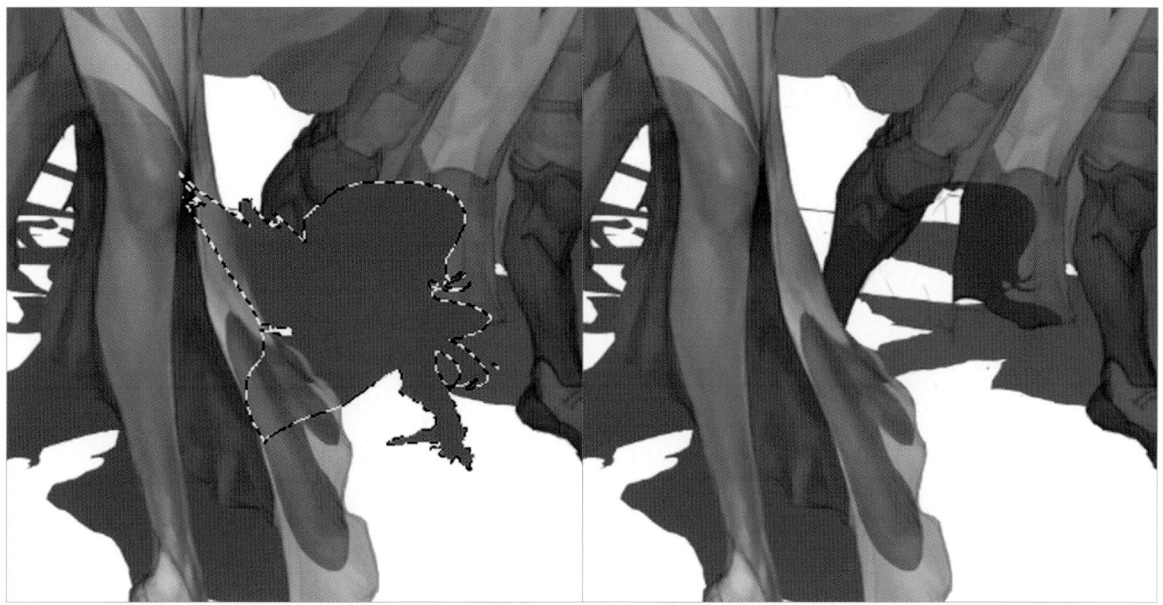

비틀어진 영역을 선택한 후 남자캐릭터의 부분에 투영그림자를 그려 넣습니다. 이것은 사소해보이는 작업일 수도 있으나 그림 안에서 캐릭터와 캐릭터 사이에 영향이 생기면 같은 환경에 있다는 느낌을 강하게 인식 시켜 줄 수 있습니다.

1차 톤이 마무리 되었다면 반사광으로 시작해 2차 톤을 묘사합니다. 남자캐릭터의 경우 여성보다 뒤쪽에 위치해있고 크기가 작기 때문에 묘사의 수준을 여성보다 덜 하는 것이 좋습니다.

그림을 제작하는 우리는 버릇 상 자신의 그림을 타인의 그림과 자주 비교하곤 합니다. 하지만 우리가 잊고 있는 것이 있습니다. 바로 우리의 그림을 보는 사람들입니다. 우리의 그림을 보는 사람들은 타인의 그림과 나란히두고 비교하는 일이 적습니다. 퀄리티의 정도는 그림 밖에서 찾는 것이 아니라 그림 안에서 찾아 맞추어야합니다. 이전 챕터에서 근경과 원경의 나무에 대해 언급한 적이 있습니다. 근경과 원경의 나무처럼 인간의 뇌는 잘 속고 상대적입니다. 만약 지금처럼 피사체의 크기와 관찰자와의 거리가 다른 상황에서, 보다 멀리 있는 피사체의 묘사가 높다면 사람들은 '뒷쪽의 묘사가 높네' 가 아닌 '앞쪽이 덜 그려 졌네' 라고 생각하게 됩니다.

계속해서 3차 톤의 묘사를 진행합니다. 앞서 설명한대로 묘사는 앞쪽에 위치한 여성보다 조금 덜하고 대비가 적게 합니다. 그래서 앞의 예제들처럼 3차 톤을 올릴 때 사용하는 커브를 이번에는 사용하지 않았습니다. 중간 톤을 벌리지 않으면 묘사가 힘들어지기 때문에 묘사도는 자연스레 떨어지게 됩니다. 이제 캐릭터들은 묘사가 완료되었습니다. 배경을 제외한 캐릭터를 전체 샷으로 보고 다음 단계를 진행하도록 하겠습니다.

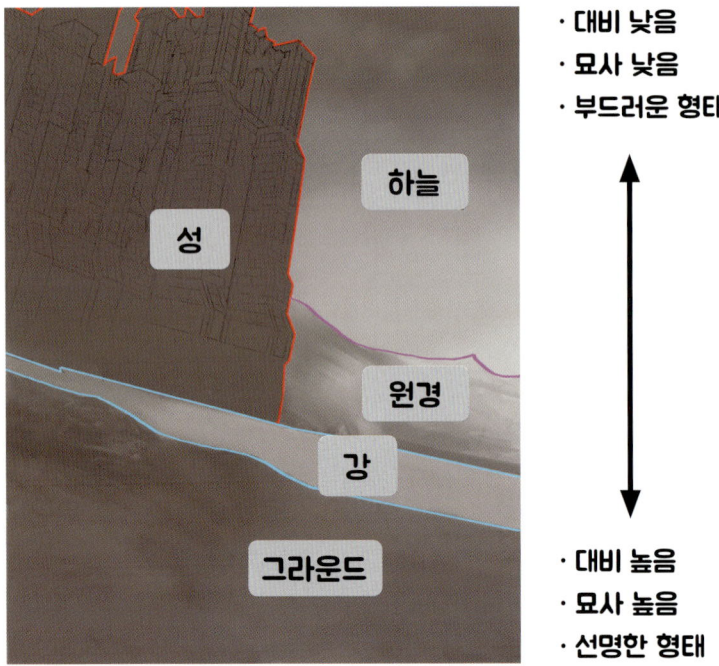

· 대비 낮음
· 묘사 낮음
· 부드러운 형태

↕

· 대비 높음
· 묘사 높음
· 선명한 형태

하늘
성
원경
강
그라운드

배경은 위 그림과 같이 구역을 나눈 후 먼저 레이어를 분할합니다. 배경의 묘사 역시 방법은 같습니다. 관찰자와 가까운 쪽은 대비가 강하며 자세하게 묘사하고 관찰자와 멀어질수록 대비는 약해지고 묘사는 낮아집니다.

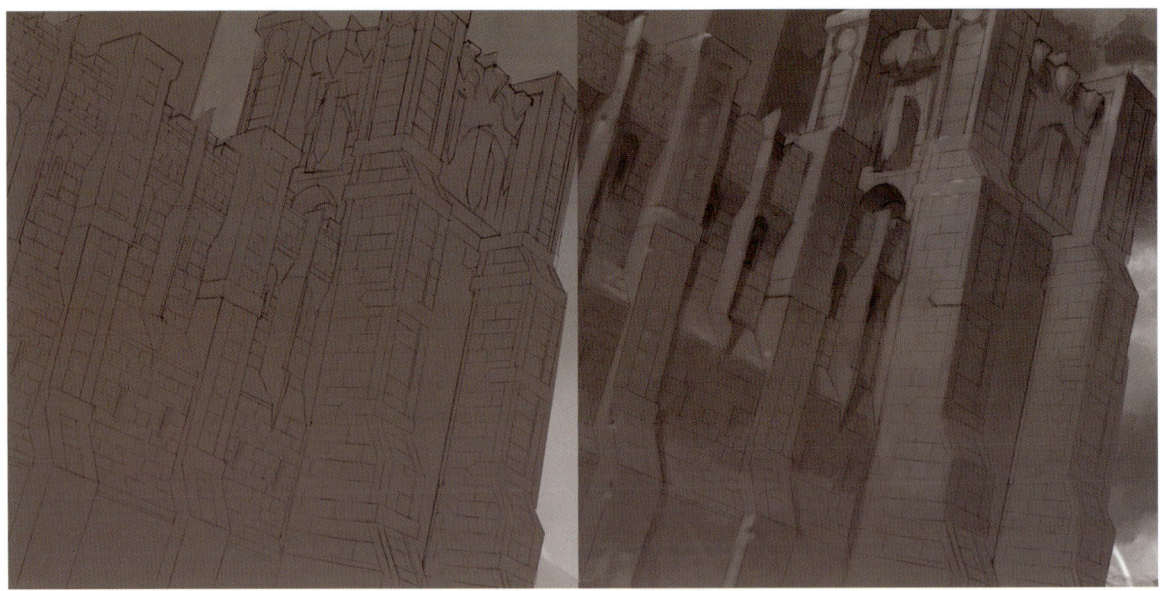

성이나 집, 일반적인 물체와 같은 딱딱한 배경을 그리는 것은 캐릭터와 방법이 완전히 같습니다. 간혹 캐릭터는 잘 그리면서 간단한 배경에서도 어려움을 호소하는 학생들을 만나게 됩니다. 그들은 배경보다 훨씬 면이 복잡한 캐릭터는 잘 그리면서 정작 면 수가 적은 배경의 오브젝트는 어려워합니다. 이런 경우 경험상 캐릭터만 그리는 방법을 외운 경우가 대부분입니다. 그들은 같은 캐릭터를 그리더라도 체형이 많이 변하거나 사람스럽지 않은 것을 어려워합니다. 그림의 기초는 언제나 같습니다. 그리고 이 기초는 캐릭터와 배경을 가리지 않고 모든 그림에 적용됩니다. 빛의 방향을 생각하여 빛과 각도가 수직에 가까운 쪽은 밝게 수평인 쪽은 어둡게 처리합니다. 이 그림에선 캐릭터가 주요소이니 부요소인 배경의 경우 묘사도를 떨어트리는 것이 좋습니다. 2차 톤의 초반부인 간단한 반사광까지만 묘사하도록 합니다.

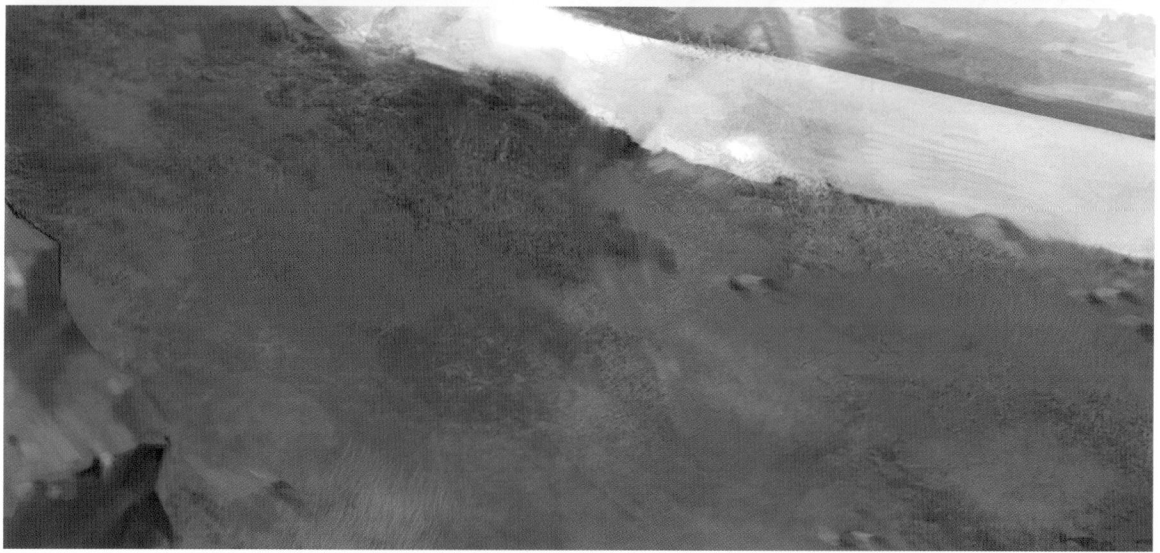

그라운드의 묘사는 텍스처브러쉬를 이용합니다. 땅의 모래나 흙, 그리고 풀들은 자세히 관찰해보면 작은 알갱이들이 모두 다른 법선들을 가지고 있어 면 분해가 활발하게 발생합니다. 면 분해를 사실적으로 표현하는 법은 텍스처나 텍스처브러쉬를 활용하는 방법입니다.

위 사진을 살펴보면 땅은 수많은 난반사의 알갱이들로 이루어져 있습니다.

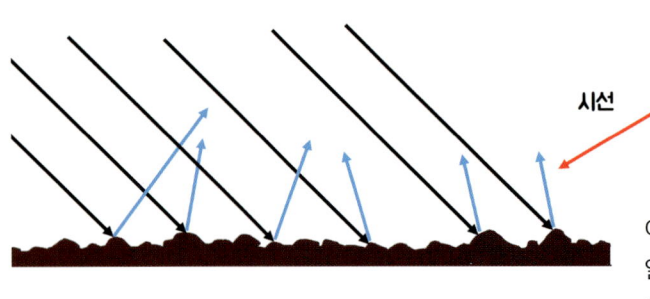

이 그림은 위 사진을 옆에서 본 모습입니다. 무수한 흙 알갱이들이 제각각의 법선을 가짐으로써 난반사는 더욱 심해지고 관찰자에게 보이는 반사들은 더욱 분해됩니다.

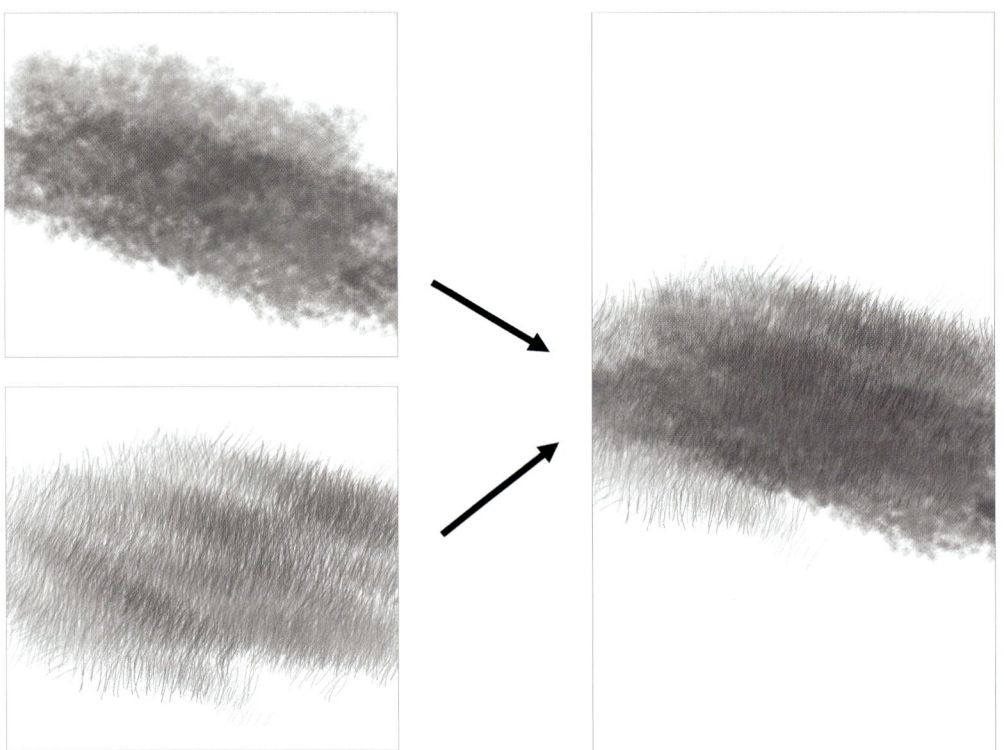

면 분해가 심하게 일어난 반사를 깨끗한 브러쉬로 그려내는 것은 손이 많이 가는 작업입니다. 그래서 필자는 심한 면 분해가 발생할 때에는 명도와 형태가 랜덤한 텍스처브러쉬를 활용합니다. 위 그림은 이번 그라운드를 제작하면서 사용된 텍스처브러쉬입니다. 텍스처브러쉬 두 개를 엮어 조금 더 다양한 패턴을 만들어 낼 수도 있습니다.

하늘은 대장간 때부터 사용하였던 구름 브러쉬를 활용해 간단하게 표현합니다.

배경 묘사가 완료되었습니다. 조금 지저분한 부분들은 캐릭터가 들어갈 자리여서 터치가 제대로 들어가지 않았습니다. 이제 배경과 캐릭터를 합쳐서 결과물을 확인해보도록 하겠습니다.

'긴 여행의 시작' 으로 오버레이와 컬러 레이어를 활용한 글레이징 채색하기

이번 챕터에는 오버레이와 컬러 레이어를 사용한 글레이징 채색법에 대해 소개해보도록 하겠습니다.

오버레이와 컬러 레이어를 사용하는 기법은 글레이징 채색에 대해 들어보았거나 혹은 사용해본 분들에게 가장 익숙한 채색법일 것입니다. 오버레이를 이용한 글레이징 채색법은 다른 글레이징 채색법에 비해 접근방법이 가장 쉬워 글레이징 입문자들이 즐겨하는 방식의 채색법입니다. 하지만 오버레이 레이어 사용시 처음부터 원하는 발색이 나오지 않는다거나, 의도치 않은 색상이 나온다는 이야기들을 종종 듣곤 합니다. 정확히 설명하자면 이것은 결코 오버레이 글레이징의 특성이 아닙니다. 우리는 색을 다루는 사람들로써 자신이 처음 표현하려고 했던 색상을 반드시 표현할 수 있어야합니다. 생각해 보면 이것은 당연한 논리입니다. 만약 그럴 수 없다면 우리는 이 채색법을 사용하지 말아야하고 사용할 필요도 없습니다. 의도와 다르게 매번 결과물이 달라지는 채색법을 우리는 신뢰할 필요도 없고 사용할 가치도 없습니다. 하지만 오버레이 글레이징 채색법은 계속 사용되어왔고, 지금도 여러 분야와 사람들에게서 즐겨 사용되고 있으며, 앞으로도 계속 사용될 것입니다. 어떻게 하면 원하는 발색을 낼 수 있을까요? 오버레이 레이어를 활용한 글레이징 채색법에도 여러 가지 방법이 있지만 이번 챕터에서는 제가 주로 사용하는 오버레이 글레이징 채색법의 방식에 대해 소개해 보고자 합니다.

먼저 앞서 완료한 명암 레이어와 색채구성을 준비합니다.

직사각 분열보색조화

이번에도 색채구성을 어떻게 활용하였는지 배색을 뽑아서 알아보도록 하겠습니다. 오른쪽에 있는 팔레트의 상단은 오른쪽에 위치한 색채구성의 색들을 직접 선택해서 만든 팔레트입니다. 이 색채의 명도와 채도값을 채도로 높이면 색채의 뿌리를 찾을 수 있습니다. 이번 그림의 색채구성은 직사각 분열보색조화 배색법을 사용하였습니다. 직사각 분열보색조화는 직사각 배열의 특성상 한난대비가 자연스럽게 일어나며 색채구성이 다양한 그림에 어울리는 배색법입니다.

명암 레이어에 오버레이 레이어를 추가해 배색해두었던 색을 깨끗하게 칠해 넣습니다. 명암 레이어에서 색이 발색될수 있도록 명도를 조정하고 들어왔기 때문에 거의 비슷한 색이 발색 될 것입니다. 특히, 오버레이 레이어는 컬러 레이어와 달리 아래의 명도를 어느 정도 무시하고 발색을 띄울 수 있는 장점이 있습니다.

글레이징 채색법에서 가장 이상적인 초벌 레이어는 컬러 레이어입니다. 하지만 컬러 레이어는 아래의 명도 값이 색상의 명도 값과 일치해야 비로소 완벽한 배색을 띄울 수 있습니다. 이것은 이론적으로는 가능하나 시간이 너무 많이 걸리는 일이기도 합니다. 위 그림의 왼쪽은 오버레이 레이어로 초벌 발색을 띄운 것이고, 오른쪽은 오버레이 레이어를 컬러로 변환한 것입니다. 아래의 명도를 변환해서 색을 잡아줄 수도 있지만 이것은 시간이 너무 많이 소요됩니다. 하지만 오버레이 레이어 초벌에는 앞의 채색법 소개 챕터에 언급했던 것처럼 치명적인 단점이 존재합니다. 바로 등흑색과 등백색입니다. 등흑색의 경우 탁색의 논란으로 호불호가 나뉘어 개인의 취향의 문제일수도 있으나 등백색의 경우 오버레이 글레이징을 가장 탁하게 만드는 원인입니다. 우리는 앞으로 컬러 레이어를 활용해 이 등백색을 잡아낼 것입니다. 등백색을 잡아내기 전에 우선 오버레이 초벌 레이어에서 해야 할 일들을 먼저 처리하도록 하겠습니다.

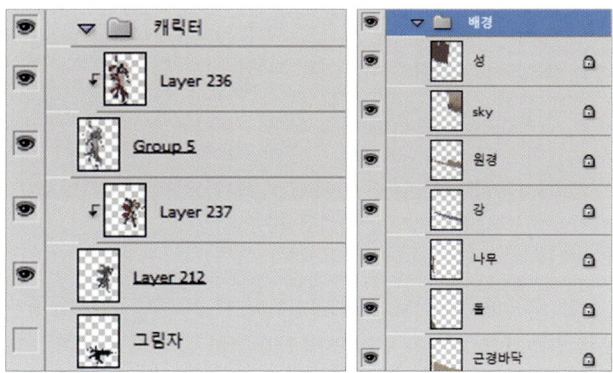

먼저 초벌의 오버레이 레이어를 종류별로 구분합니다. 근경, 강, 성, 하늘, 캐릭터의 큰 마스킹만 필요하며, 마술봉 툴을 이용해 색을 선택하면 쉽게 선택할 수 있으므로 그리 시간이 걸리는 작업은 아닙니다. 각각의 영역의 색을 마술봉 툴을 이용해 선택한 후 (단축키 Ctrl+Shift+J)를 누르면 레이어가 떨어져 나오면서 복제 됩니다. 필자는 위 그림과 같이 레이어를 구분하였습니다.

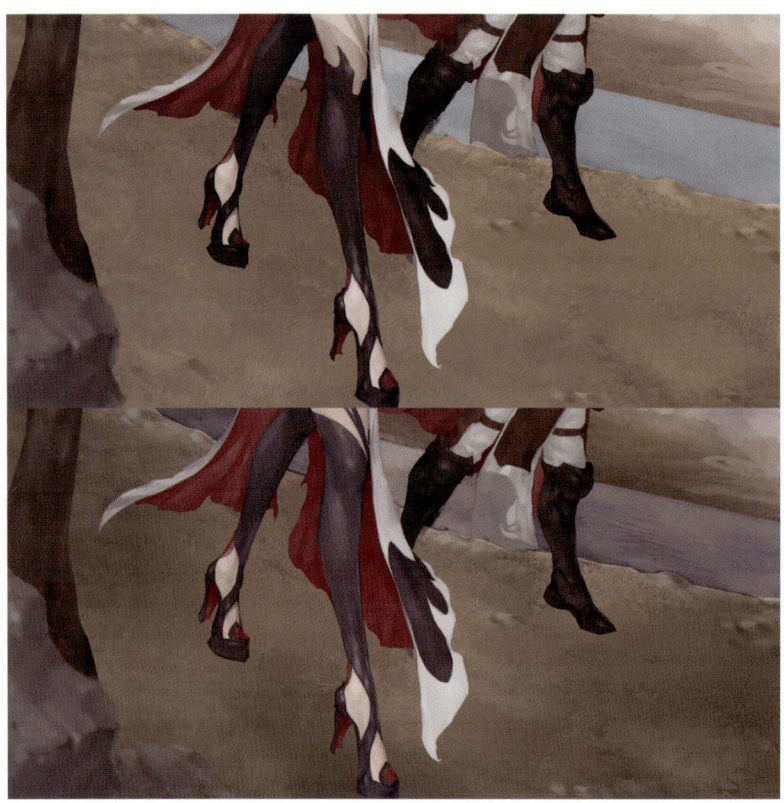

오버레이 레이어는 색을 섞기 대단히 좋은 속성을 가지고 있습니다. 커다란 소프트라운드 브러쉬를 이용해 바닥부분 부터 색을 섞어줍니다.

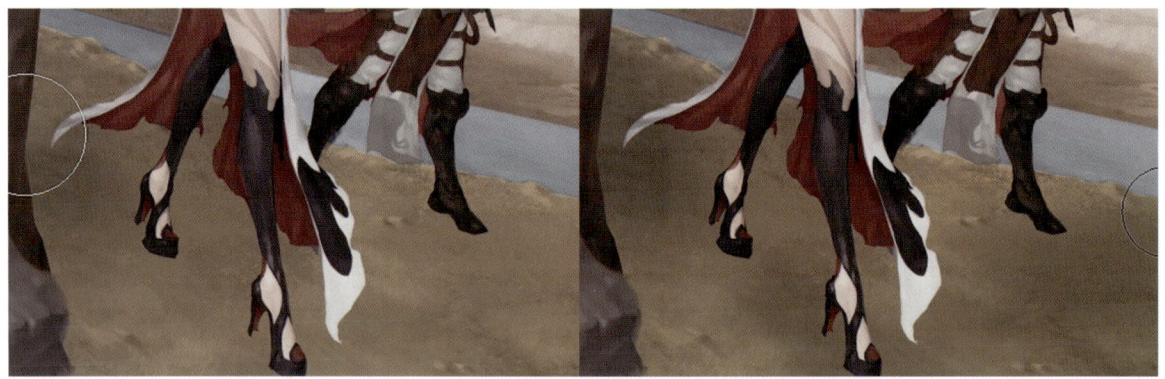

브러쉬를 조금만 써도 색이 쉽게 섞여 들어가는 것이 느껴지실 것입니다.

오버레이 글레이징의 초벌 채색 시 유의점은 스포이드를 쓰는 것이 불가능하다는 것입니다. 만약 스포이드를 사용해서 색을 찍고 다시 칠한다면 처음 발색시켰던 색이 절대로 뜨지 않습니다. 이것은 이미 명암 레이어와 섞여 자신이 처음 칠 했던 색과 다른 색이 오버레이 속성을 통해 발색되었기 때문입니다. 그러므로 초벌 채색 시에는 일반 레이어를 추가해 쓰고 있는 색을 살짝 찍어놓거나, 그림 옆에 새 캔버스를 조그마하게 띄워 물감의 팔레트처럼 지금 쓰고 있는 원색을 반 드시 찍어 놓는 것이 좋습니다.

이번에는 기존의 명암 레이어를 활용하여 색을 섞어 보도록 하겠습니다.

먼저 강 부분의 영역의 명암 레이어를 선택한 후 복제(단축키 Ctrl+J)합니다. 분리해 둔 레이어를 활용하면 영역을 쉽게 선택, 복제 할 수 있습니다. 레벨기능의 화살표 좌우를 좁혀 위 그림의 오른쪽과 같이 만들어 줍니다.

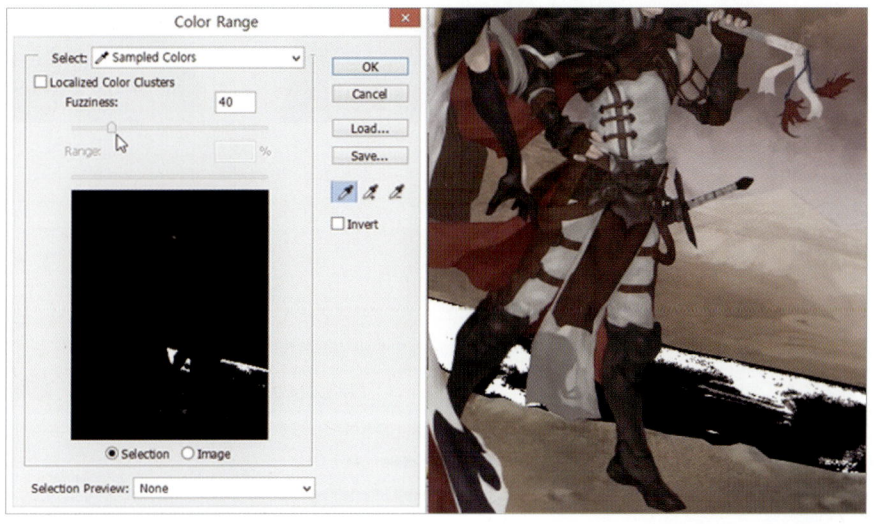

마술봉 툴을 사용해도 되지만 이번에는 컬러레인지라는 기능을 사용해보도록 하겠습니다. 기능자체는 마술봉과 유사합니다만 마술봉과 달리 수치를 슬라이더로 조절하기 때문에 조금 더 직관적입니다. 상단 툴바의 [Select] ⇨ [Color Range] 항목으로 들어가 컬러레인지 창을 켭니다. 수치를 조절하여 OK를 누르면 영역이 선택됩니다.

좁혀 두었던 흑백 레이어를 지워주면 선택영역만이 남습니다. 강의 초벌 오버레이 레이어에 황토색을 섞어줍니다. 강의 수면은 시선의 각도가 얕아질수록 주변의 상을 반사하는 프레넬 효과를 보입니다. 앞쪽에 설명했던 이론부분들을 잘 기억하여 실전에서 활용하는 것이 중요합니다.

이번에는 성 부분의 명암 레이어를 복제하여 레벨을 조정합니다.

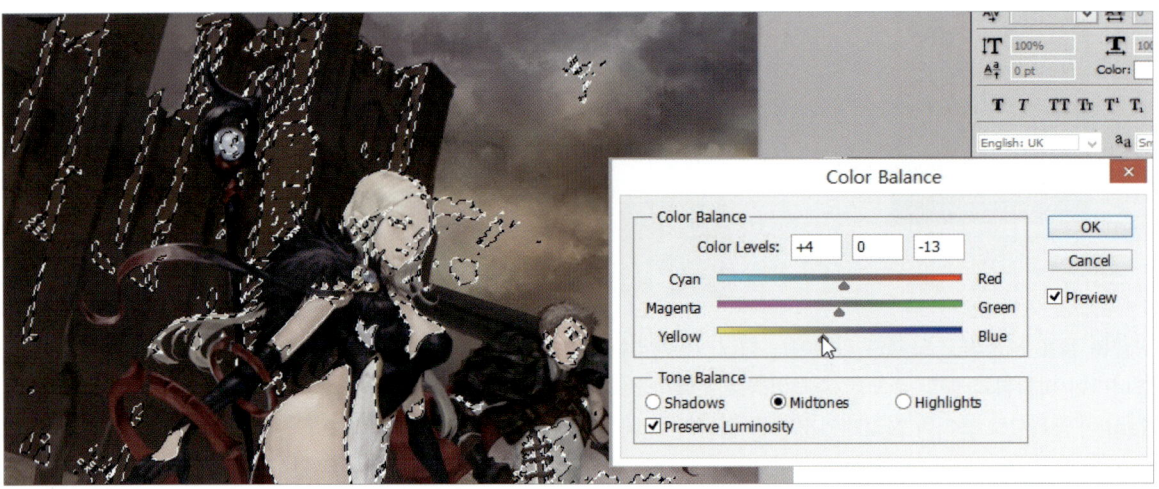

위의 경우와 마찬가지로 컬러레인지 기능을 이용하여 영역을 선택 후 이번에는 컬러밸런스(단축키 Ctrl+B) 기능을 이용하여 현재 주광의 색인 노란색을 조금 섞어줍니다.

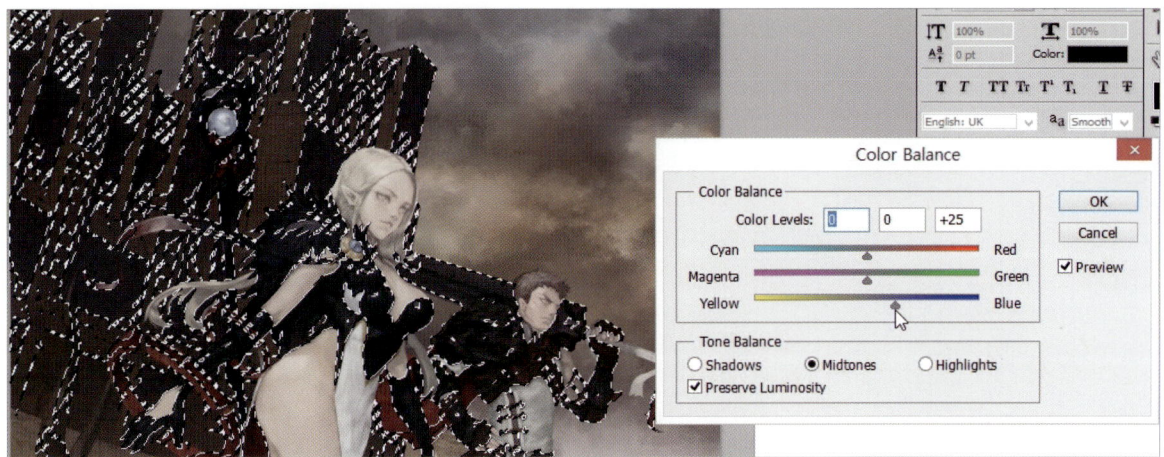

이번에는 영역을 반전하여(단축키 Ctrl+Shift+I) 어두운 면에 환경색인 푸른색을 섞어줍니다. 필자는 지금 브러쉬로도 색을 섞고, 컬러밸런스 등의 포토샵 기능을 이용해서도 색을 섞고 있습니다.

색을 섞는 과정은 위처럼 어떤 것으로 해도 상관이 없습니다. 툴은 그저 그림을 그리는 과정을 다양하게 만들어 줄 뿐 입니다. 브러쉬가 편하면 브러쉬를 쓰십시오. 툴이 편하신 분들은 툴을 이용하십시오. 중요한 것은 목표지점에 어떻게 도달하느냐를 아는 것입니다.

하늘에도 브러쉬를 이용해 색을 섞어 넣어줍니다.

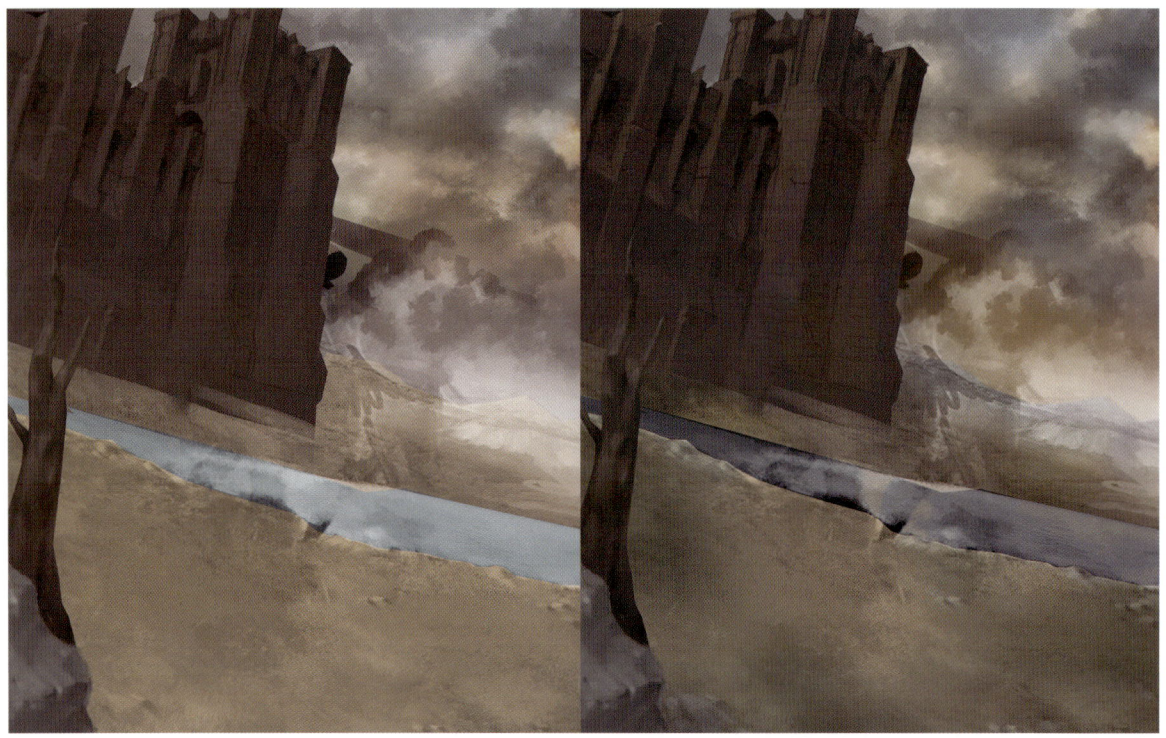

색을 섞은 전체적인 모습을 살펴 보도록 하겠습니다. 위 그림을 보면 색이 섞여 들어가 색이 더욱 풍부해지는 것을 볼 수 있습니다. 배경의 색을 충분히 섞었다면 이제 캐릭터로 이동하여 캐릭터에 색을 섞을 차례입니다.

마술봉 툴을 이용해 마스킹을 한 후 색을 섞어주면 깨끗하게 색을 섞을 수 있습니다. 빛이 잘 들어오지 않는 부분에 푸른 색의 환경광을 섞어줍니다. 주광이 노랗게 될수록 환경광은 보라색에 가까운 푸른색으로 이동합니다.

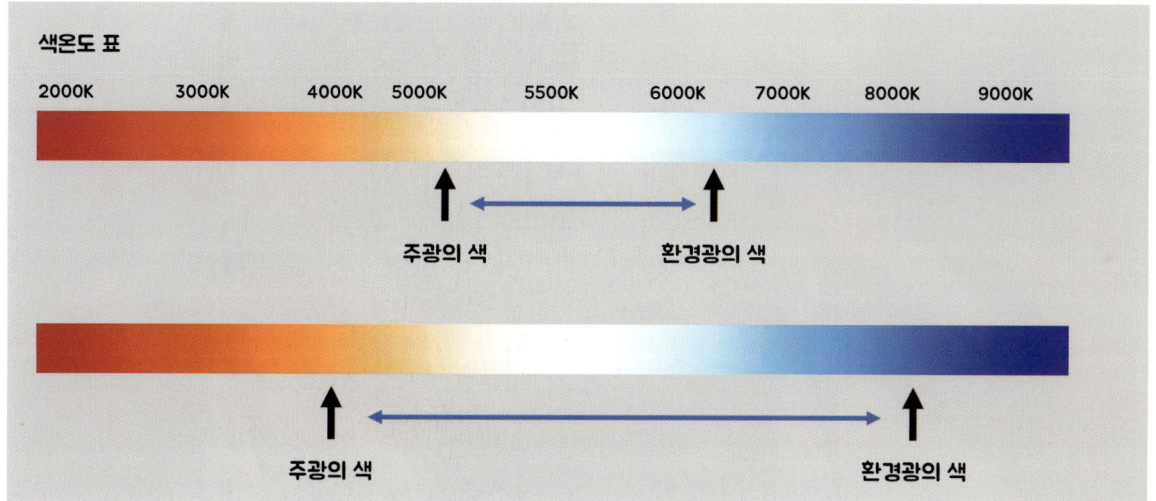

이것은 위 그림을 보면 이해하기 쉽습니다. 주광의 색과 환경광의 색은 서로 영향을 끼칩니다. 주광의 색이 하얗다는 것은 그만큼 하늘에서 산란된 단파가 적다는 것입니다. 그러면 환경광은 맑은 가을하늘 같은 밝은 시안블루를 띕니다. 주광의 색이 붉은색조로 이동할수록 하늘에서의 단파산란이 많은 상황입니다. 환경광은 자연스럽게 더욱 푸른쪽으로 이동합니다.

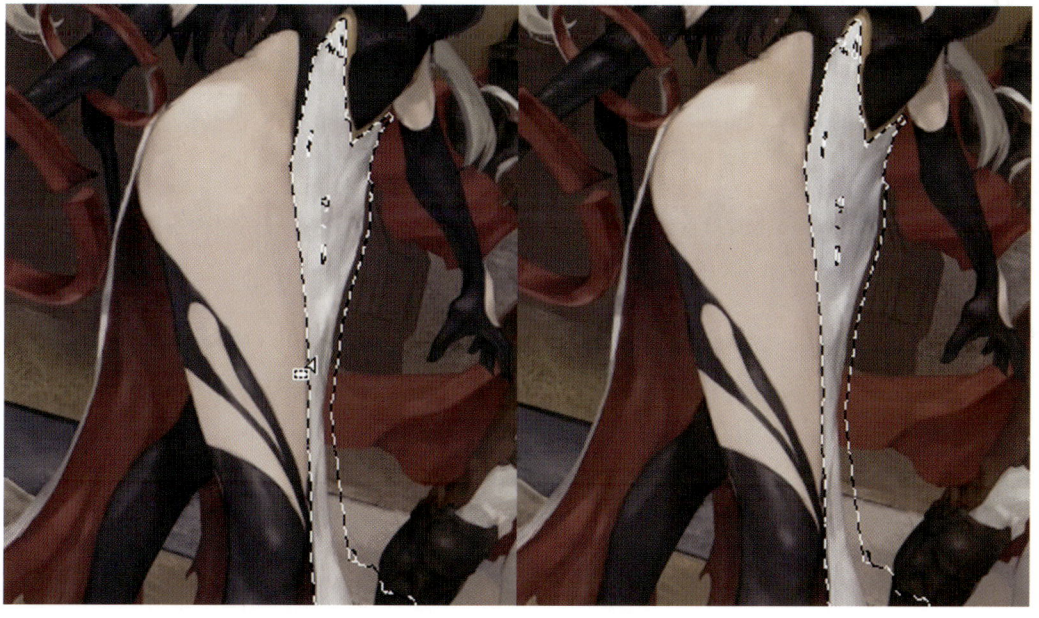

흰색의 어두운 부분을 푸르게 처리하는 것은 회화적으로 좋은 선택지 중 하나입니다. 흰색의 어두운 면에 푸른색을 섞어 입체감과 회화감을 동시에 잡을 수 있습니다.

피부와 머리카락은 서브 서페이스 스케터링으로 인해 어두운 부분에도 충분한 채도를 보입니다. 또한 휴 시프팅 역시 잘 관찰됩니다. 이런 특성을 이해하여 어두운 부분에 붉은기가 도는 어두운색을 추가합니다.

휴 시프팅은 어떤 사물에서든 관찰되지만 특히 전도체에 잘 관찰할 수 있습니다. 플라스틱과 같은 비전도체와 메탈릭 페인트와 같은 전도체를 표현할 때 전도체에 휴 쉬프팅을 더 세게 넣어주면 전도체를 더욱 잘 표현할 수 있습니다. 사진 위 그림은 실생활에 나타나는 전도체와 비전도체에서 휴 시프팅의 차이를 컬러피커로 색을 추출해 본 것입니다. 왼쪽사진의 크리스마스볼은 마감도료가 메탈릭페인트로 전도체의 물질이고 오른쪽의 장난감은 플라스틱으로 비전도체입니다. 두 물체 모두 휴 시프팅이 발생하지만 전도체의 휴 시프팅의 폭이 훨씬 넓은 것을 볼 수 있습니다. 특히 하이라이트 부분의 휴 시프팅은 재질에 따라 큰 차이가 있어 재질을 결정하는데 있어 큰 영향을 미칩니다.

캐릭터에 색을 섞어 등흑색의 탁색부분을 잡아줍니다. 밝은 면의 구간은 아직 건드리지 않습니다.

여자 부분이 마무리되었다면 마지막으로 남은 남자 캐릭터의 어두운 부분을 여자 캐릭터와 같이 묘사합니다. 먼저 얼굴부터 작업하여 기준점을 맞춥니다. 이번에도 역시 밝은 면은 건드리지 않습니다.

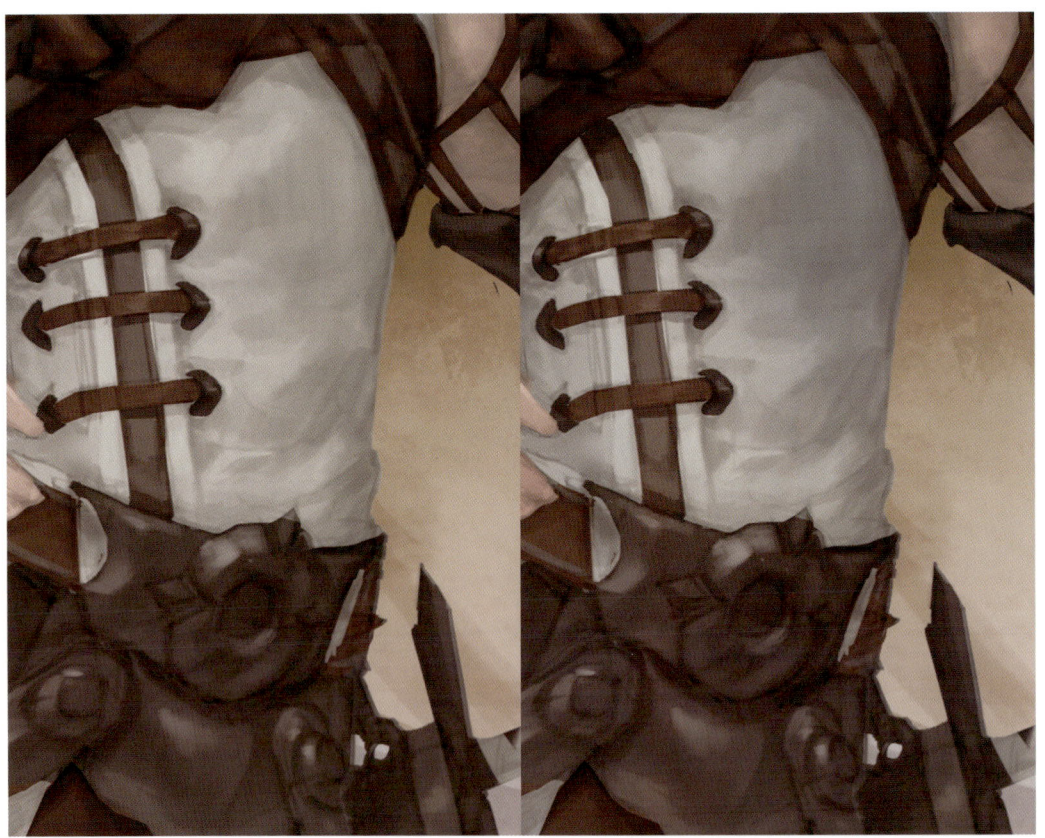

각도상 어두운 면이 여성 캐릭터보다 많습니다. 어두운 면에 푸른색을 섞어 넣어 회화감을 넣습니다. 남성의 캐릭터는 여성 보다 멀리 있기 때문에 회화적인 대기원근법으로 접근하여 푸른색의 양을 조금 더 늘립니다.

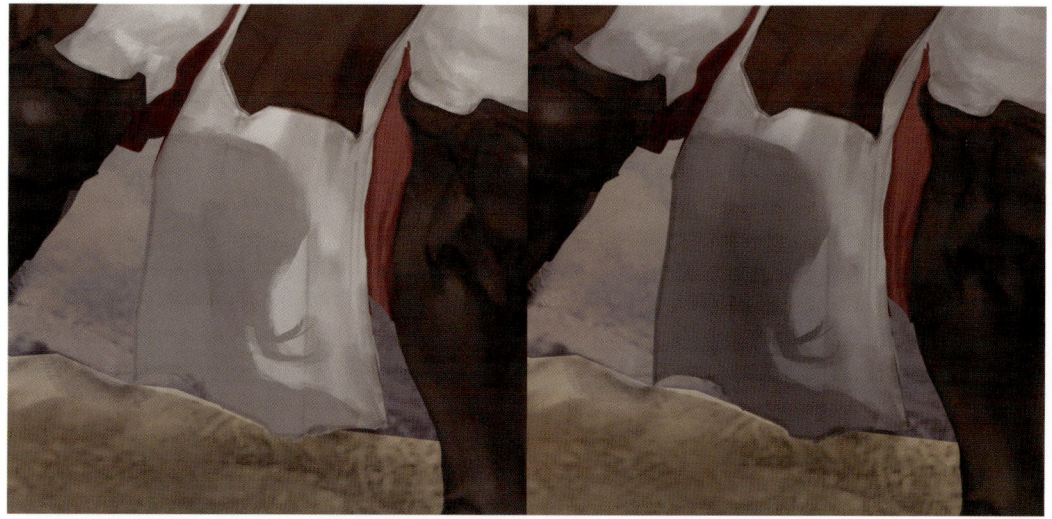

투영그림자를 푸르게 처리하는 것은 회화적인 표현의 좋은 선택지 중 하나입니다. 특히 지금과 같이 환경광의 색이 더욱 푸를 때는 투영그림자에 푸른색을 첨가해 주는 것이 회화적으로 완성도가 높아집니다.

위 그림과 같이 어두운 부분에 휴 시프팅과 푸른색을 섞어 넣어 색의 풍부함을 올려주었습니다. 휴 쉬프팅과 푸른색의 첨가가 끝났다면 넣기 전과 후를 그림 전체 샷으로 비교하며 색에서 무엇이 달라졌는지 찾아보도록 하겠습니다.

위 그림은 휴 시프팅과 푸른색을 섞기 전입니다.

위 그림은 휴 쉬프팅과 환경광인 푸른색을 섞고 난 후입니다. 환경광의 푸른색을 섞는 것은 개인의 스타일마다 조금씩
다릅니다. 누군가는 많이 섞고 누군가는 섞지 않는 사람들도 있습니다. 또한 휴 쉬프팅을 얼마나 주는가 역시 개개인의
그림스타일을 정의하는데 있어 매우 중요한 역할을 합니다. 누군가는 휴시프팅을 적게 사용하는 사람들도 있고, 누군가
는 휴 쉬프팅을 과도하게 사용하여 조금 더 캐쥬얼적인 감성을 드러내는 사람들도 있습니다. 여기에서 중요한 것은 스스
로의 스타일이 어느쪽인지를 스스로 진단해보는 것입니다.

색상에선 무언가 많이 변했다고 느끼겠지만 흑백으로 다시 돌려서 명도를 확인해보면 그리 크게 변하지 않았습니다. 색상 값이 명도에 미치는 영향은 생각보다 미비합니다. 위 그림은 앞의 그림을 흑백으로 돌려 비교한 그림입니다. 명도 값의 차이가 그리 크지 않은 것을 확인할 수 있습니다. 이제 밝은 부분의 등백색을 처리해보도록 하겠습니다. 일반적으로 밝아지는 것과 등백색은 밝아진다는 전제는 같습니다. 하지만 등백색은 흰색으로 치우쳐 채도가 많이 떨어지는 상태를 말합니다.

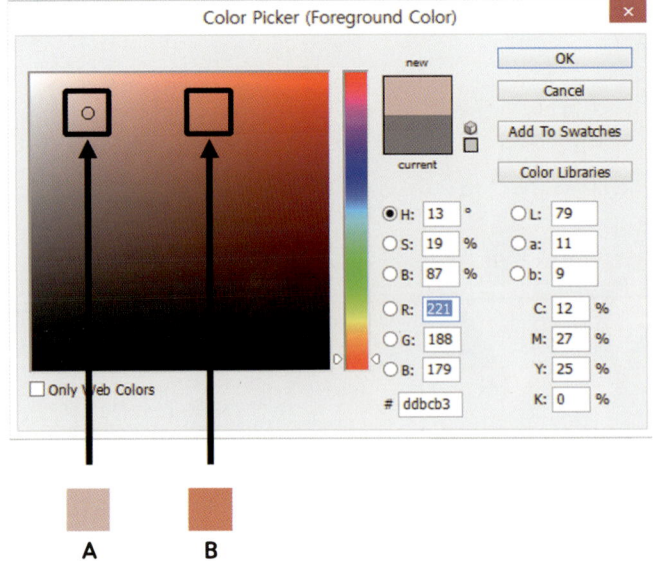

왼쪽 그림을 보면 A와 B의 밝기는 같습니다. 하지만 우리가 내려고했던 색이 B의 색이라면 A는 B에 비해 등백색이다라고 말할 수 있습니다. 하지만 본래 내려고했던 색이 A라면 그 기준은 변화합니다. 이 둘은 결국 색의 포화도의 차이입니다.

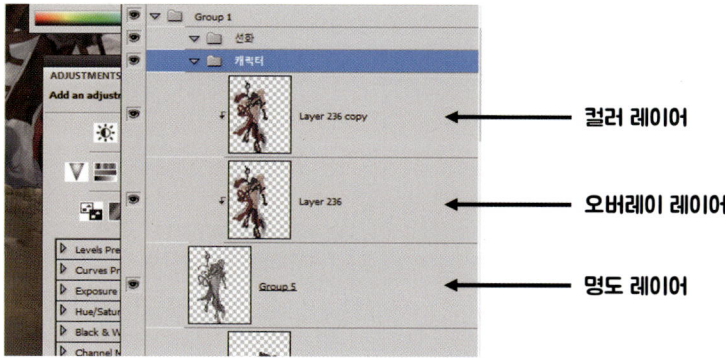

컬러 레이어

오버레이 레이어

명도 레이어

컬러 레이어를 사용해 색의 포화도를 상승시켜 보도록 하겠습니다. 챕터6의 컬러 레이어와 오버레이 레이어에 대하여 설명할 때에 컬러 레이어는 오버레이 레이어에 비해 채도의 유지가 쉽다고 언급하였습니다. 이제 그 기능을 이용해 등백색을 처리합니다. 지금까지 오버레이 레이어에 휴 시프팅과 어두운 면의 푸른색조의 추가를 처리하였습니다. 이제 레이어를 복제하여 레이어 속성을 컬러로 바꾸어 줍니다.

A B

컬러 레이어 속성을 추가하면 위 그림과 같이 색상이 바뀝니다. 특히 밝은 면의 채도가 두드러지게 바뀌는 것을 확인할 수 있는데 그림에서 색 A와 B는 오버레이 속성일 때와 컬러 레이어를 추가했을 때 피부의 가장 밝은 면의 색을 추출한 것입니다. 컬러 레이어 추가시 밝은 면의 채도가 대폭 상승하는 것을 볼 수 있습니다. 컬러 레이어의 오퍼시티 부분을 조절하여 자신이 원하는 포화도를 설정할 수 있습니다. 앞서 언급했듯 탁색에 대한 강도는 개인 스타일의 차이입니다. 다만 오버레이 속성은 채도를 너무 급격히 떨어트리기 때문에 약간은 넣어주는 편이 좋습니다.

그림의 각 레이어마다 컬러 레이어를 추가하여 탁색을 처리하여줍니다. 이제 빛에 대한 묘사를 시작합니다.

먼저 얼굴부터 빛에 대한 묘사를 시작합니다. 빛은 왼쪽 위에서 내려오는 오전정도의 낮은 태양광입니다. 설정한 빛은 측광에 가깝습니다. 얼굴을 기본구조적으로 파악한 후 어두운 면에 멀티플라이 레이어를 추가하여 푸른색의 환경광을 넣어줍니다.

얼굴을 기본구조적으로 접근하면 위 그림과 같이 꺾이게 됩니다. 기본 구조를 파악하는 것은 무엇보다 중요합니다.

눈가와 코끝과 입술, 뺨 등 피부가 얇은 쪽에 오버레이 레이어를 추가해 붉은색의 핏기를 올려줍니다. 피부는 서브서페이스 스케터링 재질로 피부가 얇은 쪽에 핏기가 비치는 재질입니다. 이것을 표현하면 얇은 여성의 피부를 표현할 수 있습니다.

리니어닷지 레이어를 추가하여 피부색을 스포이드로 선택한 다음 명도를 20%로 낮춥니다. 밝은 면을 중심으로 피부전체에 밝게 올라오는 처리를 해줍니다. 피부의 서브 서페이스 스케터링과 밝은 면을 동시에 처리할 수 있는 방법입니다.

오버레이 레이어를 추가해 눈동자에 색을 넣어주고, 눈 밑의 애교살과 코끝의 하이라이트와 오클루전 등을 추가한 후 콘트라스트를 조절하였습니다. 이제 얼굴의 묘사를 몸 전체로 퍼트립니다.

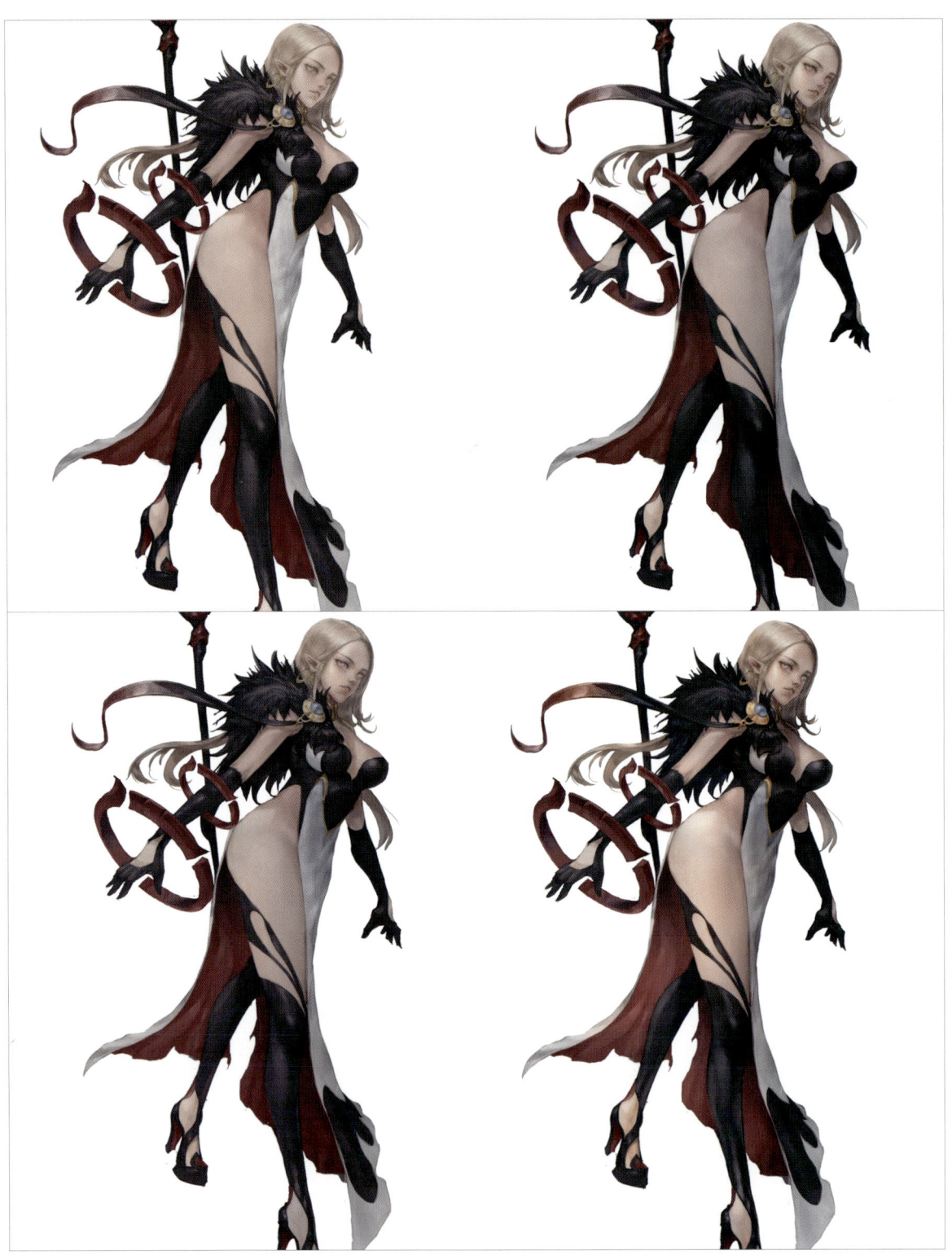

위 그림은 얼굴의 묘사를 몸 전체로 퍼트리는 과정입니다. 멀티플라이 레이어를 추가해 큰 어둠을 잡아주며 리니어닷지 레이어로 빛을 묘사한 후 정리합니다.

이번에는 남자 얼굴입니다. 남자의 얼굴 역시 묘사방법은 같습니다. 멀티플라이 레이어를 추가해 어두운 면의 전체적인 어둠을 깔아줍니다.

오버레이 레이어를 추가해 얼굴의 핏기를 추가합니다. 남자의 경우 피부가 두꺼워 핏기가 여성보다는 잘 비치지 않습니다.

피부의 색을 찍어 명도를 20%로 내린 뒤 리니어닷지 레이어를 추가해 밝은 부분을 처리합니다. 남자의 피부는 조직이 두꺼워 서브서페이스 스케터링 역시 약하게 일어나므로 그다지 밝아지지 않습니다.

얼굴의 잔 근육들을 묘사하고 오클루전까지 추가해 얼굴의 묘사를 정리합니다. 이제 얼굴의 묘사를 몸 전체로 퍼트려야 합니다.

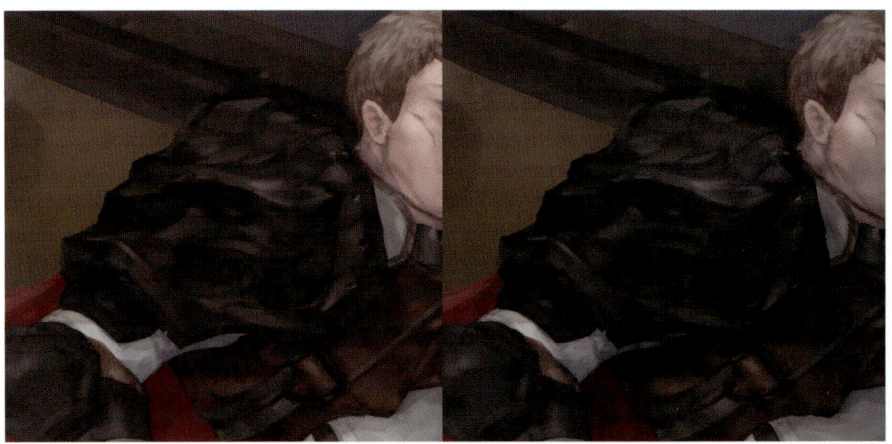

몸 전체로 퍼트리는데 있어 여성보다 조금 까다로운 부분이 있습니다. 정반사 재질이면서 형태 역시 복잡한 어깨 갑옷입니다. 이 부분은 까다로운 만큼 묘사순서를 얼굴과 같이 정리해보도록 하겠습니다. 먼저 멀티플라이 레이어를 추가해 푸른색으로 어두운 부분을 터치합니다.

금속성의 프레넬 효과를 넣습니다. 먼 쪽은 시선과 수평에 가까우므로 색의 부분으로 조금 밝아집니다. 티가 많이 나지 않는 이유는 명암에서 이미 이 재질에 대한 반사율을 정하고 들어왔기 때문입니다. 색채에서 해줄 수 있는 것은 드라마틱하지 않습니다. 하지만 이 조금이 모여 결국 색감의 풍부함과 퀄리티를 결정합니다.

시선과 수평인 부분을 멀티플라이 레이어로 터치하여 조금 어둡게 만듭니다.

리니어닷지 레이어를 추가해 반사 하이라이트를 추가합니다.

이제 캐릭터의 전체샷을 보여 묘사의 과정을 정리해보도록 하겠습니다.

위 그림은 남자캐릭터의 묘사과정을 나열한 것입니다. 컬러 레이어를 발색 시키고 멀티플라이 레이어를 추가하여 어둠
을 잡습니다. 리니어닷지 레이어를 추가하여 밝은 면을 표현한 후 세부묘사에 들어갑니다. 항상 큰 면 ⇨ 작은 면 순서로
작업해야 효율적이고 큰 면이 틀어지지 않으며 쉽게 작업할 수 있습니다.

캐릭터 작업이 끝났다면 바닥 그림자를 작업합니다. 본래 있던 바닥 그림자의 속성을 멀티플라이로 바꾸고 [색조/채도] 의 항목을 불러와(단축키 Ctrl+U) [colorize]부분을 체크한 후 푸른색을 넣어 줍니다. 필터항목의 가우시안 블러를 약하 게 넣어 그림자가 조금 퍼지게 만들어 줍니다.

지금까지의 진행사항을 체크합니다. 묘사가 너무 동 떨어진 곳은 없는지 확인하며 조금씩 손을 보고 다음단계로 넘어갈 준비를 하도록 합니다.

가장 아래에 있는 명암 레이어를 복제해 레이어 상단으로 올린 후 레벨 값을 조정하여 오른쪽 이미지로 만듭니다.

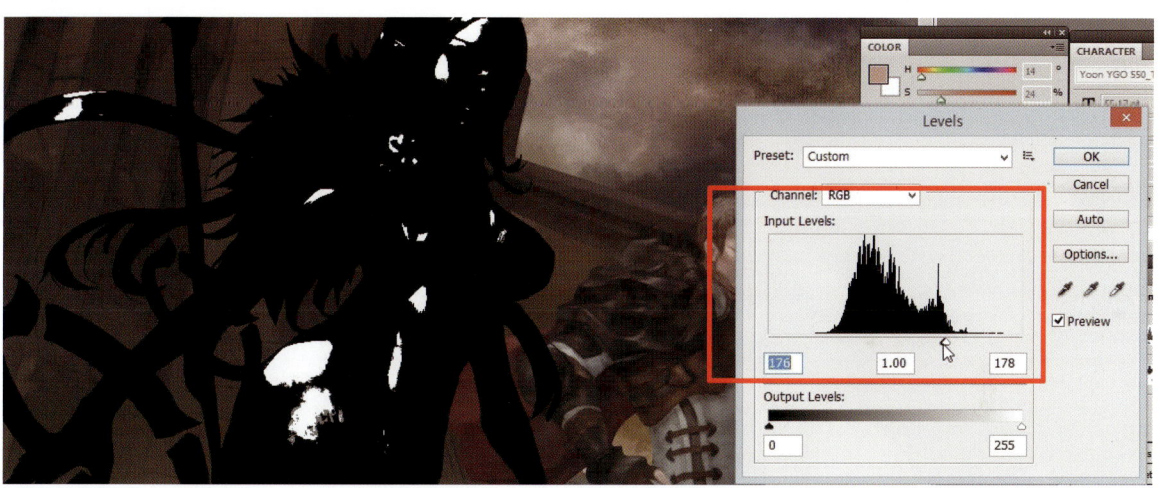

레벨조절은 위 그림과 같이 하였습니다.

조정된 레이어의 속성을 컬러닷지로 변경시키면 위 그림의 왼쪽과 같이 변합니다. 필터의 가우시안 블러를 적용하여 오른쪽과 같이 부드러운 빛 이미지를 만듭니다.

가우시안 블러의 조절 값은 위 그림과 같습니다.

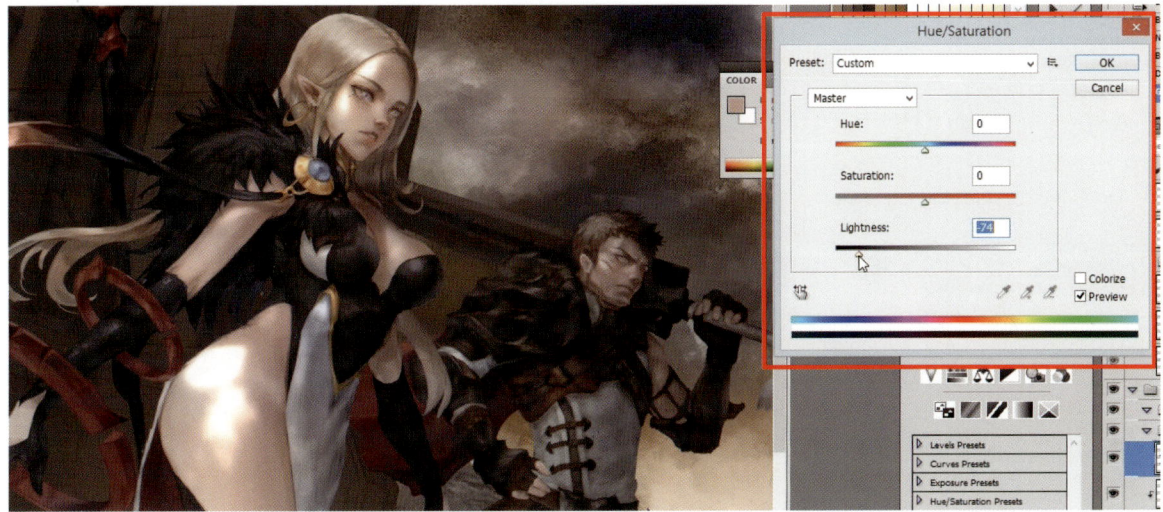

[색조/채도]항목을 불러와 아래의 라이트니스 값을 떨어트려 빛의 강도를 조절합니다.

지우개과 브러쉬를 이용해 컬러닷지 속성을 다듬어 반사 하이라이트를 정리합니다.

남자 캐릭터의 경우 얼굴과 몸의 기본명도의 차이가 크기 때문에 얼굴과 몸을 각각 따로 분리하여 컬러닷지 레이어를 추출합니다.

레이어 속성을 컬러닷지로 바꾼 후 필터의 가우시안 블러를 적용시켜줍니다.

컬러닷지 레이어에 지우개와 브러쉬를 이용하여 캐릭터에 대한 반사 하이라이트의 묘사를 만들어 줍니다.

캐릭터를 어느 정도 진행했다면 다시 배경으로 돌아갑니다. 배경의 나무를 다듬어주고 풀을 추가로 그려줍니다. 풀은 풀 모양의 브러쉬를 이용해 그리면 쉽게 표현할 수 있습니다.

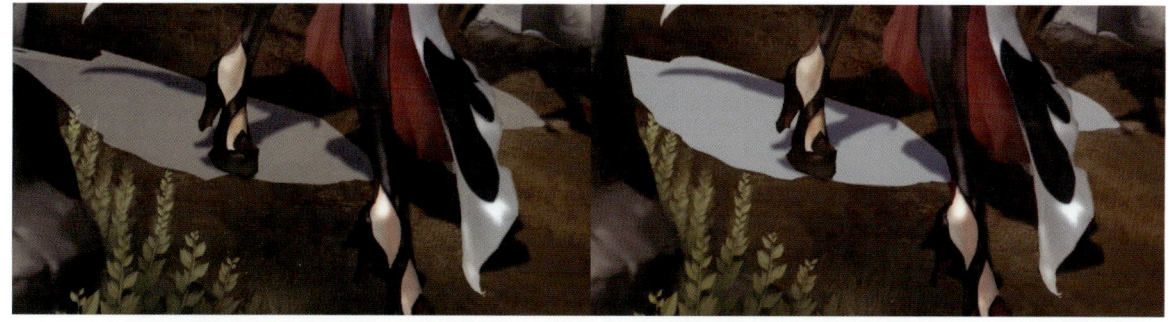

이번엔 바닥의 물 웅덩이를 표현해 보도록 하겠습니다. 회색을 이용해 물 웅덩이의 모양을 만들어준 후 하늘색으로 채워 줍니다.

물 웅덩이는 하늘부분이 반사되는 곳이므로 하늘부분을 복사해서 물 웅덩이 위에 위치시킨 후 레이어를 클리핑하여 오 버레이 속성으로 바꿉니다.

클리핑한 하늘 오버레이 레이어에 부드러운 브러쉬로 터치를 하는데 시선과 각도가 깊어지는 위쪽 부분은 밝게 그리고 아래쪽은 지금 땅의 색으로 어둡게 만들어 줍니다.

배경에 쉽게 물 웅덩이를 추가해 줄 수 있습니다.

위 그림처럼 풀 끝에 무언가 몽환적인 느낌의 홀씨가 날리는 느낌을 추가하려고합니다.

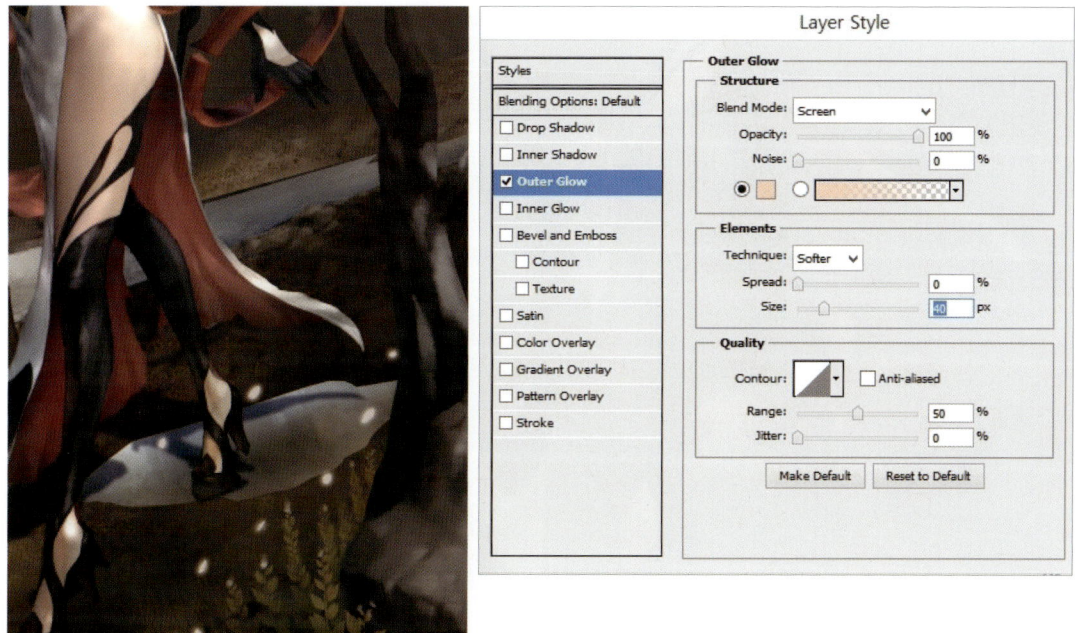

일반 레이어를 추가 후 가볍게 톡톡 쳐서 홑씨의 형태를 만들어주고 레이어 스타일의 아웃글로우 기능을 이용해 몽환적으로 퍼지는 효과를 줍니다.

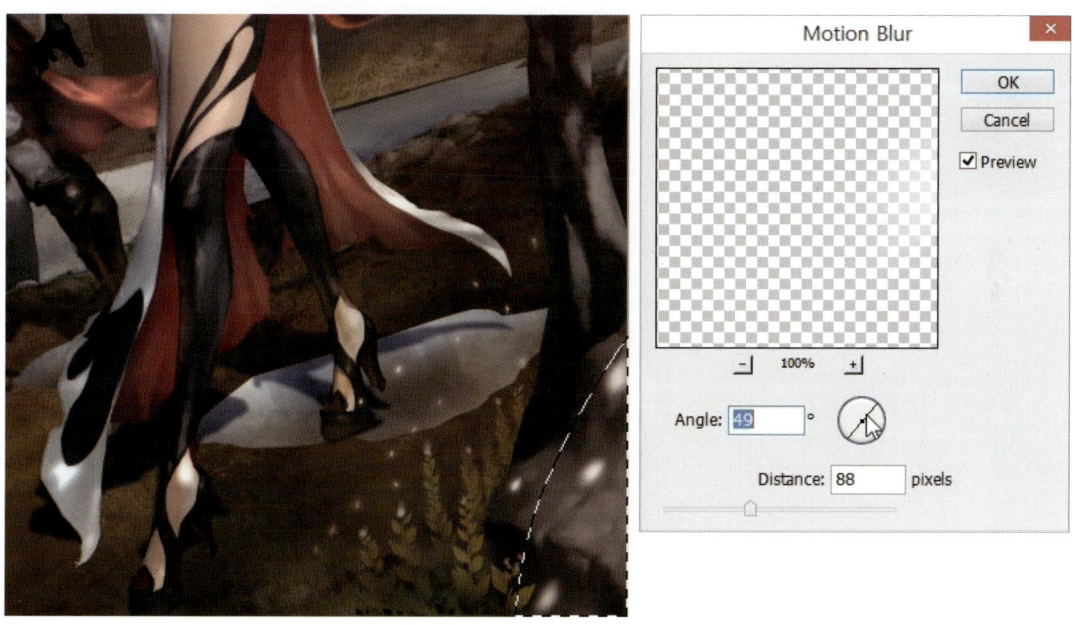

홑씨의 앞쪽 부분은 필터의 모션블러를 걸어 속도감을 증가시킵니다.

이번엔 구름에 의한 바닥의 그림자를 만들어 보도록 하겠습니다. 환경이 캐릭터와 주위 다른 환경에 영향을 미치는 것이 눈으로 확인되면 그림에 큰 설득력이 생깁니다.

먼저 그림만큼 큰 캔버스를 열어 구름모양의 브러쉬로 위 그림과 같은 모양의 판을 만듭니다.

지금 그림으로 가져온 후 [Distort] 기능을 이용해 바닥에 맞게 폅니다.

레이어 속성을 멀티플라이로 바꾼 후 [색조/채도]의 라이트니스 기능을 이용해 밝기를 올려줍니다.

이번에는 밝은 면을 만들어 줄 차례입니다. 레이어를 복제해 레벨기능을 이용해 위 그림과 같이 만듭니다. 레이어 속성
을 컬러닷지로 바꾸고 라이트니스 항목을 조절해 아래와 같이 바꾸어 줍니다.

이제 그림자 부분에 푸른색의 색조를 넣을 차례입니다. 멀티플라이 레이어를 오버레이로 바꾸어도 되지만 색이 너무 검은색이 될 염려가 있어 컬러 레이어를 활용하도록 하겠습니다. 멀티플라이 레이어를 복제 후 컬러로 바꾸면 위 그림과 같이 바뀝니다. 하지만 밝은 부분에도 컬러가 먹어 애써 만들어놓은 밝은 면이 사라져 버렸습니다.

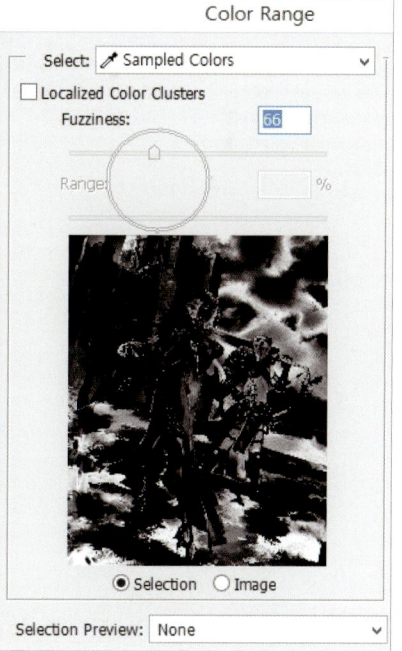

상단툴 바의 [셀렉트 ⇨ 컬러레인지]를 이용해 밝은 면을 선택합니다.

DEL키를 이용해 선택된 영역을 삭제 해주면 구름모양으로 인한 파란색 투영그림자가 완성됩니다. 이제 이 작업을 다른 캐릭터 두 개와 뒤쪽에 위치한 성에도 똑같이 해줍니다.

이 작업을 모두 해주게 되면 위 그림과 같이 변화합니다. 환경과 캐릭터가 더 잘 어울리게 변하는 것을 볼 수 있습니다.

이제 위 그림과 같이 팔 쪽에 있는 무기의 이펙트 작업을 해줄 차례입니다.

먼저 마스킹된 캐릭터 실루엣에 일반 레이어를 추가하여 무기부분만 하얗게 칠합니다.

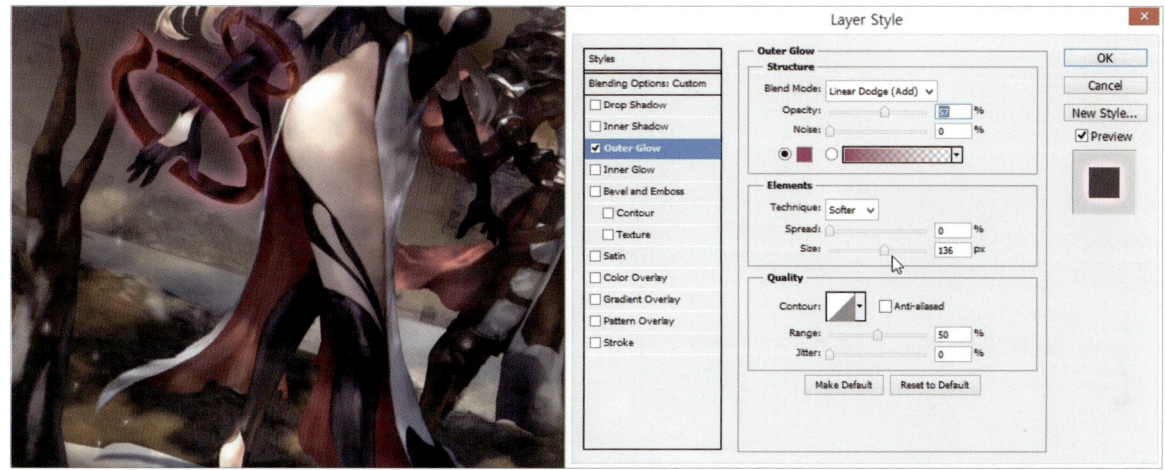

레이어속성을 멀티플라이로 바꾼 후 레이어 스타일의 [아웃글로우] 기능을 이용해 무기의 주변부를 밝힙니다.

그 후 리니어닷지 레이어를 추가하여 주변의 이펙트의 색을 선택한 후 무기에 터치를 하여 무기에도 이펙트의 빛이 가도록 자연스럽게 만들어 줍니다.

선빔이라고 불리는 큰 환경 빛을 추가해줍니다.

선빔은 구름이 두꺼울 때에 구름 사이로 나오는 빛으로 굉장히 드라마틱하고 장엄한 환경빛을 선사해줍니다.

이제부터는 부분적인 묘사들입니다. 작은 브러쉬를 이용해 부분적인 묘사들을 마무리 짓고 그림을 완료합니다. 추가적으로 하늘의 새와 근경의 새 그리고 이펙트들을 추가로 그려주고 캐릭터의 묘사도를 조금씩 더 높여주어 그림을 마무리지었습니다.

앞 그림의 제목은 앞서 언급했듯 '긴 여정의 시작'입니다. 그림이라는 기술은 학문으로 정의되어 있습니다. 만약 미술이 배울 수 없는 학문이었다면 예술 고등학교와 미술대학을 비롯한 다양한 교육기관들은 존재하지 않았을 것입니다. 모든 학문은 단기간에 얻어지는 것이 아닌 긴 공부를 필요로 합니다. 다행히도 미술이라는 우리의 공통된 공부는 다른 공부들보다 조금은 재미와 흥미가 있어서 시작한 분들이 많을 것입니다. 저 역시 여러분들과 마찬가지입니다.

미술공부를 오랫동안 해오면서 느낀 것은 미술공부는 마치 긴 여행과도 같다는 것입니다. 긴 여행처럼 여정에 있어 가끔은 길을 잃을지도 모릅니다. 또 가끔은 너무 신나서 열심히 달려 나갈지도 모릅니다. 이렇게 힘든 여정 중 누군가를 만난다면 반갑게 인사 해주세요. 그 누군가에겐 큰 힘이 될 것입니다.

마지막으로 목표지점을 모르고 긴 여행을 하고 있는 여러분과 그 여정에서 길을 잃었을지 모르는 누군가에게 작게나마 이 책이 여러분의 긴 여정에 힘이 되기를 간절히 바래봅니다.

2018년 2월 11일
저자 이중곤

저자 협의
인지 생략

글레이징
일러스트 작법서

1판 1쇄 인쇄 2018년 5월 10일   **1판 1쇄 발행** 2018년 5월 20일
1판 3쇄 인쇄 2021년 6월 5일   **1판 3쇄 발행** 2021년 6월 10일

지 은 이 이중곤
발 행 인 이미옥
발 행 처 디지털북스
정   가 28,000원
등 록 일 1999년 9월 3일
동록번호 220-90-18139
주   소 (03979) 서울 마포구 성미산로 23길 72 (연남동)
전화번호 (02) 447-3157~8
팩스번호 (02) 447-3159

ISBN   978-89-6088-230-0 (13000)
D-18-12

DIGITAL BOOKS
디지털북스

D·J·I BOOKS
DESIGN STUDIO

굿즈 ——————— D·J·I BOOKS
DESIGN STUDIO
캐릭터 2018

광고 J&JJ BOOKS
2014
브랜딩

I THINK BOOKS
출판편집 2003

DIGITAL BOOKS
1999

facebook.com/djidesign

Book · Character · Goods · Advertisement · Graphic · Marketing · Brand consulting

D · J · I
BOOKS
DESIGN
STUDIO

D · J · I BOOKS DESIGN STUDIO

facebook.com/djidesign